Noch weit bis in unser Jahrhundert hinein erlebten die meisten Frauen das fünfzigste Lebensjahr als Anfang vom Ende. Mit dem Flüggewerden der Kinder war ihr »Lebenswerk« vollbracht, und sie fühlten sich fortan überflüssig. Eigene Interessen, denen nachzugehen jetzt genügend Zeit vorhanden wäre, hatte man ihnen nie zugestanden. Mit dem Wandel der gesellschaftlichen Strukturen seit den sechziger Jahren hat sich die Situation der Frauen dieses Alters entscheidend verändert. Die Frauenbewegung hat neue Spielräume erkämpft, den Frauen bis dato verschlossene Bereiche geöffnet, und die heute Fünfzigjährigen profitieren endlich von ihren eigenen Anstrengungen. Sie treten sozusagen in ein zweites, freieres, vielfältige Chancen eröffnendes Leben ein. Nie zuvor standen Frauen in der Lebensmitte so viele Möglichkeiten zur Selbstverwirklichung offen wie heute. Aber gerade das macht es ihnen auch so schwer, diese Freiheiten zu genießen.
In einer bewährten Mischung aus Reportagen, Interviews, Essays und autobiographischen Passagen beschäftigt sich die amerikanische Bestsellerautorin Colette Dowling mit den aktuellen Lebensumständen der Frauen um die 50.

Colette Dowling, Jahrgang 1938, lebt und arbeitet seit 1958 in New York, zunächst als Redakteurin bei einer Frauenzeitschrift, heute als freie Autorin. Im Fischer Taschenbuch Verlag erschienen ›Der Cinderella-Komplex‹ (Bd. 3068), ›Perfekte Frauen‹ (Bd. 11190), ›Der Ehekomplex‹ (Bd. 13456) und ›Befreite Gefühle‹ (Bd. 13617). Im S. Fischer Verlag erschien 1998 ihr Buch ›Sterntaler. Wie Frauen mit Geld umgehen‹.

Unsere Adresse im Internet: www.fischer-tb.de

Colette Dowling

Frauen im Aufwind

Mit 50 beginnt ein neues Leben

Aus dem Amerikanischen
von Elke vom Scheidt

Fischer Taschenbuch Verlag

Die Frau in der Gesellschaft
Herausgegeben von Ingeborg Mues

2. Auflage: Mai 2000

Veröffentlicht im Fischer Taschenbuch Verlag GmbH,
Frankfurt am Main, Juni 1999

Lizenzausgabe mit Genehmigung
des S. Fischer Verlags GmbH, Frankfurt am Main
Die amerikanische Originalausgabe erschien 1995
unter dem Titel ›Red Hot Mamas; Coming Into Our Own at Fifty‹
im Verlag Bantam, New York

Gesamtherstellung: Clausen & Bosse, Leck
Printed in Germany
ISBN 3-596-14378-0

Inhalt

KAPITEL 1
Eine Generation erreicht die Lebensmitte

Es war Willas 50. Geburtstag. Die Frauen drängten ständig auf den Flur, um zu tanzen, während die Männer an den Ecken des großen Wohnzimmers mit seiner an eine Kathedrale erinnernden Decke herumstanden und zuschauten. Catherine hatte von all den Songs aus den siebziger Jahren, als ihrer aller Leben sich zu ändern begonnen hatte, ein Tonband angefertigt. Heute abend lag eine Art Zauber über den Stimmen, dem Klatschen, den Reeboks und Cowboy-Stiefeln, die rhythmisch auf den Boden stampften. Die »Mamas«, von denen viele die 50 erreicht hatten, während einige noch in den Vierzigern waren, die »Mamas« jubelten. Es war ein heißer Tanz. Claire, aus der Stadt zu Besuch, gekleidet in schwarzen Biker-Shorts, Schuhen mit Blockabsätzen und einer Motorradjacke, war besonders lustig anzusehen. Ihr Haar war grau wie verwittertes Holz, kurz wie das von Jungen, und sie lächelte wie in Ekstase. Ihr Körper bewegte sich so leicht, als wäre sie viel jünger, doch mit dieser gewissen Sicherheit, dieser Stärke. Diese Kombination aus sozialer Zuversicht und körperlicher Festigkeit sei überwältigend, meinte Susan, die hinten in der Küche stand und Guacomole inhalierte.

Es gibt für eine so kleine Stadt überraschend viele Frauen wie uns, noch nicht ganz fünfzig, gerade fünfzig oder knapp darüber, Frauen, für die diese Zahl etwas ganz anderes bedeutet als jemals früher, obwohl wir nicht ganz sicher sind, *was* sie bedeutet. Die Stadt ist Woodstock. Viele der Frauen hier haben früher in New York gewohnt und irgendwann in den letzten zwanzig Jahren die Stadt verlassen, sind hundert Kilometer nach Norden in eine Künstlergemeinde gezogen, die mit Freiheit assoziiert war.

Es handelt sich nicht um die übliche Kleinstadt. Die meisten von uns haben noch Verbindung mit New York; dort gibt es Ex-Gatten oder erwachsene Kinder oder Agenten oder Galerien. Die Frauen, die ich kenne, betrachten sich nicht als »in mittlerem Alter«, obwohl sie recht stolz sind, die Fünfzig erreicht zu haben. Sie sind intelligent, selbstbewußt, respektlos, lustig, introspektiv, neurotisch, fürsorglich. Es ist eine neue Zeit, ein neues Alter, und sie sind neue Frauen. Sie tragen kurze Röcke und schwere Doc-Martens-Schuhe. Ob sie gegenwärtig »in einer Beziehung« stehen oder nicht, sie fühlen eine Verbindung zu ihrer eigenen sexuellen Energie. Das sei das gleiche, meint meine Freundin Willa, wie kreative Energie.

Ich denke inzwischen an diese Frauen als an »die Mamas«. Sie drängen sich mit Macht in ihr Leben; sie sind engagiert. Obwohl von den besonderen Entscheidungen geformt, die wir getroffen haben, spiegeln die »Mamas« unsere Generation wider – Millionen über Millionen in aktivem, energischem Aufbruch, die einen Kulturwandel herbeiführen können. Daß die Menopause aus ihrem Versteck gekommen ist, ist nur ein Teil der Angelegenheit. Wir sind die ersten, die mit der Frauenbewegung in die Jahre gekommen sind und diese Lebensstufe betreten, und wir tun es anders, wie wir immer alles anders getan haben.

Heute sind Frauen in den Fünfzigern besser ausgebildet, unabhängiger, finanziell selbständiger und mehr in das gemeinschaftliche und politische Leben einbezogen als Frauen in der Lebensmitte jemals zuvor. Heute gibt es die Möglichkeit einer zweiten Blüte. Dies ist *unsere* Zeit, ein lebendiges Alter, in dem wir freier und individualistischer sind als je zuvor in unserem Leben. Wir vertrauen endlich auf unsere Stärken, akzeptieren unsere Grenzen, besitzen die Fähigkeit zu Anpassung und Flexibilität und können nach dem Rhythmus unserer eigenen Bedürfnisse tanzen.

Doch diese zweite Blüte trägt nicht automatisch Früchte. Sie kann, wie die erste, gekappt werden durch das launische Wetter von Umgebungsstreß, Krankheit, mangelnde Unterstützung oder ein Versagen der Nerven, eine Unfähigkeit, Gelegenheiten zu ergreifen. Um erneut aufzublühen, braucht man Bewußtsein, Information, vielleicht sogar das Gefühl einer Mission: Ich werde dieses Jahrzehnt beim Schopf packen, und...

Und *was*? Wie denken wir über die Zukunft, wie planen wir? Welches sind die Beschränkungen, die Ziele, die Möglichkeiten? Können wir tatsächlich einen neuen Beruf ergreifen? Eine neue Beziehung eingehen? Jemanden aufgreifen und mit ihm in die Toskana abhauen? Hier liegt der Unterschied zu Frauen vergangener Generationen in der Lebensmitte, die sich, wenn sie Glück hatten (und wie viele hatten das schon?), »zur Ruhe setzten«. Die in den Garten gingen. Die ihre Nachmittage im Sonnenschein damit zubrachten, ihren Enkeln Geschichten zu erzählen.

Weil die Lebensspanne größer geworden ist, stellen sich heute die Fragen, die vor uns an der Kreuzung der Lebensmitte liegen, ganz anders.

Was ist die aufregendste, fruchtbarste und integrierteste Art, die nächsten dreißig oder vierzig Jahre zu verwenden?

Wie, wo und in wessen Gesellschaft sollen wir sie verbringen?

Und was müssen wir tun, um unsere Optionen zu schützen und unsere Energie zu nutzen?

Tatsache ist, daß wir uns inmitten eines sozialen Wandels befinden, für den es keine Richtlinien gibt. Als erste Generation, die mit der Frauenbewegung aufwuchs und jetzt die Fünfzig erreicht, durchbrechen wir die Altersbarriere. Wieder einmal erkunden wir unerschlossenes Land. Wir mögen Männer, obwohl es Zeiten gibt, in denen sie sich Frauen näher fühlen. Was wir mit unseren Kindern haben – diejenigen von uns, die Mütter sind –, ist offen und befriedigend. Was mir miteinander haben, ist hilfreich; es gibt uns die Kraft, mehr zu tun, hinauszugehen. Wir fühlen uns vielleicht mit mehr Menschen verbunden als unsere Mütter in diesem Alter. Mit fünfzig werden wir herausgefordert von einem Gefühl von Abenteuer, angeregt von dem Witz und der Ironie des Lebens. Wir sehen die Möglichkeiten dieser »zweiten Hälfte« des Erwachsenenalters, die vor uns liegt, und wir scheuen nicht davor zurück.

Das ist freilich nicht alles.

Zu uns selbst kommen

Dies ist eine Generation, die neue Arrangements mit dem Leben getroffen hat, die vielleicht nie verheiratet war oder verheiratet war und mehrfach geschieden ist oder schon so lange getrennt lebt, daß es sich anfühlt wie eine Scheidung. Einige von uns sind schon verwitwet. Ich wurde mit knapp vierzig Witwe. Damals fühlte ich mich nicht wie verwitwet, denn ich hatte meinen Mann Jahre zuvor verlassen und lebte damals und noch einige weitere Jahre lang mit jemand anderem. Jetzt lebe ich zum erstenmal allein. Ich habe gelernt, das sehr zu mögen. Trotzdem, wenn ich mich auf irgendeinem offiziellen Formular selbst kategorisieren muß, zögere ich und kann mich nicht zwischen Witwe und Single entscheiden. Tatsächlich denke ich gern, daß ich den Kategorien trotze. *Die meisten von uns* denken das gern. Willa, offiziell noch immer verheiratet, lebt seit zwölf Jahren von ihrem zweiten Mann getrennt und bleibt ihm hoffnungslos freundschaftlich verbunden. Er wohnt in der gleichen Stadt.

Helen, seit langem geschieden und vor dem Gesetz Single, weigert sich, sich selbst irgendeinem Personenstand zuzuordnen. Vor vierzehn Jahren schnitt sie sich die Fingernägel kurz und verkaufte ihren Schmuck, um in W. zu leben. Sie mietete ein Pförtnerhaus und sagte ihren Kindern, sie sollten am besten lernen, sich damit anzufreunden. Ihr Vater baute ihnen in Great Neck gerade ein großes Haus im Kolonialstil, als Helen das Leben mit langen Fingernägeln satt bekam und fortging. In W. eröffnete sie eine Buchhandlung, kaufte schließlich ein Farmhaus und hat im Laufe der Jahre Liebhaber gehabt. Jetzt ist sie mit jemand zusammen, einem Mann, zu dem sie über ein Jahr lang über den Thruway zu Besuch fuhr, einem Arzt, der Bildhauer geworden ist, und sie haben beschlossen, daß sie zusammenleben werden. »Aber nie mehr«, sagte sie, »werde ich für einen Mann Abendessen machen.«

Der Punkt ist der, daß nichts mehr so ist, wie es im Leben von Frauen dieses Alters noch vor zwanzig Jahren gewesen wäre. Die Kategorien sind verschwunden und mit ihnen gewisse Erwartungen. Die Dinge haben sich geöffnet.

Bei einer Party gab es kürzlich einen Moment, in dem alle anwesenden Frauen gleichzeitig in meiner Küche waren. (Vermutlich war es Zeit, den Tisch für das Dessert abzuräumen). Jemand brachte die Rede auf das Alter, und wir stellten fest, daß wir alle sechs zwischen neunundvierzig und neunundfünfzig Jahre alt waren. Aus irgendeinem Grund mußten wir darüber kichern. Sofort kam das Gespräch auf Sex oder vielmehr auf unsere diesbezügliche Ambivalenz in diesem mittleren Alter, in dem sich alles darum dreht, wie man am Leben bleibt und noch ein bescheidenes Maß an Spaß hat. »Habt ihr die *Woodstock-Times* von heute gesehen?« fragte Fiona.

»Achtung! Luftblasen zerstören Kondome. Luft herausstreichen, wenn Sie das Kondom über den erigierten (harten) Penis rollen!« Susan hatte den Artikel Wort für Wort auswendig gelernt.

Wir lachten. Unter den Ortsansässigen ist *The Woodstock Times* als die Schulzeitung bekannt, deren Inhalt sich auf die Campus-ähnliche Umgebung beschränkt, in der wir in diesem kleinen Gebirgsort wohnen. Der Kondom-Artikel war geschrieben worden, um Jugendlichen gewisse Informationen zu liefern, die sie anderswo nicht bekamen, in der Schule ganz gewiß nicht. Bis zum Nachmittag sprach jedermann in Woodstock darüber, ungeachtet seines Alters, Geschlechts oder seiner sexuellen Neigung.

»Das mit den Luftblasen habe ich gar nicht gewußt«, sagte Catherine bedächtig, als ziehe die ganze lange Geschichte ihres Sexuallebens an ihrem inneren Auge vorbei.

»Es ist die Sache nicht wert«, sagte Fiona, die in der offenen Küchentür stand und ihre Zigarette ins Freie hielt. Fiona fragt sich manchmal, ob sie nicht hauptsächlich wegen Aids in ihrer Ehe bleibt.

Ich war dabei, die Geschirrspülmaschine zu beladen. Catherine, frisch geschieden, sagte, heutzutage blieben viele Leute verheiratet, bloß, um keine Kondome benutzen zu müssen.

Susan, deren Mann ein Schürzenjäger ist, sagte, das sei vielleicht auch nicht narrensicher. Vielleicht sollte jeder Kondome benutzen, verheiratet oder nicht, denn wer weiß schon, was früher im Leben eines Menschen passiert ist? Es gibt so etwas wie Leugnen.

Willa meinte, für eine alleinstehende Frau sei es nicht einfach, mal eben auszugehen und sich herumzutreiben. Es sei nicht nur an Aids zu denken, sondern auch an das Alter. Kann sie überhaupt irgendeinen Grund angeben, warum man nach jemand neuem Ausschau halten sollte? »Es ist wie mit der Hypothek, wenn der Markt am Boden liegt«, meinte sie.

Es wird alles enger, will sie sagen.

Ich schüttete das Seifenpulver in die Geschirrspülmaschine und schaltete sie ein. Der Monat war August. Das Jahr 1992.

Die Unterhaltung in meiner Küche an diesem heißen Sommerabend dauerte etwa zwölf Minuten und war für die Frauen die fesselndste des Abends. Als wir wieder zu unseren männlichen Freunden zurückkehrten – einige schwul, einige hetero, da nur zwei von uns Frauen tatsächlich zu etwas gehören, das man nach irgendwelchen Maßstäben ein »Paar« nennen könnte –, hatten wir ein Gefühl von Enttäuschung. Wir hatten das faszinierende Thema dieses unkartierten Stadiums in unserem Leben verlassen und waren an den Eßtisch zurückgekehrt, wo wir in bunter Reihe saßen und uns an eine bequeme soziale Form klammerten, während wir tatsächlich als Gruppe eine neue Kreuzung waren, traditionell erzogen, doch früh im erwachsenen Leben von dem wilden Wunsch nach Veränderung gepackt. Die Rückkehr zu der Konversation im Eßzimmer fühlte sich daher an, als ziehe man sich in die hinteren Reihen zurück, nachdem man einen kurzen, aber erhebenden Augenblick an der revolutionären Front verbracht hatte. Sex war natürlich nur ein Teil davon. (Catherine zufolge ein immer kleinerer Teil.) Tatsache war, daß wir diese Gespräche führten – in der Küche, auf der Damentoilette, am Wasserspender im Büro –, weil wir in der Lebensmitte wieder einmal Frauen ohne Leitlinien waren, die einer neuen kulturellen Grenze mutig entgegentraten.

Wie es war

Früher war die Lebensmitte mit dem Ruhestand assoziiert, dem großen goldenen Traum, der Zeit, in der man aufbrechen mußte, um zu schauen, wie der Rest des Landes aussah. Es war die Zeit, in der sie und der alte Herr vor der Morgendämmerung aufstanden, er seine hohen Gummistiefel anzog und Fische fing und sie die Bratpfanne mitnahm, um die Fische zum Frühstück zu braten. Es war die Zeit, in der man das Leben genoß, in der man *lebte*. Der Ruhestand gab einem endlich Zeit für das *Leben*. Alles andere sollte zu diesem Augenblick hinführen, in dem der Holzrauch sich blau in der Luft kräuselte und ein ganzer müßiger Tag vor ihnen lag, in dem sie und ihr Mann wie eine Art grauhaariger Zwillinge waren, zwischen denen keine Reibungen mehr bestanden, alle Streitigkeiten gelöst waren, das Geld sicher, die beiderseitigen Philosophien entweder versöhnt oder ignoriert, und wenn sie Glück hatten, lagen noch ein paar schöne Schäferstündchen vor ihnen, ehe alles vorbei war.

Heute erreicht unsere Generation die Lebensmitte und stellt fest (Gott sei Dank!), daß es *so* überhaupt nicht sein wird. Natürlich hat sich auch die erste Blüte nicht als das erwiesen, was wir erwartet hatten. Bei uns lief es immer anders als bei der Generation vor uns. Was man uns vorhergesagt hatte, wenn überhaupt etwas, entpuppte sich fast unterschiedslos als falsch.

Sie sagten uns, wir würden heiraten, Babies bekommen und unser Schicksal mit einem arbeitsamen Helden von Ehemann teilen, der für den Rest unseres Lebens für uns sorgen würde. Irrtum.

Sie sagten uns, wir würden für unsere Familie »ein Heim schaffen«, aber wenn das nicht darin bestand, Fundstücke von Auktionen und Flohmärkten zusammenzutragen, gelegentlich einen halb hausgemachten Kuchen aus tiefgekühltem Fertigteig herzustellen, unsere Kinder morgens in den Kleidern zur Schule gehen zu lassen, auf die sie gerade keine Lust hatten, und uns dann mit unseren Pall Malls und unserem eselsohrigen Exemplar von *Das Goldene Notizbuch* auf die Couch zu lümmeln, weil wir uns immer so verdammt *rückständig* fühlten, nun, dann hat auch das nicht stattgefunden.

In Wahrheit haben wir unser Leben mit Aufholen verbracht, haben Erwachsene aus uns gemacht, während sie erwarteten, wir würden kleine Mädchen bleiben. Wir ließen Hausarbeit Hausarbeit sein und bildeten uns weiter. Wir weigerten uns, mit den Kindern alberne Spiele zu veranstalten, weil das zu langweilig war, aber wir schrieben ihnen Geschichten und sangen ihnen vor – leicht weinerliche Balladen aus den Sechzigern. Vielleicht haben sie aus unseren traurigen und enttäuschten Kehlen als erstes Dylan gehört, während sie in ihren wackligen Stockbetten auf bunten, Wochen alten Laken lagen.

Wie waren Frauen auf dem Scheitelpunkt eines großen Umbruchs. Ich weiß schon, wie meine Tochter sich beklagte, sie sei das einzige Kind in der zweiten Klasse, das sich seinen Lunch selbst machen mußte. Als diese Kinder in die dritte Klasse kamen, bumm, war es vorbei. Da löffelten sie *alle* die Erdnußbutter aus Familienpackungen auf Vollweizenbrot und warfen es in eine braune Lunchtüte aus Papier, bevor sie morgens zur Schule gingen.

Inzwischen wollten unsere Mütter wissen, wie wir die Staubmäuse rechtfertigten, die lustlos um die neben unseren Betten gestapelten Bücher schwebten. *(The Women's Room, Angst vorm Fliegen, Diary of a Mad Housewife.)* Was würden wir *tun*, wie würden wir aus diesem Trott herauskommen? Unsere Mütter sahen, daß wir nicht dieselben Wege gingen, die sie gegangen waren, und nahmen daher an, wir seien ziemlich schlampig. Sie gaben sich große Mühe, uns auf den rechten Weg zu bringen. Meine Mutter kaufte einmal eine Kelle und eine Büchse Fertigzement und versuchte, die unebenen Fensterbänke in meiner Wohnung zu glätten, weil sie meinte, dann seien sie für mich leichter zu reinigen. Ich war keine besonders reinliche Tochter. Oh, sicher, alle paar Wochen, wann immer ich einen freien Moment hatte, holte ich meinen Staubsauger heraus, aber Fensterbänke, rauh oder glatt, standen nie sehr hoch auf meiner Prioritätenliste.

Meine Freundinnen waren ungefähr genauso. Trotzdem war es nicht so, als ließen wir alles verwahrlosen. Wir *veränderten* uns, ob unsere Mütter das wußten und akzeptierten oder nicht, und Veränderung erfordert Energie. Schließlich taten wir eines von zwei Dingen: Wir gingen wieder zur Schule, oder wir gingen arbeiten. Viele von uns machten schließlich beides. Diejenigen von uns, die vor der Ankunft der Babies das College nicht abgeschlossen hatten, holten das nach, als die Kinder zur Schule gingen. Diejenigen von uns, die ihren akademischen Grad hatten, gingen in den Beruf zurück. In unserer Frauengeneration gibt es mehr Titel, MAs und MBAs und PHDs, als in jeder früheren Frauengeneration. Wir nahmen Jobs an und veränderten uns. Viele von uns verließen ihre Männer. Wir gingen in Selbsthilfegruppen und überlebten. Wir lasen *The Joy of Sex* und verglichen auf Parkbänken auf dem Spielplatz unsere Notizen mit denen unserer Freundinnen. Wir bestellten aus Versandhauskatalogen Vibratoren. Wir waren wie Schulmädchen, die in der Großstadt zum erstenmal losgelassen sind.

Das soll nicht heißen, daß es nicht schwer gewesen wäre. Das Familienleben war dürftig. Es gab eine Menge Therapie und nicht annähernd genug Geld, um über die Runden zu kommen. Es gab Zeiten, da standen unsere Kinder um vier Uhr nachmittags noch wartend vor der Schule, weil jemand versagt und vergessen hatte, sie abzuholen. Doch das Wichtige war: Wir wurden frei. Wir blühten auf, wir sahen uns aufblühen, wir sahen unsere Freundinnen aufblühen, und wir sahen Gloria und Betty und Robin und all die anderen jenes Magazin mit flotten Schwarzweißbildern von Frauen herausbringen, und wir *gratulierten* uns. Das tut man nicht, wenn man sich nicht bestärkt fühlt, und wir fühlten uns zweifellos bestärkt. Wir hatten die Dinge für Frauen, für uns selbst, radikal verändert.

Dann kam ein neues Jahrzehnt, eine weitere Verschiebung. Wir wurden vierzig. Viele von uns heirateten wieder, und einige verließen schließlich auch diese Ehemänner. Einige – heute sind sie die Ausnahmen – blieben dauerhaft mit demselben Mann zusammen.

Andere heirateten gar nicht erst.

Wieder andere verbanden sich mit Frauen. Unsere Generation machte alles anders, und wir kehrten in unserem Leben das Oberste zuunterst. Wir hatten eigenes Geld auszugeben, und wir haben es ausgegeben, weiß Gott. Wir fingen an, Fett zu verlieren und schlanke Muskelmasse aufzubauen. Wir organisierten uns und bezogen politische Standpunkte. Und dann, auf einmal...

Auf einmal waren wir fünfzig – die erste Frauengeneration, die dieses Alter erreichte und sich selbst als frei betrachtete. Die erste, die gebildet war, die erste, die Geld hatte, die erste, die Optionen hatte. Heute können Frauen mit fünfzig darüber *entscheiden*, wie die nächsten dreißig Jahre sein werden. Statt die Fünfzig als Anfang vom Ende zu sehen, wie frühere Frauengenerationen es taten, sehen wir sie als neuen Anfang.

Und doch fühlen wir uns verwundbar.

Wie es ist

Weil keine frühere Generation von Frauen in mittleren Jahren den Luxus erlebte, noch jahrzehntelang produktiv sein zu können, sind wir, die mit der Frauenbewegung gealtert sind, wieder einmal diejenigen, die es zum erstenmal tun müssen. Fünfzig sind die Wasserscheide, an der wir spüren, daß wir nach rechts oder nach links abrutschen könnten. Würden wir uns völlig von den vor uns liegenden Herausforderungen zurückziehen, könnten wir kein neues Geschäft gründen, keine Karriere als Regisseurin beginnen, nicht in eine andere Stadt ziehen. Wenn wir nichts unternehmen, verpassen wir möglicherweise die neuen Freuden, die uns zur Verfügung stehen, die Chance, unseren Geist zu stärken, uns furchtlos auszudrücken und die lebendigen, politischen und streitbaren Wesen zu werden, die wir vielleicht unterdrückt haben, als wir jünger waren.

Als ich auf Willas Party mit Claire in ihren Biker-Shorts sprach, stellte ich fest, daß sie im Gegensatz zu ihrem munteren Auftreten ihr Leben keineswegs unter Kontrolle hatte. Sie war erst kürzlich in die Vereinigten Staaten zurückgekehrt, nachdem sie nach der Scheidung 13 Jahre auf der Insel Saint John's zugebracht hatte und ihr Leben plötzlich in Unruhe geraten war. Sie hatte ihr Restaurant auf der Insel während der Rezession verloren und sich gezwungen gesehen, Bankrott zu erklären. Um diese Zeit herum waren ihre beiden Töchter aus dem Haus gezogen, die eine wegen eines Jobs in Kalifornien, die andere wegen ihres Studiums in New York. Da war plötzlich ein Abgrund. Claire hatte sich in den Kopf gesetzt, eine Arbeit als Chefin zu finden, doch sie war unsicher und fürchtete, wieder einzubrechen. Zum Teil lebte sie bei einem Freund, und die übrige Zeit verbrachte sie in beengten Verhältnissen bei ihrer Tochter, in Greenwich Village, in einer Ein-Zimmer-Wohnung in einem Mietshaus ohne Fahrstuhl. New York war nicht mehr die Stadt, wie sie sie verlassen hatte. Ohne wirkliches Zuhause und mit Kindern, die in alle Winde davonflogen, fühlte sich Claire auf schmerzliche Weise heimatlos.

Ein Bankrott und der Wechsel vom Inselleben zur Stadthölle, dazu Kinder, die ihr eigenes Leben suchen, das alles mag dramatisch erscheinen, doch Claires Verluste spiegeln die Erfahrung vieler Frauen in den Fünfzigern wider: Die Veränderungen können sich so häufen, daß wir kaum Zeit haben, sie zu integrieren. Als Claire auf Saint John's ihr Selbstgefühl schwinden fühlte, beschloß sie, in die Stadt zurückzukehren, in der sie aufgewachsen war, doch als sie dort war, erwies sich die Realität als nicht sonderlich ermutigend. Mit 51 Jahren war sie geschieden, ohne Arbeit, und als Frau in einer der am stärksten von Konkurrenz geprägten Städte der Welt fühlte sie sich zum erstenmal durch ihr Alter benachteiligt. »Ich bin eine Chefin mit einer Menge an Erfahrung, doch wenn ich irgendwohin komme, sagen sie mir doch tatsächlich: ›Wir stellen nur jüngere Frauen ein.‹«

Die Tatsache des Alterns, die Möglichkeit von Krankheit, wachsende Einschränkungen – all das ist lebendige Realität geworden. Die Fünfzig sind eine Zeit des Absprungs. Vielleicht handelt es sich nicht um eine »Identitätskrise«, wie Sozialwissenschaftler in den fünfziger und sechziger Jahren meinten. Eine der großen Freuden, die Lebensmitte zu erreichen, ist, daß das »Selbstgefühl« da ist, wo es hingehört. Aber die Fünfzig haben dennoch eine Dringlichkeit, ein Gefühl, daß Herausforderungen anzunehmen sind, und es mag sein, daß auch drastische Schritte unternommen werden müssen.

Und dazu müssen wir Gelegenheiten beim Schopf ergreifen.

Mit fünfzig löste ich mich aus einer sechzehnjährigen Beziehung, die lange Zeit für keinen von uns beiden befriedigend war. »Die Ironie«, sagte mein Partner damals, »ist, daß du dich als die weniger Abhängige von uns beiden erwiesen hast«. Er wollte die Trennung ebenso wie ich, aber er sagte, er wäre vielleicht unbegrenzt geblieben, weil es ihm einfacher erschien.

Für mich fühlte sich die angebliche Sicherheit des Zusammenbleibens eher einengend als tröstlich an. Doch gleichzeitig, was für ein Risiko! Ich war vorher nie allein gewesen, nicht wirklich. Als ich mich zwanzig Jahre zuvor von meinem Mann trennte, hatte ich drei kleine Kinder im Schlepptau, und ich kannte zwar Einsamkeit, aber ich wußte nicht, wie es ist, wirklich allein zu *sein* – leeres Haus am Morgen, leeres Haus am Abend. Jetzt würde ich es herausfinden.

Und es geschehen andere Dinge, Ereignisse, die sich auftürmen wie hohe Wellen, die auf einen zurollen, ehe man Atem schöpfen kann. Mit 26 erkrankte meine älteste Tochter an einer schweren Depression, und sie brauchte meine Hilfe, als sie ihr Leben wieder in die Hand bekam. Meine Mutter, dieses gesunde, zähe Farmermädchen aus Nebraska, zog sich eine seltene Blutkrankheit zu, die sie für alle nur möglichen Infektionen anfällig machte. Mein 84jähriger Vater verbrachte tragische zehn Wochen im Krankenhaus und kämpfte mit den Folgen eines Verkehrsunfalls, ehe der Tod ihn ereilte. Wir erkennen, daß von diesem Zeitpunkt an das Leben unserer Eltern zunehmend von Krankheiten und Rückschlägen betroffen wird. Und es scheint, daß wir ausgerechnet dann, wenn wir praktisch in allen Lebensbelangen gräßliche Aufregungen erleben, paradoxerweise mit der allerhärtesten Angelegenheit konfrontiert werden: mit der fundamentalen Frage der Sterblichkeit – unserer Eltern, aber auch unserer eigenen.

Während all dies vor sich geht, herrscht natürlich die Menopause. Die Hormonänderungen, die sie begleiten, berühren viele Aspekte unserer Gesundheit. Ohne zu wissen warum, war ich über Monate hin heiser, erschöpft und schweren menopausalen Blutungen ausgesetzt. Die Ärzte schienen eine unbegreiflich lange Zeit zu brauchen, um herauszufinden, daß die Blutungen mich anämisch machten und daß – möglicherweise im Zusammenhang mit der Anämie – meine Schilddrüsen nicht richtig funktionierten – beides Bedingungen, die Depressionen hervorrufen.

Vielleicht unvermeidlicherweise, geriet ich in Geldnöte. Irgendwie hatte ich während dieser Jahre nicht wahrgenommen, daß mein Einkommen geringer als früher gewesen war und daß meine Ausgaben jetzt, da ich allein lebte, höher waren. So begann ich das Undenkbare zu tun – vorzeitig meine Pensionsrücklagen anzugreifen.

Alles in allem war der Anfang meines fünften Jahrzehnts ein Wirbelwind aus Wandel, Verlust und Wachstum. Ich wußte natürlich, daß meine Erfahrungen nicht einzigartig waren, doch ich fühlte mich häufig verwirrt und allein. Was *ist* dies? fragte ich mich zuweilen. Hilfe! Jemand warf mir eine Rettungsleine zu!

Meine Rettungsleine kam in Form einer Therapeutin namens Beveraly und meines Entschlusses, dieses Buch zu schreiben. Beveraly half mir dabei, die Vergangenheit zu rekonstruieren und mich für meine jetzigen Bedürfnisse zu öffnen. Das Schreiben half mir dabei, Verbindungen herzustellen zu den Herausforderungen der Lebensmitte, die andere erfahren. Immer häufiger wende ich mich an Frauen, wenn ich Hilfe und Beistand brauche, ihren besonderen Humor und ihre praktische Bereitschaft, dem Leben ins Auge zu schauen. Und so besuchte ich, mit dem Rekorder in der Hand, Dutzende von Frauen im ganzen Land, rund 65 insgesamt, die mitten im Leben standen. Es war nicht meine Absicht, einen Überblick im sozialwissenschaftlichen Sinne zu geben, sondern wie eine Journalistin zu fragen und auf die Stimmen meiner Generation zu lauschen. Ich wollte von den Reisen dieser Frauen lernen, und ich wollte in ihren eigenen Worten festhalten, wie sie Neuland betraten. Sie sind Teil einer neuen Menschenart, Frauen, die in der Lebensmitte erfahren, was es heißt, sexuell, energisch und kraftvoll zu sein. Frauen, die vor neuen Wahlmöglichkeiten stehen und neue Lebensräume finden.

Eine von mir interviewte Frau entschloß sich, eine Hospiz-Ausbildung zu machen, nicht weil sie einen todkranken Angehörigen hatte, sondern weil sie das Gefühl hatte, von ihrer eigenen Sterblichkeit abgeschnitten zu sein. Eine andere erklärte mir, sie habe nie die »harte Arbeit« auf sich genommen, ihren Geist zu entwickeln, und sie wolle es nun tun, »solange ich noch einen Geist habe«. Mit 49 Jahren, kurze Zeit nachdem ich sie interviewt hatte, begann sie mit dem Schreiben eines Romans, obwohl sie niemals zuvor dergleichen getan hatte. Wieder eine andere Frau hatte mit 50 Jahren das Gefühl, sie müsse aus einem alten Lebenskreis heraustreten. Esther hatte den größten Teil ihres Lebens damit zugebracht, Wohnungen anderer Menschen zu reinigen, und jetzt hatte sie einen Ehemann verlassen, der sie mißbrauchte, hatte in einem Krankenhaus einen besser bezahlten Arbeitsplatz gefunden und sich ein eigenes Apartment genommen. Wir saßen zusammen in einem kleinen Park in Saugerties in New York, an einem hellen Frühlingsmorgen, und sie erklärte erstaunt: »Ich bin 50 Jahre alt, und ich weiß nicht, wer ich bin.« Wichtig sei, erklärte ich ihr, daß sie sich mutig einen Platz geschaffen hatte, an dem sie es herausfinden könne.

Ich war fasziniert von der Art und Weise, wie die Frauen, die ich interviewte, dem Übergang in der Lebensmitte Sinn abgewannen, war fasziniert von ihrem Witz, ihrer Weisheit und dem Erfindungsreichtum, mit dem sie ihren Herausforderungen begegneten. Mit 50 war ihr Leben erstaunlich kompliziert – reich, schmerzlich, freudvoll und zuweilen erschreckend. Immer ungestüm und bereit, ihr Leben neu zu erfinden, während sie weitermachen, genauso sind diese Frauen um 50. Als ich später im Auto ihren Stimmen auf Tonband lauschte, begann ich mich erneut als Teil dieser großen Frauengeneration zu fühlen.

Ich möchte diese neuen Erfahrungen unserer Generation benennen, um ein neues, positiveres Bild anzubieten, mit dem wir uns auf dieser Lebensstufe identifizieren können. Zu Beginn meiner Nachforschungen hatte ich von Selbsthilfegruppen gehört, die sich in Kalifornien für Frauen dieses Alters zusammenschlossen. Sie nannten sich »Red Hot Mamas«. Jedesmal, wenn ich diese Gruppen in den

Vorträgen erwähne, die ich im ganzen Land halte, jubeln die Frauen. Diese Formulierung enthält etwas, was sie alle fühlen: Es ist noch nicht vorbei, noch lange nicht.

Um diese Zeit las ich ein Buch über Frauen, über Alter und Macht. In *In Full Flower* (»In voller Blüte«) schreibt die Historikerin Lois Banner von der Stanford-Universität von dem Respekt, den die Kultur der Schwarzen ihren Frauen in der Lebensmitte und den älteren zollt, Frauen, die sie als »Mamas« bezeichnet. Die Verunglimpfung älterer Frauen, wie sie in der Kultur der weißen Amerikaner vorherrscht, kommt in der schwarzen Kultur nicht vor, erklärt Banner. »Unter Schwarzen werden ältere Frauen geschätzt.« [1]

Geschätzt, wie sie sind, werden sie nicht als jenseits von Gut und Böse angesehen, sondern als aktive, energische Mitglieder der Gesellschaft, als ausgestattet mit der Fähigkeit, Veränderungen herbeizuführen.

Und wie sie angesehen werden, so verhalten sie sich auch.

Die Original-Mamas

»In jedem County in Südwestgeorgia«, schreibt eine studentische Aktivistin in den sechziger Jahren, »gibt es immer eine ›Mama‹. Gewöhnlich war die Mama ein militantes Mitglied der schwarzen Gemeinde, redefreudig, verständnisvoll und bereit, sich voll einzusetzen, da sie bereits ihren Anteil am Leben gehabt hat.« Diese »Mama«, wegen ihres Alters und ihrer Erfahrung geschätzt und wichtig für die Organisation der schwarzen Gemeinde in ländlichen südlichen Weilern wie in nördlichen Stadtgettos, übernahm die Führerschaft beim Umsturz des weißen Patriarchats.

Vor etlichen Jahrzehnten, als der Blues in den Vereinigten Staaten eine starke einheimische Musiksprache wurde, wurden freche schwarze Frauen populäre Vokalistinnen. Diese Blues-Sängerinnen, schreibt Florence Banner, »kleideten sich und lebten in großem Stil, und die schwarze Gemeinde nannte sie ›Göttinnen‹ und ›Hohepriesterinnen‹.« Der Ausdruck »Red-Hot-Mama« entstammt dem sexuell vitalen Stil dieser Frauen und ihren Liedtexten.

Gibt es heute noch eine »Red-Hot-Mama«? Natürlich haben wir

die wunderschöne Etta James. In heranreifender Form haben wir die kecke Queen Latifah (stellen Sie sich die mit fünfzig vor!). Doch vielleicht am bekanntesten – ihr Leben ist eine Triumphgeschichte für Frauen in aller Welt geworden – ist Tina Turner, die mit 53 von der Autorin Maureen Orth als »Königinmutter des Rock 'n Roll« bezeichnet wurde.

In ihrem Bericht über einen Auftritt in der Carnegie Hall im Frühjahr 1993 schreibt Orth, wie Turner im Laufschritt auf die Bühne kam. Sie trug einen engen schwarzen Lederanzug mit Schößchen und hohe Stiefel mit Plateausohlen. »Ihr Haar war ein fliegender Keil aus Kupferschichten, und ihre kraftvolle Stimme durchdrang die Dunkelheit wie Blitze: ›When I was a litte girl . . . I had a rag roll.‹« Mit ihren kleinen Ponyschritten über die Bühne tänzelnd, »die Beine, ihr Markenzeichen, in Leder gehüllt«, bewies sie nicht weniger Energie als zu Beginn ihrer Karriere vor 27 Jahren.

Turners Energie ist Red-Hot-Mama-Energie; sie schließt Sex zwar ein, ist aber nicht nur sexuell. Diese besondere Energie hat mit der Integrität, Aggressivität und Selbstbehauptung zu tun, die man heute in der Fähigkeit von Frauen widergespiegelt sieht, sich zu respektieren. Sie hat mit der Fähigkeit zu tun – die oft erst im späteren Leben kommt –, *mit* Frauen zu sein, sie als Bestätigung des eigenen Wertes zu erleben und nicht als Konkurrenz.

Wie jeder weiß, der *What's Love Got to Do With It?* gesehen hat, den Film, der auf Tinas Leben beruht, waren die Jahre mit Ike, in denen er dachte, *er* sei derjenige mit dem Talent, *er* gebe den Ton an, entsetzlich. »Der Mund war immer verquollen, die Augen immer grün und blau«, berichtete Tina Maureen Orth nach dem Auftritt in ihrer Garderobe. Sie kniete auf dem Sofa, umklammerte ein Kissen und zeigte ihre Narben. »Wenn sie den Pony ihrer Perücke anhebt, kann man einen kleinen Teil ihres krausen weißen Haaransatzes sehen.«[2]

Irgendwie war es schockierend, daß diese sexuelle Kanonenkugel weißes Haar verbarg.

Oder war das Gegenteil das Schockierende – daß jemand mit weißen Haaren ihre Energie, ihre Beine, ihre unverminderte Verve haben konnte?

In den folgenden Kapiteln taucht eine Gruppe von Frauen, die ich die »Mamas« nenne, immer wieder auf. Sie repräsentieren die Kerngruppe von »Freundinnen«, auf welche die meisten von uns, wenn wir altern, sich in zunehmendem Maße beziehen. Diese Frauen fordern uns heraus, bemuttern uns. Sie werden zu unserem griechischen Chor. Sie beobachten die Revolution, die sich in unserem Leben abspielt, und bieten Kommentare an. Sie bestätigen uns und spiegeln uns wider. Sie spornen uns an.

Wahlmöglichkeiten: Revolution von Frauen in der Lebensmitte

»Bei Frauen, die im mittleren Alter zu neuen Möglichkeiten erwacht sind oder die in die Frauenbewegung hineingeboren und den üblichen Rhythmen der einst traditionellen weiblichen Existenz entkommen sind«, sagt Carolyn Heilbrun, »erfordert das letzte Lebensdrittel wahrscheinlich neue Einstellungen und neuen Mut.«[3]

Als ich mich durch das fünfte Jahrzehnt hindurcharbeitete, ging mir auf, daß für die Frauen von heute dieses Alter all die Herausforderungen und Möglichkeiten bereithält – und all den möglichen Aufruhr, den wir in der Adoleszenz erlebt haben. Diese wilden, unbekannten Möglichkeiten, die wir mit sechzehn wahrnehmen, diese einzigartige Mischung aus Angst und Erregung – hier ist all dies wieder da. Wie wir damals die Kindheit hinter uns bringen mußten, genauso müssen wir heute das frühe Erwachsenenalter hinter uns bringen. Und genauso wie wir damals den Sprung wagen und uns der Zukunft stellen mußten, so müssen wir es auch heute.

Als ich in mein fünftes Jahrzehnt eintrat, hatte ich das Gefühl, es sei jetzt an der Zeit, daß ich mir einen neuen Platz wählte. Diesmal ging es nicht um die Frage, aus einer Ehe herauszukommen, oder darum, eine neue Liebe zu finden oder wieder zur Schule zu gehen. Es ging vielmehr darum, mich selbst neu zu definieren, tiefer in meinem Charakter zu forschen, um etwas zu entdecken, was am realsten, am dauerhaftesten war – und darum, mein Leben so zu konstruieren, daß das tiefere Selbstgefühl in den Vordergrund trat, daß es aufscheinen konnte.

Doch wie? Wie sollte das gelingen? Nichts, was ich in der Vergangenheit erlebt hatte, schien dieses Bedürfnis, in Kontakt mit meinem tiefsten Schlaf zu treten, zu wecken. Es gab kein Programm, keinen spezifischen Kurs, der mich zu den unerprobten Teilen meines Selbst führen könnte, die jetzt nach Ausdruck verlangten. Wenn ich diesen neuen Platz erreichen wollte, dann mußte ich mich öffnen, mich bemühen, vertrauen – das erkannte ich.

Vieles mußte sich ändern. Zuguterletzt mußte ich die familiäre Heimstatt aufgeben. Ich mußte alte Freunde verlassen und nach neuen suchen. Ich würde mich ändern, und in diesem Prozeß würde ich herausfinden, welche Art von Tag ich brauchte, um mich am Leben zu erhalten, welche Art von Luft und Licht, welche Klänge. Ohne die alten Unsicherheiten, die mich zurückhielten, würde ich wachsen und aufblühen, würde ich das Gefühl gewinnen, daß ich schließlich zu mir nach Hause gekommen war.

Doch im Verlauf dessen, was im Grunde eine spirituelle Reise wäre, mußten weitergehende, praktische Fragen angegangen werden. In Gesprächen mit Frauen meines Alters erfuhr ich, daß die gleichen Fragen immer und immer wieder auftauchten. Und nach mehreren Jahren der Nachforschung, in denen ich auch Therapeuten und Sozialwissenschaftler interviewte, konnte ich eine Art Schema herausfiltern, mit dessen Hilfe wir den Schwierigkeiten begegnen können, die uns verwehren, mit 50 Jahren zu uns selbst zu kommen.

Acht wichtige Fragen fordern auf dieser Lebensstufe unsere Aufmerksamkeit. Ich möchte sie »Wahlmöglichkeiten« nennen. Es gibt Zeitpunkte, an denen wir tätig werden – oder auch nicht –, und die Entscheidungen, die wir in solchen Augenblicken treffen, verändern zutiefst die Art und Weise, wie unser Leben künftig verläuft. Die Kapitel dieses Buches sind den acht Wahlmöglichkeiten gewidmet, welche die Qualität unseres Lebens in den nächsten dreißig Jahren entscheidend bestimmen. Praktisch alle diese Wahlmöglichkeiten ergeben sich aus den Komplexitäten des heutigen Lebens – aus den völlig neuen sozialen und psychologischen Situationen, in den sich Frauen dieses Alters heutzutage vorfinden.

Das sind zunächst soziale Barrieren, die sich dem glücklichen und produktiven Altern von Frauen in den Weg stellen – nämlich die Doppelbremse von Sexismus und Altersfeindlichkeit, die Frauen in der Lebensmitte betrifft. Wir können uns gegen diese Barrieren wappnen und uns nicht einverstanden erklären mit den traditionellen Ansichten darüber, was für Frauen unseres Alters »angemessen« ist. Statt dessen können wir uns entschließen, es unseren Schwestern gleichzutun, deren Geschichten zum Teil in Kapitel 2 (»Was hat das Alter damit zu tun?«) berichtet werden und die eine neue Realität der Lebensmitte definieren.

Zuweilen erscheinen die Lasten und Sorgen der Lebensmitte überwältigend, und wir lehnen sie ab und fragen uns: Wo sind all diese Freiheiten, von denen jeder erzählt? In diesem Alter besteht die Gefahr, daß wir von Verantwortlichkeiten überschwemmt werden – das Phänomen der Frau in der Lebensmitte, das darin besteht, daß wir durch die Bedürfnisse sowohl der jüngeren wie der älteren Generation eingeengt werden. Aufgrund unserer Sozialisation und der fortdauernden Erwartung der Gesellschaft, daß *Frauen* für das Wohlbefinden der Familienmitglieder verantwortlich sind, laufen wir Gefahr, neue Möglichkeiten zugunsten der Fürsorge für andere zu versäumen. Kapitel 3 (»In der Mitte gefangen«) berichtet von Frauen, die neue Wege finden, um für ihre Angehörigen da zu sein, ohne deswegen auf ihre eigenen Wachstums- und Entwicklungsmöglichkeiten zu verzichten.

Wie wir das Altern erleben, hat viel mit den Botschaften zu tun, die wir in uns aufgenommen, »verinnerlicht« haben, wie Psychologen den Vorgang nennen. Heimtückisch, weil weitgehend unbewußt, prägt die Verinnerlichung uns Botschaften ein, die auch dann noch bestehenbleiben, wenn die Außenwelt sich schon längst verändert hat. Wir erleben einen Konflikt zwischen innen und außen. Für die Frau in mittleren Jahren kann das heißen: »Fünfzig sind ein großartiges, freies, transzendentes Alter. Ich bin *begeistert*, fünfzig zu sein.« Aber auch: »Ich *hasse* es, fünfzig zu sein, ich hasse es, mein Aussehen zu verlieren, ich hasse den Gedanken, wie wenige Jahre noch übrig sind.« Da wir uns zerrissen fühlen, versuchen wir vielleicht, Zeit zu gewinnen, treten auf der Stelle, lassen die potentiell produktiven Jahre ungenutzt verstreichen, ohne die Schritte zu unternehmen, die notwendig sind, wenn dieses Stadium wirklich *gelebt* werden soll.

Eine weitere Wahlmöglichkeit ist: Wie in Kapitel 4 (»So sehen die Fünfzig aus«) erläutert, können wir den Stereotypen widerstehen, die in der Vergangenheit Frauen daran gehindert haben, neue Tagesordnungen zu entwerfen, wenn sie älter werden. Es ist Teil des gesellschaftlichen Mythos, daß man allein ist, wenn man nicht verheiratet ist. Dieser Gedanke verändert sich – vor allem für Frauen in der Lebensmitte. Dennoch erfordert bei denjenigen von uns, die vielleicht jahrelang verheiratet waren, Glück ohne Partner mehr als Passivität. Es bedeutet, soziale Netzwerke, intellektuelle Herausforderungen und sogar neue Werte aufzubauen – ein ganz neues Gefühl für das, was im Leben wichtig ist. Viele von uns sind jetzt zum erstenmal in ihrem Leben allein. Andere stellen fest, daß die intimen Beziehungen mit Ehemännern, Partnern und Freunden neu definiert werden müssen. Die fünfte Wahlmöglichkeit handelt von dieser Intimität. Die Art, wie wir unsere intimen Beziehungen gestalten wollen, beeinflußt fortan die Qualität unseres Lebens.

In der Lebensmitte ist das körperliche Wohlbefinden von Frauen aufgrund hormoneller Änderungen problematisch. Die fünfte Wahlmöglichkeit beschäftigt sich mit der Entscheidung, uns selbst zu erziehen, mit den rapide auftauchenden Informationen über Sexualhormone und ihre Auswirkungen auf Gehirn, Verhalten, Stimmung und Gedächtnis Schritt zu halten. Kapitel 6 (»Östrogen-Kriege«) zeigt, wie die widerstreitenden Interessen von Wissenschaft und Feminismus uns daran hindern können, wichtige Informationen zu bekommen, und die, die wir erhalten, richtig zu interpretieren.

Kapitel 7 befaßt sich mit den sexuellen Veränderungen, wie sie Männer und Frauen in der Lebensmitte erfahren. Wenngleich die Sexualität nicht erlischt, wenn wir älter werden, so ändert sie sich doch gewiß. Zu wissen, was wir zu erwarten haben, kann uns vor Enttäuschungen bewahren, und davor, uns von der Sexualität zurückzuziehen, weil wir durch das, was mit uns geschieht, in Verlegenheit geraten. Sexualität in der Lebensmitte kann tatsächlich freier, zärtlicher, erfinderischer und emotional befriedigender sein als die Sexualität in unserer Jugend. Doch um diese Vorteile genießen zu können, müssen wir unsere Einstellungen zur Sexualität ändern.

Die achte Wahlmöglichkeit hat mit der Kontrolle über unser Geld zu tun. Wenn Frauen in der Lebensmitte nicht anfangen, sich finanzielle Sicherheit zu verschaffen, dann setzen sie sich Jahrzehnten der Not im späten Leben aus. Doch Frauen unserer Generation haben immer noch Schwierigkeiten, Verantwortung für ihre finanzielle Zukunft zu übernehmen. Von den 65 Frauen, die ich interviewt habe, investieren nur zwei angemessen Geld für ihre Pensionierung, obwohl einige Frauen 100 000 Dollar und mehr im Jahr verdienten!

Schließlich die neunte Wahlmöglichkeit: die Herausforderung, einfach weiterzumachen, trotz der Sorge um den Verlust von Energie und Kreativität, trotz unserer Ängste vor dem Unbekannten.

Frauen, die lernen, sich anzupassen, die sowohl Gelegenheiten ergreifen als auch Begrenzungen akzeptieren, um eine bessere Lebensqualität zu gewinnen. Frauen, welche die Wahlen treffen, die es ihnen erlauben, mehr Zeit damit zu verbringen, das zu tun, was sie möchten, die einen Spielplan haben oder ein Ziel – diese Frauen werden einen besseren Neubeginn haben. Doch es kann geschehen, daß wir unseren Spielplan verlieren, wenn wir uns im Übergang befinden, wenn unsere Kinder aus dem Haus sind, vielleicht sogar unsere Ehemänner oder Partner, wenn wir sowohl die Möglichkeit größerer Freiheit verspüren wie eine ängstigende Gewißheit, daß die einzige Person, auf die wir uns verlassen können, nur *wir* selbst sind.

Wir haben keine Rollenmodelle für das, was jetzt von uns gefordert ist, keine Richtlinien. Doch wenn wir unsere Erfahrungen miteinander teilen, können wir mit 50 Freude und erneutes »Abheben« erfahren. Ich lade Sie ein, in das Leben dieser Frauen einzutreten, ihre Geschichte zu erfahren, über ihre Verluste zu weinen und sich von ihrer Weisheit leiten zu lassen.

Und ich teile meine eigene Geschichte mit.

Gemeinsam können wir diesen Übergang erkunden und seine Freiheit feiern, wie wir die Freiheit gefeiert haben, als die Frauenbewegung aufbrach, und wir mit ihr.

KAPITEL 2
Was hat das Alter damit zu tun?

»Das Gute ist«, sagte Helen, »daß wir, egal wie alt wir werden, immer in der Lage sein werden, zu *King Creole and the Coconuts* zu tanzen.«

Sie spielte auf die Tatsache an, daß sie soeben die goldene Karte ihres Gesundheitsclubs für fünfjährige ununterbrochene Mitgliedschaft bekommen hatte. Sie berechtigte sie zu einem fünfprozentigen Rabatt auf den Clubbeitrag, was, wie sie fand, einem Seniorenrabatt entnervend nahe kam.

Aber Tatsache war, sie war fit. Sie sah nicht so alt aus, wie sie war. Sie fühlte sich nicht so alt, wie sie war. *War* sie überhaupt so alt, wie sie war?

Oder, wie Willa zusammenfassend sagte: »Was hat das Alter damit zu tun?«

Was das Bild für Frauen, die kurz vor oder in den Fünfzigern stehen, dramatisch verändert, ist die »Langlebigkeitsrevolution«. Plötzlich bleiben die Leute Jahrzehnte länger gesund, und vor denjenigen von uns, die sich in der Lebensmitte befinden, liegt mit 50 mehr produktive Zeit, als wir uns jemals vorgestellt hätten. »Das ist wirklich ein noch nie dagewesenes Phänomen in der Geschichte der Menschheit«, meint die Sozialpsychologin Lydia Bronte. »Die Langlebigkeitsrevolution hat uns überrascht. Wir hatten nicht damit gerechnet. Wir haben keine Pläne dafür gemacht noch bewußt etwas getan, um sie herbeizuführen. Wir haben nicht einmal erkannt, daß so etwas möglich war, bis es passierte.«[1]

Seit Beginn des Jahrhunderts hat sich die Zeit, die Menschen im Erwachsenenalter zubringen, mehr als verdoppelt – eine größere Zunahme, als in den vorigen 2000 Jahren. In einem sehr kurzen Zeitraum sind also Menschen in den Fünfzigern mit einer Fülle neuer Erwartungen konfrontiert. Es liegen mehr Arbeitsjahre vor uns, und folglich müssen wir unsere Karrieren ausdehnen oder ganz neue schaffen. Wir brauchen mehr Geld, als wir gedacht haben, um unsere späteren Jahre bestreiten zu können. Wir müssen uns länger um die ältere Generation kümmern und uns mit ihr beschäftigen. Wir haben nur die Wahl, die Körperpumpe – unseren Körper – auf Trab zu bringen, um besser und länger arbeiten zu können.

Und natürlich sind Entscheidungen zu treffen – Wahlmöglichkeiten, die in starkem Maße darüber entscheiden, wie gut wir uns fühlen und wie produktiv wir in diesem längeren Leben sein können.

Nach Meinung von Experten fallen die neuen Jahre nicht auf das Ende der Lebensspanne, sondern in ihre Mitte. Was wir berücksichtigen müssen, ist nach Meinung von Bronte ein langes, *zweites*, mittleres Alter (von 50 bis 75), das auf ein erstes mittleres Alter folgt, das zwischen 35 und 50 liegt. Dr. Walter Bortz, eine Autorität in Fragen des Alterns an der *Stanford University Medical School*, meint, bis 40 seien wir jung, zwischen 40 und 80 in mittlerem Alter und von 80 bis 120 alt. Für welche Zahlen auch immer wir uns entscheiden, diese verlängerte Vitalitätsspanne bedeutet, daß wir über unser Leben anders denken müssen. Bronte, frühere Direktorin des *Aging Society Project* bei der *Carnegie Corporation*, meint, wenn man sich des Langlebigkeitsfaktors nicht bewußt sei, könne man »die Fünfzig erreichen und denken, die kreativsten oder produktivsten Jahre lägen hinter einem (was nicht stimmt); oder man könnte denken, mit 65 sei man alt (was man vermutlich nicht sein wird)«.[2]

Da das erwachsene Leben von Frauen etwa 60 Jahre dauert – von 21 bis 81 –, beginnt das mittlere Erwachsenenalter ungefähr mit 50. Das bedeutet neue Möglichkeiten, aber auch noch unerforschte Erfahrungen. Die Art und Weise, wie unsere Eltern ihre vierziger, fünfziger und sechziger Jahre durchlebten, hat wenig Einfluß auf die Art und Weise, wie wir diese Lebensspanne durchlaufen. Es handelt sich nicht um den Beginn der »goldenen Jahre«, wie man dieses Alter früher nannte, sondern um etwas ganz Neues. Dank medizinischer Fortschritte haben wir eine bessere Gesundheit und mehr Energie, mit denen wir dieses längere mittlere Alter genießen können.

Doch zuvor sind psychologische Anpassungen notwendig. Viele von uns versuchen, sich auszumalen, wie sie unser neues zweites Erwachsenenalter mit der ganz unterschiedlichen Auffassung in Einklang bringen sollen, mit der wir aufgewachsen sind, mit der Auffassung, wie diese Lebenszeit sich angeblich abspielen soll. Und die Erfahrung wird für Frauen anders sein als für Männer. Die radikalen sozialen und ökonomischen Veränderungen des letzten Viertels unseres Jahrhunderts, von denen viele von Frauen herbeigeführt wurden, haben für Frauen in der Lebensmitte ein neues Plateau, eine Art Hochebene geschaffen – ein Ort, wo wir noch nicht gewesen sind. Das wachsende Verständnis für Hormone, Hitzewallungen und postmenopausalen Sex ist nur ein Teil davon. Dies ist vielleicht das erste Mal, daß Frauen unserer Generation sich wahrhaft frei fühlen – frei, Leistungen zu erbringen, frei zu wählen, was für uns von großer Bedeutung ist, frei, kraftvoll zu sein. In den mittleren Jahren besteht die Chance, daß ein neuer, dynamischer Teil unserer selbst auftaucht, ein draufgängerischer Teil, der endlich keine Angst mehr vor der eigenen Macht hat. Der träumt. Der kreativ ist. Man kann neue Ebenen emotionaler und intellektueller Entwicklung anstreben – eine Fülle von Möglichkeiten.

Bei meinen Interviews mit Frauen im ganzen Land habe ich festgestellt, daß die Herausforderungen, uns in den mittleren Jahren selbst neu zu erfinden, oft mit Kämpfen verbunden sind. Vielleicht müssen wir unsere Identität neu formen als Person, deren Wert mit sehr viel mehr zu tun hat als der Fähigkeit, Babys zur Welt zu bringen.

Durchbrechen der »Stadienbarriere«

Die »mittleren Jahre« wurden früher für Frauen als Anfang vom Ende betrachtet; man dachte, daß sie im Unterschied zu Männern ihre Attraktivität an dem Tag zu verlieren beginnen, an dem sie 45 werden. Sex, Abenteuer und Herausforderungen sollten schnell ein Ende nehmen, und die Zukunft schrumpfte zum Bild knotiger Chenille-Morgenröcke und eisengrauer Lockenwickler zusammen.

Nicht, daß die Frauen ein Monopol auf die Angst in der Lebensmitte gehabt hätten. Beeinträchtigende Veränderungen waren jedermanns Schicksal. Im Grunde wurden die Erwachsenen beider Geschlechter so dargestellt, als stürzten sie aus verantwortungsvollen Positionen über Nacht in äußersten Verfall. Aber bei Frauen geschah das früher. Man glaubte, Frauen würden mit ungefähr 50 vom Verlust der Hormone heimgesucht, Männer mit etwa 65 vom Verlust der beruflichen Identität. Weil die Gesellschaft eine so schreckliche Vorstellung von der Menopause hatte (und es an Informationen über hormonelle Veränderungen bei Männern fehlte), dachte man, Männer hätten etwa 15 zusätzliche Jahre voller Schwung und Kraft, ehe auch ihr Gedächtnis nachließ, ihre Gelenke steif wurden und ihre Gehirnzellen die Kommunikation einstellten. Schließlich endeten wir alle in dem stagnierenden Ödland namens »mittleres Alter«.

Dieser unschönen Sicht auf die erwachsene Entwicklung wurde ein provozierendes neues Modell übergestülpt. Man wurde mit 45 nicht einfach zum Fossil, sondern konnte sich weiterhin entwickeln und mit den Jahren immer höhere und individuellere Stadien von Menschlichkeit erreichen. Erik H. Erikson, in den vierziger und fünfziger Jahren ein einflußreicher Psychoanalytiker, war fasziniert von der Idee fester, nacheinander ablaufender Stadien des erwachsenen Lebens, die man zu »meistern« hatte. Die »Phasentheorie«, wie sie genannt wurde, bot die tröstliche Vorstellung, daß Altwerden einem unveränderlichen Muster folgt. Der Tod mochte nicht freundlich sein, aber zumindest hielten die Jahre, die zu ihm führten, wenig Überraschendes bereit. Der Verfall, vor dem unsere Großeltern standen, würde unsere Eltern ebenfalls ergreifen und auf die gleiche Weise auch uns. Man nahm an, der Prozeß des Alterns sei unbarmherzig und für jedermann gleich.

»Stadien« des Lebens sind natürlich soziale Erfindungen. Die Kindheit wurde erst im 18. Jahrhundert als separates Stadium identifiziert. Die Adoleszenz wurde im späten 19. Jahrhundert erfunden, und sowohl »Jugend« als auch »mittleres Alter« tauchten im 20. Jahrhundert auf. Die neueste Einteilung – eine Unterscheidung ohne Unterschied, würde ein Rechtsanwalt vielleicht sagen – sieht »junge Alte« und »alte Alte«. Je länger wir Menschen leben, desto mehr Stadien brauchen wir anscheinend, um unsere Lebenserfahrung zu kodifizieren und sie auf beruhigende Weise vorhersagbarer zu machen, als sie in Wirklichkeit ist.

In den siebziger Jahren arbeitete Daniel Levinson Eriksons Theorie weiter aus und ordnete dem als »normal« verstandenen Weg des erwachsenen Lebens spezifische Leistungen – eigentlich *männliche*

Leistungen – zu. In den Zwanzigern sollte ein Mann heiraten und eine Karriere beginnen. In den Dreißigern sollte er sich beruflich etablieren und seine Ehe festigen. Wenn er die Vierziger erreichte, war es an der Zeit, seine Verpflichtungen neu zu überdenken und sich von seinen alten Mentoren zu lösen. Letzteres wurde als BOOM-Phänomen bekannt: *Becoming One's Own Man* (deutsch etwa: selbst jemand werden). Man nahm an, daß dieses BOOM eine Krise in der Lebensmitte erforderte, in der das äußere Leben und die innere Selbstvorstellung einen tiefgreifenden Wandel durchmachten. Wenn ein Mann sich vor dieser Krise in der Lebensmitte drückte, blieb er auf der Ebene eines Schlappschwanzes und erreichte nie den vollentwikkelten maskulinen Status.

Als leuchtendes Beispiel für jemanden, der BOOMte, sah man Picasso an, der immer kreativ, sexuell und sehnig blieb. Mit 75 hatte Picasso noch seinen Spaß. Sein Talent zum Leben in seinen späteren Jahren war, wie die Phasentheorie implizierte, keine Ausnahme von der Regel; jeder, der Mut hatte, konnte den guten Kampf der erwachsenen Entwicklung auskämpfen und weiterhin seine Flügel benutzen.

Im Idealfall brachte das Ende des Lebens »Integrität«, wie Erikson es nannte, oder psychologische Integration. Das Erreichen dieses Stadiums bedeutete, daß man fähig war, die Ganzheit des eigenen Lebens als das zu akzeptieren, was sie war, ohne irgendein Gefühl, unterwegs etwas Wichtiges verloren zu haben.[3] Hand in Hand mit der Integrität ging die »Generativität« oder zeugende Fähigkeit, ein Stadium, in dem die wichtigste Beschäftigung darin bestand, auf dauerhafte Weise einen Beitrag für andere zu leisten. Erikson betrachtete die Generativität als Gegenwert für den Verlust der jugendlichen Kraft.

Natürlich war dieser Gedanke, daß wir uns als Erwachsene noch ganz ähnlich entwickeln wie Kinder, bezwingend. Er implizierte Vorhersagbarkeit und zog uns vorwärts und aufwärts. »Ein anziehendes Merkmal der Phasentheorie war, daß sie spiralförmig ansteigende *Verbesserungen* darstellte«, schrieb die Psychologin Carol Ryff in *Gender and the Life Course*.[4] Erwachsene konnten sich darauf verlassen, sich einer deutlich unterschiedenen Serie von »Krisen« stellen zu müssen, während sie von Stadium zu Stadium fortschritten. Wenn sie diese Krisen transzendierten, konnten sie mit Verbesserung rechnen und immer höhere Ebenen des Funktionierens erreichen. Wer in aufsteigender Richtung mobil war, dem bot die Phasentheorie reife Pflaumen an. Wie Gail Sheehy das in *In der Mitte des Lebens* darstellte, konnte man nicht auf Stufe Zwei, das Jahrzehnt des »Hakens mit dreißig«, gelangen, ohne vorher die Entwicklungshürden von Stufe Eins genommen zu haben, den »bewegten Zwanzigern«. Es war ungefähr wie in der Schule.

Indem sie den Massen Levinsons Theorie schmackhaft machte, bot Sheehy ihren Lesern eine unwiderstehliche Aufgabe an. Solange sie wußten, was von einem Jahrzehnt zum nächsten kam, und ein bescheidenes Maß an Mut hatten, konnten sie krebsähnlich durch das Minenfeld der Möglichkeiten schreiten und am anderen Ende wieder herauskommen. Im Grunde ging es in *In der Mitte des Lebens* um das Gewinnen – das Gewinnen im Spiel des erwachsenen Lebens.

Im gleichen Jahr, in dem Sheehys Buch auf die Bestsellerlisten kam, begannen sich Sozialwissenschaftler über »Popkultur-Schilderungen« der Lebensstadien zu beklagen. Plötzlich war das neue Feld der erwachsenen Entwicklung »in Gefahr«, wie der bekannte Alterstheoretiker Orville Brim warnte.[5] Er fürchtete, die Öffentlichkeit schlucke den Gedanken vorhersagbarer erwachsener »Stadien« genauso, »wie sie Astrologie und das Lesen von Kaffeesatz übernimmt«.

Was den eingängigen Begriff der »midlife crisis« betrifft, so hat der Großvater der Phasentheoretiker, Erik H. Erikson, ihn überhaupt nie benutzt.[6] Könnte es sein, daß das erwachsene Leben Ereignisse, Gefühle und Prozesse umfaßt, die komplizierter sind, als das ordentliche Schema der Phasentheorie annahm?

Feministische Sozialwissenschaftlerinnen spielten eine wichtige Rolle bei der Lockerung der Phasentheorie. Grace Baruch und Rosalind Barnett, Forscherinnen am *Wellesley Center for Research on Women*, fanden so viele Unterschiede im Leben von Frauen zwischen 35 und 55, daß sie vorschlugen, die Idee fester Stufen in der erwachsenen Entwicklung aufzugeben. In *Lifeprints: New Patterns of Love and Work for Women Today*, 1983 veröffentlicht, erklärte Grace Baruch, die Phasentheorie spiegle nicht das Leben von Frauen wider, das selten dem gleichen Plan folgt wie das von Männern. Statt beispielsweise ihre beruflichen Verpflichtungen mit 40 neu einzuschätzen, gehen manche Frauen solche dann überhaupt erst ein.

Andere Frauen kehren den Plan um und beginnen erst in den Vierzigern oder sogar Fünfzigern mit Bindungen an Familie und Kinder. »Generativität«, der angebliche Gipfel der Reife, ist für Frauen durchaus kein Phänomen des späteren Lebens, wie Baruch und Barnett darlegen, sondern etwas, womit sie alle Hände voll zu tun haben, sobald ihre Kinder geboren sind.[7]

Natürlich haben nicht alle Frauen Kinder, und diese offenkundige Tatsache trug schließlich zu einer größeren Verschiebung im Denken von Sozialwissenschaftlern bei, einer Verschiebung, die ihrerseits eine größere Ausweitung der Optionen herbeiführte, die Frauen zugänglich wurden. Bemerkenswerterweise haben wir noch mehr Optionen, je älter wir werden.

In den vierziger, fünfziger und sechziger Jahren galt die Heirat als *der* entscheidende Wendepunkt für Frauen. Einen Partner zu wählen war angeblich der letzte Schritt der Identitätsentwicklung – für Frauen, nicht für Männer. Erikson erklärte 1968, das für das Auftauchen einer integrierten weiblichen Identität entscheidende Lebensstadium sei der Schritt von der Jugend zur Reife, die Phase, in der die junge Frau, was immer ihr Beruf sein mag, die Fürsorge aufgibt, die sie von ihrer elterlichen Familie erfahren hat, um sich selbst der Liebe zu einem Fremden und der Fürsorge für den Nachwuchs zu verpflichten; und damit drückte er einer Theorie, die bald zusammenbrechen sollte, den endgültigen Stempel der Zustimmung auf.[8]

Studenten verbarrikadierten sich in den Verwaltungsbüros von Colleges, eine halbe Million politisch bewußter Leute kampierte im Schlamm des Woodstock-Festivals, und Feministinnen hatten angefangen, Traktate über die Politik des Orgasmus zu schreiben, als Erikson seine Feststellung veröffentlichte. Nichtsdestoweniger entnahm eine ganze Generation von Psychologen und Soziologen daraus ihre Definition »normaler« weiblicher Entwicklung. Noch in den siebziger Jahren wurde eine Frau, die hoffte, den »Schritt von der Jugend zur Reife« zu tun, zu der Annahme ermutigt, der einzige Weg bestehe darin, sich der Liebe zu einem Fremden zu verpflichten.

Heute gelten Ehe und Kinder nicht länger als Meilensteine weiblicher Entwicklung. Das Spektrum der Normalität hat sich so erweitert, daß es alle möglichen Entscheidungen und Lebensstile umfaßt. Sozialwissenschaftler suchen jetzt herauszufinden, wie das Leben von Frauen tatsächlich verläuft und wie sie sich selbst und die Welt um sie herum von Jahrzehnt zu Jahrzehnt, von Entscheidung zu Entscheidung, von Erfahrung zu Erfahrung erleben.

In ganz wenigen Jahren hat sich die Gesellschaft von einem Erwachsenenmodell zu einem ganz anderen fortbewegt – von einem Kurzzeitmodell, das auf vorhersagbaren Phasen beruhte, zu einem Langzeitmodell ohne feste Phasen, zu einem Modell, das auf ständigem Wachstum und auf Evolution beruht. Männer wie Frauen in diesem Alter werden wahrscheinlich über Ziele und Optionen immer wieder nachdenken müssen. Doch für Frauen dürfte aus einer Vielzahl von Gründen die Herausforderung des mittleren Alters komplexer und angsterregender sein als für Männer.

Wir erwarten – und von uns wird erwartet –, daß wir mehr Geld verdienen, mehr reisen, uns intellektuell weiterentwickeln und offen werden für Sex, Romantik und neue Freundschaften. Doch von uns wird auch erwartet (wie wir in Kap. 3 sehen werden), daß wir auch weiterhin diejenigen sind, die in der Familie die Hauptsorgelast tragen. Aufgespalten zwischen der Generation unserer Eltern, die bereits die neunziger Jahre erreicht haben, und der Generation unserer Kinder, die von uns bis in ihre dreißiger Jahre Hilfe fordern, sind wir in starkem Maße »in der Mitte gefangen«. Nur mit bewußter Planung können wir verhindern, daß wir in einen Strudel familiärer Forderungen gerissen werden, der uns daran hindern würde, das Potential unserer mittleren Jahre zu realisieren.

»Mittleres Alter«: Wie es war

Die meisten Menschen, die die Vierzig, Fünfzig oder Sechzig erreicht haben, möchten nicht wieder jung sein; das schreibt zumindest Bernice Neugarten, eine einflußreiche Forscherin auf dem Gebiet der erwachsenen Entwicklung und des Alterns.[9] Andere haben gezeigt, daß gelassenes Altern von einer Fülle von Bedingungen abhängig ist, nicht zuletzt von finanzieller Sicherheit und nicht zu großem Streß. Die bekannte feministische Soziologin Alice Rossi hat festgestellt, daß Wohlbefinden in mittleren Jahren eher bei Frauen mit besserer Ausbildung zu finden ist, die sich in ihren Familienrollen kompetent fühlen, einen starken Antrieb zur Arbeit, Hilfe von ihren Kindern und zahlreiche soziale Aktivitäten außerhalb des Hauses haben. Das bedeutet nicht, daß nur die privilegierten Frauen glücklich sind, sondern es betont die Wichtigkeit finanzieller Sicherheit.

Frauen, die sich mit 50 *nicht* mehr jung fühlen, so stellte Rossi bei ihrer Studie von 1978 an Frauen in zwei kleinen Städten im Westen Massachusetts fest, führen häufig belastende Ehen. Ihr Leben ist nicht befriedigend genug, und sie machen sich viele Sorgen. Diejenigen in Rossis Untersuchung, die mit 50 alt waren, waren zwanghaft mit Ehegatten und Kindern beschäftigt, fühlten sich weniger einer Arbeit verpflichtet (wenn sie überhaupt außer Haus arbeiteten) und nahmen an weniger sozialen und kulturellen Aktivitäten teil als diejenigen, die sich als jünger empfanden.

Rossi unterteilte ihre Stichprobe in zwei Gruppen, jüngere Mütter (36 bis 43) und ältere Mütter (45 bis 51), und stellte fest, daß die meisten Frauen in beiden Gruppen jünger sein wollten, als sie waren. Je älter sie waren, desto jünger wären sie gern gewesen. Auf die Frage, für welches Alter sie sich entscheiden würden, wenn sie die freie Wahl hätten, *antwortete die Hälfte der Frauen, sie wären gern unter 30.*[10] Die Frauen in den Vierzigern wollten durchschnittlich acht Jahre jünger sein. Die Frauen in den Fünfzigern wollten 15 Jahre jünger sein.

Rossi glaubt, die Phantasien vom Jüngersein seien ein Mittel, dem Gefühl der Leere in ihrem Leben zu entfliehen (von den 60 Frauen in der Studie waren zwei Drittel berufstätig, und eine von fünf stand in einer Ausbildung. Ein Drittel war nicht über die High-School hinausgekommen). Die jüngeren Frauen berichteten, sie seien sich früher Anzeichen des Alterns bewußt: geringere Agilität, langsamere Erholung nach Schlafmangel, Schwierigkeiten, das Gewicht zu halten. Die älteren Frauen, so Rossi, antworteten auf einer tieferen Ebene, »oft mit einem Beiklang von Verzweiflung«.[11]

In diesen beiden Städten in Massachusetts waren die 40jährigen Frauen in den siebziger Jahren *draußen* – sie waren aktiv, hatten Spaß, lebten ihr Leben. Für die 48jährigen Frauen hatte das Leben eine weniger angenehme Wendung genommen. Sie versanken in einer Fülle von Verantwortlichkeiten für die Familie, sorgten sich um selbsttötungsgefährdete Mütter und Väter, die in Pflegeheime gingen, und Kinder mit finanziellen und Drogenproblemen – sie befanden sich im Zangengriff der »Sandwich-Generation«. Und sie wiesen alle Symptome der Depression auf, unter anderem mangelnden Optimismus bezüglich der Zukunft.

Die Frauen mit dem größten Streß wollten »weniger lange leben«, was nicht überraschend ist. Und die Frauen, die sagten, sie wären gern sehr viel jünger, waren dieselben, die sich vorstellten, früher zu sterben. »Mütter in jüngeren Jahren, die sehnsüchtig in Richtung Jugend blicken oder düster einem vorzeitigen Tod entgegensehen«, sagt Rossi, tun dies *nicht*, weil sie die Verherrlichung der Jugend in unserer Kultur verinnerlicht haben, *sondern weil ihr Leben so belastend ist*. In ihren Phantasien möchten sie dem entgehen – entweder, indem sie jünger sind, oder, indem sie nicht mehr lange leben. Einige sagten tatsächlich, sie würden lieber jung sterben, als die Erfahrung des Altwerdens machen zu müssen.

Wichtig ist die Anmerkung, daß eine Reihe dieser Frauen in dieser Studie von 1978 ökonomisch nicht gut dastand. 34 Prozent hatten Familieneinkommen von weniger als 15 000 Dollar im Jahr. Rossi hat bei anderen Studien festgestellt, daß Geld ein *wichtiger* Faktor dafür ist, wie gelassen wir altern. Einfach ausgedrückt, je mehr Geld Menschen zur Verfügung haben, desto wohler fühlen sie sich, wenn sie älter werden.

In den siebziger Jahren, als Rossi die Studie an den Frauen in Massachusetts durchführte, begann die neue, positivere Einstellung der Gesellschaft zu Frauen in mittleren Jahren gerade erst aufzutauchen. Ein Grund, warum sich die Einstellung veränderte, war, daß die mittleren Jahre selbst sich veränderten. Mit besserer Gesundheit, Ausbildung und finanziellem Status versehen als Frauen je zuvor, haben diejenigen, die sich heute dem mittleren Alter nähern, Gelegenheit zu neuen Erfahrungen und weiterer Entwicklung. Wir brauchen nicht zurückzublicken und uns zu wünschen, wir wären jünger, weil es so viel gibt, worauf man sich freuen kann.

Das Alters-Bewußtsein überwinden

Wir fahren mit aufgeklapptem Dach den Berg hinauf. Willa, die in den Rückspiegel schaut, beobachtet entsetzt, wie der Wind ihr Haar zerzaust. »Ich weiß, so werde ich schließlich sterben«, sagt sie, »auf der Suche nach meinen Wurzeln.«

Ich kenne Frauen, die jenseits der Fünfzig angefangen haben, Motorrad zu fahren, Berge zu besteigen oder auf Rollschuhen zu laufen. Die weniger Abenteuerlustigen kaufen sich Kabrios. Sportwagen sind der große Hit – Miattas, MGs, Mustangs. Die ausgelassenen Frauen, die man mit Schal und Sonnenbrille um die Ecken brausen sieht und die das Gefühl von Geschwindigkeit genießen, sind keine 17, sondern wahrscheinlich 50, 60 oder sogar 70 Jahre alt. Meine Nachbarin Nancy oben an der Straße fährt täglich in ihrem silbernen Miatta unseren Hügel hinunter. Susan hat einen kleinen gelben CRX mit hinreißend hochgezogenem Heck. Bobbies Kinder haben ihr zum 60. Geburtstag einen roten Mustang geschenkt, und sie fährt ihn fast bei jedem Wetter, wenn nicht gerade Glatteis herrscht.

Zuerst hielt ich das für Kompensation. Man verliert seine Sexualhormone und fängt an, einen Sportwagen zu fahren. Jahrelang hatte ich mich mit meinem alten Saab begnügt, dessen einst strahlender Lack jedes Jahr stumpfer wurde, nachdem er nun abgezahlt war. Trotz seiner Schäbigkeit mochte ich ihn. Der Wagen funktionierte wie eine Ausdehnung meines Körpers. Ich fuhr ihn einhändig, nahm die Berge von Woodstock mit der linken Hand am Steuer und einem Kaffeebecher in der rechten. Ich hatte das Gefühl, mit diesem Auto, das meine Wünsche fast schon erkannte, ehe ich die Befehle gab, bis an mein Lebensende fahren zu können.

Doch dann, als ich Mitte Fünfzig war, überkam mich der Drang. Fiona (sie hatte sich aus ihrem Unwohlsein befreit) hatte sich für wenig Geld einen alten MG gekauft und ihn für nicht viel mehr ganz herrichten und in britischem Rennwagengrün spritzen lassen. Morgens flitzte sie damit an meinem Haus vorbei und nahm schnittig die Kurve. Ich begann, über dieses Auto nachzudenken, war davon besessen wie ein Junge.

Es gibt wenige Übergangsriten für Frauen, die in die Lebensmitte eintreten, nichts, was unsere neue Macht und Freiheit anerkennt, nichts, das den Übergang heraushebt und sagt: »Ich bin lebensfähig. Ich bin selbstbestimmt und sexy. Ich gehe gut mit mir um.« Sportwagen und Motorräder sagen der Welt das. Sie sagen: »Ich sitze nicht herum, ich bewege mich. Da gab es eine Hürde, aber ich habe sie genommen, und jetzt bin ich auf der anderen Seite, mache weiter mit meinem Leben, fahre auf guten Reifen und ordentlichen Stoßdämpfern. Ich gehe noch immer Risiken ein, aber sie sind berechnet, verwurzelt in Weisheit und Erfahrung.«

Und das, sagen sie, macht Spaß!

Für Frauen in der Lebensmitte kann ein tolles Auto die Tatsache repräsentieren, daß sie für niemanden mehr verantwortlich sind. Keine Lebensmittel, keine Kinder und keine unerträglich abhängigen Dänischen Doggen mehr auf dem Rücksitz. Wir sind frei! Wir können Mitch Ryder und die *Detroit Wheels* aus den Xenon-Lautsprechern dröhnen lassen, wir können aufs Gaspedal treten, während »Devil with the Blue Dress On« die Windschutzscheibe erzittern läßt. Wir können um Mitternacht die Stadt verlassen, die pechschwarze Schnellstraße nehmen, das Handy neben uns, und so spät in irgendeiner kleinen Stadt auf dem Land ankommen, daß nur noch die Sterne draußen sind.

Wir mögen zwar »Red Hot Mamas« sein, aber wir sorgen uns dennoch darum, was »altersangemessen« ist. Wir fürchten, wir könnten »zu alt« sein, um noch einmal zur Schule zu gehen, Flamenco zu lernen, die Eigenschaften verschiedener Kondome zu vergleichen. Es gibt keine Vorbilder, um uns unser Leben zu erklären oder zu bewerten.

Nach ihrer Scheidung, so berichtete Marilyn Mason auf einer Konferenz amerikanischer Familientherapeuten, durchlief sie eine Periode, in der sie zur gleichen Zeit wie ihre Kinder Verabredungen hatte und sich über deren Praktiken der Empfängnisverhütung genauso sorgte wie über ihre eigenen. Und sie wurde von Zweifeln geplagt. »Ich fragte mich dauernd: Wieso bin ich hier? Ich habe all das in meinem Leben doch schon früher getan. Eigentlich sollte ich doch etabliert sein und mich darauf vorbereiten, Großmutter zu werden.«

Wenn sie mit einem anderen Modell als der die Männer bevorzugenden Phasentheorie aufgewachsen wäre, hätte Mason sich vielleicht wohler gefühlt, als sie die mittleren Jahre erreichte. Statt dessen empfand sie sich als eigenartig und aus dem Takt.

Tatsächlich ist dieses Gefühl des Aus-dem-Rhythmus-Seins wert, darüber zu reden. Es tritt deshalb auf, weil wir physisch und emotional fähig sind, in diesem Alter Dinge zu tun, die frühere Generationen von 50jährigen Frauen nicht hätten tun können oder wollen.

»Vor ein paar Jahren, als ich mich gerade den Fünfzig näherte, nahm ich einen neuen Job an. Ich zog in ein neues Haus. Und ich adoptierte ein Kind aus Chile.«

Im Ballsaal des Bostoner Hotels, in dem hauptsächlich Therapeuten versammelt waren, hätte man eine Stecknadel fallen hören können, als Carol Anderson, Psychologin und Professorin am *Western Psychiatric Institute* in Pittsburgh, den anderen Therapeuten berichtete, wie es war, in der Lebensmitte noch Mutter zu werden.[12] »Man muß darauf vorbereitet sein, die ganze Frage des Alterns und seiner Bedeutung zu behandeln, denn Kinder lassen da nicht locker«.

Nachdem ihre Tochter Maria in die erste Klasse ging, wollte Anderson ihre Schule erstmals besuchen. Sie merkte, daß ihre Tochter deswegen ängstlich war, und dachte, es könne daran liegen, daß sie anders aussah als ihre Mutter. Anderson fragte nach. Die Kleine schaute sie aufrichtig an und sagte: »Mom, die Kinder könnten sagen, daß du alt bist.«

»Ich sagte: ›Na ja, das stimmt, Maria, das könnten sie sagen.‹

Maria schwieg eine Weile und sagte dann: ›Also, ich werde ihnen einfach sagen, daß du sehr nett bist.‹«

Frauen adoptieren nicht nur Kinder in ihren fünfziger Jahren, sie bringen sie tatsächlich auch zur Welt. Zu Weihnachten 1993 wurde eine 59jährige englische Frau die älteste bekannte Mutter von Zwillingen. Zwei Tage später kündigte eine noch ältere Frau in Italien, 63 Jahre alt, an, sie werde bald ein Kind zur Welt bringen.

In Großbritannien lehnten Ärzte und Politiker den Gedanken einer Fruchtbarkeitsbehandlung für postmenopausale Frauen ab. Diese Frauen seien zu alt, hieß es. »Frauen haben nicht das Recht auf ein Kind, das Kind hat ein Recht auf ein angemessenes Zuhause«, verkündete der britische Gesundheitsminister.[13] Diesen Standpunkt vertreten auch viele amerikanische Ärzte, die menopausale Frauen bei der Geburt zu alt finden, als daß sie ihren Kindern ein dauerhaft gutes Zuhause »garantieren« könnten.

»Zu Tausenden«, schreibt Carlson in einem *Time*-Essay, der kurz nach der Aufregung in England publiziert wurde, »üben Männer über 45 ihr dauerhaftes Recht auf Vaterschaft aus, heiraten und heiraten wieder, haben erste und zweite Familien, ohne daß jemand dieses Recht in Frage stellt. Wenn ein Mann das Baby bekommt, fragen nur wenige, ob der Streß für den alten Knaben nicht zuviel wird.«[14]

Dennoch zeigen Studien, daß Frauen, die älter sind, wenn ihre Kinder geboren werden, die Mutterschaft wahrscheinlich als belastender erleben als jüngere Frauen. Sie fühlen sich sozial nicht unterstützt. Gleichaltrige Frauen interessieren sich jetzt für andere Dinge. Die 48jährige Mutter eines Krabbelkindes erzählte mir, daß es schwer sei, auf dem Spielplatz mit den jüngeren Müttern in Kontakt zu kommen. Sie hatte das Gefühl, diese hätten ein anderes Verständnis vom Leben als sie. Dadurch empfand sie sich als anders, als *älter* – exiliert auf einer Parkbank bei der Sandkiste unter einer Gruppe junger Frauen, die Rezepte austauschten. Wie Marilyn Mason übte diese Frau ihre neuen Optionen in der Lebensmitte um den Preis aus, sich schmerzhaft aus dem Rhythmus gekommen zu fühlen.

Die Erfahrung der *Diskontinuität*, wie einige sie nennen, ist psychologisch wichtig, weil sie uns erlaubt, Änderungen zu praktizieren. »Diskontinuität gestattet mir zu sagen: ›In Ordnung, wenn ich einen neuen Job in einer neuen Stadt annehme, dann weiß ich, wie man einen neuen Anfang macht‹«, erklärte Mary Catherine Bateson, Autorin des anregenden Buches *Composing a Life*, den Teilnehmern einer Konferenz über das Altern, die das *Omega Institute* 1992 in Manhattan veranstaltet hatte. »Ich weiß, wie man Freunde gewinnt. Ich weiß, wie man aus sich herausgeht. Wenn, was der Himmel verhüten möge, mein Mann sich entschließt, sich in Florida zur Ruhe zu setzen, kann ich damit fertig werden.«[15]

Sorgen über das, was in unserem Alter »richtig« ist, können Frauen in der Lebensmitte daran hindern, sich Aktivitäten hinzugeben, die ihr Leben erweitern und bereichern würden. Bateson erklärte auf der Konferenz, dem Druck anderer bezüglich dessen zu widerstehen, was *diese* als altersangemessen betrachteten. »Als ich

Dean der Fakultät am Amherst College war, hatten sie eine wundervolle Eislaufbahn. ›Ach, seit Kinderzeiten bin ich nicht mehr Schlittschuh gelaufen. Ich möchte es wieder lernen.‹ Und wissen Sie, was man mir sagte? ›Ich glaube nicht, daß es eine gute Idee wäre, wenn die Fakultät sieht, wie Sie Schlittschuhlaufen lernen.‹«

Diese Lektion lernte auch April Martin, als sie im Alter von 40 Jahren beschloß, ihre erste Trainerstunde auf dem Eis zu nehmen. Martin war eine »etwas rundliche« Psychologin mit zwei Kindern und wollte sich eigentlich nur ein wenig körperliche Bewegung verschaffen, als sie von der Begeisterung für den Eislauf ergriffen wurde. Das war vor fünf Jahren. »Jeder neue Schritt – der erste Schlittschuhschritt rückwärts, der erste kleine Walzersprung – war so aufregend, daß ich tagelang nicht schlafen konnte.« Heute, schreibt Martin, »stelle ich jeden Morgen um Viertel nach vier meinen Wecker ab, stolpere ins Badezimmer und plane das folgende zweistündige Training, nehme mir etwa vor, meine Pirouetten zu verbessern und die Tendenz zu korrigieren, mich bei der Landung nach Sprüngen nach vorn zu beugen.«[16]

Um 20 Minuten nach fünf ist sie auf dem Eis – eine »erwachsene Eisläuferin«, wie Leute, die als Erwachsene mit dem Eislaufen beginnen, etwas abfällig genannt werden. »Wir bewegen uns langsamer, unsere Sprünge sind nicht so hoch, unsere Gliedmaßen weniger gestreckt, und oft haben wir einen ängstlichen Gesichtsausdruck.« Sprünge mit doppelter Drehung kommen bei erwachsenen Eisläufern seltener vor. Dreifachsprünge sind ausgeschlossen. Aber sie sind Sportler, wie Martin betont. Sie verwenden viel Zeit und Energie darauf, ihr Können zu verbessern. Und allmählich werden sie vom amerikanischen Eislaufverband auch toleriert.

Martin ist fasziniert von dem Widerspruch, daß sie »als Frau reifer und tiefer« geworden ist durch einen Sport, der sich professionell an jungen Mädchen orientierte. Doch obwohl sie »die schmerzhaften entzündeten Fußballen und chronisch steifen Muskeln der mittleren Jahre« auf das Eis mitbringt, bringt sie auch einen ihrer Gewinne mit. »Die gesteigerte Fähigkeit, mit Widersprüchen zu leben.«

»Mein Trainer brüllt über das Eis. ›Das nennen Sie *Tempo?* Meine tote Großmutter kann sich schneller bewegen!‹«

Martin duckt sich tiefer, strengt sich mehr an und spürt, wie der Schweiß zu rinnen beginnt.

Ich las Martins Beschreibung in der Frauenkolumne der *New York Times*, und ein kleiner Schauder überlief mich. Als ich gerade den Erfolg der mittleren Jahre zu spüren begann und zum erstenmal wirklich Geld verdiente, mit 45, dachte ich daran, das Eislaufen da wieder aufzunehmen, wo ich mit 16 Jahren aufgehört hatte. Begeistert investierte ich 300 Dollar in meine ersten wirklich guten Schlittschuhe – ein Paar kanadische Maßstiefel von Reidell mit CCM-Kufen. Ich ging zum Sky Rink in der Mitte von Manhattan und nahm eine Trainerstunde. Es war schrecklich. Ich riß mich zusammen und nahm noch eine Stunde. Es war noch immer schrecklich. Ich konnte die Frustration nicht ertragen, langsam und unsicher um diese große Eisbahn zu laufen, überzeugt, nie wieder einen Walzersprung hinlegen zu können, weil ich zu alt war. Niemand versuchte, mich vom Gegenteil zu überzeugen, außer meinen Töchtern, die immer hilfreich und liebevoll waren, aber was wußten sie schon von den mittleren Jahren?

Als ich über April Martins Erfahrung las, bekam ich das Gefühl, ich hätte zu früh aufgegeben.

Judith Rodin, Forscherin, Autorin und College-Administratorin, ist eine Frau, die Barrieren überwunden hat, und das nach ihrem eigenen Zeitplan. Die Regeln hat sie schon früh aufgestellt. »Ich habe mir nie bewußt gesagt, daß ich zuerst meine Karriere sichern will, aber das war bestimmt ein wichtiger Grund, warum ich erst geheiratet habe, als ich mein Amt bekommen hatte.«

Sie war 34, als sie ihr Amt bekam, und 35, als sie heiratete. »Ich muß mich für mich selbst aufgespart haben«, meint sie.

Rodin, mit 48 wieder Single, kaufte sich ein Haus. Sie fühlte sich nicht nur wunderbar selbstgenügsam, sondern traf sich auch wieder mit Männern. »Was mir daran (an diesem Alter) unter anderem so gefällt, ist, daß ich nicht mehr versuche, so zu sein, wie er mich haben will, wie wir das als junge Mädchen getan haben. Heute sage ich unausgesprochen: ›So bin ich – und es wäre toll, wenn wir uns mögen würden.‹«

Als sie ihren Doktor machte, hatte Rodin das bedrückende Gefühl, genau zu wissen, wie der Rest ihres Lebens verlaufen würde.

Dieser Grad der Vorhersagbarkeit deprimierte sie, und sie entschloß sich, sich nicht an einen linearen akademischen Weg zu binden. Diese Entscheidung gab ihr in der Lebensmitte mehr Selbstvertrauen und Flexibilität, als Frauen früherer Generationen erleben konnten. »Da bin ich mit Ende 40 und habe ein volles Spektrum von Optionen. Ich kann wieder heiraten; ich kann allein bleiben. Ich kann in der Verwaltung bleiben, ich kann ins Labor zurückgehen. Ich kann völlig den Beruf wechseln, früh in Pension gehen und ganz andere Sachen schreiben«.[17]

Rodins Wille, ihren eigenen Weg zu gehen, hat kühne Entscheidungen bewirkt. So lehnte sie beispielsweise eine Einladung ab, Präsidentin von Radcliffe zu werden. Warum? Radcliffe war nicht, was sie im Sinn hatte. »Mir wurde klar, wenn ich Präsidentin einer Universität werden wollte, dann an einer großen, auf Forschung basierenden Universität«, sagt sie. »Radcliffe mit seiner sehr ungewöhnlichen Beziehung zu Harvard ist das eigentlich nicht.«

Rodin beschloß, einfach in Yale zu bleiben und zu sehen, wie sich die Dinge entwickelten. Sie wurde für ihre Bestimmtheit belohnt. 1991 wurde Rodin zum Dean von *Yales Grad School* ernannt, ein Jahr später wurde sie Provost, womit sie die höchstrangige Frau in der *Ivy League* ist.

Im gleichen Jahr wurde ihr Buch über Eßstörungen, *Body Traps*, veröffentlicht. Nicht lange danach stand ihr Name auf der kurzen Liste derer, die für die Präsidentschaft von Yale in Erwägung gezogen wurden. Während dieser Zeit erschien Rodin in Oprah Winfrys Talkshow, um über *Body Traps* zu sprechen. Einige in Yale kritisierten sie deswegen und behaupteten, *Oprah* sei als Forum für eine Yale-Professorin nicht intellektuell genug. »Das ist das Albernste, was ich je gehört habe«, sagte Rodin der Zeitschrift *Working Woman*. »Anorexie ist eine schwere Krankheit – sie bringt Frauen um. Und *Oprah* erreicht ein großes Publikum. Der Gedanke, alles zu berechnen, was ich tue oder sage, weil Yale nach einem Präsidenten sucht, ist für mich undenkbar.«

Yale verzichtete schließlich auf Rodin, doch das hielt ihren Aufstieg in den »ultimativen Männerclub« der Akademien nicht auf. 1993, als Rodin 50 war, bat ihre Alma Mater, die *University of Pennsylvania*, sie, die neue Präsidentin zu werden, und sie nahm an. Heute ist sie die erste Frau an der Spitze einer Institution der *Ivy League* – obwohl oder vielleicht weil sie sich dafür entschieden hat, beruflich ihre eigenen Wege zu gehen.

Judith Rodin ist ein strahlendes Beispiel für das Modell der erwachsenen Entwicklung, wie es von zeitgenössischen Psychologen wie Robert Jay Lifton vorgestellt wird, der denkt, es sei besser, elastisch und beweglich zu sein, als rigide und fixiert, dafür aber »etabliert«. Nichts geht verloren, wenn man spät heiratet, sich früh scheiden läßt und zu Oprah geht, um über seine akademische Forschung zu reden. Mit 50 haben wir Kraft genug, unsere eigenen Regeln aufzustellen.

Wieder da anfangen, wo das Mädchen aufgehört hat

In der Adoleszenz kommen Mädchen in das Alter, in dem sie zu Objekten werden und von der Gesellschaft als sexuell begehrenswert betrachtet werden *oder auch nicht.* In dem sie den Angehörigen des anderen Geschlechts nützlich und interessant erscheinen *oder auch nicht.* Nach der Pubertät beginnt sich die Basis ihres sozialen Wertes zu verschieben, und sie treten zwangsläufig in das Paarungsspiel ein. Dabei verlieren sie ihre Fähigkeit, aufrichtig zu sein.

In *Meeting at the Crossroads; Women's Psychology Girl's Development* berichten Carol Gilligan und Lyn Mikel Brown von ihrer faszinierenden Untersuchung an 100 Mädchen verschiedenen Alters und verschiedener ethnischer Hintergründe an der *Laurel School for Girls* in Cleveland. Vor dem Teenageralter waren die Mädchen intelligent, originell und redefreudig, stellten die Autoren fest, doch in der Adoleszenz verändert sich etwas: Eine neu entwickelte Angst vor Risiken und vor Störung des Frieden »dämpft – vielleicht für immer – ihren früheren mädchenhaften Mut, ihre Aufrichtigkeit und ihre Konfliktbereitschaft«. [18] Sie verloren »ihre Fähigkeit zu unterscheiden, was wahr ist und was angeblich wahr ist, was liebevoll ist und was als Liebe ausgegeben wird, was sich real anfühlt und was angeblich real ist«.

Für die meisten Mädchen ist Aufrichtigkeit zu gefährlich. Das ist nicht von Anfang an so, aber die Adoleszenz – und die Sexualität –

läutet die Veränderungen ein, und wir bringen den Rest unseres Lebens mit dem Versuch zu, die Kühnheit zurückzugewinnen, die wir als Mädchen hatten. Frauen können in der Lebensmitte, wenn sie nicht länger wegen ihrer sexuellen Anziehungskraft geschätzt werden, den jugendlichen Mut wiederfinden. »Wenn sie erst über fünfzig sind«, schreibt Carolyn Heilbrun, »und den Versuchungen des Strebens nach ewiger Jugend, den Verkäufern unnatürlicher Schlankheit und kosmetischer Chirurgie entgehen können, sind sie vielleicht in der Lage, sich wieder in die frechen Mädchen zu verwandeln, die sie einst waren. Und wenn in der Adoleszenz die Bedeutung ihrer eigenen Überzeugungen verstärkt wurde, sind sie mit fünfzig vielleicht bereit, Risiken einzugehen, eine neu gefundene Vitalität zu beweisen und konventionellen Einschränkungen Adieu zu sagen.«[19]

Richterin Judith Kaye, groß gewachsen, leidenschaftliche Läuferin, Ehefrau und Großmutter, wurde vor zehn Jahren von Gouverneur Mario Cuomo an das Appellationsgericht berufen, an das höchste Gericht New Yorks. Vier Tage vor der Vereidigung teilte Richter Byron White mit, er verlasse den Obersten Gerichtshof, und Richterin Kaye erschien auf der Liste der möglichen Nachfolger. Die Leute sagten ihr, sie wäre verrückt, wenn sie sich selbst von der Liste streiche, indem sie das Amt am Appellationsgericht annehme, aber genau das tat sie. Sich um einen neuen Job zu bewerben, nachdem sie erst wenige Tage zuvor geschworen hatte, eine andere Tätigkeit nach besten Kräften auszuüben, »hätte einen totalen Mangel an Charakter verraten«, sagte sie. »Das konnte ich mir keinen Moment lang vorstellen.«[20]

Richterin Kaye ist »in«. 1993, beim Treffen der American *Bar Association*, der Anwaltsvereinigung, wurde sie, 55 Jahre alt, um nicht weniger als zehn Reden gebeten. Richterin Kaye versteckt sich nicht hinter Prätentionen. Am ersten Tag in ihrem neuen Amt vertraute sie bei einer Anwaltsversammlung ihren Kollegen an, sie sei der erste Richter in der Geschichte des New Yorker Appellationsgerichts gewesen, der auf der Richterbank rote Schuhe trug und im Schreibtisch ihres bedeutenden Vorgängers Benjamin Cardozo Nagellackfläschen aufbewahrte.

Während des Kongresses, an dem 13000 Juristen teilnahmen, sprach Kay über Brustkrebs und darüber, was die Anwaltsvereinigung tun könne, um Forschung und Prävention zu fördern. In ihrer Abschlußrede sprach sie von visionären Ideen, der wachsenden Entfremdung zwischen Bevölkerung und Justiz abzuhelfen.

Für Frauen auf der Suche nach Rollenmodellen für die Lebensmitte sind die Leistungen von Richterin Kaye großartig, doch am faszinierendsten ist vielleicht, wie sie sich weiterhin um die Details von Leben und Beziehungen kümmert. Während der Kongreßwoche ging Judith Kaye um sechs Uhr morgens zum *Food Emporium* am oberen Broadway, um Getränke für die Anwälte und ihre Frauen einzukaufen, die sie an diesem Abend bei sich zu Hause bewirtete. Dann, nach einer Rede am Vormittag und einem Seminar, ging sie wieder einkaufen – diesmal Räucherlachs, Cremekäse und Brötchen. Es sollte ein »Essen im Stil von New York City werden, das keine Mühe macht«, sagte sie. Um halb sechs verließ sie den Kongreß, um zum Friseur zu gehen. Ihre Gäste kamen um sieben.

Während der Kongreßwoche bekam zufällig Judiths neun Monate alte Enkelin einen neuen Zahn. Als sie gefragt wurde, ob ihr der Kongreß ebenso wichtig sei wie dieser Zahn, sagte die Richterin: »Nicht annähernd.«

Das ist etwas, das wir nun zum erstenmal sehen –: Frauen, die auf der gleichen Ebene – oder einer höheren – tätig sind wie die tüchtigsten Männer und die trotzdem ihre emotionale Bindung an diejenigen bewahren, die ihnen nahestehen.

Gelassen schaut Dr. Victoria Elizabeth Foe, eine hervorragende Entwicklungsbiologin, aus einem großen Photo auf der Wissenschaftsseite der *New York Times*. Mit ihren 48 Jahren kleidet sich Dr. Foe, die kürzlich einen *MacArthur Award* erhalten hat, wie es zu einem modernen Genie paßt, im »Red-Hot-Mama«-Stil: langer Bauernrock und Bauernbluse, Cowboystiefel, in denen sie 1,80 Meter mißt, wilde Mähne schwarzer, welliger Haare.

Als Forscherin an der *University of Washington* ist Foe eine Anomalie in der wissenschaftlichen Welt. Sie hat nie eine Professur angestrebt, da sie keinen Wert auf die Verwaltungspflichten legte. Sie war nie für einen Konzern tätig, da sie keinen Chef über sich haben wollte. In ihrem Labor arbeiten weder Studenten noch Techniker. Ihr Gehalt wird vom *National Institute of Health* bezahlt, und an der

Universität macht sie weitgehend, was sie will. Am liebsten verbringt sie ihre Zeit damit, in ein Mikroskop zu schauen. »Es ist köstlich und genußvoll, Embryonen zu betrachten«, sagte sie zur *Times*-Reporterin Natalie Angier. »Es hat etwas Feierliches und enorm Erfreuliches.«[21]

Die Hälfte ihrer Zeit verbringt Foe damit, das, was sie sieht, in Zeichnungen wiederzugeben. »Ihre fein gezeichneten und brillant kolorierten Diagramme von Fruchtfliegenembryonen sind so anspruchsvoll und sinnlich, daß es ein Jammer ist, sie nur in wissenschaftlichen Zeitschriften zu sehen«, sagt ihr Partner Garret Odell, ebenfalls Biologe. Er arbeitet mit Foe an einem großen Projekt über Embryonenwachstum. Das, was sie betrachten, eröffnet ihnen »einen ganz unerwarteten Einblick in die Zellbestimmung«, erklärt Foe. »Es sieht so aus, als sei dem Embryo buchstäblich sein eigenes Schicksal aufgemalt.«

»Sie hat einen sehr ungewöhnlichen Charakter, und sie hat starken Einfluß«, bemerkt ein Kollege, »aber ihr Stil unterscheidet sich fundamental von der Art, wie heute der größte Teil der wissenschaftlichen Arbeit durchgeführt wird.«

Stellen Sie sich als Modell diese großgewachsene Frau aus dem Westen mit zarten, aber ausgeprägten Zügen vor, die mit visionärer, beinahe manischer Freude über ihre Arbeit spricht. »Es ist wie bei einem Taucher, der ins Meer taucht«, sagt Victoria. »Man bemerkt jedesmal etwas Neues und absolut Erstaunliches.«

Wenn wir uns entscheiden, die Begrenzungen, welche die Altersverachtung uns auferlegt, zu überwinden, müssen wir in diesem Lebensalter auf persönliche Kraft nicht mehr verzichten.

KAPITEL 3
In der Mitte gefangen

»Ein 38jähriger Hauswart, der der Krishna-Bewegung angehört, hängt im Apartment meiner Tochter herum, während sie bei der Arbeit ist«, erzählte uns Catherine. »Er sperrt die Wohnung unter dem Vorwand auf, Reparaturen durchführen zu müssen, und dann bleibt er da und brennt Räucherstäbchen ab. Natürlich geht er wieder, bevor sie zurückkommt.«

Bei mehreren Gelegenheiten hatte der Hauswart ihre Tochter abends angerufen. »Ich weiß es zu schätzen, daß Sie den Handtuchhalter repariert haben«, sagte sie ihm einmal, »aber über den Weihrauch war ich nicht glücklich.« »Ach, nein?« sagte er. »Und ich hatte schon daran gedacht, zu bleiben und Ihnen das Abendessen zu machen.«

Am nächsten Tag ging Catherines Tochter zu einem Schlosser, der ihr sagte, das Gesetz von Massachusetts verlange die schriftliche Zustimmung des Hausbesitzers, ehe ein Schloß geändert werden könne. Dies war insofern ein Problem, als der Hauswart, der so gern Räucherstäbchen abbrannte, der Bruder des Hausbesitzers war. Catherines Tochter rief ihre Mutter an, um sie um Rat zu bitten. Sie entschieden, sie solle als erstes mit der einfachen Bitte um ein neues Schloß an den Hausbesitzer herantreten und dabei die Krischna-Sache nicht erwähnen.

Es hieß, der Hausbesitzer sei für unbestimmte Zeit nicht in der Stadt. Catherines Tochter begann, nachts den Kühlschrank vor die Wohnungstür zu schieben, ehe sie schlafen ging. Catherine telefonierte herum, um sich zu erkundigen, ob jemand von uns Baldrian habe.

Das mittlere Alter beginnt, wenn die Kinder »aus dem Haus« sind, sagen uns einige Sozialwissenschaftler. Diese Phase ist ein Dreh- und Angelpunkt im Leben von Eltern. Danach (oder auch während dieser Zeit) kann sich vieles verändern – vor allem für die Frau, deren Identität vielleicht stärker mit der Mutterschaft verbunden ist als mit irgend etwas anderem. Sie erfährt womöglich früh das sogenannte »Leeres-Nest«-Syndrom, eine komplexe emotionale Reaktion darauf, daß Kinder das Haus verlassen. Heute wird das »Leeres-Nest«-Syndrom von Theoretikern und den Autoren von Fernseh-Sitcoms fast bis zur Nichtexistenz minimiert.

Nachdem die Forscher erst einmal herausgefunden hatten, daß nicht alle Frauen völlig zusammenbrechen, wenn ihre Kinder erwachsen werden, wurde die Trauer über den Verlust der Kinder im mittleren Alter allmählich als Pseudo-Phänomen beschrieben. Heute erwartet man von Frauen, daß sie total begeistert sind, wenn ihre Kinder fortgehen und Mom und Dad die Freiheit haben, mittags auf dem Eßzimmertisch miteinander Liebe zu machen und selig ihre blühenden Bankkonten zu betrachten.

Einige Feministinnen würden das Konzept des »leeren Nests« gern abtun, da sie es für ein geschlechtsbedingtes Vorurteil halten. Von Frauen heißt es, sie erlebten es; von Männern sagt man das nicht. Vermutlich erfreuen sich Männer eines vielfältigeren und reicheren Lebens und sind mit so zahlreichen wichtigen Dingen beschäftigt, daß sie wohl nicht gleich zerbrechen, bloß, weil die Kinder gehen. Doch Studien, die durchgeführt wurden, nachdem auch Frauen anfingen, ein vielfältigeres, reicheres Leben zu führen, zeichnen ein positiveres Bild vom Leben nach der Kindererziehung. Frauen sind physisch und mental in besserer Verfassung, nachdem die Kinder aus dem Haus sind. Das Auftreten von Depressionen ist bei ihnen statistisch seltener als bei Frauen mit kleinen Kindern.[1] Clifton Barber zufolge stützten eine Reihe von Untersuchungen in den siebziger und achtziger Jahren »weder die unheilvolle Rhetorik des ›Leeres-Nest-Syndroms‹ noch die Feststellungen früher Untersuchungen, die das leere Nest als eine Zeit individueller, ehelicher und familiärer Krisen darstellten«.[2]

Doch in dem Bemühen, das Leben von Frauen als normal und gesund zu betrachten, können wir Gefahr laufen, es übermäßig zu simplifizieren, wo Unterstützung und Verständnis hilfreicher wären.

Und Frauen selbst, so erfuhr ich, als ich mit ihnen sprach, laufen Gefahr, sich erneut den Bedürfnissen ihrer Kinder zu widmen und ihr eigenes Leben hintanzustellen. Oder wie Willa meint: »Bloß weil sie erwachsen sind, heißt das nicht, daß wir aufhörten, uns für sie verantwortlich zu fühlen.«

Sag mir, wo die Kinder sind...

Catherine erklärt, es sei etwas, das nur eine Mutter überhaupt verstehen könne, die fast unerträgliche Spannung, nicht zu wissen, wie schlecht es der Tochter geht, und sich auf einem anderen Kontinent zu befinden. Sie war in Venedig und machte zum erstenmal seit 20 Jahren allein Urlaub. Die Gebäude am Canal Grande waren erleuchtet wie eine Kulisse. Es muß eine der schönsten Erfahrungen des Lebens sein, die alte Stadt bei Nacht still vorbeigleiten zu sehen, doch Catherine wurde pausenlos von Phantasien über die Wohnung ihrer Tochter gestört: die Dunkelheit, die stickige Luft, der unheimliche Hauswart.

Das Problem war, daß ihre Tochter mehrere Tage vor ihrer Abreise ihre Anrufe nicht beantwortet hatte. Catherine konnte es sich bildlich vorstellen, das Summen des Fernsehers, die Tage alte Unordnung, den Anrufbeantworter, der gelegentlich eine Nachricht aufzeichnete, ohne daß jemals der Hörer abgenommen wurde. All das, dieser Strom von Bildern, erhöht die phantasmagorische Qualität, im hinteren Teil eines Wassertaxis, durch dessen Kabine vom Fahrer getrennt, vom Fluß aus in einen Kanal zu gleiten, unter offenem Himmel und mit der Möglichkeit einer romantischen Begegnung mit dem Mann neben ihr, den sie im Zug aus Sao Paulo kennengelernt hatte. Sie würde sich dieser Möglichkeit gern überlassen, um seine Amazonas-Erfahrung mit ihm zu teilen, daran teilzunehmen als Weg, ihre eigene Seele in Besitz zu nehmen. Kann sie die Sorge aufgeben? Bedeutet es, ihre Tochter aufzugeben, wenn sie die Sorge aufgibt?

Er ist expansiv, dieser Mann, europäisch im Stil, hat den Arm auf die Rücklehne ihres Sitzes gelegt und das Kinn hochgereckt, um den nächtlichen Himmel sehen zu können. Er arbeitet für eine Londoner Zeitung als Auslandskorrespondent in Italien, ein Amerikaner, der durch seine Jahre im Ausland eine oberflächliche Kultiviertheit gewonnen hat. Er ist jung, sehr jung, denkt sie; ganz bestimmt zu jung für sie. Und doch hat er während ihrer stundenlangen Gespräche in der Ersten Klasse deutlich gemacht, daß er sich zu ihr hingezogen fühlt. Wer könnte da, mühelos durch dieses prachtvolle Bühnenbild gleitend, widerstehen?

Doch als könne ein kleines Vergnügen sie zeitweilig von ihrer Tochter entfernen, hält etwas Catherine zurück, erinnert sie an die Frivolität ihres Wunsches, alles loszulassen, eine Frau zu sein, die nicht an ihr Alter, an die Umstände, an ihre Verantwortung denkt, die wieder so unschuldig die Folgen vergißt wie als Mädchen. Doch als Mädchen hätte sie sich diese Begegnung, die bald kommen wird, nie vorstellen können, bei offenen Fensterläden über plätscherndem Wasser, unten die Boote, die unglaubliche Pracht dieses nächtlichen Venedig, die ihr sagt, frei alles zu tun, was ihr gerade in den Sinn kommt. Wenn sie ihre Verlegenheit, ihr Gefühl, 50 zu sein, und ihre Angst vor Aids ablegen könnte, dann wäre dies der Moment dazu.

Im Hotel verlangte der Portier, den Paß des Mannes zu sehen. Dann reichte er Catherine eine telefonische Nachricht ihrer Tochter. Sie lautete: »Ich glaube, ich muß mit jemandem reden.«

Catherine rechnete. In den Staaten war es zehn Uhr abends. Vielleicht könnten sie sich morgen irgendwo treffen, sagte sie zu ihrem neuen Freund, und dann ging sie nach oben, um die Nummer ihrer Tochter zu wählen.

Etwas geschieht, wenn das Nest leer wird. Viele Frauen haben mir gesagt, sie vermißten die chaotische Fülle der Jahre, als sie junge Mütter waren. Manche Frauen sind erbost über die Tatsache, daß sie, wenn sie das Flüggewerden ihrer kleinen Vögel betrauern, als »Trauerklöße« lächerlich gemacht werden, deren Leben sich törichterweise ganz um ihre Kinder drehe.

Sogar Eltern, die sich freuen, wenn ihre Kinder endlich erwachsen sind, berichten, daß die Zeit nach dem Flüggewerden für alle Beteiligten recht verwirrend sein kann. Fiona erinnerte sich an einen verstörenden Besuch ihres 23jährigen Sohnes und sagte. »Er stieg aus dem Bus aus New York und trug einen Chihuahua! Er redete darüber, als wäre er ein Baby. Er sagte, er müsse nach Hause, weil der Hund gefüttert werden müsse. Er war total regrediert. Ich hätte ihn am liebsten in ein Zimmer eingesperrt und gesagt: ›Rühr dich nicht von der Stelle. Ich werde mich um dich kümmern. Ich werde mich um den Hund kümmern. Mir tut alles leid.‹«

Sie spüre den Verlust der Stimulation, die ihre Kinder boten, gestand Patricia, eine Malerin aus New York und dreifache Mutter, deren jüngste Tochter kürzlich nach dem Abschluß des College das Haus verließ. Patricia hatte nicht gemerkt, wie sehr sie sich inzwischen bezüglich der Erregung in ihrem Leben auf ihre Kinder verlassen hatte, besonders, als sie älter wurden. Jetzt muß sie sich andere Nährquellen suchen.

Eltern in der »Leeres-Nest«-Phase kämpfen möglicherweise sowohl mit Kummer- als auch mit Glücksgefühlen, milder Depression und einem wilden Festhaltewunsch.[3] Der Konflikt kann etwas erzeugen, was Soziologen als »Reifungskrise« bezeichnen, und dazu gehört auch die Trauer um die Beziehung, die man loslassen muß.

»Mir gefielen die Kräche«, erinnert sich Patricia, »die Schreie und Tränen, die kühnen intellektuellen Behauptungen, die sie täglich Dutzende Male aufstellten, als sie Teenager waren.« Für einen großen Teil ihres Lebens gedeihen Frauen prächtig, wenn es in ihrer Küche wie in einem Bienenkorb zugeht, wenn die Stereoanlage dröhnt, junge Leute herbeiströmen, auf dem Rasen im Garten die Federbälle fliegen. Für Patricia war das Leben ebenso verwurzelt in Küchengeschrei und dem unablässigen Lärm der Kaffeemühle wie in ihrem einsamen Studio, wo ihr nur das Krächzen von Krähen Gesellschaft leistete. »Damals wußte ich, daß die langen Zeiträume der Ruhe von Zeiten intensiver Verbundenheit mit anderen abgelöst wurden. Jetzt überwiegen einfach die Zeiten der Ruhe.«

Natürlich gibt es Belohnungen, wenn die Kinder erst einmal aus dem Haus sind. Frauen, deren Leben an das ihrer Kinder gefesselt war, spüren eine Freiheit, die sie nie zuvor hatten. Ihre Energie kann sich andere Ziele suchen und wird oft in Kreativität und einen anderen oder erweiterten Beruf gelenkt. Ehen werden eher besser. Eltern sind frei, wieder Mann und Frau zu sein. Bei vielen Ehepaaren lebt die frühere Liebe wieder auf. Das liegt nicht nur an dem wunderbaren neuen Frieden im Haus, sagt der Soziologe Clifton Barber, sondern an tiefen Veränderungen in den Ehegatten selbst. »Mom« und »Dad« sind endlich erwachsen geworden, und – Wunder aller Wunder! – die Reife kann die Liebe schöner machen.

Dennoch ist die Traurigkeit über die Trennung von den Kindern ein sehr realer Teil der psychologischen Erfahrung von Frauen in mittleren Jahren. Wir *sind* im Leben der Kinder nicht mehr so zentral wie früher einmal, und die innere Verschiebung, die wir vornehmen müssen, reicht tief. Wenn unsere Kinder uns nach 20 Jahren engster Verbundenheit verlassen oder für sie und uns nur noch Fax, Telefon und der gelegentliche Besuch bleiben, sind wir tief betroffen. Der Umgang mit diesem Verlust ist eine wichtige Aufgabe, die uns auf den Übergang ins nächste Stadium vorbereitet. Wenn wir jedoch vor der Herausforderung zurückschrecken, bleiben wir in der Post-Mutterschaft stecken, unfähig, zu fliegen.

Viele Frauen haben mir berichtet, daß sie sich genau an dem Punkt psychisch wieder stärker auf ihre Kinder einlassen, an dem wir selbst zu neuen Ufern aufbrechen könnten. Zu etwas Riskantem. Zu etwas, das uns ängstigt. Könnte dies etwas damit zu tun haben, daß heutzutage so viele junge erwachsene Kinder wieder zu Hause leben wollen?

Interessanterweise ist die Wahrscheinlichkeit, daß sie schließlich wieder auf unserer Türschwelle landen, bei Söhnen am größten. Im Jahre 1970 wohnten fast zehn Prozent der jungen Männer zwischen 25 und 34 bei ihren Eltern. 1980 waren es 15 Prozent. Töchter kommen nur halb so oft wieder zurück, und das aus gutem Grund, wie die Soziologin Frances Goldshieder sagt: »Das Nest ist für Jungen sehr viel besser ausgepolstert als für Mädchen.«[4]

Erwachsenen Söhnen wird mehr Freiheit zugestanden als erwachsenen Töchtern. Außerdem sind Mütter geneigt, ihren Söhnen völlig freie Unterkunft und Verpflegung zu gewähren und sie mit Haushaltsaufgaben zu verschonen. Die *New York Times* sprach mit Müttern erwachsener Söhne im ganzen Land[5]; die meisten dieser Söhne hatten das Gefühl, daß das Privileg, zu Hause zu wohnen, ihnen durchaus zustünde. »Alles wird immer erledigt – die Wäsche, das Essen –, und ich brauche mir keine Sorgen zu machen, daß sie mir den Kabelanschluß oder das Telefon sperren«, so ein 27jähriger.

Weiß Gott, das war besser, als allein zu leben. »Wo ich früher wohnte, lagen manchmal wochenlang leere Bierdosen und Pizzakartons herum. Und jetzt fahre ich eine Corvette, keinen durchgerosteten Ford Escort mehr.«

Gute alte »Mom«.

Als Grund dafür, daß erwachsene Kinder wieder nach Hause kommen, wird oft die wirtschaftliche Lage angeführt. Zum erstenmal in der Geschichte geht es jungen Erwachsenen weniger gut als ihren Eltern – ein »fundamentaler Verstoß gegen den amerikanischen Traum«, wie ein Demograph es ausdrückte. Manche Kinder kommen nach Hause, wenn ihre Ehen scheitern. Einige leben daheim, weil ihnen das ermöglicht, sich »Spielzeug« zu kaufen – schnelle Autos und hochwertige Stereoanlagen –, da sie wenig oder keine Miete bezahlen.

Studien zeigen, daß Mütter, die niemals außer Haus gearbeitet haben, am ehesten diejenigen sind, die schließlich ihre erwachsenen Kinder bedienen. Väter sind von der Konkurrenz nicht erbaut. »Sie brauchen bloß zu sagen: ›Mom, ich brauche einen Sechserpack Bier, 20 Dollar und die Autoschlüssel‹, und schon läuft sie«, klagt ein Müllarbeiter aus San Francisco mit zwei arbeitslosen Söhnen von 25 und 28 Jahren, die zu Hause wohnen. Es macht ihn wütend, wenn er von seiner Nachtschicht zurückkommt und seine riesigen Söhne vorfindet, die sich auf dem Sofa im Wohnzimmer lümmeln und Fernsehsendungen anschauen. Pech, wenn sie keinen Job als Bauarbeiter für 18 Dollar pro Stunde finden, sagt er. »Dann sollen sie Geschirr waschen und Zeitungen austragen.«

Das Flüggewerden der Kinder vollzieht sich nicht binnen ein oder zwei Jahren; tatsächlich ist es am Ende die längste Phase im Zyklus des Familienlebens. Monica McGoldrick zufolge, einer bekannten Klinikerin und Forscherin auf dem Gebiet der Familientherapie, kann es 20 Jahre dauern, bis die Kinder auf eigenen Füßen stehen! Wenn sie dann wirklich unabhängig funktionieren, haben »Mom« und »Dad« weiße Haare.

Die heutigen knapp über 20jährigen haben oft etwas gegen größere Herausforderungen, dagegen, Geld für eine Anzahlung auf ein Haus aufzutreiben, sich einem entmutigenden Arbeitsmarkt zu stellen; vielleicht schlagen sie sich mit Drogen- und Alkoholproblemen herum. Allein die Miete für ein Apartment aufzubringen (die in großen Städten etwa so hoch ist wie die Hypothek, welche die Eltern in den Vorstädten für ein Achtzimmerhaus zahlen) ist keine leichte Sache. Doch welche Art von Hilfe erwachsene Kinder auch immer brauchen, im allgemeinen ist es die Mutter, die diese Last spürt. »Es hört nie auf« ist ein Refrain, den man von Frauen in mittleren Jahren häufig hören kann.

Doch hinter solchen Äußerungen steht häufig eine Ambivalenz. Geschiedene Mütter neigen dazu, die Rückkehr ihrer verschwenderischen Söhne als unerwarteten Gewinn zu betrachten. Eine Berufsberaterin aus Houston teilt das Haus mit ihrem 25jährigen Sohn, der ihr eine Miete von 200 Dollar im Monat zahlt. Es gelingt ihr auch, »ihn zu gewissen Arbeiten im Garten und am Auto zu bewegen«. Ihrem Sohn gefällt die neue Rolle als Mann des Hauses. »Gelegentlich schlage ich ihre männlichen Freunde in die Flucht«, sagt er stolz.

Die angebliche Notwendigkeit, John und Geraldine aus »finanziellen Gründen« in ihren alten Zimmern unterzubringen, liefert eine saubere Rationalisierung für Risikoscheu und Stillstand.

Die Leute erzählten mir etwas über die ›psychologische Trennung‹ von meinen inzwischen erwachsenen Kindern«, schreibt Barbara Grizzuti Harrison, die nach ihrer Scheidung 20 Jahre lang mit ihren Kindern in einer Achtzimmerwohnung im Park-Slope-Viertel von Brooklyn lebte. »Ich war stur: Italiener trennen sich nicht, sagte ich, bis die Kinder heiraten – und dann ziehen sie ein Stück weiter die Straße hinunter.«[6]

Doch Harrison merkte, daß die Sache zu eng wurde, als sie das Kommen und Gehen ihrer erwachsenen Kinder überwachte, »ihre Gesichter beobachtete, wenn sie fernsahen«, und nachts lauschte, wie sie sich in ihren Betten umdrehten. »Wir praktizierten die kleinen, zersetzenden Täuschungen, die aufrichtigen Vorwände von Menschen, die einander zutiefst lieben, aber zu eng beieinander leben.«

Sie entschied, es sei an der Zeit, daß jemand auszog. »Mach's ruhig, Ma«, sagte ihr Sohn, und sie faßte das als Segen auf. Sie zog aus. Nun wohnt sie in einem luftigen kleinen Apartment hoch oben in Manhattan, von dem aus sie das *Empire State Building* sehen kann, und es gefällt ihr, unbeobachtet zu leben. Doch natürlich hörte die Sache mit ihren Kindern nicht einfach auf. Als ihre Tochter von der Möglichkeit spricht, nach Kalifornien zu ziehen, fragt Harrison: »Läufst du vor mir weg?«

Die junge Frau antwortet: »Nicht alles dreht sich um dich, Ma.«

»Ich werde selber für ein paar Monate nach Indien gehen«, sagt Harrison darauf. Und sofort fragt die Tochter: »Kann ich mit dir kommen?«

Der Zangengriff der Fünfziger: Jonglieren mit den Generationen

Heute ist es gar nicht ungewöhnlich, daß Frauen, die sich den Fünfzig nähern, das Flüggewerden ihrer Kinder noch vor sich haben. Vielleicht haben sie sie sogar vor kurzem erst *bekommen*. Und so erleben diese Frauen, wenn ihre Eltern allmählich gebrechlich werden, eine Verantwortung, die ihr Leben zu beherrschen droht.

Diesen Zangengriff – der unabhängig davon ist, welcher ökonomischen Schicht Sie angehören, wie gebildet Sie sind und wie sehr Sie in einem Beruf aufgehen – können Sie beispielsweise im Leben von Hillary Clinton sehen. Wie es für die heutigen »Babyboomer« typisch ist, sind die Clintons ein Paar in mittleren Jahren mit alten Eltern und einem relativ jungen Kind. Chelsea war zwölf, als ihre Eltern ins Weiße Haus einzogen. Wie Frauen überall trug Hillary am meisten Verantwortung für familiäre Aufgaben; dazu gehörten der Besuch von Fußballspielen, Hausaufgabenhilfe für Chelsea, die Organisation von Geburtstagsparties. Zu dieser Zeit lebte Hillarys Mutter bei ihnen und erholte sich vom Tod ihres 82jährigen Ehemannes. Und Hillary flog zwischen Kinder- und Mutterversorgung und in Trauer um ihren Vater im ganzen Land umher und hielt Reden über das Gesundheitswesen. »Man hat eine Menge zu tun«, sagte sie einem Reporter der Zeitschrift *Time* drei Monate nach Clintons Amtseinführung, »wenn man sich um den Umzug, eine neue Schule für Chelsea und das neue Haus kümmern muß, eine neue Rolle, neue Anforderungen, und dann noch mein Vater und alles – es waren drei Monate mit ziemlich viel Streß.«

»Sie müssen Ihnen vorgekommen sein wie drei Jahre«, sagte der Reporter.

»Wie 30 Jahre«, antwortete sie.

Die Gerontologin Elaine Brody untersuchte eine Gruppe von Frauen, deren Durchschnittsalter wenige Monate unter 50 Jahren betrug und die typisch für die »Sandwich-Generation« sind. Vier Fünftel von Brodys Probandinnen waren verheiratet, die restlichen 20 Prozent entweder verwitwet, getrennt lebend oder geschieden. *Mit 50 hatten 84 Prozent der Frauen noch immer ein oder mehrere Kinder, die zu Hause lebten, und 20 Prozent hatten einen Elternteil, der bei ihnen wohnte.* Drei Fünftel waren berufstätig, und mehr als die Hälfte leistete ihren Müttern einen gewissen Beistand.[7] Eine weit größere Studie der Regierung, die 12600 Amerikanerinnen umfaßte, ergab, daß 30 bis 40 Prozent der Frauen in den Fünfzigern mit Kindern diese unterstützten, und ein Drittel half den Eltern finanziell oder auf andere Arten.[8] Alice Rossi berichtet, das durchschnittliche Alter der Mütter, die finanziell mit ihren Kindererziehungsaufgaben fertig waren, betrage 52 Jahre – doch die Spannweite reichte von 42 bis 63![9]

Im Gegensatz zu dem populären Mythos stehen ältere Menschen in diesem Land in sehr engem Kontakt zu ihren Kindern. 85 Prozent der Teilnehmer einer Studie sahen oder sprachen ihre Kinder zwei- bis siebenmal in der Woche. Die »Kinder«, mit denen Eltern reden, sind jedoch meistens Töchter. 60 Prozent der erwachsenen Töchter spielen die Rolle der Vertrauten und helfen ihren Müttern durch emotionale Unterstützung.[10]

Allerdings sind erwachsene Töchter Vertraute und Fürsorgerin für jedermann in der Familie, bemerkt Monica McGoldrick in *Woman in Families.* »Sie kümmern sich um ihre Ehemänner, ihre Kinder, ihre Eltern, die Eltern ihrer Ehemänner und alle anderen kranken oder abhängigen Familienmitglieder.«[11]

Tagein, tagaus.
Berufstätig oder nicht.
Single oder verheiratet.

Die couragierten Frauen tun das mit Humor. Angel ist eine 51jährige Großmutter, die seit 18 Jahren mit einer anderen Frau zusammenlebt und kürzlich erkannt hat, wie anstrengend dieses Lebensstadium für sie ist. Mit zunehmend abhängigen alternden Eltern, Kindern, Enkeln und dazu noch eigenen Gesundheitsproblemen hat Angel viel um die Ohren. Wie ihr soeben dämmerte, ist *sie* der Boß in ihrer Familie, an den sich alle wenden.

Ein Notfall am späten Abend brachte ihr das zu Bewußtsein. »Mein Enkel hatte eine Münze verschluckt. Natürlich rief meine Tochter mich an. Ich war den ganzen Tag in der City gewesen und erschöpft. ›Komm ins Krankenhaus‹, sagte meine Tochter, und ich rannte um zehn Uhr nachts ins Krankenhaus. Sie waren alle da, mein Schwiegersohn, seine beiden Brüder, meine jüngere Tochter, alle. Ich sah mich um und merkte, daß der Arzt sich an mich wandte, ganz gleich, was er zu sagen hatte. Ich dachte. ›Oh, mein Gott, was mache ich hier?‹ Also rannte ich durch den Flur und steckte zehn Dollar in den Süßwarenautomaten und kaufte Süßigkeiten für alle. Ich dachte: ›Tja, sehr viel mehr kann ich nicht tun.‹«

Alle aßen die schalen Süßigkeiten, das Baby überlebte fröhlich, und inmitten des Chaos hatte Angel eine dieser Offenbarungen der mittleren Jahre. »Mir wurde klar, daß ich die Matriarchin dieser Gruppe war und daß ich so für den Rest meines Lebens auf Abruf bereitstehen würde.«

McGoldrick bezeichnet das als »Abhängigkeitszange«, und diese Zange schließt sich enger, wenn die Jahre vergehen. Nicht nur die Kinder sind finanziell und emotional viel länger von ihren Eltern abhängig als früher, auch die *Eltern* leben länger. Eine Freundin aus dem College, die ich lange nicht gesehen hatte, erzählte mir, ihre Mutter sei jetzt in den Neunzigern und lebe mit ihren beiden Schwestern, ebenfalls in den Neunzigern, in Florida. »Sie wohnen wohl zusammen«, sagte ich. »Oh, nein«, erwiderte meine Freundin, »jede hat ihre eigene Wohnung. Sie würden sich vermutlich umbringen, wenn sie zusammenlebten.«

Mütter und Töchter im späteren Leben

Als meine Mutter 85 war, flog ich nach Süden, um mit ihr für ein paar Tage ans Meer zu reisen. Ich hatte den sechsjährigen Nicky bei mir, den ich als meinen Enkel betrachte (seine Mutter und mein Sohn leben zusammen).

Wir blieben fünf Tage in einem Haus am Rand eines Sumpfes. Zuerst dachte ich, es sei vielleicht ein Fehler gewesen, die Generationen unter ein Dach zu zwingen (»Findest du nicht, daß er vielleicht ein bißchen hyperaktiv ist?« fragte meine Mutter, nachdem wir gerade eine Stunde zusammen waren), doch nach ein oder zwei Tagen schien es die natürlichste Sache der Welt zu sein, zwei Frauen, 85 und 54, und ein sechsjähriger Junge, die zusammen aßen, sich früh am Morgen unterhielten, abends zusammen die Treppe zu den Schlafzimmern hinaufgingen. Meine Mutter und ich gingen mit Nicky morgens und am Nachmittag noch einmal schwimmen. Ich machte an den langen Abenden Fahrradfahrten mit ihm. »Warum fährt Gladys nicht mit uns?« fragte Nicky bei unserem ersten Fahrradausflug. »Früher fuhr sie Fahrrad«, erklärte ich ihm, »aber jetzt ist es zu schwer für sie.«

Eines Abends kam eine Band, um am Strand zu spielen. Es war eine junge schwarze Gruppe aus dem Tiefland südlich von Charleston, und sie tanzten wie MC Hammer. Eltern und Kinder jeden Alters sammelten sich am Strand, um zuzuhören. Die Gruppe spielte ihre Keybords und Stahlschlagzeuge im Mondlicht. Die Kinder tanzten, als hätten sie seit dem Tag ihrer Geburt getanzt. Meine Mutter saß auf einem Plastikstrandstuhl, einen bunten Schal nach Zigeunerart um den Kopf geschlungen, damit ihr Haar nicht im Wind wehte. Ich hockte neben ihr, Nicky auf dem Schoß. Es war eine magische Erfahrung.

Am nächsten Tag sagte meine Mutter: »Es ist komisch. Mir war gar nicht klar, wie deprimierend es ist, all seine Zeit mit alten Leuten zuzubringen.« Das war kein Selbstmitleid, sondern eine Tatsachenfeststellung. Die Alten sind abgesondert. »Ich wünschte, wir könnten etwas dagegen tun, daß du in dieser Rentnergemeinde lebst«, sagte ich. »Na ja«, antwortete sie, »so ist das nun mal.«

Wie sich herausstellte, wollte sie nicht von dort weg; sie sagte, dort habe sie ihre Freunde. Nicht lange nach Nickys und meiner Rückkehr in den Norden schrieb meine Mutter, *Sandpiper Village* habe einen neuen Leiter für die dortigen Aktivitäten, der »Unternehmungen mit mehreren Generationen« verspreche. »Ich nehme an, das bedeutet, daß wir Zeit mit Kindern verbringen werden«, meinte sie trocken.

Das Ausmaß an Kompetenz, das manche sehr alten Frauen sich bewahren, ist erstaunlich. Meine Tante kümmert sich mit 92 Jahren zu Hause um meinen invaliden Onkel. Sie erledigt die Wäsche, das

Kochen, die Hausarbeit und versucht, ihren Mann bei Laune zu halten. Wenn sie Lebensmittel einkaufen muß, schwingt sie sich in ihren elektrischen Golfkarren und macht sich auf den Weg.

Meiner Mutter mit ihren 85 Jahren macht es Spaß, einigen »der älteren Damen« in ihrer Rentnergemeinde zu helfen. Sie führt eine blinde Freundin auf dem Grundstück spazieren, damit sie Bewegung hat, und fährt Gruppen zum Hafen von Charleston hinunter, damit sie die Schiffe sehen können. Doch mit einem Blutbild, das am Ende tödlich sein wird, ist ihre eigene Gesundheit Grund zu ständiger Sorge. Ich ertappe mich dabei, daß ich auf den zugeknöpften Arzt wütend bin, der ihr wenig über ihre rapide abfallenden Blutplättchen sagt, und denke, in jemand anderes Pflege wäre sie besser dran. Doch ich weiß, daß solche Entscheidungen ihre Sache sind. Sie sagt, sie wolle bei diesem Arzt bleiben, sie sei an ihn gewöhnt. Ich halte enge Verbindung zu ihr und rufe sie häufig an.

Bei über zwei Fünfteln der älteren Menschen, die an der Spitze einer Reihe aus vier Generationen stehen, sind die heutigen Frauen in mittleren Jahren wahrscheinlich die zweite oder dritte in einer aus vier Generationen bestehenden Familie. [12] Diejenigen aus der zweiten Generation tragen Verantwortung für die ganz Alten sowie für Kinder und Enkelkinder. Frauen der dritten Generation haben Verantwortung für ihre Kinder und für *zwei* Generationen älterer Menschen, ihre Eltern und Großeltern und / oder die ihrer Ehemänner.

Das Drama der demographischen Veränderungen rührt nicht nur von der proportionalen Zunahme der älteren Bevölkerung her – von vier Prozent der Bevölkerung oder drei Millionen Menschen im Jahre 1900 auf elf Prozent oder 125 Millionen heute –, sondern auch vom Altern der älteren Generation selbst. Deren Leben ist nicht nur länger, sondern auch komplizierter.

Joannes und Willas Mutter Florence, 72, rief Joanne eines Morgens um sieben Uhr an, um ihr mitzuteilen, sie habe eine Romanze. Jemand aus ihrem Wohnblock, »ein Hispano«, sagte sie, treffe sich morgens um fünf Uhr draußen mit ihr zu einem Spaziergang. Heute, sagte sie, hätten sie zum erstenmal Händchen gehalten.

Eine Pause folgte. »Weiß Daddy davon?« sagte Joanne. »Ja, sagte ihre Mutter. »Daddy ist es egal.«

Sobald sie aufgelegt hatte, rief Joanne Willa an und weckte sie, um ihr mitzuteilen, ihre Mutter gehe um fünf Uhr früh in *New Century Village* in *West Palm* mit einem fremden Mann spazieren. »Ich möchte bloß wissen«, sagte Willa, »ob wir davon jemals befreit werden?«

Zu der Zeit, zu der sie selbst das Stadium erreicht haben, das Sozialwissenschaftler als »junge Alte« bezeichnen, stellen erwachsene Töchter fest, daß sie mehr und mehr Verantwortung für ihre alternden Eltern übernehmen. Der Elternteil, der uns wahrscheinlich am meisten braucht, ist die Mutter. Im Alter von 75 Jahren kommen auf einen Mann fast zwei Frauen. [13] In ihren letzten Lebensjahren wird eine alt-alte Mutter immer abhängiger von ihrer jung-alten Tochter. Mutter tut selbst, was sie kann, aber Tochter tut den größten Teil von dem, was übrigbleibt: Rechnungen bezahlen, Lebensmittel organisieren, für Wäsche und Putzen sorgen, mit Ärzten verhandeln, Mutters Unterwäsche einkaufen. Während die beiden Frauen altern, werden die Fürsorgeaufgaben der Tochter immer umfänglicher. Frauen in den Vierzigern helfen ihren alternden Eltern im Durchschnitt drei Stunden pro Woche. Wenn sie in den Fünfzigern sind, steigt diese Zahl auf 15 Stunden pro Woche. Wenn sie die Sechzig erreichen, wenden die noch immer jung-alten Töchter 23 Stunden pro Woche für Elternpflege auf. [14] Bei der Planung unseres Lebens nach Fünfzig werden solche Fakten gewöhnlich nicht berücksichtigt, ja nicht einmal besprochen. Niemand erwartet, daß plötzlich die Mutter, die Tante oder die Schwiegermutter in unser Leben einfällt und finanzielle, emotionale und praktische Hilfe in den grundlegendsten Belangen des Lebens benötigt. Doch plötzlich geschieht es...

In zwei Richtungen gezogen: Krise einer Tochter

Louise hatte zwei Jahrzehnte gearbeitet, als sie beschloß, ihren Job aufzugeben und eine Familie zu gründen. Warum nicht? sagte sie. Sie hatte ihre Pflicht getan. Sie hatte ihr ganzes Leben lang auf dieses Baby, auf das weiße Haus, den Palisadenzaun gewartet, und nun würde sie sie haben, *full-time* und ohne Kompromisse. »Du kannst nicht alles auf einmal haben«, sagt man neuerdings, »aber du *kannst* alles nacheinander haben.«

Vielleicht.

Louise hatte ihre Zwanziger und dann irgendwie auch ihre Dreißiger mit einem Job nach dem anderen zugebracht und versucht, eine Möglichkeit zu finden, ihren Lebensunterhalt zu verdienen und gleichzeitig ihre künstlerischen Talente zum Ausdruck zu bringen. Sie hatte kurz im Einzelhandelsgeschäft ihres Ehemannes gearbeitet (was ein Teil ihrer kurzen ersten Ehe gewesen war). Dann gab es Arbeit als Teppichdesignerin, als Schneiderin, als Cocktail-Kellnerin, als Vertreterin eines Schmuckdesigners und als Assistentin in einem Heimbüro. Doch hinter den wechselnden Jobs stand ein einziger Traum: ein Ehemann, eine Familie, der Luxus, zu Hause zu bleiben und ihr Baby aufwachsen zu sehen.

Kaum hatte Louise mit 39 Jahren ihre zweite Ehe geschlossen, als sie auch schon mit dem Versuch begann, ein Kind zu bekommen. Das erwies sich als schwieriger Prozeß. Sie wurde zwar gleich schwanger, hatte aber bald eine Fehlgeburt. Zwei weitere Fehlgeburten folgten, und Louise fing an, ernsthaft darüber nachzudenken, ihre Arbeit aufzugeben. »Es war verrückt, schwere Koffer mit Schmuckmustern herumzuschleppen, während ich schwanger zu werden versuchte und Blutungen hatte.«

Und es gehörte auch nicht zu ihrem Traum. Louise und Jared nahmen die lange Prozedur des Versuchs einer künstlichen Befruchtung auf sich. »Ich muß ein Dutzend Male mit seinem Sperma künstlich befruchtet worden sein«, erinnerte sie sich. Die Uhr war inzwischen fast abgelaufen. Dann erbot sich eine Freundin, als Leihmutter für sie zu fungieren. Konnte Louise das zurückweisen?

Die rationalen Erklärungen lagen parat. Louise sagte sich, es sei dumm, eine andere Karriere fortzusetzen, wo sie sich doch eigentlich wünschte, zu Hause zu bleiben und Mutter zu sein. Und im Haus gab es so viel zu tun. Sie konnten es sich wirklich nicht leisten, das von jemand anderem erledigen zu lassen. »Jared stand voll hinter mir. Er sagte: ›Gib einfach diesen Job auf. Du verdienst nicht viel. Vergiß ihn, bleib zu Hause und kümmere dich um mich.‹ Ich sagte: ›Fabelhaft!‹«

Louise war 45, als Juliet zur Welt kam. Ihre Menopause hatte schon begonnen, aber sie hatte sich jedenfalls ihren Traum erfüllt – ein Ehemann, der hart arbeitete, ein Kind, ein Leben als Hausfrau und Mutter. Jared, ein Zahnarzt, unterstützte anfänglich ihren Wunsch, nur Hausfrau und Mutter zu sein, doch als das Geld knapp wurde, fing er an, darüber zu reden, wieviel leichter sie es hätten, wenn sie wieder arbeiten würde.

Doch Berufstätigkeit und ein Baby hatten nicht zu ihrem Traum gehört. Und außerdem hatte Louise alle Hände voll zu tun. Einige Monate nach Juliets Geburt zog Louises kürzlich verwitwete Mutter zu ihnen. Plötzlich fand sich Louise in der Mitte des Sandwichs wieder und mußte außerdem noch die hormonellen Veränderungen verkraften. »Ich hatte zwei Babies, für die ich sorgen mußte«, erinnert sie sich. Und dann, nachdenklich: »Nein, eigentlich drei.«

Jared ist ein traditioneller Ehemann, ein Workaholic, der drei Abende oder mehr in der Woche arbeitet. »Berufliche Veranstaltungen«, sagt Louise, »Sachen, zu denen er wirklich hingehen muß, wenn er Kontakte knüpfen soll.« Jared reist auch an den Wochenenden. »Etwas davon muß er machen«, erklärt sie, »aber ich glaube, er treibt es ins Extrem. Im Grunde ist er kaum je hier.«

Louise, inzwischen 48, ist so beschäftigt, daß sie kaum Zeit hat zu merken, ob Jared da ist oder nicht. Juliet, noch keine drei Jahre, ist noch zu klein für den Kindergarten. Louises Mutter ist 80. »Sie drehte irgendwie durch, als sie zum erstenmal in ihrem Leben allein lebte. Obwohl sie vor dem Tod meines Vaters für die Familienfinanzen zuständig und die treibende Kraft der Familie war, kam sie ohne meinen Dad nicht gut zurecht. Also zog sie für eine Weile zu uns.«

Nach einigen Monaten schloß sich Louises Mutter einer schicken Rentnergemeinde an, wo sich, wie sie feststellte, bereits Freundescliquen gebildet hatten. Obwohl sie sich die Miete leisten konnte, fühlte sie sich von den anderen Bewohnern ausgegrenzt, die alle Mahlzeiten in großer Aufmachung zu sich nahmen und wie wichtige gesellschaftliche Ereignisse behandelten. Es kam so weit, daß sie es haßte, den Speisesaal zu betreten, wo sie sich umsehen und sich einen Tisch (meistens nur mit Frauen) suchen mußte, an den sie sich setzen konnte. Nach einigen Wochen blieb sie lieber in ihrem Apartment, als sich zum Dinner anzukleiden. In ihren sozialen Kontakten wurde sie immer abhängiger von ihrer Tochter.

Louise war mitfühlend. »Ich wollte sie so stark wie möglich in meine Aktivitäten und Besorgungen einbeziehen. Morgens rief ich sie an und sagte: ›So, das und das werde ich heute machen. Möchtest du bei irgend etwas mitgehen?‹ Oder: ›Brauchst du etwas, was ich dir besorgen soll?‹ ›Nun‹, sagte sie dann vielleicht, ›ich hätte wirklich gern ein paar neue Büstenhalter.‹ Also baute ich das in meinen Terminplan für den Tag ein und ging mit ihr Unterwäsche kaufen oder was immer. Und ihr fiel dauernd etwas ein, glauben Sie mir.«

Louises Bruder nahm keinen sonderlich großen Anteil an seiner verwitweten Mutter. Louise analysiert die Unzulänglichkeiten ihres Bruders, indem sie die unfaire Last rationalisiert, die ihr auferlegt ist, und sich vielleicht ein bißchen überlegen fühlt. »Ich glaube, er hat sich nie von meiner Mutter abgetrennt, und so konnte er von Mensch zu Mensch nicht mit ihr umgehen. Ich hatte meine Ablösung Jahre zuvor vollzogen, und so konnte ich halbwegs damit fertig werden. Obwohl sie lästig war, konnte ich sie noch immer lieben, weil sie meine Mutter war.«

Zweieinhalb Jahre lang sah Louise ihre Mutter täglich. »Manchmal dachte ich: Was habe ich mir da angetan? Ich fühlte mich zerrissen zwischen zwei Babies mit extrem unterschiedlichen Bedürfnissen. Ständig stand ich zwischen ihnen und versuchte gewissermaßen, sie getrennt zu halten.« Die Mutter nahm die Aufmerksamkeit übel, die das Baby erhielt, und war auch mit seinem infantilen Verhalten unzufrieden. »Sie erwartete tatsächlich, Juliet solle sich viel älter benehmen, als sie war. Beide kämpften um meine Aufmerksamkeit, wann immer sie gleichzeitig bei mir waren, und ich tat mein Bestes, um beide zufriedenzustellen.«

Und wo war Jared bei dieser anstrengenden Mischung? Louise äußerte ein Gefühl des Mitleids für ihren Mann, das Wut über seine mangelnde Anteilnahme verdeckte. »Die meiste Zeit wurde der arme Jared einfach draußen in der Kälte stehengelassen. Ich war zu erschöpft, um mich mit ihm abzugeben, und er ist ein sehr anspruchsvoller Mensch, der gewohnt war, daß ich ihm viel Aufmerksamkeit widmete.« Louise sagt, sie sei froh, daß ihr Mann einen Therapeuten sieht. »Da bekommt er wenigstens ein bißchen Aufmerksamkeit.«

Louise selbst war ausgelöscht. »Emotional fühlte ich mich ausgelaugt, als gäbe es nichts in meinem Leben, das für mich war. Alles drehte sich um meine Mutter und Juliet und Jared.«

Um sich Linderung zu verschaffen, kehrte sie zu den Lehren von Da Avabhasa zurück, einem spirituellen Weg, dem sie schon in früheren Krisenzeiten gefolgt war. »Das ermöglichte mir das Gefühl, irgendwo auch ein bißchen Eigenleben zu haben.«

Doch wann bekam sie dieses Leben denn nun? Nach der ganzen Last des Tages, am Abend. Sie las vor dem Einschlafen ein wenig in den Schriften ihres Gurus. »Er gibt einem Anleitung auf jedem Gebiet.«

Louise klammert sich an einen Hoffnungsfunken für die Zukunft. »Ich habe eine Idee, was ich machen möchte, wenn ich ein bißchen mehr Zeit habe«, sagt sie. »Ich möchte anfangen, bemalte Faltschirme für die Designerläden zu entwerfen.«

Ihr neuer Traum klingt eher nach einer Selbsttröstungsphantasie als nach etwas, das ihr Leben verändern wird. Wenn sie noch einmal von vorn anfangen könnte, wäre das dann wirklich die Erfüllung ihres Traums?

»Na ja, es paßt zu keiner meiner Vorstellungen«, sagt sie und lacht. »Aber natürlich habe ich bei diesem kleinen Traum nicht vorhergesehen, daß ich meine Mutter bei mir haben würde.«

Und dann sprudelt plötzlich alles aus ihr heraus. »Ich glaube nicht, daß ich das jemand anderem empfehlen würde. Es ist zu spät, um Kinder zu bekommen, meine ich eigentlich. Ich brauche all meine Energie, um bloß alles in Gang zu halten, mich um Juliet, um das Haus, um Jared zu kümmern. Und vor allem, um mich um meine Mutter zu kümmern. Das hat mich ausgelaugt.«

Louise hat das Gefühl, schnell alt zu werden. »Ich weiß nicht, ob ich meine Energie noch einmal zurückgewinnen kann, bevor es zu spät ist.« Schlimmer noch, sie hat angefangen, sich wie eine Hausfrau zu fühlen. »Ich bin mit diesem Haus verheiratet, weißt du.« Sie erwartet viel von sich selbst, und die an sie gestellten Anforderungen machen sogar ihre Konzentrationsfähigkeit zunichte. In dieser Hinsicht ist sie wie alle Mütter von kleinen Kindern. Es spielt keine Rolle, daß sie beinahe 50 ist.

»Früher war ich organisiert, aber das kannst du vergessen, dazu bin ich nicht mehr imstande. Ich verlege Sachen. Mein Haus ist ein totales Durcheinander. Ich schaffe es gerade so von Tag zu Tag. Auf sehr diffuse Weise kann ich alles zusammenhalten. Es geht noch... aber nur so gerade eben.«

Wenn sie die Dinge gegeneinander abwägt, meint Louise, sie hätte sich nach der Fehlgeburt auch sagen können: »Die Natur sagt mir hier etwas. Beispielsweise, daß man keine Kinder mehr bekommen soll, wenn man so alt ist.«

Eine unabhängige Frau

Meine Mutter war im letzten Winter zweimal mit einer Blaseninfektion im Krankenhaus gewesen, bei der ihre Temperatur auf 40 Grad angestiegen war. Beim zweitenmal kam ihr Arzt endlich darauf, daß die Antibiotika nicht wirkten, und zog einen Urologen hinzu, der maß, wieviel Flüssigkeit sie aufnahm und wieder ausschied, und feststellte, daß die Blase sich nicht völlig entleerte. Er empfahl regelmäßige Katheterisierung.

Als meine Mutter lernen mußte, sich selbst zu katheterisieren, um das Krankenhaus verlassen und nach Hause gehen zu können, war Jan die Pflegerin, die sie auswählte, es ihr beizubringen. Jan behauptet, sie habe 20 Liebhaber gehabt, seit sie ihren Mann verließ, und könne einen Laster mit 18 Rädern fahren. Jan ist 56 und ein freier Geist. Meine Mutter mochte ihren Stil. Sie waren eine Art Thelma und Louise der Lebenshilfe. Ohne Jan hätte meine Mutter ihre Harnröhre vielleicht niemals finden können. Mit Jan wurde das zu einem Abenteuer der Selbsterkenntnis, wie Frauen, die um die Jahrhundertwende geboren waren, es niemals erlebt hatten.

»Mein Gott, Mom«, sagte ich beeindruckt. »Du hast nie auch nur ein Diaphragma benutzt, oder?«

»Diaphragma? Ich habe nicht mal Tampons benutzt!«

Nun, mit 86, legte sie zweimal täglich selbst den Katheter. Der Arzt hatte gesagt, dazu sei sie »helle« genug, was ihr Kraft gab. »Die Hauptsache«, sagte sie, »ist, daß der Bereich steril bleibt.«

»Keine Sorge, Ma«, sagte ich. »Keimfreiheit ist doch deine Spezialität.« Solange ich mich erinnern kann, war sie groß im Bekämpfen von Keimen.

Nachdem ich meine Mutter aus dem Krankenhaus nach Hause gebracht hatte, war es meine Aufgabe, ihr bei der Katheterisierung zu helfen. Ich war nicht sicher, welche Rolle ich spielen sollte, als sie an dem Abend, an dem sie es zum erstenmal allein versuchte, aus dem Schlafzimmer kam und um Hilfe bat. Auf dem Schlafzimmerteppich hatte sie ihr »steriles Feld« aufgebaut: eine Wegwerfunterlage, von einer Firma für Medizinbedarf geliefert, Wattebällchen, Betadin, das aus einzelnen kleinen Beuteln spritzte, wenn man sie zu öffnen versuchte. Sie hatte den Katheter, ein rotes Gummirohr von etwa fünfzig Zentimetern Länge, dessen Spitze in die Urethra eingeführt wird, während das andere Ende in einem offenen Plastikgefäß liegt. Die Prozedur ist ziemlich klar, wenn man nur den Eingang der Harnröhre finden kann.

Zuerst kam das, was wir beide am meisten fürchteten, der unverhohle Blick auf das Perineum. Meine Mutter lag rücklings auf dem Boden, hielt einen Handspiegel und reckte den Hals, um zu sehen, was was war. Man hatte ihr beigebracht, sich zuerst mit in Betadin getauchten Wattebällchen abzuwischen. »In der Mitte herunter, von vorn nach hinten«, rezitierte sie, »dann eines auf der linken Seite nach unten, eines auf der rechten.« Man hatte sie gelehrt, ihre Labia auseinanderzuziehen, um den Ausgang der Harnröhre freizulegen. Diese Öffnung liegt, wie ein Diagramm zeigt, in der Mitte zwischen Klitoris und Vagina. Natürlich sollte es nicht entfernt so einfach sein, wie es auf dem Diagramm aussah.

Beim ersten Versuch verfehlte sie die Harnröhre und führte den Katheter statt dessen in die Vagina ein. Bei ihrer Position auf dem Fußboden konnte sie nicht viel sehen. Ich saß auf dem Bettrand, die Hände im Schoß gefaltet, und versuchte, hilfreich, aber nicht störend zu sein. Schließlich bat sie mich, zu ihr auf den Fußboden zu kommen und nachzusehen, ob ich die Harnröhre finden kann. Es griff mir ans Herz, wie sie mit bloßem Unterkörper dalag, Hüften und Bauch von Streifen des eigenwilligen Betadin überlaufen, doch sie schien nur darauf bedacht, die Prozedur zu bewältigen. Ich ließ mich auf den Fußboden nieder und schaute.

Ich wußte, daß die Harnröhe gleich unterhalb der Klitoris liegt, aber ich konnte sie nicht sehen. Erschwert wurde die Aufgabe durch die Tatsache, daß sie einen Gebärmuttervorfall hatte und der Uterus wie ein glänzendes rotes Ei am Eingang ihrer Vagina zu erkennen war. Ich sagte ihr, im Schein der Lampe sehe er aus wie ein Diamant im Schaufenster von Tiffany. Sie lachte. Ich plazierte die Spitze des Katheters an die Stelle, die halbwegs richtig aussah, und drückte ihn ganz vorsichtig hinein. Plötzlich begann wie durch ein Wunder Urin zu fließen. Er rann aus dem Ende des Gummirohrs und begann sich in der Plastikschüssel zu sammeln. »*Ja!*« rief ich triumphierend und reckte die Faust. Meine Mutter lächelte.

Als sie sich an diesem Abend zum Zubettgehen fertigmachte, dankte sie mir für alles. »Das ist doch nicht der Rede wert«, sagte ich. »Ich betrachte es als eine Erfahrung, die uns verbindet.«

»Ich glaube, es ist mehr als das«, sagte sie.

Man sollte meinen, wenn eine Frau um die Achtzig ist, sei der Urogenitaltrakt eigentlich kein Thema mehr. Doch so ist es nicht. Er wird eher wichtiger. »Alle Damen trinken zum Abendessen Preiselbeersaft«, sagt meine Mutter von ihren Gefährtinnen in *Sandpiper Village*. Der Außenposten von Charleston war von der Nachricht erreicht worden, daß Preiselbeersaft hilft, Blaseninfektionen zu vermeiden. »Wenn du dich im Speisesaal umschaust, siehst du all die roten Gläser.«

»Oh, Gott«, sagte Willa, als ich ihr das erzählte. »Ist es das, worauf wir uns freuen sollen, wenn wir 80 sind? Mit den Mamas herumzusitzen und Preiselbeersaft zu trinken?«

Willas Besorgnis ist das, was wir alle empfinden, wenn wir zusehen, wie unsere Mütter die letzten, schwierigen Stadien durchleben. »Uns erhalten durch die Gnade Gottes«, doch die Gnade Gottes wird nur noch eine gewisse Zeit währen. Ich versuche, diesen Teil des Lebens meiner Mutter zu verstehen. Ich versuche, ein Gefühl dafür zu bekommen, für seine traurigen Seiten und all das, und nicht aus Angst vor meiner eigenen Sterblichkeit davor zurückzuschrecken.

»Der Arzt sagt, ich muß vielleicht operiert werden«, sagt meine Mutter, »aber ich weiß nicht recht... Sie sagen, das Ergebnis halte nur eine Weile an.«

»Aber um eine Weile geht es doch hier«, sage ich.

»Das stimmt«, sagt sie. »Wie der Arzt zu der Frau sagte: ›Erwarten Sie denn, ewig zu leben?‹«

Seit langem ist bekannt, daß Mutter-Tochter-Beziehungen für das Wohlergehen älterer Mütter bedeutsam sind, aber auch das Gegenteil kann zutreffen. Bei einer 1991 durchgeführten Studie, die vom *Wellesley College Center for Research on Women* veröffentlicht wurde, stellte Rosalind Barnett fest, daß der größte Wunsch einiger erwachsener Töchter darin besteht, ihre Eltern möchten sie endlich so kennen und verstehen, wie sie sich immer ersehnt haben, gekannt und verstanden zu werden. Die Frauen, die Barnett befragte, äußerten den Wunsch nach Unterstützung, Akzeptanz und Liebe der Eltern häufiger als den Wunsch nach Respekt und gegenseitiger Zuneigung.[15]

Die Töchter, bei denen Barnett ihre Erhebungen anstellte, waren Teil einer zufälligen Stichprobe aus einer größeren Studie über berufstätige Frauen in *Eastern Massachusetts*. Die meisten lebten in der Nähe ihrer Eltern. 63 Prozent wohnten weniger als eine halbe Autostunde voneinander entfernt, 15 Prozent im gleichen Häuserblock. Der Kontakt zwischen den Generationen war häufig. Mehr als die Hälfte der Eltern sah ihre Töchter jede Woche, zwölf Prozent täglich. Sie telefonierten viel. 80 Prozent der Eltern sprachen wöchentlich oder täglich mit ihren Töchtern. »Kein Wunder«, sagt Barnett, »daß volle 73 Prozent der Eltern äußerten, sie seien mit der Häufigkeit, mit der sie ihre Töchter sahen, sehr zufrieden.«[16]

Interessanterweise meinten die Töchter, das, was die Beziehung ihnen gebe, entspreche dem, was ihre Eltern bekämen, doch die Eltern waren der Ansicht, sie selbst bekämen mehr.

Männer: die widerstrebenden Versorger

Die Gesellschaft erwartet von den Frauen, daß sie die emotionale und physische Fürsorge für alle anderen Familienmitglieder übernehmen – *ohne zu erwarten, daß sie als Gegenleistung dafür ebenfalls versorgt werden*, sagt die Soziologin Monica McGoldrick. Vom frühen Erwachsenenalter an wird Frauen beigebracht, »ihren Männern beizustehen, ihre Kinder zu unterstützen und zu nähren und, paradoxerweise, in der Lage zu sein, selbst ohne Bestätigung und Unterstützung zu leben.«[17]

Die Kultur, in der wir leben, nimmt den Druck, dem Frauen in mittleren Jahren ausgesetzt sind, nicht zur Kenntnis. Zwei Fünftel der erwachsenen Kinder, größtenteils Frauen, die zu Hause einen älteren Menschen versorgen, *widmen diesem soviel Zeit wie einer Vollzeitarbeit.*[18] »In einem in der Geschichte noch nicht dagewesenen Maße sind die Rollen als bezahlte Berufstätige und als pflegende Töchter und Schwiegertöchter abhängiger älterer Menschen zu den traditionellen Frauenrollen als Ehefrauen, Hausfrauen, Mütter und Großmütter hinzugekommen«, beobachtete die Gerontologin Elaine Brody.[19]

Das Zusammentreffen zweier bedeutender sozialer Phänomene – die große Zunahme der Anzahl älterer Menschen in der Bevölkerung und der wachsende Anteil der Frauen in mittleren Jahren am Berufsleben – hat die Frauen in der Lebensmitte in eine Situation gestellt, die es so noch nie gegeben hat. Eine umfassende Studie, 1993 vom *National Institute on Aging* herausgegeben, kam zu dem Schluß, daß Töchter durchschnittlich zweieinhalbmal soviel Pflegearbeit für ihre Eltern leisten wie Söhne. Viele tun noch sehr viel mehr.

Söhne mögen finanzielle Hilfe bieten, sich um den Besitz kümmern und bei Beerdigungsarrangements helfen, aber Töchter, die größtenteils voll berufstätig sind, leisten die alltägliche Pflege. »Sie kaufen ein und machen Besorgungen, kümmern sich um die persönlichen Bedürfnisse, halten den Haushalt in Ordnung, mobilisieren, koordinieren und überwachen Dienste anderer Stellen und springen ein, wenn ein arrangiertes Pflegeprogramm versagt«, berichtet Brody.[20]

Diese Daten sollten nicht so gedeutet werden, als fehle es Söhnen an »Verantwortungsgefühl oder Familiensinn«, sondern, so Brody, als Widerspiegelung »der kulturellen Zuweisung geschlechtsangemessener Rollen«. Interaktion mit anderen hält die Empathie lebendig. Ob ihnen die Rollen, die sie spielen, »zugewiesen« wurden oder nicht, Männer, die sich den Bedürfnissen von Familienmitgliedern fernhalten, haben am Ende zwangsläufig weniger Zuneigungsgefühle. Ein *circulus vitiosus* ist die Folge. Je weniger engagiert sie sind, desto weniger »sehen« sie, daß andere Familienmitglieder ihre Hilfe brauchen. Unglücklicherweise wird das »So ist es nun einmal« als etwas eingeschätzt, was so sein sollte.[21]

»Er wollte mit Gefühlen nichts zu tun haben«

Marla ist 48, alleinstehend, hat einen Sohn auf der Ingenieurschule und selbst einen Friseursalon in einer kleinen Stadt im Staate New York. »Marla ist ein typischer Kümmerer«, sagte eine Freundin, und da »Kümmerer« eines der vieldeutigen Worte ist, weiß man nicht, ob sie das bewundernd oder verächtlich meinte. Marlas Geschichte jedenfalls ist die Geschichte einer Frau, die andere an die erste Stelle setzt. Sie ist auch die Geschichte einer Frau, die nie ihren fairen Anteil bekam und sich auch nie recht dazu überwinden konnte, ihn zu fordern. In der Lebensmitte scheint sie die Rolle fortzusetzen, die sie immer gespielt hat, die der Geberin, die nichts bekommt.

Als Mädchen wies Marla Anzeichen einer künstlerischen Begabung auf. In der High-School dachte sie, sie würde auf dem College gern Kunst studieren. Doch sie hatte fünf Brüder. »Wenn überhaupt jemand studieren würde, dann sie zuerst«, sagt sie.

Marla studierte nie. Als sie heiratete, mußte sie mit dazu beitragen, daß ihr Mann das College absolvieren konnte. Marla begann, Haare zu schneiden. »Das erschien besser, als wenn wir uns beide abgemüht hätten, gleichzeitig Geld zu verdienen und zu studieren.«

Marla unterstützte ihren Mann während der vier Jahre College; dann bekam er einen Regierungsjob in Washington. Inzwischen wünschten sie sich eine Familie. Da sie kein Kind zeugen konnten, adoptierten sie schließlich einen zwei Wochen alten Jungen, und Marla hörte zu arbeiten auf. »Mein Mann sagte, er würde genug Geld verdienen. Natürlich dachte ich nicht an Scheidung. Ich dachte nicht daran, daß ich dieses Kind am Ende allein aufziehen würde. Und daß die Mühe, meinen Mann vier Studienjahre lang zu unterstützen, mir später gar nichts einbringen sollte.«

Die Ehe scheiterte, als Marlas Ehemann zu dem Schluß kam, daß er das Baby nicht mehr wollte. Das Kind hatte Asthma entwickelt, und seine Versorgung war schwierig. »Der emotionale Streß war einfach zuviel, und er wollte, daß ich das Baby zurückgebe«, berichtet Marla. »Es war fast wie: ›Ich habe meine Liebe zu dir bewiesen, indem ich dich das Kind haben ließ. Nun beweise du deine Liebe, indem du das Baby zurückgibst.‹ Ich fand das überhaupt nicht lustig.«

Eine Rückkehr aufs College kam nun nicht mehr in Frage; Marla stand mit dem Baby allein da. Der Mann in dem Salon, in dem sie arbeitete, überzeugte sie, sie solle »die Begabung kultivieren, die ich mit Haaren besaß, statt den Versuch zu machen, etwas anderes zu erreichen, wo ich doch ein sehr krankes Kind hatte.«

Marla hatte für Kindesunterhalt gekämpft, vom gemeinsamen Vermögen aber nichts für sich selbst bekommen. »Darum habe ich nicht gekämpft. Ich hätte kämpfen sollen, und ich habe es einfach nicht getan. Ich unterschrieb die Papiere, gab ihm, was er wollte, und ging einfach weg.«

Es blieb also bei ihrem Beruf als Friseuse. Marla machte damit weiter, bis ihr Sohn zwölf war. Dann entschied sie, es sei an der Zeit, mit ihm nach Norden zu ziehen, um ihrer Familie näher zu sein. Der Vater des Jungen wollte ihn nicht mehr sehen, nachdem er jahrelang eine sporadische Beziehung aufrechterhalten hatte. Marla sagte, es habe daran gelegen, daß er wütend auf sie war, weil sie gerichtlich finanzielle Hilfe für ein therapeutisches Sommerlager für den Jungen verlangt – und erhalten – hatte. »Ein Arzt sagte mir, wenn dein Vater dich nicht sehen will, dann ist es so, als liebte er dich nicht und als taugtest du nichts. Also zog ich nach Norden, wo er das Gefühl haben konnte, von seinen Großeltern Liebe zu bekommen.« Marla hoffte, ihr Sohn werde nie erfahren, daß sein Vater ihn nicht sehen wollte.

Nachdem sie in den Norden gezogen war, eröffnete Marla einen kleinen Salon auf der Rückseite ihres Hauses und schuftete weiter. Der Umzug erwies sich als weise. Nicht lange, nachdem sie Washington und die wechselhaften Beziehungen zu ihrem Ex-Mann hinter sich gelassen hatte, verschwand das Asthma ihres Sohnes. Nach sechs Jahren schaffte er es, in eine der anspruchsvollsten Ingenieursschulen des Landes aufgenommen zu werden. Zum erstenmal in ihrem Leben hatte Marla ihr Haus für sich, aber das dauerte nicht lange. Kaum hatte sie die herkulische Aufgabe bewältigt, ihren Sohn großzuziehen, als mit der Pünktlichkeit eines Uhrwerks ihre beiden Eltern gebrechlich wurden. »Meine Mutter hat Leberkrebs und ist herzkrank«, sagt sie. »Mein Vater hat einen angeborenen Herzfehler, Arthritis, und er sieht schlecht. Er ist 89. Beide sind schwerhörig.«

Ihr Vater fuhr nicht mehr Auto, also mußten Nahrungsmittel und Medikamente für die alten Leute eingekauft werden, und ihre

Tiere mußten versorgt werden. Zuerst waren Marla und einer ihrer Brüder diejenigen, die Hilfe leisteten. »Wir schlossen einen Pakt, für eine Weile unser eigenes Leben hintanzustellen, um für die Eltern zu sorgen.« Die Dinge wurden immer schwieriger, und Marla dachte, es wäre wirklich leichter, wenn sie einfach für eine Weile zu ihnen zöge.

Fast unmittelbar nach dieser Entscheidung Marlas beschloß ihr Bruder, nach Kalifornien zu ziehen. »Und was ist mit unserem Pakt?« fragte Marla. »Ich habe mein Leben lange genug hintangestellt«, antwortete er. »Auf meiner Geburtsurkunde steht nicht, daß ich ein Einzelkind bin, und ich muß mit meinem Leben weiterkommen.«

Marlas Bruder hatte wenig Empathie für *ihren* Wunsch, mit ihrem Leben weiterzukommen. »Du wohnst doch mietfrei«, sagte er, »worüber machst du dir Sorgen?« Diese Einstellung schockierte Marla wirklich, weil ihr Bruder immer so verrückt nach seiner Mutter gewesen war. Wie Louise sucht sie Trost in ihren Rationalisierungen. »Ich glaube, in Wirklichkeit will er nicht in der Nähe sein und sehen, wie sie sterben.«

Aber sie erkennt auch die Ungerechtigkeit. »Ich dachte bei mir, daß es genauso war wie mit meinem Mann und meinem Sohn. Kaum war er krank, war die Sache ganz anders. Er wollte da heraus. Er wollte mit dem emotionalen Teil nichts zu tun haben.«

So ist Marla wieder einmal für alles zuständig, emotional und auch sonst. Und sie erhält dafür wenig Anerkennung. Ihr Vater nimmt ihre Hilfe übel und kritisiert sie, weil sie Dinge nicht so tut, wie er sie zu tun pflegte. Er beschwert sich, sie benütze die Waschmaschine und den Trockner nicht richtig. »Sie meinen, ich sei bloß ein Mädchen und verstehe von nichts etwas. Ich sage: ›Ich bin eine reife, erwachsene Frau. Ich habe meine Kleider gewaschen. Ich habe die Kleider meines Mannes gewaschen. Ich habe die Kleider meines Sohnes gewaschen. Ich habe jahrelang auf eigenen Füßen gestanden.‹«

Diese Argumente sind an ihren Vater verschwendet, der nur eine Sorge hat: Wenn die Waschmaschine zusammenbricht, ist kein Geld für eine neue da. Also benutzt Marlas Mutter die Waschmaschine für die Kleidung der Eltern, und Marla, anpassungsbereit bis zum Schluß, geht in den Waschsalon, um ihre Wäsche zu waschen. Noch schlimmer ist, daß ihr Vater sich in den Kopf gesetzt hat, sie würde schnorren. »Wenn ich von der Arbeit nach Hause komme, beugt er sich zu meiner Mutter und sagt mit lautem Bühnenflüstern. ›Sie soll sich ihr eigenes Abendessen machen‹«, berichtet Marla.

Was Marla am belastendsten findet, ist der Antagonismus zwischen ihren Eltern und ihrem Sohn. »Zwischen ihnen herrschen solche Spannungen, daß er in den Ferien nicht von der Schule nach Hause kommen wollte.« Was seinen Großvater betrifft, kann der arme Junge nichts richtig machen. Er schiebt seinen Stuhl nicht wieder an den Tisch, wenn er aufgestanden ist. Er stellt Dinge nicht an dieselbe Stelle im Kühlschrank, an der er sie vorgefunden hat. Marlas fast blinder Vater will wissen, daß sein Milchkrug auf dem ersten Regal ganz rechts steht, wo er sich immer befindet. Er kann es nicht ertragen, wenn seine Routine gestört wird, und murrt seinen Enkel ständig an.

Marla hat versucht, sich zu behaupten. »Ich habe gesagt: ›Sieh mal, das ist meine Freude. Mein Sohn ist meine Freude. Ich bin hergekommen, um euch zu helfen, aber ich kann es einfach nicht zulassen, daß ihr mir meine einzige Freude nehmt, indem ihr Reibungen erzeugt, wenn er zu Hause ist.‹«

Marla möchte wieder eine eigene Wohnung haben und zum erstenmal in ihrem Leben herausfinden, wie es ist, allein und von niemandem abhängig zu sein. Sie erkennt, daß ihr Sohn so etwas wie eine Krücke war. »Weißt du, wenn ein Mann vorbeikommt, dann sage ich, er müsse jetzt gehen, weil mein Sohn nach Hause kommt. Ich weiß nicht. Vielleicht bin ich deswegen hierher gezogen. Aber ich werde nie wissen, ob diese Dinge Krücken waren oder ob ich sie wirklich wollte, solange ich es nicht allein versuche.«

Gleichzeitig macht die Familiensituation es dem 18jährigen Sohn schwer, seine Aufgabe der psychologischen Ablösung zu vollziehen. Wenn die Großeltern noch am Leben und funktionstüchtig, gesundheitlich, aber gebrechlich sind, wird der Angstpegel in der Familie sehr hoch. Was zwischen den Eltern und den Großeltern abläuft, kann in den jungen Menschen Verwirrung und Groll auslösen, was die Aufgabe der Ablösung und Selbstdefinition für den jungen Erwachsenen sehr erschwert.

Eine Freundin von Marla sagte zu ihr, ihre Eltern hätten einfach zu lange gelebt. »Nein«, behauptete Marla. Das war eine verstörende Vorstellung. »Ich meine, man wünscht sich nicht, daß die Eltern gestorben wären. Und doch denkt man: ›Tja, sie hat recht, vielleicht haben sie jetzt *wirklich* zu lange gelebt.‹ Was soll man machen? Man möchte sein Leben weiterführen.«

Das ist der Schlüssel: Man möchte mit seinem Leben weitermachen. Frauen in diesem Alter können den Mut verlieren, wenn ihre persönlichen Pläne durch die Notwendigkeit umgestoßen werden, einzuspringen und für jemanden zu sorgen. Oft verlangen Frauen nicht, daß Männer sich an der Verantwortung für die Familie beteiligen, und geraten schließlich, wie ein Bericht das ausdrückte, in »Verstrickungen der Ineffizienz« mit ihren Kindern oder Eltern oder Geschwistern.

Doch wem ist hier die Schuld zu geben, den Frauen dafür, daß sie nicht kämpfen, oder der Gesellschaft dafür, daß sie ihnen nicht hilft? Ist Marlas »Verstrickung« – mit ihren fordernden Eltern, ihrem unempathischen Bruder und einem Sohn, der alt genug ist, um das Haus zu verlassen, aber noch zu jung, um ihr irgendwelche äußere Unterstützung zu gewähren – ein Beispiel für »Ineffizienz« oder für Überlastung?

Wann, könnten wir fragen, wird die Regierung einspringen, um diesen beiden ältesten Generationen alternder Frauen zu helfen, die ihr ganzes Leben lang ein geringes Einkommen bezogen haben, die nun länger und länger leben, sich aber jahrelang mit so wenig Geld abmühen müssen, daß es kaum für den Lebensunterhalt reicht?

Wie Monica McGoldrick anmerkt, werden die Gesetze, welche die Sozialdienste zur Unterstützung von Familien regeln, größtenteils von Männer verfaßt. Frauen, welche die Last der Familienverantwortung tragen, aber keine Macht haben, helfen diese Gesetze nicht. McGoldrick meint, das Versäumnis der Regierung, alternden Familien öffentliche Dienste anzubieten, verschlimmere die Konflikte zwischen den Generationen, die zur Mißhandlung alter Menschen führen.

Mit anderen Worten: Was zuviel ist, ist zuviel. Frauen wie die Tochter, die ihren an Alzheimer erkrankten Vater im Rollstuhl vor dem Ruheraum einer Rennbahn zurückließ, einen Karton Pampers auf dem Schoß, brechen unter der Last einfach zusammen.

Eine Alzheimer-Geschichte

Unter den Frauen, die ich interviewte, hatten diejenigen das schwierigste Leben, die den Umgang mit schwer erkrankten oder an der Alzheimerschen Krankheit leidenden Eltern bewältigen mußten. In solchen Familien wird alles, was früher relativ einfach erschien, zu einer überwältigenden Mühsal.

»Als ich meine Mutter nach Philadelphia zum Arzt brachte, war sie entsetzlich«, sagte eine Frau, die ich Evelyn nennen möchte. (Bei einigen der Personen in diesem Buch, die ich nur mit dem Vornamen nenne, sind Namen und bestimmte Identitätsmerkmale geändert worden, um die Anonymität zu wahren.)

Evelyn und ihr Mann Robert wohnen außerhalb der Stadt an der Eisenbahnlinie. Evelyns Mutter, die bei ihnen lebt, ist reizbar, feindselig und unberechenbar geworden, und das schon seit Monaten, und der Zustand wird nicht besser, sondern immer schlimmer. »Ihre Paranoia macht uns verrückt. Sie bezeichnet uns als Diebe. Sie wollte mich vor Gericht bringen. Sie wollte jedem in der Stadt erzählen, was ich ihr antäte. Es gibt Zeiten, da wird das zu einem richtigen Alptraum.«

Es ist eine Sache, intellektuell zu begreifen, daß die eigene Mutter zu einer anderen Person geworden ist, wird Evelyn sagen, aber eine ganz andere, angesichts dessen emotinal ruhig zu bleiben. Denn man weiß nie, worauf man sich gefaßt machen muß. »Im Bruchteil einer Sekunde gibt es da diese unglaublichen Stimmungsschwankungen. Kürzlich hat meine Mutter zu mir gesagt, und mein Mann hätte schwören können, daß er es sie hat sagen hören: ›Du verdammtes Luder!‹ Und dann kam sie in die Küche und hörte, wie ich am Telefon meinem Bruder von der Rentnergemeinde erzählte, die ich mir ihretwegen angesehen hatte. Sie fing an zu schreien: ›Geh zur Hölle! Geh zur Hölle!‹ Und ich antwortete: ›Ich *bin* schon in der Hölle, weil ich dich am Hals habe.‹ Sie kann mich nicht hören. Gott sei Dank, sie kann mich nicht hören.«

Aber Evelyns Mutter brauchte es auch nicht zu hören. Ehe Evelyn sich versah, schlug sie ihre Mutter. »Ich boxte gegen ihren Arm. Sie hat das nicht so gespürt wie ich. Es war ein Alptraum. Ich konnte nicht glauben, daß ich dazu fähig war. Ich meine, ich habe zahllose Male daran *gedacht*, es zu tun, aber ich hätte nie gedacht, daß ich tatsächlich dazu fähig bin.«

Evelyn und ihr Mann Robert hoffen, die Situation dadurch zu verbessern, daß sie in ihrem Haus einen privaten Raum für sie schaffen. »Es widerstrebt ihr sehr, wegzugehen. Sehen Sie, sie ist mit uns im gleichen Stockwerk. Und wir möchten ein bißchen Intimität. Also richten wir den Raum unten her. Er ist wirklich einer der schönsten, der hellste und wärmste im ganzen Haus. Er ist perfekt. Und die Zeit wird kommen, da sie ohnehin keine Treppen mehr steigen kann. Warum sie also verpflanzen, wenn sie sich nicht mehr zurechtfindet?«

Doch sie weigert sich. »Für sie ist es, als würde sie aus dem Himmel ausgestoßen und müßte in eine Art Fegefeuer. Aber für uns ist das eigentlich die Rettung.«

Evelyns Mutter durchstöberte täglich die persönlichen Sachen ihrer Tochter und las ihre Post. »Sie denkt, wir würden ihre Briefe stehlen. Sie liest immer meine Post. Nichts ist privat. Jetzt sage ich zu Robert: ›Laß uns Schlösser an die Türen machen, damit sie nicht einfach so in unsere Zimmer eindringen kann.‹«

Evelyns Freundinnen, die wissen, daß sie seit ihrer Kindheit eine eher schlechte Beziehung zu ihrer Mutter hatte, wundern sich, daß sie sie nicht in ein Pflegeheim gibt. »Eine von ihnen sagte zu mir: ›Aha, du willst also diese Selbstlosigkeit, dieses Märtyrertum einfach durchstehen und deine Mutter bei dir behalten.‹ Ich sagte: ›Nun, ich sehe das anders. Ich betrachte das nicht als Märtyrertum.‹ Da ist ein Teil von mir, der sie loswerden möchte, der sie gern weggeben würde. Aber das ist nicht der größte Teil von mir. Der größte Teil von mir sagt: ›Das ist meine Mutter. Sie ist ein menschliches Wesen. Ich möchte, daß sie ihre Würde behält, zumindest das, was von ihrer Würde übrig ist.‹«

Trotz der Art, wie ihre Mutter sie immer behandelt hat, sagt Evelyn, »ist sie noch immer meine Mutter. Ich bin von ihrem Blut. Ich stamme von dieser Frau ab. Ich bin ein Teil von ihr. Sie ist ein Teil von mir. Das zu verleugnen würde heißen, mich selbst zu verleugnen. Das kann ich nicht. Ich glaube wirklich nicht, daß ich das irgend jemandem antun könnte. Ich habe in Pflegeheimen gearbeitet. Ich habe gesehen, wie sie sind. Sie sind nicht alle gleich, das stimmt, aber meine Mutter ist eine sehr schwierige Person. Ich weiß, daß sie mit ihrer Persönlichkeit leicht ausgestoßen und mißbraucht werden könnte, weil sie andere so mißbraucht und selbst so grausam ist, daß sie sofort zur Zielscheibe würde. In gewisser Weise beschütze ich sie also bloß, tue mein Bestes, um sie zu beschützen. Ich weiß, daß das die Art und Weise ist, wie ich selbst würde behandelt werden wollen.«

Dennoch hat Evelyn schreckliche Angst, zusammenzubrechen unter der Belastung, die sie erlebt. »Ich möchte sicherstellen, daß ich nicht einer dieser Menschen in einer Anstalt werde, der andere Menschen schlecht behandelt, erniedrigt und entmenschlicht und all das, weil ich dazu fähig wäre. Ich bin sicher, daß ich dieses Potential habe. Weil man bis zum Äußersten getrieben werden kann. Ich bin überrascht, wozu ich fähig bin, und gleichzeitig doch nicht im geringsten überrascht. Aber ich weiß, daß ich sie nicht wieder schlagen werde«, behauptete Evelyn. »Weil ich nicht *sie* geschlagen habe, sondern mich selbst. Mich habe ich geschlagen. Mir habe ich weh getan.« Sie beginnt zu weinen.

Evelyn hat sich einer Selbsthilfegruppe für Angehörige von Alzheimer-Patienten angeschlossen, aber sie fühlt anders als die anderen. »In der Gruppe bin ich die einzige, die sich entschieden hat, den geliebten Menschen bei sich zu behalten. Die meisten Leute wollen das einfach nicht. Und das kann ich verstehen. Ich weine, wenn ich ihr das Essen bringe. Ich sitze da, sehe zu, wie sie ißt und sehe, wie winzig sie geworden ist. Ich sehe ihr Gesicht, und ich sehe, wie klein es ist. Und ich sehe sie auf eine Weise, wie ich sie leider nie zuvor gesehen habe und nie wieder sehen werde.«

Die meisten Leute in der Alzheimer-Selbsthilfegruppe sagen, am schwersten sei es, »wenn sie einen nicht mehr erkennen«. »Für mich«, sagt Evelyn, »wird das nicht das Schwerste sein. *Dies ist das Schwerste: Zu sehen, wie sie dahinschwindet, nach und nach, Stückchen für Stückchen.*«

Lange Zeit wurde der Mythos perpetuiert, daß die Familien in unserer Gesellschaft sich nicht um ihre Alten kümmern. Nichts könnte weiter von der Wahrheit entfernt sein. »Die Forschung hat systematisch die Vorstellung widerlegt, daß die heutigen Familien sich den Alten entfremdet haben und sich nicht um sie kümmern«, sagte Elaine M. Brody bei einem Treffen der *Gerontological Society*. Und sie kommentierte trocken, daß Politiker, wenn sie »Alternativen« zur Heimpflege vorschlagen und die »Familie« sowie »natürliche oder informelle Hilfssysteme« anpreisen, Wortspiele betrieben. In Wirklichkeit sind solche Phrasen Euphemismen für erwachsene Töchter und Schwiegertöchter. Wie Brody sagt: »In Wirklichkeit sind Frauen diese ›Alternativen‹.«

Begriffe wie die »natürlichen« einfühlenden Qualitäten von Frauen werden als Rechtfertigung dafür benutzt, daß Frauen die gesamte »emotionale Arbeit« leisten – was mit Kinderpflege, Pflege des Ehegatten und Pflege der Eltern zu übersetzen ist. Die Soziologin Monica McGoldrick gehört zu denen, die versuchen, den Mythos zu kippen, daß Frauen von Haus aus besser als Männer dazu geeignet sind, für andere zu sorgen. »Wir betrachten die Romantisierung ›weiblicher‹ Werte als falsch und für Familien nicht hilfreich. Nicht nur die Frauen leiden unter dem Ungleichgewicht der Geschlechter. Die gesamte Familie leidet.«

Ein Elternteil stirbt (und das Ich ergibt sich)

Wenn wir jünger sind, stellen wir uns vor, daß der Tod eines Elternteils verheerend sein wird und daß wir ohne ihn nur noch in einer Art Schattenreich existieren werden. Das ist immer so, ganz gleich, wie schwierig die Beziehung sein mag, und es hat mehr mit unserer eigenen Unsicherheit zu tun als mit unserer Liebe zu unseren Eltern. Wir sehen uns selbst als schwach und verletzlich, und wir stellen uns vor, wenn der starke und beschützende Elternteil stürbe, würde ein Teil von uns mit ihm sterben. Und wir fragen uns, ob wir wohl in der Lage sein werden, das zu überleben.

Obwohl ich es seit frühester Kindheit gefürchtet hatte, wurde das Sterben meines Vaters unerwartet zu einer Art Geschenk für mich. Der Tod eines Elternteils lehrt uns Dinge über uns selbst, die wir nie gewußt haben.

Daß er ein schwieriger Mensch gewesen war, würde niemand bestreiten. Mein Vater war brillant, arrogant und voller Abwehrmechanismen. Jahrelang führte er neben seiner Lehrtätigkeit an der Universität wissenschaftliche Forschungen durch. Als ich heranwuchs, spürte ich, daß er an mir interessiert war, aber seiner Liebe war ich nie wirklich sicher. Männer wie mein Vater teilen ihre Emotionen nicht mit. Seine Briefe, wenn er überhaupt schrieb, waren aufreizend allgemein. Am Telefon wollte er über *seine* Gedanken reden, nicht über meine. Lange Zeit glaubte ich daher, daß meine Gedanken unwichtig, meine Anliegen und Aufgaben als Frau nicht der Beachtung wert seien. Mein ganzes Leben lang habe ich versucht zu verstehen, warum er das wohl dachte, warum Vater immer an erster Stelle kam.

Marian Woodman, Psychologin der Jung-Schule und Autorin, über 70 Jahre alt, hat solche Eltern mit König Lear verglichen. »Ich bin sicher, daß einige von Ihnen diese Art von Vater oder Mutter kennen«, sagte sie auf der Konferenz des Omega Institute über das Altern. »Sie kommen zu Besuch zu Ihnen nach Hause und erwarten, daß Sie das Haus zu *ihrem* Zuhause machen.«[22] Was tun Sie dann? fragt Woodman. Wie gehen Sie mit einer solchen Situation um? Für sie war das die zentrale Frage in Shakespeares König Lear: *Wie gibt die erwachsene Tochter ihrem Vater gegenüber ihren Machtkampf auf, ohne sich selbst zu verlieren?*

Die Lear-Väter selbst leiden natürlich auch. Wie viele Männer seiner Generation hatte mein Vater den Kern seiner Existenz in seiner Arbeit gefunden. Doch nach seiner Pensionierung hatte er kaum noch Ressourcen. »Lear war König. Er regierte durch Macht«, sagt Woodman. »Wer sind wir, wenn wir das aufgeben müssen, und wie kommen wir aus einer Position der Macht zu einer der Liebe?«

Mit den Jahren sonderte sich mein Vater immer mehr ab, und mit 80 war er verzweifelt, obwohl er Heiterkeit vortäuschte. Er versuchte zu schreiben, doch die Spiralblöcke, die wir später in seinem Nachttisch fanden, zeigten die Dürftigkeit seiner Gedanken in seinen letzten Lebensmonaten, seine schlichte Unfähigkeit, sich in irgend etwas zu vertiefen. Wie wir heute wissen, ist diese intellektuelle Einschränkung keine Folge von Alter, sondern von Krankheit. Und diese Krankheit ist bei vielen alten Menschen die Depression.

Ein Jahr vor dem Unfall, bei dem er es irgendwie schaffte, beim

Anfahren nach einem Stoppschild mit einem von der Seite kommenden Lastwagen zu kollidieren, war ich mit meinen Eltern und Kindern für ein paar Tage ans Meer gefahren. Mein Vater hatte das Meer immer geliebt, doch diesmal weigerte er sich, seine Badehose anzuziehen. Er kam nicht einmal mit an den Strand, sondern blieb unter dem Sonnendach sitzen in seinem Seersucker-Anzug, seinem Panamahut und den schwarzen Schuhen, die er im gleichen Stil seit 50 Jahren trug. Er saß in einem Liegestuhl, einen Drink in der Hand, an dem er kaum nippte, und starrte über uns, den Ozean, ja, sogar den Horizont hinweg; in gewissem Sinne war er gar nicht da.

Nach dem Unfall stieg er tatsächlich mit fünf gebrochenen Rippen noch aus seinem Wagen und ging hinüber zum Krankenwagen. Vom Hospital aus rief er meine Mutter an und sagte, sie solle sich keine Sorgen machen. Dann versagte seine Lunge.

Achtzehn Tage am Beatmungsgerät sind eine lange Zeit, und die Schwestern auf der Intensivstation fragten sich von Anfang an, ob er es schaffen würde. Gegen Abend hatte er so etwas wie Panikanfälle. Die Ärzte dachten, es könne mit den schmerzstillenden Medikamenten zu tun haben. Er hatte auch immer wieder Visionen, sah Engel an der Zimmerdecke, Kinder in den Ecken. Einmal, als der Arzt und ich nebeneinander am Fußende seines Bettes standen, dachte er, der Arzt sei mein lange verstorbener Mann. Er wollte wissen, wessen Baby da zwischen uns sei. Ich mußte ihm sagen: »Dad, da ist kein Baby.« Ich mußte ihm sagen: »Dad, das ist nicht Ed, das ist der Arzt.«

Kinder und Babys schienen sein Denken stark zu beschäftigen. Als ich ihn eines Abends allein besuchte, fragte er, ob er mit mir zusammen ein Baby haben könne. Ich sagte ihm, ich sei zu alt, um Kinder zu bekommen. »Wirklich?« fragte er. »Für mich siehst du jung aus.« Ich dachte, er hielte mich vielleicht für meine Mutter. Aber es hätte auch sein können, daß er sehr wohl wußte, daß ich seine Tochter war. Es spielte keine Rolle. Er war alt, er stand unter Morphium, und wer weiß, was in seinem Kopf vorging, was er hoffte, was seine Träume waren, die bald verloren sein würden.

Nachdem ich 50 Jahre gegen meinen Vater gekämpft hatte, gegen seinen mächtigen Einfluß, seine Grandiosität, seine bestürzenden Stimmungsschwankungen und sein Bedürfnis nach Aufmerksamkeit, hatte ich jetzt den Wunsch, ihm alles zu geben. In jeder Besuchszeit ging ich zu ihm, sagte ihm wieder und wieder, daß ich ihn liebte, wie wunderbar er sei und wie wichtig für mich. Wegen des Beatmungsgeräts konnte er nicht sprechen, aber er antwortete, indem er meine Hand drückte und mimisch zu erkennen gab, daß er sich amüsierte, Ironie oder Zweifel empfand. Ich hielt ihm einen Block hin, auf den er mühsam Fragen schrieb. Wo war mein Mann? Wer waren diese Kinder, die in Richtung Zimmerdecke schwebten? Würde er je wieder gesund werden?

Durch unser Leid treten wir mit anderen Menschen in Beziehung, erklärt Woodman. Durch die Öffnung, die ein zerbrechendes Herz verursacht, tun wir den Schritt von der Macht in die Liebe. »Damit hören die Schuldzuweisungen auf«, sagt sie. »Man erkennt seine eigene Menschlichkeit. Man erkennt die Menschlichkeit seiner Mitmenschen.«

Mit der Zeit waren meine Mutter, mein Bruder und ich erschöpft von der Anstrengung, uns um meinen Vater zu sorgen, aber mein köperlicher Zustand war mir so wenig bewußt, als hätte ich mich frisch verliebt. Ich flog nach Norden, um mich um meine Arbeit zu kümmern, und eine Woche später wieder nach Süden. Mein Vater hing nicht mehr am Beatmungsgerät, aber er kämpfte noch immer um sein Leben. Einmal, spät abends, als ich vom Flughafen nach Hause fuhr, war ich von einem ganz ruhigen, intensiven Gefühl erfüllt. Als ich mich vorher von meinem Vater verabschiedet hatte, hatte er sich an meine Mutter gewandt und gesagt: »Da gehen das Lachen und der Sonnenschein.« Als mir diese Worte auf der Heimfahrt wieder einfielen, fühlte ich mich erhoben. Mein Vater und ich auf derselben Wellenlänge! Wir kommunizierten miteinander, wie wir das nie getan hatten, als es ihm noch gutging. Jetzt stand nichts zwischen uns, keine Wut, keine Enttäuschung, nicht einmal mehr Sehnsucht, und ich wußte so genau wie selten etwas, daß das ein Geschenk war.

Das Herz bricht, sagt Marian Woodman, aber während es bricht, öffnet es sich der Liebe.

In dem Pflegeheim, in das er geschickt worden war, um sich von seiner langen Agonie an dem Beatmungsgerät zu erholen und wieder schlucken zu lernen, begann mein Vater eines Tages, sich zu erbrechen. Das Heim rief keinen Arzt, obwohl meine Mutter darum bat. Mein Vater erbrach sich einen Tag und eine Nacht lang, bevor endlich nach einem Krankenwagen geschickt wurde. Erst als er wieder auf der Intensivstation lag, entdeckte man, daß sich der Schlauch, über den er künstlich ernährt wurde, gelöst hatte. Der Stöpsel, der ihn an Ort und Stelle hielt, war in seine Bauchhöhle gerutscht, und seine Speiseröhre war seit 24 Stunden blockiert. Die Lungenentzündung, die er bekam, weil er Erbrochenes eingeatmet hatte, war wesentlich schlimmer als die Pneumonie nach seinem Lungenversagen.

Nachdem er wieder am Beatmungsgerät hing und seit zehn Tagen im Koma lag, trafen wir uns mit dem Arzt und der Oberschwester und sagten, wir wollten, daß man ihn von dem Apparat löst. Sie willigten ein. Sie würden für den unwahrscheinlichen Fall, daß er allein würde atmen können, ein Sauerstoffgerät vor seinem Mund befestigen.

Meine Mutter entschloß sich, nach Hause zu gehen, während das geschah. Mein Bruder und ich blieben bei ihm. Wir hielten seine Hände und hörten seinem Radio zu. Als der Ansager verkündete, als nächstes werde »Heimkehr« von Richard Strauss gespielt, sahen wir uns nur an.

Seit Tagen hatte mein Vater keinen Händedruck mehr erwidert, und während ich seine noch immer warme Hand hielt, wußte ich, daß er in gewissem Sinne schon gegangen war. Mein Gesicht war naß von Tränen, aber ich merkte gar nicht, daß ich weinte. Ich sah aus dem Fenster über die schweren Geräte hinweg, mit denen ein Anbau an das Krankenhaus errichtet wurde, bis zum Horizont. Eine Stunde lang beobachteten wir, wie seine Herzfunktion auf dem Monitor langsam, aber stetig absank. Ein Pfleger kam ins Zimmer und blieb bei uns. Er sah zu, wie schließlich die endgültige Null auf dem Bildschirm erschien. Sofort begann er mit aufreizender Tüchtigkeit, alle Geräte abzuhängen. Ich fragte mich, ob er damit nicht hätte warten können, aber dann erschien Warten sinnlos.

Mein Vater starb am Valentinstag. Es war ein Wunder für mich, daß mein Herz sich öffnete, daß ich endlich ohne Bitterkeit oder Reue an ihn denken und ihn vorbehaltlos lieben konnte.

Marian Woodman berichtet, vor vielen Jahren in England habe ihr Psychoanalytiker zu ihr gesagt: »Wissen Sie, Mrs. Woodman, Sie werden diesen Weg gehen, ob Sie wollen oder nicht. Sie können ihn entweder zurücklegen wie ein quietschendes Schwein, das zum Schlächter geführt wird, oder Sie können ihn bewußt und mit so viel Anmut gehen, wie Sie nur aufbringen können.«

»Entscheidend ist«, sagte Woodman, »daß das Ich sich ergibt und das Herz öffnet, und durch diese Öffnung kommt neue Energie herein.«

KAPITEL 4

Kampf gegen die Fünfzig: Warum Frauen fürchten, alt auszusehen

Alle drei Monate oder so gehe ich in ein Gebäude an der unteren Fifth Avenue, um Mary Ellen Brademas aufzusuchen, eine Dermatologin, die mich mit einem Medikament behandelt, das – *mirabile dictu!* – die Poren verengt und die Falten verringert. Ich fühle mich, als sei ich bei der Vorbeugung gegen die Solarkeratosen, zu denen ich neige, über die Göttin gestolpert. »Arbeiten Sie daran, arbeiten Sie daran!« rät Brademas. Wie ein »Cheerleader«, der die Mannschaft zu größerer Anstrengung anfeuert, macht sie mir Mut zu gläubigerer Anwendung von Retin-A gegen die Falten auf meiner Oberlippe.

Ihr eigenes Beispiel ist schwer zu übersehen. Sie ist eine schöne Blondine mit glatter Haut in den Fünfzigern, hat drei Kinder, studierte mit 38 Jahren Medizin und arbeitet heute am *New York Hospital*. Trotz all dieser noblen Empfehlungen ist sie zu ihren Patientinnen überaus handfest. »Meine Oberlippe sieht eigenartig aus, wenn sie sich schält«, sage ich. »Ach, bei mir schält sie sich auch dauernd«, sagt sie und geht leicht über meine Beschwerde hinweg.

Brademas sagte mir beim ersten Besuch, daß sie sich täglich unter der Dusche mit Bimsstein abreibt, »von den Zehenspitzen bis zur Kinnspitze«. Sie scheint den alternden Körper so zu betrachten, wie sie alles andere betrachtet: Wir sind für ihn verantwortlich, nicht er für uns.

Da ich schon einmal dabei war, berichtete ich ihr von meiner Besorgnis wegen der kleinen Hauterhebungen, die sich auf meinem Rücken zu vervielfachen schienen. Die Aussichten, die damit verbunden waren, gefielen mir nicht. Als mein Vater in den Siebzigern war, bedeckten die gleichen gummiartigen kleinen Erhebungen seinen Rücken wie eine verhärtete prädiluvianische Felsschicht.

»Keine Sorge, dagegen gibt es Medikamente«, sagte Brademas fachmännisch und verschrieb mir eine Lotion. »Das ist eine Art Körperpeeling. Es tut für Ihren Körper, was Retin-A für Ihr Gesicht tut.«

Mit Probepackungen beladen, zog ich den Untersuchungskittel

aus und begann mich anzukleiden. »Sie sind gut in Form, Dowling«, sagte sie, die Arme vor der Brust verschränkt. »Wie alt sind Sie?«

»Fünfundfünfzig.« Ein Teil von mir war stolz darauf, aber gleichzeitig war ich verlegen und machte mir Sorgen darüber, wie lange »gut in Form« zutreffend sein würde oder auch nur jetzt zutraf.

»Ich bin älter als Sie«, verkündete Brademas fröhlich.

»Erinnern Sie mich nicht dauernd daran.«

»Oh, das tue ich nicht«, sagte sie. Sie glaubt, junges Aussehen sei eine Frage der Bereitschaft, hart dafür zu arbeiten. Ich glaube, es ist auch eine Frage der Gene, und Brademas' Gene sind offenbar besser als meine. Meine Mutter sah mit 70 im Badeanzug noch aus wie ein Kalendermädchen. Mein Vater war schon weiß und hatte schlaffe Haut, ehe er 50 wurde. Ich gerate nach meinem Vater.

Für immer jung, für immer weiblich

Wenn eine Frau die Lebensmitte erreicht, stellt sie fest, daß das Auge des Betrachters doppelt anspruchsvoll wird. Die Frau muß jetzt nicht nur hübsch sein, sondern auch »jung« aussehen. Es ist nicht so sehr das Alter, das zählt, sondern die Erscheinung des Alters. »Wir definieren jemand als alt, weil er oder sie alt *aussieht*«, schrieb die Historikerin Lois Banner von der Stanford-Universität 1993 in ihrem Buch *In Full Flower*, einer Studie über Frauen, Altern und Power.[1]

Zu jener Zeit – und sie liegt nur wenige Jahrzehnte zurück –, als Frauen wegen des Verlusts dieser kurzlebigen Schönheit, auf die sie alles gesetzt hatten, verspottet wurden, war der Eintritt der Reife eine Art Totenglocke. Welchen Wert konnten sie sich mit 50, sogar mit 40 noch zumessen? Keiner brauchte sie. Keiner fand sie attraktiv. Keiner sah sie auch nur, wenn sie über die Straße gingen. Männer, die reifer wurden, bekamen Bart und Doppelkinn und ließen sich in Öl porträtieren. Frauen bedeckten sich, versteckten ihren Körper, verbargen das dünner werdende Haar unter einer Perücke, malten sich die Augenlider blau und die Lippen rot an – alles in dem Bemühen, nicht abgeschrieben zu werden.

Es ist daher kein Wunder, daß der Anblick unseres alternden Körpers Entsetzen mit sich bringt. Älter bedeutet für eine Frau wertlos. Es bedeutet geschlechtslos und sogar gesichtslos. Daher versuchen wir verzweifelt, wenn schon nicht mehr jung, dann doch wenigstens gesund, energiegeladen und schlank auszusehen. Es mag inzwischen schick geworden sein, die mittleren Jahre zu erreichen, doch so *auszusehen*, als habe man sie erreicht, ist so hassenswert wie eh und je.

Eine Frau kann ihr sich wandelndes Aussehen erschreckend finden. Sie macht sich Sorgen über den Verlust des Glanzes, der weichen Makellosigkeit, die ihr ein Gefühl von »Was kostet die Welt« gaben. Sie verabscheut es, die hohen, runden Kurven, die gut plazierten Muskeln, die venenlose weiße Haut zu verlieren. Sie betrauert den Verlust ihres dichten, glänzenden Haars, dieses Heiligenscheins, der sie immer hervortreten, präsent sein, ja in gewisser Weise überlebensgroß erscheinen ließ.

Zu allen physischen Veränderungen kommt noch die Sorge, wir seien neurotisch. Normale, gut angepaßte Frauen tragen einfach ihre Östrogencreme auf und vergessen sie dann. Normale, gut angepaßte Frauen sind nicht von dem Gefühl für die sich vertiefende Falte zwischen Nase und Kinn besessen, von dem Bauch, der sich wölbt, von den Venen, die man auf der Innenseite der Oberschenkel erkennt. Normale Frauen akzeptieren ihr Alter so, wie sie die Menstruation akzeptierten, die Erschöpfung im neunten Monat, die Empfindlichkeit des Dammschnittes nach der Entbindung, die gesprungenen Brustwarzen, die Diaphragmen und Gels und Tampons und die Mühe, sich in zahllosen Autobahnraststätten zu waschen. *Normale* Frauen, würde uns ein Psychiater sagen, werden *gern* älter oder akzeptieren zumindest das Älterwerden, den unbrauchbaren Uterus, die nicht mehr funktionierenden Ovarien, die Falten am Hals als Preis für die Freuden und Geheimnisse der Reife. Doch kann dieser Psychiater uns eine Frau vorführen – heute, nächste Woche oder nächstes Jahr –, bei der diese »Anpassung« tatsächlich schmerzlos verlief? Ich glaube nicht.

»Eines Tages saß ich mit einem neuen Patienten in einer Sitzung, und wir arbeiteten an einer Übertragung«, erzählte mir Emma, eine Psychotherapeutin. »Ich fragte ihn etwas, und er sagte: ›Tja, was ich vor mir sehe, ist eine attraktive Frau mittleren Alters.‹ Das hat mich wirklich getroffen. Ich meine, der Mann ist Anfang 30, und er sieht mich als attraktive Frau mittleren Alters. Ich erstarrte auf meinem Stuhl. Er hatte recht. Ich *bin* eine Frau in mittlerem Alter, eine *attraktive* Frau in mittlerem Alter, aber eben in mittlerem Alter. Oh Gott, dachte ich, das bin ich!«

Das war eine dieser kleinen Offenbarungen, die uns in der Lebensmitte erbarmungslos zu treffen beginnen. Die Dinge haben sich verändert. Ich werde nicht mehr auf die gleiche Weise gesehen. *Männer* sehen mich nicht mehr auf die gleiche Weise. Dies – was immer es ist – ist das neue Ich.

Eine nicht mehr junge Frau zu sein bedeutet doppeltes Anderssein, wie Simone de Beauvoir in *Das andere Geschlecht* schrieb. Sie meinte, daß Frauen doppelt zum Objekt gemacht werden, einmal, weil sie Frauen sind, und dann, weil sie altern.

Je mehr wir uns auf Komplimente über unser Aussehen verlassen haben, desto heftiger wird unser Identitätsgefühl erschüttert, wenn die Schönheit vergeht.

Blanche DuBois in *Endstation Sehnsucht* war vielleicht eine extreme Darstellung der älteren Frau, die vom Verlust des einzigen Wertes, den sie sich zuschrieb – ihres Sex-Appeals – heimgesucht wird, aber die Bitterkeit ihres Charakters entstammte der Universalität ihrer Misere – zumindest in den fünfziger Jahren, als Tennessee Williams das Stück schrieb. In den neunziger Jahren würde eine Frau wie Blanche als schwerkrank betrachtet werden. Doch wie weit sind wir heute von der Angst entfernt, die sie als alternde Frau empfand? Doch um bei Verstand zu bleiben, müssen wir noch immer Medienbilder von alternden Frauen bekämpfen, die uns vorgeführt werden, als seien sie die Apotheose stürmischer, lauter Jugend.

Als wir jung waren, war Twiggy das Ideal von Weiblichkeit. In der Lebensmitte halten wir uns an Lauren Hutton, die 50 ist, aber aussieht wie 35 (zumindest auf Modefotos). Daß uns ohne Unterlaß erzählt wird, sie sei tatsächlich über 50, macht uns andere nur verdrießlich. Das erinnert daran, was Gloria Steinem vor einigen Jahren widerfuhr, als sie einem Reporter, der ihr sagte, wie jung sie aussehe, erklärte: »So sieht Fünfzig eben aus.« Dieser Kommentar, in der Presse ausführlich gewürdigt, wurde zum Loblied auf die Jugendlichkeit der neuen Frau in der Lebensmitte. Obwohl es gewiß nicht Steinems Absicht war, hatten Frauen plötzlich ein neues und unmögliches Ideal, mit dem sie sich vergleichen konnten. Wer kann einigen von uns übelnehmen, daß sie insgeheim schmollten. »Mag sein, daß Fünfzig für *dich*, Gloria, so aussieht...«

Der Punkt ist, Fünfzig sieht nicht wie irgend etwas aus. Oder sollte es jedenfalls nicht. Die Vorstellung, eine bestimmte Art des Aussehens sei »normal« für ein bestimmtes Lebensalter – oder gar, was der Himmel verhüten möge, für ein bestimmtes Lebensjahr! –, diese Vorstellung sollte aufgegeben werden.

Am schwersten trifft es Frauen in der Lebensmitte. »Männer interessieren sich eigentlich nicht mehr für dich oder dein Leben wie zu der Zeit, als du noch jung und niedlich warst – es sei denn, du heißt Margaret Mead oder Sandra Day O'Connor«, sagt die Vietnam-Reporterin Jurate Kazickas, die mit 50 nicht gerade eine langweilige Vergangenheit hat. (Eine Episode von *China Beach* basierte darauf, daß Kazickas von einem Schrapnell getroffen wurde, während sie im Krieg als Journalistin arbeitete.) »Bei Dinner-Partys sehen sie dich nicht an und denken: Nun ja, sie ist alt, aber ich wette, sie hat ein richtig interessantes Leben geführt.«

Die Auswirkungen auf die Psyche von Frauen, wenn sie plötzlich die Aufmerksamkeit nicht mehr auf sich ziehen, sind dem vergleichbar, was sie physisch erleben, wenn sie aufhören, Sexualhormone zu produzieren. Es ist, als würde ein Schalter umgelegt und ein neues Stadium betreten. Was *ist* das? Was ist passiert? In welchem Land befinde ich mich?

Manche Frauen verzichten schließlich darauf, Aufmerksamkeit auf sich zu ziehen und nehmen die Haltung des »Endlich kann ich ich selbst sein« an, eine von Feministinnen wie Gloria Steinem und Germaine Greer propagierte Haltung. »Da die Gesellschaft uns beiseite schiebt, können wir nach 50 endlich wir selbst werden«, erklärte Steinem, als sie 59 war.

Andere dagegen lehnen es ab, sich gehenzulassen und zu jammern, sondern versuchen statt dessen, ihre Attraktivität dadurch zu bewahren, daß sie Gewichte stemmen, sich Schönheitsoperationen unterziehen und/oder ihr Alter verleugnen.

Der Grad an Verstörung, den Frauen erleben, ist unterschiedlich. Ebenso die spezielle »Verirrung«, um die sich unsere Ängste zu kristallisieren scheinen. Einige verabscheuen die Falten, einige den Bauch, einige die Krampfadern und einige (ob Sie es glauben oder nicht) die abfallende Nase. »Ich hatte keine Ahnung, daß die Lippen schmaler werden«, sagte die Schauspielerin Ellen Burstyn. »Davon hatte ich nie ein Wort gehört oder gelesen. Aber ich merkte jedesmal, wenn ich Lippenstift auflegte, daß sich etwas verändert hatte, und dann merkte ich, daß meine Lippen schrumpften.«[2]

Da ihr Gesicht teilweise ihr Kapital ausmachte, hatte Burstyn das Gefühl, ihre schrumpfenden Lippen seien mehr als eine Demütigung; sie repräsentierten einen potentiellen Einkommensverlust.

Am ehesten sind wir von körperlichen Veränderungen besessen, die eine Vermännlichung bedeuten. »Ich habe zwei Haare am Kinn, die ich mir seit drei Jahren auszupfe«, sagte Honey, eine Großmutter in den Fünfzigern, die 30 Jahre als Buchhalterin gearbeitet hat und . . . *niemals* in Pension gehen will. »Ich sehe sie mir täglich in meinem Spiegel an, der alles fünfmal vergrößert.«

Sie schaut, und sie wundert sich. Keine der fortschrittlichen Feuchtigkeitscremes der Welt kann verhindern, daß sich die in der Lebensmitte am Kinn sprossenden Haare unheilvoll und wie ein Bart anfühlen. Sollte sie ein Enthaarungsmittel aus Wachs nehmen? Honey sagt, es sei nicht ihr Mann, um den sie sich Sorgen mache; er sei zumindest taktvoll. Es ist ihr fünfjähriger Enkel, der die Tendenz hat, die Dinge beim Namen zu nennen und der an irgendeinem öffentlichen Ort auf einmal schreit: »Aua. Dein Gesicht ist kratzig.«

Und wenn das geschieht, sagt Honey, fühlt sie sich *alt*. Nicht nur alt, sondern schlimmer: auffallend und unumkehrbar männlich.

Hier geht es um das Geschlecht. Haarverlust ist ein weiteres potentielles Trauma, vor allem für diejenigen, die jahrelang geglaubt hatten, daß ihre üppige Mähne zu ihrer Weiblichkeit beitrug (wenn nicht diese sogar *schuf*). Daß die Haare in der Lebensmitte dünner werden, bestätigt ihre schlimmste Angst. »Schauen Sie mal, was Sie darüber herausfinden können«, flüsterte eine mir bekannte Fotoagentin verzweifelt, als habe sie sich eine seltene Krankheit zugezogen, deren Heilung möglicherweise in den Bücherstapeln der medizinischen Bibliothek verborgen lag. »Ich sehe, wie meine Haare im Abfluß des Waschbeckens verschwinden, und ich könnte weinen.«

(Frauen, die die Postmenopause schon länger hinter sich haben, sprechen mit mattem Humor über ihr dünner werdendes Schamhaar. Ich kenne eine Frau von 70, die ihre kahl werdende Scham der Kraft des Sex zuschreibt, den sie seit 40 Jahren mit ihrem Mann genießt. Ihre Freundinnen können sich nicht überwinden, ihr zu sagen, daß ihre alternde Biochemie die Schuldige sein könnte.)

Der Verrat des Körpers

Susan hatte zugenommen und meinte, sie könne die Pfunde wieder loswerden, wenn sie nur wieder zum Trimmen ginge. Sie lebte in einer Art Zeitverwerfung. Etwas war nicht in Ordnung. Sie fühlte sich nicht kongruent mit dem Bild, das sie von sich im Spiegel sah. Die kurzen, strengen Haarschnitte, mit denen sie früher davonkam, wirkten jetzt zu maskulin, also ließ sie ihr Haar lang wachsen. Etwas in ihr wollte darauf beharren, sie könne immer noch so aussehen wie vor zwanzig Jahren, eine hochgewachsene Jeansträgerin mit kastanienbraunem Haar bis zu Taille. Nun, da ihr Haar in diesem Zwischenstadium war, schob sie es schließlich meistens einfach hinter die Ohren. Ein dichter Pony reichte ihr bis auf die Augenbrauen und drückte auf das Gesicht. Ihr ganzes Image stimmte nicht mehr. Die Leute schätzten sie noch immer jünger ein, aber das Modische hatte sie aufgegeben, als ihre Gesichtszüge erschlafften. Es sei ihr egal, pflegte sie zu sagen, wenn sie morgens in ihre Birkenstöcker schlüpfte.

Es war ihr nicht egal. »Die Schönen über 40 in *People* sagen, sie schafften es mit körperlichem Training«, meinte sie zu Willa. »Sie schwimmen, joggen, fahren Rad und machen Aerobic-Tanz. Ali McGraw sagt: ›Es ist wie Zähneputzen. Wenn ich es nicht mache, werde ich verrückt.‹«

»Mich macht auch manches verrückt«, sagte Willa, »aber das nicht.«

Zu Ehren ihres 50. Geburtstags hatte Willa Bekanntschaftsanzeigen aufgegeben; in dem Formular hatte sie sich selbst als »erfreulich anzusehende Kombination aus Muskeln und Kurven« beschrieben.

Susan hatte ebenfalls das Gefühl, Muskeln und Kurven zu besitzen, doch die Kombination war nicht mehr erfreulich anzusehen. Sie ging zum Trimmen und plagte sich teuflisch ab, und sie kam zwar in Form, konnte aber ihr Gewicht nie wirklich verringern. Entmutigt gab sie für ein oder zwei Monate auf, dann stellte sie ihre Gymnastiktasche wieder bereit und wartete auf die Inspiration, sich wieder einmal ihrem erschlaffenden Glutäus zuzuwenden. Ihr Ehemann Scott sagte, er habe nichts gegen ihren Hintern, aber sie hatte etwas dagegen. Sie hatte wirklich etwas dagegen. In fast jedem Body, den sie besaß, sah er so groß aus wie die Seitenwand einer Scheune.

Susan arbeitete in einer wichtigen Stellung als Verwalterin eines Krankenhauses, und sie hatte sich jahrelang erfolgreich und sogar mächtig gefühlt. Doch nun fehlte es ihr an *Präsenz.* Sie fühlte sich entwurzelt, ängstlich wegen dem, was mit ihr passierte, verwirrt darüber, was die Zukunft bringen würde. Das Stundenglas war umgefallen, und ihr Selbstwertgefühl schwand. Es schwand nicht nur, es brach zusammen. Als Frau, die in ihrer Jugend ständig angesehen worden war, spürte Susan, daß die Leute – vor allem Männer – aufgehört hatten, sie prüfend anzuschauen, wenn sie vorbeiging, daß sie sie tatsächlich nicht einmal *wahrzunehmen* schienen. War das der Grund, warum Scott sich nicht mehr für ihren Hintern interessierte? Sah *er* ihn vielleicht auch nicht mehr?

Viele der physischen Veränderungen, die wir in der Lebensmitte durchmachen, von Haarverlust über trockene Haut bis zu Gewichtsveränderungen, sind eine Folge der menopausalen Hormonverschiebungen. Da diese mit der Körperchemie interagieren, die wir ohnehin haben, ist die Summe der Auswirkungen der Menopause ganz individuell. Einige Frauen haben beispielsweise mehr Testosteron im Verhältnis zu ihrem verbleibenden Östrogen, und so werden sie zwar mehr Haare im Gesicht entwickeln, aber wahrscheinlich auch einen guten Pegel von Libido und Energie behalten (siehe Kapitel 7). Frauen, die mit mehr Körperfett in die Menopause kommen, neigen dazu, nach der Menopause mehr Östrogen zu erzeugen, als die, die von Natur aus schlanker und infolgedessen weniger anfällig für Hitzewallungen, Schlaflosigkeit und Stimmungsschwankungen sind. Die physiologischen Veränderungen, welche die Menopause auslöst, sind so individuell, unvorhersehbar und, vor allem bei einer Hysterektomie, so plötzlich, daß die Lebensmitte eine ähnliche Verwundbarkeit erzeugen kann wie die, die wir in der Adoleszenz erlebten.

Im ersten Jahr ihrer Menopause, in dem sie keine Perioden mehr bekam, beobachtete Electra, eine New Yorker Schauspielerin, fasziniert, wie ihre Brüste klein und schlaff und ihr Gesicht ziemlich knochig wurde. Anfangs gefiel ihr dieses neue, eckige Aussehen. »Es erinnerte mich an die Zeit meiner Jugend, groß, schlaksig und mit kleinen Brüsten. Aber nach einer Weile begann ich zu denken, daß ich eher wie Katherine Hepburn in ihren späteren Jahren aussah – ich meine ihren mageren Körper, nicht ihr wundervolles Gesicht.«

Electra fing an, Östrogen einzunehmen, woraufhin ihre neue Schlankheit verging und sie wieder üppig wurde. Mehr als üppig, rubenshaft. »Das passierte so plötzlich, daß meine erste Reaktion Schock war. Ich war in Washington, um in einem Stück zu spielen, und ging in einen Wäscheladen, um mir ein paar BHs zu kaufen. Es waren nur drei Monate vergangen, seit ich die letzten gekauft hatte, aber meine Größe 34 B war nun jämmerlich unpassend. Schwammiges Fleisch mit Grübchen quoll unter den Armen heraus. So etwas hatte ich noch nie gesehen.«

Dem Körper der Frau ist eine einzigartige Anfälligkeit für schnelle, hormonell bedingte Gewichtsveränderungen eigen, die zu dem unangenehmen Gefühl führen kann, die Kontrolle verloren zu haben. Pubertät, Menstruation, Schwangerschaft, Nachschwangerschaft, Menopause, Postmenopause: Während des ganzen erwachsenen Lebens gibt es dieses An- und Abschwellen, dieses plötzliche Einsetzen von Schwammigkeit, das ebenso plötzlich zurückgeht, sobald die Blutung beginnt. Eine Frau zu sein erfordert, daß man in der Lage ist, sich diesen Verschiebungen in Gewicht und Körperzusammensetzung anzupassen und sie zu akzeptieren, statt sich von ihnen aus der Fassung bringen zu lassen. Aber keiner redet je mit uns darüber, und so bekommen wir wenig Bestätigung dafür, daß die plötzlichen Veränderungen unseres Aussehens von einer Woche zur anderen normal sind. Man kann sein ganzes Leben damit zubringen, die natürlichen Veränderungen des Körpers zu bekämpfen.

Kurz nachdem Electra mit der Einnahme von Hormonen begonnen hatte, zeigte sich ein überraschender Vorteil. »Mein Gesicht wurde gerade so viel voller, daß die Haut sich glättete und die Falten weniger sichtbar waren. Ich bekam so etwas Strahlendes wie eine Schwangere. Mein Agent sagte: ›Wenn ich nicht wüßte, daß Sie keine Zeit dazu hatten, würde ich glauben, Sie hätten sich liften lassen.‹ Um es vorsichtig auszudrücken, es war toll. Meine Brüste füllten sich wieder und gewannen ihren ›Turgor‹ zurück, ein Wort, das ich gar nicht gekannt hatte, bis ich meinen verlor.«

Doch gerade, als sie sich wieder wie neugeboren fühlte, geschah es erneut: Hüften, Schenkel und Bauch wurden schlaff. Nicht lange nach dem dritten Monat mit Östrogen fand Electra sich eines Tages in einer Lage wieder, die sie ihr ganzes Leben lang vermieden hatte. »Ich probierte in einer winzigen Kabine Kleider an, und meine Mutter saß dabei, das Gesicht in Höhe meines Bauches. Während ich mir so schnell wie möglich ein Kleid über den Kopf zerrte, sagte ich: ›Ich habe wirklich zugenommen.‹

›Tja‹, antwortete sie prompt, ›ich muß sagen, ich habe dich noch nie so... *aufgedunsen* gesehen.‹

Ich beschloß, körperlich mehr zu trainieren, weniger Östrogen einzunehmen und nie wieder mit meiner Mutter eine Anprobekabine zu betreten.«

Die Politik der äußeren Erscheinung

Es gibt Gründe dafür, warum das ältere Aussehen für Frauen so belastend ist. Die negative Einstellung der Gesellschaft zu älteren Frauen beeinträchtigt unsere Fähigkeit, für uns selbst zu sorgen – verringert die Wahrscheinlichkeit, nicht nur unseren Arbeitsplatz zu behalten, sondern aufzusteigen, respektiert und für die Erfahrung, mit der wir an unsere Arbeit gehen, in der gleichen Weise belohnt zu werden wie Männer. Frauen von heute müssen in ihren Sechzigern und darüber hinaus arbeiten und sich selbst und Mitglieder ihrer Familie in einer Gesellschaft versorgen, die weiterhin ältere Frauen als behindert ansieht.

Eine Frau von 50 Jahren, die einen neuen Job oder eine Beförderung anstrebt, wird unter Umständen »unter Wert gehandelt, wenn sie alt wirkt«, sagte Marilyn Yalom vom *Stanford University Institute for Research on Women and Gender.* Mit grauem Haar, Falten und breiterer Taille werden Frauen leicht behandelt »wie verwelkte Ware«.[3] »Diese Betonung des Aussehens erweist Frauen wirklich einen schlechten Dienst, weil sie den Zugang zum Arbeitsmarkt erschwert und ihre Selbstwahrnehmung angreift«, sagt Joan Kurianski, leitende Direktorin der *Older Women's League*. Facelifting, das früher als närrische, wenn nicht lächerliche Verwöhnung von unsicheren Frauen angesehen wurde, die versuchten, weiterhin zum Abendessen eingeladen zu werden (bzw. ihre Männer), hat heutzutage eine praktischere Bedeutung, denn es stellt sich die Frage, Arbeit zu bekommen – und zu behalten.

Eine Anwältin aus New York, die sich zu einem Facelifting angemeldet hat, sagt, sie sei sich völlig klar über ihre Entscheidung. »Es sind nicht die Richter, deren Reaktion auf mein Älterwerden mir Sorgen macht. Sie sind darauf trainiert, hinter dem Äußeren den Kern von Menschen zu sehen. Die Geschworenen sind diejenigen, denen ich nicht traue. Ich muß gegen männliche Anwälte bestehen, die in den Augen der meisten Leute mit zunehmendem Alter an Autorität gewinnen, während Frauen, die Zeichen des Alters aufweisen, als erledigt betrachtet werden. Das ist eine Realität. Sollte ich mich im Interesse einer vorgeblich größeren Integrität dagegen wehren? Kommt nicht in Frage.«

Frauen in mittleren Jahren haben den Eindruck, daß sie, um den Lohn für ihre Reife einzustreichen, paradoxerweise aussehen müssen, als seien sie nicht gereift – oder zumindest nicht »zu sehr« (wobei dieses »Zu sehr« wie immer dem Auge des Betrachters anheimgestellt ist).

Tom, ein Managementberater, der im ganzen Land mit Fortune-500-Firmen zusammenarbeitet, erklärte seiner Frau, der Autorin Marcia Seligson, warum es für Frauen im oberen Management so wichtig ist, sich ein jugendlicheres Aussehen zu geben. »Wenn du so alt bist wie die Mütter deiner Untergebenen«, sagte er, »ist es schwer, mit ihnen eine gleichgestellte, nicht-mütterliche Beziehung herzustellen.« Man fragt sich, wessen Problem das ist, das der Frau in der Lebensmitte oder das der erwachsenen Angestellten, die auf der emotionalen Ebene von Kindern funktionieren.

Aufgrund der Verbindungen ihres Mannes hatte Seligson das

Privileg, hören zu können, wie leitende Manager über die Leute sprechen, die sie einstellen, und kam zu dem Schluß, daß »Durchblick, Reife und Erfahrung weniger Ansehen genießen, als ich vermutet hätte.«[4] Und das ist noch milde ausgedrückt.

In *The Beauty Myth* berichtet Naomi Wolf von einer 54jährigen Frau, die ohne Vorwarnung ihren Job verlor, weil ihr Chef sagte, er wolle eine jüngere Frau vor sich sehen, »die ihn in gute Laune versetzt«. Wie Seligsons Mann Tom meint, lautet die unangenehme Nachricht heute, daß »eine Frau, die einen Management-Job will, gut daran tut, so ausgeruht, entspannt und jugendlich auszusehen, wie sie nur kann«. Seligson übersetzt das mit: »Gesichtsstraffung.«

Kürzlich sah ich ein bemerkenswertes Stück, *Two Faced*, in dem Lyn Adams, die es schrieb und spielte, eine Frau in mittleren Jahren darstellte, die von ihrem Mann verlassen worden war und darunter litt, daß ihre Identität in Frage gestellt war und niemand ihr einen Job geben wollte. Ihre Tochter überzeugte sie davon, daß der Arbeitsmarkt nach einer »Runderneuerung« anders reagieren würde.

Fasziniert verfolgten wir, das Publikum, die wir sozusagen die »vierte Wand« oder die Spiegelwand in der Damengarderobe bildeten, wie sie mühsam eine höchst erstaunliche Anzahl von »Hilfsmitteln« für ihr alterndes Gesicht und ihren Körper zur Anwendung brachte. Die schlaffe Haut ihrer Wangen wurde mit im Kaufhaus erstandenen Klammern hochgezurrt und diese unter einer Perücke verborgen; Make-up, falsche Wimpern, ein Büstenhalter, der ihre Brüste hob, schöne Strümpfe und, ja, ein Hüfthalter(!), und diese Frau erschien jung. Man konnte hören, wie die Männer im Publikum nach Luft schnappten, als sie die endgültige Verwandlung sahen, als hätte man sie zum erstenmal in das Geheimnis eingeweiht. Die Frauen kicherten und stöhnten. Und natürlich bekam die Darstellerin prompt einen guten Job und einen neuen Liebhaber.

Erst eine Beziehung zu einer anderen Frau versöhnte sie mit ihrem grauen Haar und ihrem rundlichen Bauch. Und so fanden wir die Schauspielerin nach der Vorstellung hinter der Bühne – grauhaarig, lächelnd und mit leisen Falten. Wir drückten ihr die Hand, dankten ihre für ihr Spiel und traten mit dem Gedanken in die regnerische Nacht hinaus, daß etwas für uns Verborgenes und Dunkles wenigstens einmal voll zur Kenntnis genommen worden war.

Die Fünfzig bekämpfen

Frauen, gewohnt, um Schönheit zu kämpfen, neigen dazu, ihre Anstrengungen in der Lebensmitte zu verdoppeln. »Ich werde mit 40 *nicht* fett sein«, sagen sie, und es ist ihnen ernst damit. Und wenn man diese selben Frauen mit 50 beim Fitneßtraining sieht, sind sie schlanker denn je. Männer jedoch, dazu konditioniert zu glauben, sie blieben hinreißend, ganz gleich, wie viele Kinne sie bekommen, lassen ihre Bäuche hervortreten. Gesundheit, Energie und Erektionsfähigkeit sind vielleicht Themen für sie, Falten jedoch nicht. Da sie sexuelle Attraktivität weniger mit der Art gleichsetzen, wie sie aussehen, geben Männer früher auf.

Aber sie möchten nicht, daß ihre Frauen aufgeben. »Mich zieht Schönheit in allem an«, erklärt ein Ästhet von 240 Pfund, ein Mann von 50 Jahren, der es als Zeichen seiner größeren Reife ansieht, daß er angefangen hat, sich mit 40jährigen zu verabreden. Ihm ist es jedoch lieber, wenn sie nicht wie 40 *aussehen*. Er führte die außerordentlichen körperlichen Fähigkeiten seiner neuesten Freundin an, einer Frau von 40, die wie 30 aussieht, weil sie jede ihrer Yogaübungen im Kopfstand durchführt.

Ein geschiedener Mann von 57, der sein ganzes Leben lang Affären für eine Nacht hatte, hält jetzt, da er auf die Sechzig zugeht, nach mehr Stabilität Ausschau. Er gibt zu, daß jüngere Frauen ihm eine gewisse Nervosität wegen seiner sexuellen Leistungsfähigkeit einflößen. Neuerdings will er lieber mit einer Frau zusammensein, die »genauso lange auf dem Planeten ist« wie er. Dafür würde er auch ein paar Mängel in Kauf nehmen. »Ich fühle mich sogar sinnlich irgendwie von grauen Haaren angezogen«, sagt er, »von grauen Strähnen im Haar.«

Ich frage, wie es sich mit Fettpolstern verhält. Er lächelt verlegen. An Fettpolstern ist er nicht allzu interessiert. Übrigens ist *sein* Haar fast weiß.

Nachdem sie 30 Jahre lang Grundschulkinder unterrichtet hat, freut sich die 52jährige Anne auf den frühen Ruhestand. Ihr Mann, Dave, Facharzt für Zahnwurzelbehandlungen, ist auch im Begriff, in

Pension zu gehen. Sie sind 28 Jahre verheiratet und haben zwei erwachsene Kinder und einen Enkel von 18 Monaten. Auf die Frage, wie sie diesen Übergang in die fünfziger Jahre erlebt, antwortet Anne, eine attraktive Blondine, die sich offensichtlich große Mühe mit ihrem Aussehen gibt: »Ich habe noch immer schwer zu kämpfen.«

»Um was?«

»Darum, 35 zu sein. Aber ich rechne damit, daß ich eines Tages aufgeben werde, weil ich nicht mehr die Energie habe.«

Anne bekämpft den Alterungsprozeß, indem sie körperlich trainiert, ihr Haar bleicht, ihr Gewicht kontrolliert und versucht, aufgeschlossen zu bleiben. Wenn sie mehr Geld hätte, sagt sie, würde sie ihren Bauch mittels plastischer Chirurgie straffen lassen, damit sie nicht mehr daran arbeiten muß, ihn flach zu halten. »Ich vermute, wenn ich 80 Pfund Übergewicht und einen Riesenappetit hätte, würde ich all das aufgeben«, sagt sie, »aber ich bin meinem Ziel noch nahe genug, um die Kontrolle zu behalten.«

Es ist schwer, den Kampf gegen die Fünfzig weiterzuführen, wenn eines unserer Kinder daherkommt und uns zur Großmutter macht. »Zuerst war es mir peinlich«, sagt Anne. »Ich wollte nicht, daß jemand erfährt, daß ich schon so alt bin. Aber das Baby ist so süß. Ich freue mich, daß wir den Kleinen haben. Er nennt mich Anne. Ich sage nicht, er solle mich Oma nennen. Wenn ich mit ihm irgendwo bin, denken die Leute, er sei mein Kind, und ich korrigiere sie nicht.«

»Oma« hat für Anne ein Image, mit dem sie nichts zu tun haben möchte. »Bei der Arbeit habe ich über mein Alter immer gelogen und automatisch zehn Jahre abgezogen, wenn ich Formulare ausfüllen mußte. Aber dann, als ich die Chance hatte, mich um eine Frühpensionierung zu bewerben, mußte die Wahrheit ans Licht.«

Zuerst glaubte ihr keiner, sagt Anne stolz. Aber sie konnte sich nicht auf ihren Lorbeeren ausruhen. Um nicht »anonym« zu werden, besucht sie zahlreiche Kurse. Sie möchte sich klüger fühlen als die anderen Frauen in ihrem Kreis, weil sie meint, daß sie das als eine Art Antrieb braucht. Die meisten von ihnen sind mit Freunden ihres Mannes verheiratet und zweite Ehefrauen, wesentlich jünger als sie. Aus Besorgnis möchte sie herausragen und anders sein. »Ich möchte nicht, daß sie mich ansehen, als wäre ich seine Mutter«, sagt sie, obwohl ihr Mann in Wirklichkeit ein paar Jahre älter ist als sie. Anne fühlt sich benachteiligt. Ältere Männer wollen jüngere Frauen, und jüngere Frauen haben nichts dagegen, mit älteren Männern zusammenzusein; tatsächlich sind sie es *gern.* »Sie sehen ihren Vater und Sicherheit, den Vater mit der Brille.«

Die große Lüge: als jünger durchgehen

Elaine – zierlich, energiegeladen, dunkelhaarig – fällt das Eingeständnis schwer, daß sie 54 ist. »Ich sage es nicht jedem«, vertraut sie mir nach kurzer Bekanntschaft an. Sie ist geschieden, hat zwei erwachsene Kinder und eine hochbezahlte Stellung im Verkauf und Marketing von Computern, und sie lügt regelmäßig über ihr Alter, sowohl im Beruf als auch in ihren Beziehungen zu Männern. »Ich hasse Lügen. Ich lüge über nichts anderes in meinem Leben, und ich lüge auch nicht wie ein Lügner. Ich tue es, um dieses Lebensspiel in dieser sehr seltsamen Welt mitzuspielen, in der die Leute solche Erwartungen haben und einem wegen des Alters die Tür vor der Nase zuschlagen.«

Wenn sie Leute kennenlernt, weiß sie nie, welches Alter sie zugeben wird, sondern entscheidet sich spontan für das, was in der gegebenen Situation am besten ist. Elaine erzählt, wie sie mit einem Mann, den sie auf einer Party traf, fast sofort auf dieses Thema kam. Sie begannen ihre Unterhaltung am Buffet und waren kaum beim warmen Braten angelangt, als auch schon das Alter angeschnitten wurde. Elaine schätzte rasch, wie alt der Mann sein mochte, zog zwei Jahre davon ab und sagte ihm, sie sei 45. »Das mögen sie«, sagte sie, »zwei Jahre Unterschied.«

Offenbar hatte sie richtig kalkuliert. Sie und er wurden ein Paar. Im Laufe der Zeit mußte sie ihm natürlich sagen, daß sie sechs Jahre älter war als er. Sie behauptet, anfangs habe er die Mitteilung zwar bestürzend gefunden, aber inzwischen spiele sie keine große Rolle mehr. *Quid pro quo.* »Er gab zu, wenn ich ihm auf der Party mein richtiges Alter gesagt hätte, hätte er sich vielleicht den ganzen Abend mit mir unterhalten, mich aber niemals angerufen.«

Die Beziehung dauerte ein Jahr. Da sie erkannten, daß es für sie keine Zukunft gab, trennten sie sich in aller Freundschaft. Einige Monate später begann Elaine eine neue Beziehung mit einem Rechtsanwalt, der 45 war. Als ich mit ihr sprach, hatte er die angsterregende Frage des Alters noch nicht angeschnitten, und die Sache wurde allmählich heikel. Als sie den Mann ihrer 28jährigen Tochter Nikki vorstellte, machte sie ihre Tochter um ein Jahr jünger und sagte, sie hätte mit 19 geheiratet. Bisher hat das funktioniert. Irgendwie hat sie sich eingeredet, daß es kein Thema mehr sein wird, wenn sie es ihm schließlich sagen muß. »Ich glaube nicht, daß er mit mir Schluß machen wird, bloß weil er herausfindet, daß ich in Wirklichkeit neun Jahre älter bin.«

Doch Nikki heiratete vor einem Jahr, und jetzt denkt Elaine darüber nach, wie sie gesellschaftlich zurechtkommen wird, wenn ihre Tochter sich entschließt, ein Kind zur Welt zu bringen. »Ich denke, ich kann sagen, daß ich Großmutter bin, ohne mein Alter zu verraten, und trotzdem noch in die Welt passen, in der ich mein Spiel spiele.«

Sollen sie doch denken, sie sei sehr jung gewesen, als sie ihre Tochter bekam. Sollen sie doch denken, ihre Tochter sei ebenfalls sehr jung gewesen, als *sie* schwanger wurde. Das mag eine schwierige Art zu leben sein, aber manche Frauen ziehen sie der Unsicherheit vor, die sie verspüren, wenn sie die Wahrheit über ihr Alter sagen.

Die Welt, in der Elaine »spielt«, ist Silicon Valley mit seinen Computerdeals, High-Tech-Patenten und den getriebenen, um sich selbst kreisenden jungen Leuten. Alle, mit denen sie arbeitet, ihr Chef eingeschlossen, sind unter 40. Wenn Elaine ihr Geburtsdatum als Computerpaßwort benutzen muß, hat sie Schwierigkeiten, sich daran zu erinnern, weil sie sich in ihrer Personalakte um vier Jahre jünger gemacht hat. Hat sie gelogen, weil sie dachte, es würde einen Einfluß darauf haben, ob sie die Stellung bekommt? Nein, sagt sie. Da war sie schon eingestellt. »Es war eher so, daß die Leute mich weiterhin so sehen sollten, wie sie mich eben sehen.«

Und wie sehen sie sie? »Als jung und vital.«

In Silicon Valley jung und vital bleiben zu müssen (oder überall sonst, was das betrifft) kann einen wahrscheinlich um Jahre älter machen. Frauen wie Elaine wird nicht bewußt, daß *sie* die Kontrolle darüber haben können, wie sie sich in ihrer Haut fühlen. Es schaffen zu wollen, indem man »jung bleibt«, ist eine Strategie, die auf Dauer nach hinten losgeht. »Der Versuch, an jugendlichen Maßstäben festzuhalten und sich danach zu beurteilen, macht uns blind für die neuen Stärken und Möglichkeiten, die in uns zum Vorschein kommen können«, schreibt Betty Friedan in *The Fountain of Age*.[5]

Elaine sagt, sie wolle bloß nicht, daß ihr Alter ein *Thema* ist. Aber für sie selbst ist es ein Thema, und zwar lange, ehe es für irgend jemand anderen zum Thema wird. Sie hört die Uhr ticken. Sie hat vor, ihrer gegenwärtigen Beziehung ein Jahr zu geben. »Inzwischen werde ich um ein Jahr gealtert sein. Dann bin ich 55 und noch weniger zu vermarkten.«

Zur Verteidigung von Elaine und anderen in ihrer Lage muß gesagt werden, daß die Fähigkeit zur Aufrechterhaltung des Selbstwertgefühls im Verlauf des Alterns stark beeinflußt wird von der Einstellung der jeweiligen Kultur gegenüber den Frauen. In den wenigen Gesellschaften, in denen Frauen ein geringer oder nicht gehobener Status zugeschrieben wird, wenn sie älter werden – und unsere westlichen Gesellschaften zählen dazu, wie die Soziologin Pauline Bart feststellt –, wird die sexuelle Attraktivität zwangsläufig höher geschätzt als handwerkliche Fähigkeit, technisches Wissen oder Weisheit.[6]

Negative Bilder

Susan Sontag schrieb einmal, daß es nur einen Schönheitsstandard für Frauen gibt, und zwar den des Mädchens; für Männer jedoch, sagte sie, gäbe es zwei, einen für den Knaben und einen für den Mann. Wenn Männer älter werden, können sie sich daher »nach einem anderen Maßstab für gutes Aussehen akzeptieren – schwerer, rauher, gröber gebaut... Für Frauen gibt es keinen derartigen zweiten Maßstab.«[7]

Die Vorstellung der Gesellschaft von Frauen in der Lebensmitte sind mächtig und oft negativ, und sie beeinflussen uns sowohl auf subtile als auch auf offenkundige Art. Um ihnen zu begegnen, beharren wir triumphierend darauf, daß wir mit 50 »*nicht* unsere Mutter mit 50« sind, woran zwar etwas Wahres ist, doch es liegt auch eine Lüge darin. Wir *sind* unsere Mütter mit 50, und zwar aus dem zwingenden Grund, daß unsere Mütter unsere einflußreichsten Modelle sind – für das Altern wie für alles andere. Wie sie sich fühlten, als sie alterten, welche Optionen sie noch zu haben glaubten, ihre Vitalität, ihre Energie, ihr Optimismus – oder deren Fehlen – färben unweigerlich unsere eigenen Erfahrungen.

Wir müssen nicht nur unsere eigene soziale Realität bewältigen; wie ein böser Zauber schlummert in uns auch die Vorstellung der Gesellschaft von älteren Frauen zu der Zeit, als unsere *Mütter* 50 wurden. Ein Teil von uns fürchtet, daß wir, obwohl das Aussehen anders ist, vielleicht doch genauso sind, wie sie mit 48 waren, in Windjacke und bequemen Hosen den Einkaufswagen durch die Gänge des Supermarktes schiebend: noch immer nach einem Leben verlangend, wütend, daß ihre Zeit abgelaufen war. Diese Mütter haben keinen köstlichen Duft, kein laszives Lachen, keinen rosigen Schimmer oder Reste von Feuchtigkeit, die ihre Wangen beleben. Ihr Haar ist graumeliert, trocken, rauh und schütter. Mit ernster Berechnung prüfen sie die Packungen auf Gewicht und Preis und kalorischen Wert. Sie haben mühselige Aufgaben und den Haushalt zu bewältigen und die Aussicht, das so lange zu machen, bis sie nicht mehr die Kraft dazu besitzen.

Warum wurden unsere Mütter, jedenfalls die meisten von ihnen, in der Lebensmitte so asexuell? Manche Wissenschaftler – darunter die Historikerin Lois Banner von der *University of Southern California* – meinen, Frauen der vorigen Generation hätten sich mehr oder weniger selbst »entsexualisiert«, wenn sie in das Alter kamen, in dem die Gesellschaft es bedrohlich fand, wenn sie sich weiterhin sexuell verhielten, nachdem keine Kinder mehr da waren, um sie zu fesseln. »Dementsprechend«, schreibt Banner, »wurden sie zu formlosen Figuren, die sich das Haar kurz schnitten, vernünftige Schuhe trugen und an aus der Mode gekommenen Polyesterkleidern festhielten, um der Großmutterrolle zu entsprechen.«[8]

Zu den Verletzungen kamen noch Beleidigungen, denn diese entsexualisierten Frauen wurden zum Gegenstand von Karikaturen. Witzzeichnungen im *New Yorker* schilderten die »Clubfrau« – in mittleren Jahren, schwergewichtig, formlos und infantil, eine Kreatur, die in den vierziger Jahren von der Cartoonistin Helen Hokinson institutionalisiert wurde. »Auf ihren Zeichnungen«, schreibt Banner,

»haben die Clubfrauen nur ein kindliches Verständnis von der Welt, der Sexualität, den Männern und sich selbst.«[9] Dieses Cartoon-Image, so glaubt Banner, entstammte einer destruktiven Furcht vor dem weiblichen Altern.

Der volle Zorn gegen die moderne Frau in mittleren Jahren kam in Philip Wylies *Generation of Vipers* zum Vorschein. »Nie zuvor hat eine große Nation tapferer, von Träumen beseelter Männer zerstreut eine riesige Klasse müßiger Frauen in der Lebensmitte geschaffen«, schrieb Wylie und war ganz außer sich, als er »die Hitzewallungen, den Infantilismus, das Weinen, die Sentimentalität, die eigenartigen Gelüste und das ganze Arsenal von Tricks, Schlichen, Listen und subalternem Götzendienst« menopausaler Frauen schilderte.[10]

Von den heutigen Feministinnen wird Wylies populäres Buch rundweg fertiggemacht, doch in den vierziger Jahren war es einflußreich. Sozialwissenschaftler – männliche und weibliche – sprangen auf sein Trittbrett und erklärten Frauen in der Lebensmitte für kindisch und substanzlos. Erikson persönlich schrieb, daß »Reste von Infantilität sich mit vorzeitiger Senilität verbinden, um die mittleren Jahre reifen Frauentums zu verdrängen, die dadurch selbstbezogen und stagnierend werden«.[11]

Angesichts der vorherrschenden melodramatischen Einstellung ist es kein Wunder, daß Frauen schreckliche Angst davor hatten, beim Altern »erwischt« zu werden – und sie bis heute haben. Als die Schauspielerin Madeleine Kahn kürzlich von einem Reporter nach ihrem Alter gefragt wurde, geriet sie in etwas, »das man nur als katatonen Stupor beschreiben kann«, schrieb Michael Specter von der *New York Times*. »›Ich hoffe, daß Sie solche Informationen nicht veröffentlichen werden‹, sagte sie mit zu Boden gewandtem Blick. ›Das ist keine normale Frage.‹

Kahn plapperte nervös weiter. ›Ich nehme an, Sie haben das Recht, die Information zu drucken, aber mir wäre lieber, Sie täten es nicht. Ich meine, es ist nicht wichtig. Und ich möchte einfach darum bitten, daß Sie mich wie eine Dame behandeln und das nicht genau angeben.‹«

Der Reporter war schlau und beruhigte sie nicht über diesen Punkt. »Danach wurde das Schweigen ziemlich laut«, sagt Specter. »Dann platzte sie wieder heraus: ›Ich meine, schauen wir der Sache ins Auge. Das ist immer noch ein Faktor bei der Karriere einer Frau. So sollte es eigentlich nicht sein, aber so ist es. Ich wünschte mir, man würde von Tatsachen wie diesen nicht zwangsläufig herabgemindert.‹«

Am Schluß der Story sagte Specter seinen Lesern: »Miss Kahn ist 51.«[12] Ihre angebliche Eitelkeit, als sie ihr Alter nicht bekanntgeben wollte, wurde noch betont durch das tolle Foto, das den Artikel illustrierte.

Wie albern von dieser Frau, sollen wir denken. Klug, begabt, schön und auf dem Höhepunkt ihrer Karriere, und da hat sie Angst, sie zu verlieren?

Es wäre nicht das erste Mal, daß eine Frau in mittleren Jahren lächerlich gemacht wird, weil sie sich um ihr Alter sorgt.

Das »gefährliche« Alter

Damals, als der *New Yorker* anfing, seine trivialisierenden Cartoons zu veröffentlichen, herrschte die klinische Auffassung, die Menopause könne Frauen verrückt machen. Psychiater nahmen an, es sei »der Verlust der eigentlichen weiblichen Funktion«, der uns überschnappen lasse. Angeblich waren die Frauen anfällig für eine der Menopause eigene Depression, die auftrat, weil sie nicht mehr gebärfähig waren. »Bewußt und unbewußt«, schrieb Edwin Hopewell-Ash, »rebelliert die gesamte Organisation der Frau gegen das abrupte Ende der Fortpflanzungsfähigkeit.«[13] Diese »Rebellion«, die man als schädlich ansah, wurde 1909 von Kraepelin als diagnostische Kategorie formuliert: Involutionsmelancholie. Sie blieb in den Lehrbüchern, bis das *American Psychiatric Committee's Diagnostic and Statistical Manual* sie 1987 endlich fallenließ.

In den dreißiger, vierziger und sogar noch in den fünfziger Jahren war die »Involutionsmelancholie« angeblich epidemisch unter den Frauen. In einem gelehrten Artikel, »Widows and the Perilous Years«, berichtete Zelda Popkin im Jahre 1953, die *meisten* Einweisungen in psychiatrische Krankenhäuser beträfen menopausale Frauen, deren Diagnose stets die vermeintliche »Involutionspsychose« war.[14]

Zweifellos leiden manche Frauen in mittleren Jahren tatsächlich an psychiatrischen Störungen, und einige müssen hospitalisiert werden. Entscheidend ist jedoch, wie überaus verbreitet die Auffassung war, daß die Menopause die Frauen außer Kontrolle geraten lasse.

Ein weiterer und vielleicht noch wichtigerer Punkt ist die Frage: *Wer benannte die Verhaltensweisen, die als Kontrollverlust galten?* Häufig waren es Ärzte. »Wenn eine Frau von 48 Jahren Anzeichen von zu viel Alkoholgenuß oder Hunger nach Drogen aufweist oder sich zu einem neuen religiösen Glauben ›bekehrt‹, gleichgültig gegenüber ihrem Gatten und ihren Kindern wird, das Hauswesen vernachlässigt, einen leidenschaftlichen Eifer für die Emanzipation ihres Geschlechts entwickelt oder sich glühend in einen jungen Mann verliebt, so ist dies... dem ›Lebenswechsel‹ zuzuschreiben«, behauptete ein konservativer Arzt um 1920.[15]

Meine eigenen Recherchen ergaben, daß genau diese »Symptome« heute, wenn man »Hunger nach Drogen« durch »Hunger nach Erfahrung« ersetzte, perfekt die Freiheiten beschreiben würden, nach denen sich die moderne Frau in mittleren Jahren sehnt. Doch Ansichten wie die des zitierten Arztes waren in der ersten Hälfte des Jahrhunderts so verbreitet, daß nicht einmal emanzipierte Denkerinnen wie Simone de Beauvoir ihnen entgingen.

Beauvoirs besondere Mentorin war die bekannte Freudianerin Helene Deutsch, deren Gedanken über menopausale Frauen Einfluß auf *Das andere Geschlecht* ausübten. Sieben Jahre zuvor hatte Deutsch in *Psychologie der Frau* (damals zweifellos der einflußreichste Text zu diesem Thema) geschrieben, daß die Menopause bei Frauen eine Rückkehr von adoleszentem, jugendlichem Verhalten auslöst. Das gefiel de Beauvoir, und sie klingt manchmal fast so giftig wie Wylie. Beißend scharf beschreibt sie die mitleiderregende (wenn auch unterdrückte) menopausale Frau und sagt, sie wünsche sich verzweifelt, »wieder aktiv zu werden«. Sie macht sich lustig über den Begriff der »zweiten Jugend« (»Sie erklären alle, sie hätten sich nie so jung gefühlt«) und schimpft über Frauen, die sich jugendlich kleiden, sich kindlich geben und andere zu überzeugen versuchen, das Vergehen der Zeit habe sie nicht berührt. Die Menopause, so schreibt sie, schneide das Leben der Frau grob in zwei Teile. Die daraus folgende Diskontinuität ist es, die ihr die »Illusion« eines neuen Lebens gibt.

»Eine *andere* Zeit öffnet sich vor ihr: Sie tritt sie mit der Inbrunst einer Konvertitin an. Sie ist zur Liebe, zum Leben in Gott, zur Kunst, zur Humanität bekehrt. In diesen Wesenheiten verliert und steigert sie sich. Sie ist tot und wiederauferstanden, sie betrachtet die Erde mit einem Blick, der die Geheimnisse des Jenseits durchdrungen hat, und glaubt einen Höhenflug nach unerreichten Gipfeln anzutreten.«

»Doch die Erde ändert sich nicht«, fährt de Beauvoir säuerlich fort. (Man fragt sich: *Wessen* Erde?) »Die Gipfel bleiben unzugänglich, die Botschaften, die sie auch noch so klar verständlich empfing, lassen sich schlecht deuten. Die inneren Erleuchtungen erlöschen. Vor dem Spiegel bleibt eine Frau, die seit gestern wiederum einen Tag älter geworden ist.«[16]

Lois Banner berichtet uns, als de Beauvoir *In den besten Jahren* schrieb, im Alter von etwa 60, habe sie sich mit dem Älterwerden abgefunden – doch das war 20 Jahre nach *Das andere Geschlecht*, durch das sie mit zur Popularisierung des Gedankens beigetragen hatte, die Lebensmitte sei für Frauen »das gefährliche Alter«.

Was genau war es denn eigentlich, das die Gesellschaft, einschließlich weiblicher Intellektueller wie Deutsch und de Beauvoir, an der Lebensmitte von Frauen so gefährlich fand? Mit einem Wort: Sex. Der Gedanke war verbreitet – und zog Männer und Frauen gleichermaßen an –, daß die mittleren Jahre den Frauen eine »erhöhte« Sexualität bringen, die sie zur Perversität treiben kann. Wenn diese nicht angemessen gezügelt wurde – durch Ehe oder durch Scham –, lief die menopausale Frau Gefahr, sexuell zum Berserker zu werden.

Pathologisierung des Verlangens in der Lebensmitte

Der Gedanke, daß alternde Frauen eine unangemessene Sexualität besitzen, begann Ende des 19. Jahrhunderts aufzutauchen. Verbreitet war eine Art Alles-kann-passieren-Angst, daß die Menopause eine gefräßige Sexualität freisetzt, die nach »Erleichterung« verlangt. Deutsch sagte, Frauen dieses Alters würden die Beziehungen zu ihren ältesten Freundinnen aus »homosexueller Panik« oder Angst, Lesbierinnen zu werden, einstellen.

Oder sie würden heimlich zu Lesbierinnen *werden*. (Heute

scheint die Lebensmitte eine entspanntere Einstellung zur Möglichkeit von Beziehungen zu anderen Frauen mit sich zu bringen. »Ich denke, wenn es passieren würde, würde ich sie nicht aus dem Bett werfen«, sagte mir eine heterosexuelle Frau in den Fünfzigern.)

Für die soziale Ordnung am störendsten war die Annahme, daß Frauen in der Lebensmitte lasziv hinter jüngeren Männern her seien. Havelock Ellis schrieb in seinen einflußreichen *Studies in the Psychology of Sex*, der Sexualtrieb sei bei älteren Frauen so überwältigend, daß er bei denjenigen, die kein Ventil dafür hätten, »Altjungfernwahnsinn« auslösen könne.[17] Die Gefahr, von geilen alten Jungfern ausgebeutet zu werden, sei am größten bei jüngeren Männern ... und Geistlichen! Das war 1905.

Ellis folgend, wurde der Begriff einer »Pathologie des Verlangens« bei alternden Frauen allgemein akzeptiert. Ärzte lokalisierten die Ursache gesteigerter – und potentiell perverser – Sexualität im schrumpfenden Uterus und den abnehmenden Vaginalfalten nach der Menopause. Diese normalen genitalen Veränderungen wurden als »abstoßend« beschrieben, wie Banner in ihrer historischen Studie über die Sexualität alternder Frauen mitteilt.[18]

Selbst Ärzte, die die Sexualität von Frauen in der Lebensmitte nicht als pervers betrachteten, nahmen an, daß »Stauungszustände« in den Genitalien das Verlangen so unerträglich machten, daß sie Frauen in der Lebensmitte zu Tändeleien mit jüngeren Männern trieben.

Das Entsetzen, das mit dem Gedanken verbunden war, ältere Frauen könnten mit jüngeren Männern sexuell aktiv sein, war nicht auf den ärztlichen Berufsstand beschränkt. Journalisten der damaligen Zeit nannten die jungen Männer, die zu nachmittäglichen Tanzveranstaltungen gingen, »Salonlöwen« und die alternden Frauen, die hinter ihnen her waren, »altgewordene Backfische«. Wenn Frauen tanzten, war dies eine öffentliche Zurschaustellung ihrer grotesken erotischen Interessen. Selbst de Beauvoir war in den vierziger Jahren von diesem Gedanken weiblicher Exzesse in der Lebensmitte angesteckt. »Neunzig Prozent der Erotomanen sind Frauen, und zwar ausschließlich 40- bis 50jährige«, schrieb sie in *Das andere Geschlecht*.[19]

Natürlich gab es eine Fülle klinischer Theorien zur Erklärung dieses ganzen sexuellen Verhaltens. Freud nahm an, die Menopause könne ein Wiedererleben des »Kastrationskomplexes« der frühen Kindheit hervorrufen. So erklärte er die Eifersucht einer 50jährigen Frau, die mit dem Verdacht zu ihm kam, ihr Mann habe ein Verhältnis mit einer jüngeren Frau. Unsinn, sagte Freud nach einer mehrere Stunden dauernden Konsultation. Was da vorliege, sei dies: Die Lebensmitte habe ihr lebenslängliches Minderwertigkeitsgefühl wieder geweckt, das von der Annahme herrühre, ihre Klitoris sei nur ein kastrierter Penis. Die Eifersucht der Frau sei eine »Verschiebung« der Tatsache, daß sie eigentlich Sex mit ihrem Schwiegersohn wolle – eine Verbindung mit seiner jugendlichen Vitalität, die ihrem Gefühl schwindender Attraktivität entgegenwirken würde, wie Freud annahm.

Offensichtlich sind Frauen ebenso wie Männer versucht, schwindende Macht dadurch zu kompensieren, daß sie Partner verführen, die jünger sind als sie selbst. Heute verdrängen Frauen die Phantasie nicht. Man hört sie im Umkleideraum über die Fitneßtrainer mit ihren knackigen Hintern reden. Doch nicht jede handelt nach der Phantasie. Deborah Gimelson hat es getan und hinterher darüber geschrieben. »Vergessen Sie die Gleichheit – mir gefiel es, überlegen zu sein«, gestand sie in der *Her's*-Kolumne der *New York Times* in ihrem Bericht über eine Affäre mit ihrem Fitneßtrainer.

Gimelsons Trainer in einem der kleinen Clubs in Soho, welche die Wohlhabenden bedienen, sah gut aus. Und besaß das passende Maß an Unerfahrenheit. »Eine Frau, die mit einem jüngeren, weniger gebildeten, offenen jungen Mann verkehrt, hat Macht – Macht, wie es sie für Männer unter ähnlichen Umständen immer gegeben hat«, sagt sie.

Es war fast so berauschend wie Sex, wenn sie beobachtete, wie der junge Mann »zum erstenmal Sushi aß oder die Anordnung des Tafelsilbers in noblen Restaurants betrachtete; es lag Macht darin, ihn zu seinem ersten Broadway-Stück mitzunehmen, ihn mit Leuten bekannt zu machen, die er ohne *mich* niemals getroffen hätte, mich, die Versorgerin, die Raffinierte, die Dame von Welt«. Gimelson schenkte ihm ein Lexikon; sie fühlte sich lebendig! Es spielte keine Rolle, daß er niemals von Picasso gehört hatte; sie konnte mit ihm für alle Zeit über Schwarzenegger reden. Als er einen unmöglichen grammatikalischen Fehler beging, korrigierte sie ihn. »Mein Gott, dachte ich, ich *war* Gott oder zumindest an einer echten Neuinszenierung von *Pygmalion* beteiligt.«[20]

Nachzutragen ist, daß der schöne Junge (oder La Fabulo, wie Cynthia Heimel ein solches Geschöpf einmal nannte) sie wegen einer anderen Fitneßfanatikerin verließ, einer älteren Frau, die ihm bessere Weine und frisierte Motorräder bieten konnte. Und Gimelson? Sie wechselte den Seelenklempner und ging in einen anderen Fitneßclub – offensichtlich lautet die Moral der Geschichte, daß Altersdiskriminierung für beide Geschlechter nach hinten losgehen kann.

Die Frau in der Lebensmitte stellt möglicherweise fest, daß zwar nichts dagegen einzuwenden ist, jüngere Männer zu jagen, daß es aber besser funktioniert, wenn sie nicht auf dem Machttrip ist; *und* wenn sie sich jemanden angeln kann, mit dem sie mehr zu teilen hat als heißen Sex und exquisit herausgearbeitete Muskeln. (Andererseits. . . .)

Frauen stehen, sowenig ihnen das auch bewußt sein mag, noch immer unter dem Eindruck der Vorstellung von ihrer »Perversität«. Wir fürchten uns vor unseren sexuellen Bedürfnissen und verdrängen sie. Die Frau in mittleren Jahren, die sexuell frei und aggressiv ist, dürfte wohl eher die Ausnahme als die Regel sein.

Für Frauen wird Jugendlichkeit mit dem Geschlecht als solches gleichgesetzt. Was »feminin« ist, so erklärte Maggie Scarf den Therapeuten den Grund dafür, daß manche Frauen in der Lebensmitte Sex zu meiden beginnen, »ist glatt, rund, faltenfrei und weich«. Verlieren Sie Ihre Jugend, und Sie können sich fühlen, als verlören Sie Ihre Weiblichkeit. Sexuelle Begegnungen können in einer solchen Atmosphäre als potentiell demütigend erlebt werden, und das ist der Grund, daß manche Frauen in der Lebensmitte anfangen, der Sexualität aus dem Wege zu gehen.[21]

»Frauen schämen sich oft, wenn sie älter werden«, sagte Scarf in einem Zimmer voller Therapeuten auf einer Konferenz unter der Schirmherrschaft der Universität Harvard. Nach lebenslänglichen Komplimenten und Schmeicheleien von Männern kann die Frau in mittlerem Alter diesen Verlust des »befriedigenden Feedbacks« so stark empfinden, daß er einem Schlag gegen ihr Selbstwertgefühl gleichkommt.

Berichte über diesen Schlag gab es immer wieder in den Kommentaren von Frauen in der *Yale Menopause Clinic* gegenüber der Psychologin Ellen Cole. Eine 55jährige Anwältin sagte zerknirscht: »Es ist nicht leicht, mitanzusehen, wie man ein Doppelkinn bekommt und die Taille dick wird und man sich nicht mehr als sexuell attraktiv betrachtet.«[22]

Diejenigen von uns, die eine gewisse Unterstützung haben, wenn sie die Einstellung der Gesellschaft zu alternden Frauen herausfordern, tun sich leichter. Lesbische Frauen zum Beispiel. Einige glauben, daß sie den negativen Gefühlen über das Vergehen ihrer Jugend und Schönheit entgehen können. »Es ist einer, wenn nicht *der* größte Gewinn für Lesben in mittleren Jahren, daß wir alten Lesben – während heterosexuelle Frauen hektisch dem Regenbogen der ›verlorenen Jugend‹ nachjagen und ihnen der Verlust von ›Schönheit‹ und ›Sex-Appeal‹ angst macht – uns täglich wohler fühlen und unsere alternden Gesichter und Körper *akzeptieren* und daher in der Lage sind, unter die Oberfläche zu schauen und die strahlende Schönheit einer abgeklärten Seele zu erkennen«, sagte eine Frau zu Barbara E. Sang, die eine Studie über 110 lesbische Frauen in mittleren Jahren durchführte.[23] (Fast die Hälfte der Frauen in Sangs Gruppe hatte zu irgendeiner Zeit des Lebens in einer heterosexuellen Ehe gelebt, und fast der gleiche Prozentsatz hatte eines oder mehrere Kinder. Bezeichnenderweise erlebte ein Viertel der Frauen die ersten Empfindungen für andere Frauen in der Lebensmitte.[24])

Eine andere Probandin von Sang, Robin Posin, spricht davon, wie sie lernte, ihre Schenkel, ihre Falten, ihren ganzen 50jährigen Körper zu lieben. »Als ich die kleinen Vertiefungen in meinen Schenkeln zum erstenmal bemerkte, erlebte ich wieder ein reflexhaftes Schuldgefühl, als wäre ich verantwortungslos gewesen, indem ich mich nicht irgendeinem Trainingsprogramm verschrieb.«

Auf Posins Schuldgefühle folgte Wut darüber, daß sie »mittels Gehirnwäsche zu einer solchen Reaktion veranlaßt« worden war, und dann Kummer, weil Frauen mißbraucht werden, indem man sie in das Gefühl treibt, ihr alternder Körper sei ein Anzeichen persönlichen Versagens. Sie sagt, ihr Blick und ihr Herz seien weicher geworden. Aber sie bemühte sich auch, bewußter zu werden. »Ich setzte mein morgendliches Ritual fort, meinen Körper mit Massagelotion einzureiben, und war besonders liebevoll, wenn ich meine Schenkel eincremte. Ich dankte ihnen für ihre Stärke und Zuverlässigkeit und dafür, daß sie so lange klaglos meiner Beweglichkeit gedient hatten. Ich dankte ihnen, daß sie mich in die Lage versetzten, noch immer mein Yoga, Tai-Chi und meine täglichen Wanderungen in den Canyons zu genießen.«[25]

Sang stellte fest, daß fast alle Lesbierinnen in ihrer Studie (93 Prozent) sich in diesem Alter lieber mochten, und die meisten (76 Prozent) empfanden die Lebensmitte als beste Zeit ihres Lebens. Sie berichteten ihr unter anderem, sie seien »abgeklärter«, »besser geerdet«, »weniger defensiv«, »freundlicher, sanfter, weiser«, »ausgeglichener«, hätten »mehr Selbsterkenntnis« und könnten »Fehler besser akzeptieren«. Eine Frau sagte: »Mir scheint, ich muß weniger die starke Frau markieren und habe ein besseres Gefühl für wirkliches Format und Leistung.«

Nicht alle lesbischen Frauen sind gegen die Stereotypen des Alterns immun. Carol, eine Regisseurin, die kürzlich an die Ostküste zurückgekehrt ist, nachdem sie einen Abstecher an ein Theater in Chicago gemacht hatte, empfindet ihr Älterwerden ebenso tief wie jede heterosexuelle Frau, die ich interviewte. Weil sie in einer vom »weißen männlichen Patriarchat« dominierten Gesellschaft leben, sagt Carol, verinnerlichen auch Lesbierinnen negative Botschaften über sich selbst. »Die Welt ist von Männern gemacht, also spielt es auf lange Sicht in gewissen Phasen unseres Lebens keine Rolle, was die Frauen denken. Es sind die Männer. Es ist, was *sie* denken.«

Ich träume von Haaren am Kinn

In *Aging and Mass Society* schreiben Jon und C. Davis Hendricks, es sei die Selbstwahrnehmung einer Frau, die mit größter Wahrscheinlichkeit ihre »sexuelle Anschauung« schädige. Das heißt, »wenn sie sich für unattraktiv oder zu alt hält, wird Sex aller Wahrscheinlichkeit nach zu einer Sache der Vergangenheit«.[26]

Einige Jahre nachdem ich Single geworden war, begann ich an eine neue Beziehung zu denken. Ohne daß ich genau gemerkt hatte, wie oder wann, war Sex auf einmal wieder ein wichtiges Thema. Ich fing an, mich modischer zu kleiden, wenn ich abends ausging, Leggins und Schuhe von Foot Locker mit schwarzen Bögen, eine Imitation von Chanel. Ich fing an, Männer an der Bar zu bemerken, die zuvor nur schattenhafte Figuren gewesen waren, Wandfriese freudlos trinkender Gestalten, wenn ich in das nur wenig heller erleuchtete Café ging. Zuerst tauchten aus dem rauchigen Dunst der Bar Körperteile auf, hier ein Handgelenk, dort ein Bizeps. Jemand schien schönes *Haar* zu haben, schöne Augen. Im Winter, wenn alles ruhiger war, spielte donnerstag abends Eduardo auf seinem Keyboard und sang dazu. Ich saß hinten im Raum an einem Fenster, das auf den gefrorenen, mondhellen Bach hinausging, schrieb in mein Notizbuch, schaute gelegentlich auf und warf ihm Blicke zu. Er erwiderte die Blicke. Für jemanden, der in zwei Jahren nicht einmal eine Verabredung gehabt hatte, wurde es sehr interessant, ins *The Bear* zu gehen, wenn der Bursche donnerstag abends sang. »Er kann nicht älter sein als 34«, sagte meine Freundin Kay, die aus Ithaca zu Besuch war, als Eduardo seine unnachahmliche Version von »Whole Lotta Shakin' Goin' On« anstimmte. »Oh, ich bin sicher, daß er um die Vierzig ist«, antwortete ich. »In Woodstock altern die Leute nicht.«

Dreißig, vierzig, was machte das für einen Unterschied? Dies war schließlich das Land der Phantasie; mußte ich mich da meiner Phantasie schämen?

Offenbar tat ich es. Nicht lange nach der Erkenntnis, daß Sex mir wieder wichtig geworden war, fing ich an, Träume zu haben, die von Sehnsucht und Scham gekennzeichnet waren. Die Träume schockierten mich. Was ging da vor sich? Ich hatte früher viele sehnsüchtige Träume gehabt, aber dieses Gefühl, von meinem eigenen Verlangen abgestoßen zu sein?

Eines Nachts träumte ich von Haaren am Kinn. Nun, nicht eigentlich Haaren, eher Federn, langen, gelbweißen Federn, die mein Kinn bedeckten. Ich war nicht sicher, ob sie an mein Kinn gehörten oder irgendwie abartig waren. Das schlimmste war, daß ich versuchte, jemanden im Nebenzimmer zu verführen, und mir Sorgen machte, er könne die Federn schon gesehen haben und es sei zu spät. Ich hatte kein Werkzeug, um sie zu entfernen, keine Pinzette, keinen Knipser und keine Schere, nur meine Finger. In den Spiegel schauend, zog und zog ich an einer der längeren Federn, entschlossen, sie auszureißen, und wunderbarerweise gelang mir das. Aber dann sah ich, wie viele es noch waren, Dutzende und Dutzende, die flach und dick und lang mein Kinn bedeckten. Ich hatte eine Art panischer Angst, ich würde nie damit fertig werden und er, der im Nebenzimmer wartete, würde mich abscheulich finden.

Als ich mich morgens an den Traum erinnerte, war ich entzückt über seine Deutlichkeit. Zu der Zeit zupfte ich mir regelmäßig Kinnhaare aus. Es war zu einer Art Spiel geworden, nach ihnen Ausschau zu halten und sie zur rechen Zeit auszureißen. Man darf das nicht übertreiben, sonst werden die Härchen eher dicker, wenn sie nachwachsen. Ich wollte aber auch nicht, daß man diese kleinen Borsten sah, ohne daß ich davon wußte, wenn ich mich bei Kerzenlicht über den Tisch zu jemandem beugte. Und so war ich mit derselben Ausdauer, die andere für die Verfolgung des kleinen Igels Sonic in dem Videospiel aufbringen, hinter den Haaren an meinem Kinn her. Der Trick war, zu warten, bis sie lang genug waren, um sie mit der Pinzette zu greifen, aber nicht so lang, daß sie das Licht einfingen und bedrohlich glänzten. Manchmal bemerkte ich Haare am Kinn einer anderen Frau und dachte: »Mein Gott, *weiß* sie das nicht?«

Es war also gut für mich, daß ich den Zusammenhang zwischen meiner Nervosität wegen Haaren am Kinn und dem Traum von Federn sah. Und was war mit dem Schrecken? Was mit der tiefen Überzeugung, ich sei dazu bestimmt, allein zu bleiben, weil etwas Abscheuliches und Abartiges an der Art war, wie sich mein Körper veränderte? Was war mit der Tatsache, daß ich mich im gleichen Traum, in dem ich mich sexy und sehnsüchtig fühlte, auch als abscheulich und abartig empfand?

Gerade als ich anfing, das alles als interessant, aber nicht wirklich wichtig abzutun, kam ein anderer Traum, der mich eines Besseren belehrte. Es ging um einen früheren Freund, den ich vor zwanzig Jahren hatte, als ich zuletzt Single gewesen war. Er war sehr schön, eine Art blonder Version des dunkeläugigen Eduardo, sehr gutaussehend und nett. Ich war schrecklich in ihn verschossen, hatte aber letztlich das Gefühl, ich sei nicht attraktiv genug für ihn.

Nun war er in meinem Traum wieder da. Wir lagen im Bett, nachdem wir uns gerade geliebt hatten, und er bat mich, den Kopf in einem bestimmten Winkel stillzuhalten. Erschrocken wußte ich sofort, was er sehen wollte. Er hatte meine grauen Stoppeln erspäht und wollte sie näher anschauen, um das volle Ausmaß meiner Täuschung zu bestimmen. Ich fühlte mich beschämt und – wieder einmal – unwürdig.

Nicht lange nach diesem zweiten Traum begann ich mit meinen Recherchen über die Sexualität von Frauen mittleren Alters und darüber, wie sie wahrgenommen wird. Wieder und wieder waren da diese negativen Worte und Bilder aus dem Mund männlicher Autoritäten, und die weiblichen Autoritäten, wie de Beauvoir und Deutsch, ahmten sie nach – Worte wie *Perversion, gesteigerte* Sexualität (was in jedem anderen Kontext als dem des Alters als eine gute Sache erscheinen würde), *unerträglich, getrieben.*

Gleichzeitig wurden diese Vorstellungen von Ärzten bestätigt, und die Medien ließen Frauen in mittleren Jahren mitleiderregend erscheinen: lieblos, formlos, niemandem etwas bietend, aber fatal zu ihren Spielzeugknaben hingezogen. Kein Wunder, daß meine Neigung zu dem dunkeläugigen Eduardo sich so... pervers angefühlt hatte. Ich fühlte mich zu ihm hingezogen und wurde gleichzeitig von dem Empfinden zurückgehalten, mein Interesse an ihm sei »unangemessen« für eine Frau meines Alters. Einmal, als er auf dem Grundstück neben meinem im Garten gearbeitet hatte (was tagsüber sein Job war), hatte er mich in meinem Garten gesehen und war gekommen, um mich zu begrüßen. Ich hatte mit verkniffenen Lippen gelächelt und auf dem Absatz kehrtgemacht. Ich dachte, ich hätte ihm nichts zu sagen. Außerhalb des rauchigen Dämmerlichts im Café war die Sache nur allzu real. Ich wollte ihn einfach in meinem Bett, aber das alte Bild, das Rod Stewart in *Maggie May* gezeichnet hat, hielt mich jedesmal zurück. »Die Morgensonne / die in dein Gesicht scheint / zeigt dein wirkliches Alter.« Maggie war eine Beutejägerin, eine heißblütige ältere Frau, die ihn zum Sex benutzte und dann aus dem Bett warf. Er rächte sich mit diesen Zeilen. Das Lied erschreckte mich schon, als ich es vor 25 Jahren zum erstenmal hörte.

KAPITEL 5
Neue Intimitäten

Eines Abends fragten die Mamas sie, wie es gekommen sei. Wie sie Glückliche es geschafft habe, sich in diesem Alter den Richtigen zu angeln.

»Das hat mit Glück nichts zu tun«, sagte Helen. »Man muß es wirklich *wollen*. Man muß bereit sein, daran zu arbeiten.«

Helen war zweimal verheiratet. Die erste Ehe war ein Desaster aufgrund unterschiedlicher Persönlichkeiten und Wertvorstellungen, wie es zustande kommen kann, wenn man kaum 20 Jahre zählt und noch nicht weiß, wer man ist. Die zweite Ehe war ein freundliches Arrangement, das begann, als sie Mitte 30 war, dem es aber an wirklicher Intimität fehlte, eine Situation, wie Helen nachträglich erkannte, mit der sie ihr ganzes Leben lang verhältnismäßig gut zurechtgekommen war, wenn sie sich auch ungeliebt fühlte. »Ihr müßt verstehen«, sagte sie, »als ich Dan kennenlernte, wußte ich noch gar nicht, wie es sich *anfühlt*, wenn man geliebt wird.«

Es mit 50 noch einmal tun

Helen lernte Dan durch eine Freundin kennen, als sie 48 war. Dan war fünf Jahre jünger und ebenfalls zweimal verheiratet gewesen. Helens Kinder waren erwachsen. Dan hatte keine eigenen Kinder, aber einen Stiefsohn, an dem er hing. Beide waren relativ unbehindert und bereit für einen neuen Versuch. Doch Helen war sich klar bewußt, daß sie sich etwas anderes wünschte als früher, eine intimere, stärker verpflichtende Beziehung. »Ich wollte geliebt werden, und ich wollte jemanden lieben.«

Doch sechs Monate, nachdem sie sich auf die Sache eingelassen hatte, spulte Helen alle ihre alten Abwehrmechanismen wieder ab, in Panik bei dem Gedanken, daß sie verwundbar sein und vertrauen mußte, wenn sie diesen Mann wirklich wollte. Einmal, nachdem sie an einem kalten Winterabend eine Stunde lang auf dem Thruway nach Catskill gefahren war, sah sie Dan in der Tür stehen und wußte sofort, daß etwas in der Luft lag. *Okay*, sie wollte es wissen. In der etwas arroganten Art, hinter der sie ihre Phobien verbirgt, fragte sie tatsächlich: *Was ist los?* Dan führte sie ins Haus. »Tja«, sagte er, »ich habe da einen gewissen Konflikt. Ich bin noch nicht ganz bereit für das hier. Ich fühle mich ein bißchen überrumpelt.«

Was *meinte* er bloß? Hatten sie nicht eine *Verabredung*? Mehr brauchte Helen nicht, um den Rückwärtsgang einzulegen. In Ordnung, vergiß es, ich brauche das nicht, dachte sie. Und sie stürmte auf ihr Auto zu; ihre neuen Stiefel knirschten verzweifelt auf dem Eis.

Dan war kein Feigling. Als orthopädischer Chirurg hatte er eine erfolgreiche Praxis aufgegeben, um Künstler zu werden, Bildhauer, und war in die kleine, ganz unspektakuläre Stadt am Fluß gezogen, um sich seine neue Arbeit besser leisten zu können. Er besaß ungeheures Selbstvertrauen und Bescheidenheit. Er war ein Liebhaber.

»Wo willst du hin?« fragte er und trat an das Seitenfenster, das Helen widerstrebend geöffnet hatte.

»Was meinst du, wo willst du hin? Ich muß nach Hause.«

»Warum?«

»Was soll ich machen, wenn ich *hier* bleibe?«

Nicht nur Helen war aufgebracht. Dan hatte eigene Probleme. Er stritt sich mit dem jugendlichen Sohn seiner zweiten Frau, die er zutiefst geliebt hatte. Sie war zwei Jahre zuvor gestorben, und er trauerte noch immer um sie. Er war im Begriff, sich in Helen zu verlieben, aber noch war ihm die ganze Sache nicht allzu klar. Helen wollte ihn sagen hören, er liebe sie. Helen wollte ihn *nicht* über seinen Konflikt reden hören. Sie hatte nie gewußt, wie man mit Konflikten umgeht, weder mit ihren eigenen noch mit denen anderer.

»Er hat nicht das gesagt, was ich hören wollte. Er hat eigentlich gesagt: ›Ich möchte, daß du bleibst und es austrägst. Ich hätte gern, daß wir versuchen, uns da durchzuarbeiten.‹«

Verletzt, wie sie war, konnte sie sich das nicht vorstellen, aber etwas riet ihr, es zu versuchen. »›Okay‹, sagte ich, ›probieren wir's aus.‹ Ich stieg aus dem Wagen und ging zurück in sein Haus. Und dieser Augenblick war ein Wendepunkt. Ich gestattete mir, ihm nach und nach zu vertrauen.«

Bei der Erinnerung stiegen ihr Tränen in die Augen.

»Ich war immer halb hysterisch, wenn es um Männer ging. Aber ich war nie mit jemandem liiert, der klug war, der sich selbst kannte, der mir sagen konnte: ›Hör zu, du spinnst.‹ Auf einer gewissen Ebene hatte ich immer gewußt, daß ich spinne. Das hab ich getan, um mich selbst zu schützen, um in Sicherheit zu bleiben, keine wirkliche Bindung einzugehen.«

Was sich für Helen verändert hatte, war das Alter. »Ich wurde bald 50 und wußte, daß das etwas war, was ich wirklich *wollte*. Es war nicht mehr allzuviel Zeit übrig, um es zu realisieren. Manche Leute wollen finanzielle Sicherheit oder eine Chance bei einer anderen Art von Arbeit, oder sie wollen wissen, wie es ist, nicht andauernd hungrig zu sein, und stopfen sich voll. Ich wollte wissen, wie es sich anfühlt, geliebt zu werden.«

Jetzt weiß sie es. »Da gibt es eine bestimmte Art, wie Dan mir zuhört. Eine Art, wie er mich ansieht. Sich geliebt zu fühlen ist beinahe eine physische Angelegenheit.«

Aber geliebt zu werden ist kein geschlossenes Buch, kein *Fait accompli*. Sie arbeiten daran, sagt Helen, und sie arbeiten hart. Ich frage sie, was das bedeutet. »Es bedeutet, ehrlich zu bleiben. Es bedeutet, darüber zu reden, wenn Wochen vergangen sind, in denen ihr euch auf der Couch zusammengekuschelt und ferngesehen, aber keinen Sex gehabt habt. Es bedeutet, dann zu sagen, daß dir das Angst einjagt, und zu fragen, was ihr dagegen tun könnt.«

Sex ist in dieser Lebensphase anders, sagt Helen. »Außerdem ist es für mich auch neu, mit jemandem sexuell zu sein, den ich liebe. Ich habe Leidenschaft mit Männern erlebt, aber niemals Liebe. Ich weiß nicht, wie es ist, beides zusammen zu haben, und muß mich erst daran gewöhnen. Früher hat Negativität mich angetörnt. Der Kerl stampfte aus der Tür und sagte, er ginge, und dann überkam uns der Sex, und es war toll.«

Zu ihrem 50. Geburtstag bekam Helen zwei Geschenke von Dan. Eines war ein Halsband aus schwerem Silber, das er für sie geschmiedet hatte. Das andere war eine flache Schachtel, die er schön verpackt hatte und die eine Heiratsurkunde enthielt, auf der nur noch eine Unterschrift fehlte. Seine stand schon darunter.

»Manchmal merke ich, wie meine alten Abwehrmechanismen

wieder aufflammen und ich übelnehmen und mich isolieren will, aber dann schaue ich Dan an und sage mir: ›Ich *liebe* diesen Mann.‹ Das ist etwas, das ich *will*, diese Beziehung, und ich will, daß sie gut ist.«

Mit 50 weiß sie zum erstenmal, was gut ist.

Wenn man jung ist, denkt man, durch die Ehe werde man ein Leben bekommen. Ob die Erwartung nun bewußt ist oder nicht, vermeintlich bietet die Ehe Status, emotionale und finanzielle Unterstützung, ein Netzwerk von Freunden, Kinder, eine ausgedehnte Familie – kurzum, alles. Doch in der Lebensmitte beginnen Ehemänner und Ehefrauen zu fragen: »Wozu bin ich *hier*?« Das wird zu einer radikalen Frage ohne prompte Antwort wie: »Ich bin hier, weil ich ihn liebe, und ich will eine Familie und Kinder.« In der Lebensmitte tauchen nur noch mehr Fragen auf. Ist diese Situation anregend? Fühle ich mich geliebt und geschätzt? Hilft dieser Mann mir zu wachsen? Bringe ich das Beste an ihm zutage? Liebe ich ihn überhaupt?

Der Grund, warum Frauen in der Lebensmitte diese Fragen zu stellen vermögen, liegt darin, daß sie es sich leisten können. Mit eigenem Geld und erwachsenen Kindern verschiebt sich die ganze *Raison d'être* der Ehe. Da gibt es natürlich noch immer die Liebe. Liebe ist ein Grund, verheiratet zu bleiben. Doch wie viele Paare bleiben Liebende, wenn die Jahrzehnte vergehen? In meinem Freundes- und Bekanntenkreis nicht viele. Und bei denen, die sich noch lieben, ist oft ein Aufruhr nötig, damit die Beziehung sich regeneriert. Ein Aufruhr – und Arbeit.

Diejenigen, die diese Arbeit nicht leisten, die zunehmende Distanz und eine Art egoistischen Pragmatismus akzeptieren, werden unweigerlich feststellen, daß ihre Ehen nicht über die Runden kommen.

Der verlorene Traum vom Fliegen

Ruthie hat gemischte Gefühle, was ihre langjährige Ehe mit Kent betrifft. »Früher lebten die Leute nicht so lange«, sagt sie. »Man heiratete jemanden, und zehn Jahre später starb man. Heute heiratet man, und die Persönlichkeit entwickelt sich noch 15, 20, 30 Jahre lang weiter. Dann ist man bereit für eine neue Art von Partner.«

Wenn sie abenteuerlustiger wäre, würde sie es vielleicht mit jemand anderem versuchen. »Aber dann wäge ich ab und denke, daß ich vermutlich niemals jemanden finden könnte, der so gut zu mir ist.«

Was meint sie mit »so gut«? Hauptsächlich finanzielle Sicherheit. Kent hilft ihr, einen Lebensstil aufrechtzuerhalten, den sie sich von ihrem Gehalt als Lehrerin niemals hätte leisten können. Doch der Preis war hoch. Jahrelang hat er sie kaum beachtet und oft ihr die Schuld an allem gegeben, was in seinem eigenen Leben nicht klappte. Er hat sie zwar nicht direkt »mißbraucht« (was *bedeutet* dieses Wort überhaupt? fragt sie), doch die meiste Zeit war er reizbar und sarkastisch. Brauchte sie das?

Sobald die Kinder eigene Wege gingen, verlangte sie eine gesetzliche Trennung. Ihr Mann war unerbittlich gegen die Trennung; er war an die Distanz zwischen ihnen so gewöhnt, daß er dachte, er könne auf unbegrenzte Zeit so weitermachen. Er war ein Mann, der eine starke emotionale Verbundenheit brauchte, um sich relativ zufrieden zu fühlen. Er hatte seine Arbeit, seine Hobbies, genug Geld für ein komfortables Leben, und in irgendeinem unartikulierten Sinn wußte er, daß das »Leben« eigentlich durch seine Frau für ihn geschaffen wurde. Sie hielt das Haus in Ordnung (er bezahlte ihr eine Haushaltshilfe und kaufte sich damit frei), kümmerte sich um die Freunde und »gab« die Einladungen. Die Tatsache, daß sie sich nach all diesen Jahren, in denen sie ebenso abhängig von ihm gewirkt hatte wie er von ihr, unabhängig genug fühlte, eine Trennung zu verlangen, ärgerte ihn. Er sagte, sie bluffe. Er würde einen Anwalt nehmen und es ihr schwer machen, irgend etwas zu bekommen. Er war sicher, daß sie zur Besinnung kommen würde.

Die Prozedur zog sich hin. Ruthie wäre brennend gern ausgezogen, aber ihr Anwalt sagte, um eine Klage wegen böswilligen Verlassens zu vermeiden, solle sie im Haus bleiben, bis die Scheidung durch sei. Nun gut, sie würde das Spiel mitspielen, aber verdammt, sie würde ihre Freiheit haben.

Zwei Jahre lang hatte Ruthie eine wunderbare Zeit. Sie ging in Bars, lernte neue Leute kennen, trank, tanzte, hatte Rendezvous. Die Aufmerksamkeit, die sie bekam, war faszinierend. »Ich glaube, wenn ich zu dieser Zeit nicht mehr zu Hause gewohnt hätte, wäre die Ehe zu Ende gewesen«, sagt sie heute. Aber sie *wohnte* noch zu Hause, und allmählich war der Gedanke, bei Kent zu bleiben, nicht mehr so unangenehm. Sie hatten inzwischen einige finanzielle Probleme, und Kent hatte erstaunlicherweise eine Analyse begonnen, und seine Einstellung zu ihr schien weicher geworden zu sein. Ruthie entschied, daß sie die Sicherheit ihrer Ehe dem Tanzen mit jüngeren Männern vorzog.

Die Freiheit, die sie genossen hatte, als sie Single spielte, hatte sich ausgetobt, eine berauschende Erfahrung, die ihr sagte, daß sie noch attraktiv war. Doch das nächtliche Ausgehen mit ihren Freundinnen hatte nicht zu irgendeiner wirklichen Verschiebung in Ruthies Selbstgefühl geführt.

Sie war zwar ihr Leben lang voll berufstätig gewesen und tat manchmal Dinge, die ihre Freundinnen prickelnd und aufregend fanden, beispielsweise Flugstunden nehmen, doch Ruthie selbst fühlt sich nicht so, als hätte sie irgendwelche Macht. »Bei uns zu Hause war immer Kent der Boß. In der Schule, wo ich unterrichte, schrecke ich immer vor Macht zurück. In einem Jahr war ich Interims-Supervisorin, und das gefiel mir überhaupt nicht.«

Ruthie hat erkannt, daß Macht in unserer Kultur sehr stark an den Besitz von Geld gebunden ist. Trotzdem überläßt sie Kent die absolute Kontrolle über ihre Finanzen. Seit der Trennung sind die Zügel noch straffer geworden. Er hat das gemeinsame Konto aufgelöst und alles auf seinen Namen eingetragen. Jetzt unterschreibt er jeden Scheck, den sie ausstellen möchte, was bedeutet, daß er ihre Einkäufe vorher billigen muß. Ruthie akzeptiert das so gelassen, als sei sie hypnotisiert. Selbst ihr Gehaltsscheck wird automatisch dem »gemeinsamen« Konto gutgeschrieben, wie sie es noch immer nennen, obwohl es in Wirklichkeit *sein* Konto ist. Die Bank leistet automatisch Zahlungen für das Auto, das sie fährt und das auf Kents Namen läuft, ebenso wie für ihre Jahresrente als Lehrerin und das Haus. Für den Beobachter ist alles sonnenklar; keine Spritztouren mehr für diese Frau. Ihre glücklichen Tage sind vorüber.

Ruthie hat die Macht ihres Mannes in der Beziehung rationalisiert. Kent hält ihr Geld nicht zurück, sondern »gibt« ihr mehr, als er für sich selbst ausgibt, behauptet sie. Andererseits argwöhnt sie, sie könne für ihn einen gewissen finanziellen Wert darstellen. Wenn sie sich in ein paar Jahren zur Ruhe setzt, wird sie 30000 Dollar Pension im Jahr bekommen. Und sie wird für beide versichert sein. »Ich denke, vielleicht ist das der Grund, warum er möchte, daß ich bleibe«, sagt sie.

Die Zukunft sieht alles andere als rosig aus. Ruthie und Kent haben unterschiedliche Vorstellungen davon, wie sie ihre Jahre als Rentner verbringen möchten. Kent interessiert sich leidenschaftlich für Sport, Lesen und seine umfangreiche Sammlung antiker Wetterfahnen. Ruthie dagegen träumt davon, eine extravagante Gastgeberin zu sein. »Ich möchte Parties feiern und die ganze Nacht tanzen und beim Blumenhändler Blumen für meine Feste aussuchen«, sagt sie. »Muße ist so eine köstliche Sache. Ich hatte nie viel davon. Ich bin deshalb so gern geflogen, weil mich dann niemand rufen konnte. Ich brauchte keine Hemden zu bügeln und gar nichts.«

Sie würde auch gern reisen, vielleicht in den Orient. Kent – überrascht uns das jetzt noch – macht sich eigentlich nichts aus Reisen. Kent hat Angst vor der Möglichkeit, mitten in irgendeinen Krieg zu geraten.

Und was ist mit dem Fliegen, das sie früher so liebte? frage ich Ruthie. Seit sie sich entschlossen hat, an der Ehe festzuhalten, findet sie das Fliegen auch nicht mehr so wichtig. »Wenn wir unsere Ehe gemeinsam aufbauen wollen, ist es töricht, ein Hobby zu haben, das uns trennt«, sagt Ruthie. Tatsächlich haßt Kent das Fliegen so sehr, daß sie jetzt zu dem Schluß gekommen ist, es sei geradezu nobel von ihm gewesen, ihr Hobby zu »dulden«. »Meine Flugstunden zu bezahlen war für ihn, als unterstütze er eine Drogensucht.«

Ruthie hat das Gefühl, in ihrer Ehe Sicherheit zu besitzen, wenn auch sonst nicht viel. Sie hatten nie ein tolles Sexualleben. Kent scheint Sex eher als Pflichtübung zu betrachten. Im Laufe der Jahre hat sie sich mit einer Reihe emotionaler Affären oder Flirts getröstet, die gewöhnlich damit endeten, daß ihr »Freund« sich eine freie, unverheiratete jüngere Frau nahm. Darüber ist Ruthie bitter enttäuscht. »Sie sagen immer: ›Aber du hast dich doch *entschieden*. Du wolltest bei Kent bleiben.‹«

Ruthie hat überhaupt nicht das Gefühl, sich entschieden zu haben. »Nehmen wir an, ich hätte Kent verlassen«, sagt sie und verrät damit alles. »Ich weiß nicht, ob sie mich überhaupt genommen hätten.« Für die Sicherheit einer familiären Beziehung hatte Ruthie ihren Traum von Freiheit aufgegeben.

Verschiebung des Machtgleichgewichts

1981 suchten Marvin und Bea, Mitte 50 und seit 30 Jahren verheiratet, die Hilfe von Betty Carter, Therapeutin und Direktorin des *Family Institute* von Westchester. Was hatte diese langjährige Ehe so gestört, daß die Eheleute sich erstmals zu einer Therapie gedrängt fühlten? Eine Verschiebung des Machtgleichgewichts.

Marvin war der erfolgreiche Besitzer einer kleinen Firma. Bea war nie berufstätig gewesen. Nun wurde das Machtgleichgewicht in ihrer Beziehung durch die Erfahrungen erschüttert, die Bea in einer Frauengruppe machte, der sie sich angeschlossen hatte und die ihr die Augen öffnete. Sie kamen zu Betty Carter, nachdem Marvin ein Haus für ihre Pensionsjahre gesucht und gekauft hatte, ohne seine Frau zu Rate zu ziehen. Bea war außer sich.

Carter erzählte diese Geschichte 1994 in einem Artikel in *The Family Networker* als Beispiel dafür, wie falsch sie früher das wirkliche Thema in einer Beziehung wie der zwischen Marvin und Bea wahrgenommen hatte – das Thema der Gleichheit nämlich.

Dieses Thema kann in den mittleren Jahren dramatisch an die Oberfläche treten.

»Wenn ich mir heute die Bänder von diesen Sitzungen noch einmal ansehe, ist auf den ersten Blick deutlich, daß Marvin sich sowohl gegen mich als auch gegen seine Frau abschottete«, berichtete Carter ihren Kollegen.[1] Im nachhinein sah Carter deutlich, daß Bea kooperativ an der Therapie teilnahm, während Marvin sich nicht rühren wollte. Er war nicht an »Verhandlungen« interessiert und verkündete rundweg, er wisse nicht, ob er an der Ehe festhalten wolle, wenn seine Frau »zuviel Veränderung« wünsche.

Früher war Carter, wenn sie mit Paaren arbeitete, so vorgegangen, daß sie ihren Klienten »Aufgaben« stellte. Sie bat Marvin, darüber nachzudenken, ob er es eventuell mit Verhandeln versuchen würde, statt in seiner Ehe einseitig Entscheidungen zu treffen. Bea sollte sich überlegen, welche Rolle ihre *Wut* in ihrer Ehe spielte und was nötig wäre, um diese Wut zu verringern. »Denken Sie darüber nach«, sagt Carter heute, nachdem sie ihre Behandlungsphilosophie wesentlich verändert hat. »Ich machte aus seinem autoritären Verhalten und ihrer Wut darüber getrennte und gleichwertige Probleme, als würde das eine nicht direkt aus dem anderen hervorgehen.«

In ihrem Artikel in *The Networker* schreibt Carter, sie habe sich Marvins kaum verhüllter Scheidungsdrohung gebeugt. Warum? Sie hoffte, Bea zu retten, »ehe sie sich allein und arm wiederfand«. In weiteren Sitzungen versuchte sie, Beas Einfühlung in etwas zu gewinnen, »das als ›Marvins Einsamkeit‹ etikettiert wurde«.

Und was ist anstelle der Einsamkeit mit der Isolation, mit dem Alleinsein, das man entwickelt, wenn man sich weigert, wirklich auf den anderen einzugehen?

Als Marvin klarstellte, daß er nicht die Absicht hatte, seine Rolle als Boß in der Beziehung aufzugeben, versuchte Carter, ihn dazu zu bewegen, etwas Macht an Bea zu »delegieren«. Heute sieht sie ein, daß sie damit das »Recht des Ehemannes auf den Besitz der Macht« und die Entscheidung, seine Frau daran teilhaben zu lassen oder auch nicht, bestätigte. Zum Glück, so berichtet Carter, ließ Beas Erfahrung in einer Frauengruppe sie erkennen, daß sie von dieser Form der »Paar«-Therapie nicht viel Hilfe zu erwarten hatte. Nach ein paar Sitzungen brachen sie und Marvin die Therapie ab.

Es reicht nicht aus, wenn Therapeuten Unterschiede in männlicher und weiblicher Erfahrung »sensibel erklären«, sagt Carter. Sie müssen erkennen, daß eine *fundamentale Ungleichheit der Geschlechter* die »eigentliche Mauer ist, gegen die wir anrennen«.[2] Theoretisch wird das Geschlecht auf dem Gebiet der Familientherapie zwar allmählich ernst genommen, doch in der Praxis des Therapeuten, erklärt Carter, hat sich wenig verändert. Therapeuten haben noch immer die Tendenz, »sich der unerbittlichen, fest verwurzelten Position anzupassen, welche die Männer in der Therapie oft beziehen, und sie versuchen, Veränderung durch Arbeit mit den nachgiebigeren Frauen in Gang zu bringen«.[3]

Es gibt keine Chance auf Intimität in einer Beziehung, wenn in deren Kern eine Ungleichheit besteht, die nicht zur Kenntnis genommen – und verändert – wird. Dies geschieht mit größerer Wahrscheinlichkeit in der Lebensmitte, wenn die finanziellen Anforderungen und die Aufgaben der Kindererziehung weniger drückend sind. Frauen in den Fünfzigern sind manchmal entgeistert, wenn sie sehen, daß sie *noch* immer diejenigen sind, die »alles machen«, und damit meinen sie nicht nur das Geldverdienen, sondern die Hausarbeit sowie den größten Teil der Fürsorge für Eltern und Kinder; sie sehnen sich nach einer emotionalen Unterstützung, die eher von Freundinnen als von Ehemännern zu kommen scheint. Selbst ihr Sexualleben wird dadurch untergraben, denn sie sind zu wütend und voller Groll, um sich angeregt zu fühlen. Wenn sie die Fünfzig erreichen, sind diese Frauen unter Umständen so weit, daß sie sagen: »Piß oder steig vom Topf! Laß dich auf mich und den Rest der Familie ein, oder wir brauchen dich nicht mehr!«

Der soziale Wandel, der im letzten Viertel des Jahrhunderts eingetreten ist, stützt das alte Modell der Ehe nicht mehr. Und so müssen Frauen in der Lebensmitte neue Formen von Intimität entdecken und häufig die Regeln der Ehe neu schreiben. Ihre Selbständigkeit (und die ihrer Kinder) erlaubt ihnen zu sagen: Jetzt kann ich die Scheuklappen abnehmen. Ich brauche nicht mehr zu heucheln. Ich kann entscheiden, was ich brauche. Ich kann wählen, was ich will.

Die Ehe neu erfinden

Für Alma war es die dritte Ehe, für Stan die zweite. Sie waren fünf Jahre verheiratet, als sie zu erkennen begannen, daß ihre Verbindung sich im Grunde nicht von ihren früheren Ehen unterschied. Wie war das möglich, fragten sie sich, wo doch *sie selbst* so anders waren, so viel reifer?

Alma und Stan, beide Psychotherapeuten, engagierten sich dafür, ihre Ehe in der Lebensmitte neu auszuhandeln. Sie wurden für ihre Anstrengungen mit einer Beziehung belohnt, die wunderbarer und intimer war als alles, was sie sich früher vorgestellt hatten. Die Herausforderung ging von Alma aus, die tatsächlich fähig war, »aus einer Position der Berechtigung heraus«, wie Carter es beschreibt, festzustellen, was sie wollte, ja, worauf sie bestand.

Alma nahm endlich zur Kenntnis, daß ihr Mann ein gut verkleideter Peter Pan war, ein brillanter, aber jungenhafter Mann, der alles haben wollte, ohne sich irgendwelche Grenzen in seinem Leben setzen zu müssen. Er wollte den aufregenden Sex, den er und Alma vor der Heirat gehabt hatten, aber er wollte auch ein Workaholic sein und von seinen Gefühlen distanziert bleiben – und damit von ihr. Sie waren zu dieser Zeit schon über 40 und hatten eine kleine Tochter, doch Alma entschied, daß sie eine Kompromißbeziehung nicht fortsetzen würde. Es warf ihren Mann um, als sie ihm das sagte. »Plötzlich mußte ich mich dem Thema stellen. Ich konnte nicht so viel arbeiten und trotzdem so viel von meiner Familie haben, wie ich gerade brauchte. Sie sagte mir: ›Entweder bist du Vollzeitvater und Vollzeitehemann, oder du kannst gehen. Entscheide dich.‹«

Freundschaft und Gleichheit sind die Wegzeichen der »Wiederheirat«, die zwischen Partnern in der Lebensmitte stattfinden kann, wenn wenigstens einer der Partner bereit ist, die Risiken auf sich zu nehmen, die mit der Forderung nach einer Neudefinition verbunden sind. Alma, die auf einen Wandel in ihrer Ehe gedrängt hat, ängstigte die Tatsache, daß sie sich den Fünfzig näherte, aber sie machte die Dinge auch klarer. Einen Ehemann, der sich emotional immer nur den Rücken freihielt, wollte sie nicht – und sie hatte endlich das Gefühl, auch ohne ihn auskommen zu können. Sie hatte schließlich ein eigenes Leben – einen Beruf, ein Kind, Freunde. Wenn Stan da nicht mitspielen wollte – warum so tun, als ob? Sie hatte schon vorher ein Selbstwertgefühl, doch es wuchs, als sie einen festen Standpunkt bezog.

Zuerst nahm Stan den Druck übel. Es gab bittere Kämpfe und schließlich eine ungeheure Krise. »Vorher war ich immer vor Beziehungen davongelaufen, die meiner Meinung nach zuviel von mir forderten«, sagt er. »Diesmal traf ich eine andere Entscheidung. Ich wollte mein Kind und meine Frau wirklich, aber mich den Einschränkungen zu stellen, die es bedeutete, sie zu haben, machte mich schier verrückt. Es riß mich in Stücke.«

Stan sagt, er sei immer das gewesen, was er als »Don-Juan-Typ« bezeichnet, hektisch daran interessiert, jeder Frau zu gefallen, mit der er gerade zusammen war, nicht weil ihm so viel daran lag, Lust zu schenken, sondern weil er es nötig hatte, als großartiger Liebhaber zu gelten.

Eines der ersten Dinge, die dieser Wandel in der Verpflichtung bewirkte, war eine verstärkte Erotik. Und dann, Wunder aller Wunder, veränderte sich ihr Mann tatsächlich. Zutiefst. Seine Beziehung zu seiner Arbeit und seinen Patienten wandelte sich. Sogar seine Beziehung zum Geld wurde anders. Er arbeitete weniger und verdiente mehr.

Und der Sex, so sagte Stan, war für ihn wie ein Wunder. Die wirkliche Bindung, die Alma von ihm verlangte, ließ diesen Don-Juan-Abwehrmechanismus zusammenbrechen. »Jetzt ist Aufrichtigkeit in unseren Vertrag gekommen. Ich kann darüber reden, daß ich Enttäuschung empfinde oder daß ich mehr Leidenschaft zwischen uns möchte. Ich kann darüber sprechen, und dabei fühle ich mich auf einmal verlangender und erregter. Selbst wenn ich sage, wie enttäuscht ich über fehlende Leidenschaft bin, macht sich plötzlich Leidenschaft bemerkbar. Ich hatte nie damit gerechnet, daß es in meinem Alter so sein würde. Ich hatte mir nie vorgestellt, daß ich dabei wie ein Kind würde weinen können.«

Wenn die Partner in einer Beziehung weniger selbstbezogen werden, wird der Sex besser. »Was bei mir passiert ist«, sagt Stan, »ist, daß die Sexualität wärmer geworden ist. Sie ist inniger, gefühlvoller geworden. Früher war ich zu leistungsorientiert. Ich mußte so etwas wie ein ›fabelhafter Liebhaber‹ sein, wissen Sie, kein mitfühlender oder offener Liebhaber, sondern ein fabelhafter Liebhaber. In diesem Sinne durfte ich nie wirklich die Kontrolle verlieren. Wenn ich mich mitten während des Sexualaktes traurig oder bekümmert fühlte – nun ja, das passierte früher einfach nicht.«

Ein Teil von Stans Veränderung rührte daher, daß er beobachtet hatte, wie sein Vater verfiel. »In den letzten drei oder vier Jahren hat sich das beschleunigt. Er sieht jetzt zerbrechlich aus. Er hat abgenommen. Ich sehe ihn einfach dahinschwinden wie den schrumpfenden Mann. Genau das sehe ich: Ich habe den dahinschwindenden, schrumpfenden Mann vor Augen.«

Gleichzeitig damit kam er zu der Erkenntnis, daß er diesen Mann nicht mag. Stan sagt: »Ich liebe ihn als meinen Vater, aber als Person mag ich ihn nicht.« Das Leben seiner Eltern war zu verhängnisvoll. »Ich glaube, sie haben sich schon vor 60 Jahren auf das Alter vorbereitet. Immer haben sie gesagt: ›Für den Tag, wenn...‹ Das bedeutet, daß sie über 60 Jahre kärglich gelebt haben, um niemals länger zu leben, als ihre Mittel reichten.«

Da Stan in einer anderen wirtschaftlichen Lage älter wird, geht er mit dem Problem so um, daß er expandiert, statt sich einzuschränken. Obwohl er auf das achtet, was er tut, hat er seine Vorstellung von dem, wozu er *fähig* ist, beträchtlich erweitert. Doch da ist auch etwas Paradoxes am Werk. Als er seine Bindung an seine Familie verstärkte und die eigentlichen Arbeitsstunden verringerte, hat er seine Gebühren erhöht und sein Einkommen gesteigert. »Noch vor fünf oder sechs Jahren«, sagt Stan, »hatte ich keine Ahnung, was zu verdienen ich fähig war. Ich glaube, ich saß bei einer bestimmten Zahl fest, vielleicht 50000. Ich dachte, das wäre alles, mehr könne und würde ich nicht erreichen. Und ich entdeckte, daß das nicht stimmte.«

Daß er offener für seine Gefühle wurde, hat ihm ermöglicht, den lähmenden Auswirkungen seiner früheren Rigiditäten zu entgehen. Das ist keine bloß oberflächliche Veränderung. Es hat auch die Art beeinflußt, wie er spricht. »Ich halte häufiger inne. Ich möchte, daß das, was ich sage und wie ich es sage, was immer es sein mag, wirklich etwas mit mir zu tun hat, bevor ich es sage. Es muß einfach wirklich mit meiner Seele zusammenhängen.«

Interessant an dieser Ehe ist, wieviel persönliche Entwicklung zustande kam, als der Mann von einer Frau herausgefordert wurde, die stark genug war, sich nicht zufriedenzugeben. Hätte Stan eine weniger starke Frau geheiratet, so hätte er vielleicht seinen unbefriedigenden, arbeitssüchtigen Weg fortgesetzt.

Auch für Alma bedeutete die Art von Beziehung, die sie nun genießt, daß sie gewisse tiefverwurzelte Phantasien aufgeben mußte. »Ich verzichtete auf die Illusion darüber, wie eine Ehe sein sollte. Das war ein ungeheurer Wendepunkt in meinem Leben, ein wichtiger Übergang. Aber nachdem ich diese Illusion aufgegeben habe, fühle ich, daß ich hier in der Beziehung zu Stan leben kann, ohne zu meinen, daß ich etwas versäume.

Früher habe ich mich immer gefragt, ob es nicht jemand anderen gäbe, der dafür sorgt, daß ich mich besser fühle. Das tue ich jetzt nicht mehr. Ich weiß, daß Stan das nicht für mich tun wird, und das war eine wichtige Erkenntnis. Daß ich es *selbst* tun muß.«

Die große Flucht der mittleren Jahre

Einer der Gründe dafür, daß eine Frau wie Alma die Freiheit besitzt, für das eintreten zu können, was sie will, ist, daß Frauen in mittleren Jahren heute gangbare Alternativen zur traditionellen Ehe zur Verfügung stehen. Und diese Alternativen existieren, weil wir sie schaffen.

Früher konnte sich, wer 15 oder 20 Jahre verheiratet war, einigermaßen darauf verlassen, das auch zu bleiben. In den späten fünfziger Jahren betrafen nur vier Prozent der Scheidungen Ehen, die mehr als 15 Jahre gedauert hatten. Ende der achtziger Jahre war die Zahl auf 25 Prozent gestiegen. Etwa 16 Prozent der Scheidungen erfolgten bei Paaren, die 25 Jahre oder länger zusammen waren. Heute ist Langlebigkeit keine Garantie mehr für Dauer. Die Chancen, daß ein älteres Paar sich trennt, steigen dramatisch.

Eheliches Unglück ist um das 20. Ehejahr herum am ausgeprägtesten, berichtet Martha Kirkpatrick von der *UCLA Medical School*. Am größten ist es unter Frauen von Ende 40 und Anfang 50.[4] (Dr. Kirkpatrick bemerkt, daß Frauen dieser Altersgruppe auch den höchsten Verbrauch von Antidepressiva aufweisen, was auf eine mögliche Kausalität zwischen ehelichem Unglück und Depression hindeutet. Ebenso wahrscheinlich ist, wie in Kapitel 6 erörtert, daß die hormonellen Veränderungen in der Lebensmitte bei einigen Frauen Depressionen auslösen, die eine eventuell bestehende Unzufriedenheit mit der Ehe verstärken.)

Die Scheidungsraten haben unter allen Altersgruppen zugenommen, aber bei Menschen in den mittleren Jahren steigen sie rapide. Seit 1978 hat sich die Scheidungsrate von Personen zwischen 40 und 65 Jahren um 50 Prozent vermehrt. Bei den älteren ist die Rate um 35 Prozent gestiegen.[5] Im Jahre 1970 gab es fast 1,5 Millionen geschiedene und nicht wieder verheiratete Personen zwischen 40 und 54 Jahren. 1991 waren es 6,1 Millionen.[6]

Es sind die Frauen, die ernsthaft den Nutzen der Ehe in Frage zu stellen beginnen. In vorderster Front dieser Veränderung stehen diejenigen von uns, welche die Jugend hinter sich haben und in den kostbaren mittleren Jahren des Lebens stehen. Zwischen 1970 und 1988 sank die Rate der Menschen, die erneut heirateten, um mehr als 40 Prozent.[7] Unter denjenigen, die nun entschlossen sind, ledig zu bleiben, berichtet *The Times*, überwiegen »die zahllosen geschiedenen Frauen in mittleren Jahren, die das Gebären und Aufziehen von Kindern hinter sich haben und deren Indifferenz gegenüber erneuter Heirat eine ausgeprägte Veränderung der amerikanischen Lebensweise bewirkt«.

In den letzten Jahren finden mehr und mehr Frauen mittleren Alters, deren langjährige Ehen auseinandergegangen sind, ihren neuen Single-Status erfreulich. (Geschiedene Männer vermissen im Vergleich dazu die Fürsorge, die eine Ehefrau bietet, und neigen dazu, bei erster Gelegenheit wieder das Ehekarussell zu besteigen.)

Die 49jährige Abteilungschefin einer Firma in Kalifornien war begeistert über ihre neue Autonomie nach der Scheidung. »Zum erstenmal in meinem Leben«, sagte sie, »konnte ich tun, was ich wollte.« Zum Abendessen Popcorn machen, wenn ihr danach war. In »White Linen« schwelgen, das ihr immer lieber gewesen war als »Chanel No. 5«, auf dem ihr Mann bestanden hatte.

Bei ihrer Scheidung nach mehr als 20 Jahren Ehe hatte Lyn Steinhauer erwartet, daß sie sich verloren und einsam fühlen würde. Doch statt dessen, so berichtete sie der Reporterin Jane Gross von der *New York Times*, genoß sie die Wonnen eines leeren Hauses und eines für eine Person gedeckten Tisches. Heute kommt und geht sie, wie es ihr gefällt, gibt das Geld, das sie verdient, aus, ohne dafür Vorwürfe zu ernten, und »stürzt sich mit *der* Energie in ihre Arbeit, die sie früher auf Fürsorge und Verhandlungen verwandte«. Sie hat eine Wochenendbeziehung, und sie sagt, das sei ihr lieber, als ständig mit jemandem zusammen zu sein.[8]

Bei einer Studie betrachteten die meisten geschiedenen Frauen die Ehe als Fehler und das Single-Leben als unerwartetes Vergnügen. Für einige war der Sex in der Ehe langweilig gewesen, wie die Forscherin Norma Leslie feststellte, »und sie merkten erst, wie gut eine sexuelle Beziehung sein konnte, nachdem sie geschieden waren«.[9]

»Lief die Ehe immer so große Gefahr, für Frauen unattraktiv zu werden, daß die ganze Gesellschaft zusammenwirken mußte, um die Fiktion ihrer Wünschbarkeit lebendig und intakt zu halten?« fragte Carolyn Heilbrun provozierend.[10]

Es gibt zwar zahlreiche Gründe für die sinkende Rate der Wiederverheiratungen, doch Demographen und Soziologen sind sich darin einig, daß ein Grund überwiegt, und dieser »widerspricht dem veralteten Stereotyp von den Frauen, die unbedingt Bindung wollen, und den Männern, die es nach Abenteuern gelüstet«, berichtete Jane Gross. *Frauen betrachten die Ehe zunehmend als schlechtes Geschäft.*[11] Mit wenigen Ausnahmen, erklärt die Reporterin der *New York Times*, die Interviews mit geschiedenen und verwitweten Männern und Frauen im ganzen Land führte, sahen die Frauen »die Ehe als ein Übel, das Alleinleben als unerwartetes Vergnügen und Beziehungen zu Männern als am besten in kleinen Dosen« an.

Nicht so die Männer, die »mit überwältigender Mehrheit unter der Sehnsucht nach einer regelmäßigen Gefährtin und den Annehmlichkeiten des häuslichen Lebens litten«.

Da war Ray, ein 55jähriger Maschinenbauer. Er sehnt sich nach den Zeiten, als seine Frau ihm seinen Lunch einpackte und seine Hosen flickte, bevor er zu seiner Schicht im Edison-Kraftwerk in Detroit ging. Ray hat Zweifel an den »Frauen der neunziger Jahre«, von denen er meint, sie würden ihn nicht so gut versorgen. »Einige von diesen Frauen denken nur an sich und nie an den anderen. Sie können nicht teilen.«

Bruce, geschiedener Vertragsanalytiker im *General Accounting Office* in Washington, wünscht sich, er hätte noch eine Ehefrau, »um das gesellschaftliche Leben in Gang zu halten« und sich um »gewisse kleine Feinheiten« zu kümmern.

Unverheiratete Männer sind nicht in der Lage, sich ein Leben einzurichten, das sie stützt, sagt Frances Goldschneider.[12] »Selbst wenn sie genug Geld haben, werden sie nicht damit fertig.«

Die Isolation, mit der junge ledige Männer vielleicht zurechtkommen, wird in mittleren Jahren schmerzhafter. So ist es nicht überraschend, daß die meisten geschiedenen Männer wieder heiraten möchten. Nur 17 Prozent der von der Psychologin Judith Wallerstein befragten Männer fühlten sich nach dem Abbruch ihrer Ehe besser.[13]

Tatsächlich verbessern geschiedene Frauen mit größerer Wahrscheinlichkeit als Männer ihre Lebensqualität, wenn die Ehe beendet ist. »Es scheint, daß die Scheidung bei Frauen zu einem breiten Spektrum psychologischer Veränderungen und Entwicklungen führt, was bei Männern signifikant weniger der Fall ist«, berichtet Wallerstein.[14] Sie stellte fest, daß sich 64 Prozent der Frauen nach der Scheidung in einem besseren psychischen Zustand befanden, aber nur 16 Prozent der geschiedenen Männer. Zu den eingetretenen Veränderungen gehörten »eine auffallende Stärkung des Selbstwertgefühls, eine neue Direktheit bei der Anerkennung emotionaler Bedürfnisse und im Ausdruck von Gefühlen und Gedanken sowie eine größere Fähigkeit zu Humor«.[15]

Die Sterblichkeitsrate geschiedener Männer ist drei- bis viermal höher als die verheirateter, wie eine Studie zeigt, während sie bei geschiedenen und verheirateten Frauen ungefähr gleich ist. Geschiedene Männer sterben oft an streßbedingten Ursachen wie Alkoholismus, Selbstmord oder Unfall, berichtet der Soziologe Walter Grove von der *Vanderbilt University*.[16]

Das Bild, das Jane Gross 1993 zeichnet, steht in starkem Kontrast zu einer Studie über geschiedene Frauen, die in den siebziger Jahren von Judith Wallerstein durchgeführt wurde. Nach ihrer Studie, die große Aufmerksamkeit erregte, als die Resultate Mitte der achtziger Jahre veröffentlicht wurden, war die Hälfte der geschiedenen Frauen klinisch depressiv und blieb es während der auf das Scheitern der Ehe und die Trennung folgenden zehn Jahre, in denen sie beobachtet wurden. Sie hatten schreckliche Angst vor dem Alleinleben, am meisten die, die über 40 Jahre alt waren. Viele von ihnen waren »mäßig bis sehr einsam«, schreibt sie. Obwohl die meisten Freunde hatten und an Gemeindeaktivitäten teilnahmen, schienen diese sozialen Verbindungen ihr Leid nicht zu lindern. Die meisten blieben wütend auf ihre geschiedenen Männer und hatten große Angst davor, Haushaltsvorstand zu sein.

Doch trotz aller Angst wollten diese Frauen nicht in ihre Ehen zurück. Die Hälfte sagte, sie seien fortgegangen, weil sie sich von ihren Ehemännern »chronisch übergangen oder erniedrigt« fühlten. 90 Prozent sagten, sie hätten nach der Scheidung mehr Selbstvertrauen. Sie waren stolz auf ihre neue Fähigkeit, für sich und ihre Kinder zu sorgen, manchmal trotz großer Widrigkeiten. Von den 40 Frauen in ihrer Langzeituntersuchung sagt Wallerstein: »Nur eine hätte – und auch das nur widerstrebend – für eine Rückkehr in die Ehe optiert.«[17]

Vielleicht waren Wallersteins Probandinnen Frauen im Übergang, die froh waren, ihre Ehe hinter sich zu haben, sich aber von der Stigmatisierung und mangelnden sozialen Unterstützung für alleinstehende Frauen überwältigen ließen, die es in den siebziger Jahren noch gab. In den neunziger Jahren scheinen die Witwen und geschiedenen Frauen engagierter, autonomer und mit ihrem neuen Leben zufriedener. Viele äußern den Wunsch, nur dann eine intime Beziehung zu einem Mann zu haben, wenn diese ein Leben bereichert, das sie auch so schon als befriedigend empfinden.

Arlette Brisson, eine Witwe von 53 Jahren, sagt, sie verbringe gern Zeit mit Männern, aber sie müßten angenehme Gesellschafter sein. Als pensionierte Vizepräsidentin von Tiffany sagt Brisson, die Witwenschaft schränke ihr Leben nicht ein. »Ich gehe gern mit einer Frau oder allein aus.«

Beziehungen zu Frauen werden in diesem Stadium wichtiger denn je. »Ich hatte immer Freundinnen, aber heute wird mir noch deutlicher, daß Frauen genauso interessant sein können wie Männer, oder noch interessanter«, sagt eine couragierte Frau, die mit Fliegen fischt und Vorstandsmitglied eines New Yorker Krankenhauses ist. »Heutzutage laufen so viele Nullen in Hosen herum. Wenn ein Mann nicht interessant, intelligent und unterhaltsam ist, bleibe ich lieber zu Hause.«[18]

»Ich mag Männer, aber es ist nicht so, als gäbe es ein Vakuum in meinem Leben«, sagt Dr. Marcella Maxwell. Sie hat immer Karriere gemacht. Als ihr Mann starb, »war es nicht so, als hätte ich in seinem Schatten gestanden und wüßte nicht, was ich tun soll«. Sie weist die Selbstgenügsamkeit auf, die dazu beiträgt, das Netz intimer Beziehungen von Frauen dieses Alters zu erweitern. »Ich brauche keinen Mann, der mich finanziell unterstützt, und ich habe keine Scheu davor, irgendwo allein oder mit einer Frau hinzugehen. Ich möchte nicht wieder heiraten, und meine Freundinnen empfinden genauso«, sagt Maxwell.[19]

Der Unterschied zwischen Frauen in der Lebensmitte vor 25 Jahren und Frauen heute ist nicht, daß sie ihre romantischen Illusionen plötzlich verlieren, sondern daß sie sie früher verlieren – und schneller zur Tat schreiten.

Geschiedene Frauen in mittleren Jahren heiraten nicht so bald wieder. Tatsächlich stehen in diesem Alter die Chancen gut, daß sie überhaupt nicht mehr heiraten. Bei einer Frau von 50 Jahren beträgt die Wahrscheinlichkeit, daß sie noch einmal vor den Altar tritt, zwölf Prozent. Das liegt nicht bloß am Männermangel. Ältere Frauen haben heute weniger das Bedürfnis, verheiratet zu sein, und sie sind weniger bereit, Zugeständnisse zu machen, sagt Monica McGoldrick. Nachdem sie unabhängig geworden sind, hüten sich viele davor, ein neues Arrangement zu treffen, bei dem von ihnen erwartet würde, daß sie Koch- und Putzdienste leisten. »Ich hätte nichts gegen eine schöne, langfristige Affäre mit jemandem«, sagte eine 55jährige Buchprüferin mit eigener Firma in Washington, »aber ich werde niemandes Socken waschen.«

Selbst geschiedene Frauen, die wieder heiraten, bleiben nicht lange verheiratet. Zweitehen scheitern häufiger und früher als Erstehen. Die durchschnittliche Dauer der zweiten Ehe beträgt vier, die der ersten sieben Jahre.[20]

Wenn die Männer nicht mehr zu genügen scheinen

Die Mamas hatten sich in der Bar des chinesischen Restaurants getroffen, einer Art neutraler Zone, die bei den post-steroiden Frauen beliebt war, ein Ort, an dem man sich begegnete, grüßte und über andere herzog. Connie Chung berichtete im Fernsehen – der Apparat stand in der Ecke – über Mittel gegen Falten. Willa schlürfte Selterswasser und konnte die Augen nicht vom Bildschirm wenden. »Mein Ex-Mann hat angerufen, um mir zu sagen, daß er einen Artikel im *Investor's Daily* gelesen hat, in dem von einem möglichen Zusammenhang zwischen Collageninjektionen und einer seltenen Form von Autoimmunerkrankungen die Rede war. Er sagte: ›Erinnerst du dich, daß du das mal gegen die Falten zwischen deinen Augen hast machen lassen?‹«

»Wie *kann* sie sich für eine Zusammenarbeit mit Maury Povitsch hergeben?« sagte Susan, der Connie leid tat.

»Er hat den IQ eines Tampons«, sagte Geraldine, die Bardame, angewidert.

Catherine sagte, sie hätte eine neue Abneigung gegen Tampons und Männer bemerkt, nun, da wir von beiden nicht mehr abhängig seien.

Geraldines Einstellung ist nicht ungewöhnlich; im mittleren Leben denken viele von uns so.

Frauen wären heute schon froh, Männer zu finden, die intellektuell einfach auf der gleichen Ebene sind.

In einem Augenblick der Offenbarung in der Lebensmitte schrieb Patricia Volk: »An einem Morgen wachst du auf und siehst seinen Mund ein wenig geöffnet und etwas Speichel, der auf sein Kissen tropft, und du denkst: Wie süß! Wie verletzlich! Wie glücklich bin ich doch. So glücklich, die glücklichste Frau der Welt. An einem anderen Morgen wachst du auf und siehst dieses Gesicht und den Speichel und denkst: Wer ist dieser Kerl?«[21]

Verglichen mit Junggesellen über 40, fühlen unverheiratete Frauen sich wohler in intimen Beziehungen und besitzen bessere Fähigkeiten, um die in der Lebensmitte erforderlichen emotionalen Anpassungen vorzunehmen. Ältere alleinstehende Männer haben es schwer, eine Beziehung einzugehen, Anforderungen zu stellen oder ihre emotionalen Bedürfnisse zu behaupten, wie Charles Walker 1991 bei einer Studie an der *University of Akron* feststellte. Diese Männer sind auch »rigide«, sagt Walker. Sie können gute Gefährten sein, solange Frauen nicht zuviel verlangen. Wenn Frauen aber mehr fordern, als sie geben können, stoßen diese Männer sie häufig zurück oder beenden die Beziehung.

Diese Einschätzung bekommt man sicherlich auch, wenn man Margo Howards Eindrücke von Begegnungen in der Lebensmitte liest. In einem Stück, das sie »Jerks, Oddballs and Egomaniacs« nennt, beschreibt Howard die Probleme und Sorgen, die sie und ihre Freundinnen bei ihren Versuchen hatten, irgendeinen Mann über 40 kennenzulernen, der mehr zu bieten hatte als Hosen und einen Puls.

»Jede Frau, die ich kenne und die nicht hermetisch in ihr eigenes Leben eingekapselt ist, hat eine Kerngruppe, die ich ›die Freundinnen‹ nenne«, beginnt sie. Ihre eigenen Freundinnen über 40 fanden die

Single-Szene in Boston so enttäuschend, daß sie beschlossen haben, ganz darauf zu verzichten. Sie klagen unter anderem über Männer, »die zuviel reden, um tot zu sein, aber das ist auch das einzige, was sie zu bieten haben«. Doch auch die Redseligkeiten sind enttäuschend, da sie, wie Howard sagt, »über ihre intellektuellen Verhältnisse leben«.

Sie spricht noch von einem weiteren »undelikaten, aber dennoch realen« Thema bei Rendezvous in der Lebensmitte – »der Anzahl der Männer, die aufgrund psychologischer oder sonstiger Probleme von ihrer Männlichkeit keinen Gebrauch mehr machen können«. Ihre Freundinnen, sagt sie, wissen nie so recht, wie sie diese Information aufnehmen sollen, vor allem, wenn sie sie nicht im voraus erhalten, sondern selbst »entdecken« dürfen. Wie man Howards Äußerungen entnehmen kann, ist die Situation gar nicht so ungewöhnlich.[22] (Vielleicht liegt es daran, daß die Männer, bei denen die Sache noch funktioniert, unterwegs sind und es mit viel jüngeren Frauen treiben.)

In den sechziger Jahren pflegten wir zu sagen, es gäbe nicht genug intelligente Männer. Wir meinten nicht unbedingt, sie sollten intelligenter sein als wir, sie sollten nur nicht dumm sein. Ich glaube, das Problem entwickelte sich deshalb, weil Frauen zum erstenmal in den Genuß umfassender Bildung kamen. Der Mangel an intelligenten Männern folgte unserer Frauengeneration in die mittleren Jahre, und zwar aus demselben Grund wie früher: Je entwickelter Frauen werden – beruflich, was die Bildung betrifft und finanziell –, desto weniger Männer sind verfügbar, mit denen sie gleichberechtigte Partnerschaften schließen könnten.

Wenn Frauen älter werden, nimmt die Zahl der für sie verfügbaren Männer signifikant ab. Einmal suchen ältere Männer sich jüngere Frauen. Dann bleiben *diese* jüngeren Frauen als Witwen zurück. Über 75 Prozent der Männer über 65 sind verheiratet, aber nur 33 Prozent der gleichaltrigen Frauen. In den USA werden im Jahr 2000 auf jeden Mann über 65 zwei Frauen kommen.[23]

Nur wenige Männer scheinen fähig, Beziehungen mit Frauen einzugehen, die mächtiger, reicher und erfolgreicher sind als sie. Je höher der Bildungsgrad einer Frau, so zeigen Studien, desto unwahrscheinlicher ist es, daß sie heiratet. Auf zehn Frauen zwischen 40 und 50, die einen Collegeabschluß haben, kommen nur drei alleinstehende Männer, die älter und besser ausgebildet sind.[24]

Eigenes Geld steht einer Frau im Weg, wenn sie sich einen Mann angeln möchte. In allen Altersgruppen hat eine Frau je höher ihr Einkommen ist desto weniger Chancen, geheiratet zu werden. (Bei Männern ist es genau umgekehrt.) Das spiegelt nicht nur die Tatsache wider, daß wenige Männer an erfolgreichen, wohlhabenden Frauen interessiert sind, sondern auch die Fähigkeit erfolgreicher Frauen, in aller Bequemlichkeit unverheiratet zu bleiben, da sie weder die finanzielle noch die soziale Unterstützung nötig haben, die traditionell die Ehe bieten sollte.

Daß Frauen zunehmend das Interesse an der Ehe verlieren, ist »die wirkliche Revolution« der letzten zwanzig Jahre, sagt Frances Goldschneider. Der Grund für diese Veränderung liegt, so glauben sie und andere, darin, daß Frauen zum erstenmal in der Geschichte ein nennenswertes eigenes Einkommen verdienen. Und siehe da, wenn sie genug Geld haben, kommen Frauen außerhalb der Ehe gut zurecht. »Sie können sich selbst anständig erhalten«, sagt Goldschneider. »Sie definieren sich nicht um Männer herum. Und sie kommen sozial gut zurecht, weil sie Freunde haben und bindungsfähig sind.«[25]

Diese Frauen sind nicht gegen Beziehungen zu Männern. Sie mögen Männer, wollen aber unter neuen Voraussetzungen mit ihnen umgehen. Heute haben Frauen Status. Sie sind finanziell unabhängig und bei guter Gesundheit, und ihnen dämmert die Erkenntnis, daß man ein vollständiger Mensch sein kann, ohne daß jemand die Matratze auf der anderen Bettseite eindrückt.

Judith Yaskin, geschiedene Richterin am *Superior Court* in New Jersey, meint, daß ihre Altersgenossinnen aus den Ehen ihrer mittleren Jahre fliehen, weil nicht genug geteilt wurde – weder was die Mühen noch was die Fürsorge betrifft. Sie sagt, sie steckten in einer Übergangssituation fest.[26] Frauen ihrer Generation sind in mancher Hinsicht befreit, doch was die Ehe angeht, blieben sie versklavt. Erst als sie aus diesen Ehen herauskamen, sei es durch Witwenschaft, sei es durch Scheidung, konnten sie sehen, wie sehr die Ehe zum Gefängnis geworden war.

Yaskin mit ihren 50 Jahren findet es wunderbar, daß sie nicht mehr um »Erlaubnis« bitten muß, wenn sie für 200 Dollar Pflanzen für ihren Rosengarten bestellt. Kürzlich hörte sie einen Mann in der Baumschule sagen, wie dankbar er sei, nicht *ihr* Mann zu sein. Nicht so dankbar wie *sie*, kommentierte sie trocken.

Im Herbst 1992 beim 50. Jahrestag der *American Association of Marriage and Family Therapists* erklärte Sonia Dimidjian bei einer Diskussion über geschiedene Frauen, die den Titel »Wenn der Ball vorüber ist« trug, ihren Zuhörern, verheiratete Frauen machten oft so viele tägliche Zugeständnisse, daß sie sich am Ende selbst verlören.[27] Als Beispiel nannte sie eine Klientin, deren Ehemann jeden Abend in die Küche kam, um die Geschirrspülmaschine neu zu beladen, weil er meinte, sie mache das nicht gut genug. Und das war seit Jahren so gegangen.

Wenn sie auf ihre Ehen zurückblicken, stellen Frauen fest, daß diese tagtäglichen Zugeständnisse zu einer Art »Selbstvernichtung« beigetragen haben, sagt Dimidjian. In ein neurotisches Duett mit ihren Ehemännern eingesperrt, konnten sie kein Gefühl dafür aufrechterhalten, wer sie waren.

Auch Witwen zögern, sich wieder zu verheiraten, vor allem diejenigen, deren Ehen und Karrieren erfolgreich waren, sagt Dr. Meredith Ruch, klinische Soziologin in Princeton. »Sie brauchen nichts zu beweisen.«[28]

Für andere ist das Alleinbleiben nach dem Tod des Ehegatten eine Chance, ihre »Flügel zu erproben« und ein besseres Selbstgefühl zu bekommen.

Warum wieder heiraten?

In der Lebensmitte, wenn die Kinder erwachsen sind und die Frauen eigenes Geld – und ein eigenes Zimmer – haben, tritt die Tatsache, daß die Ehe die Bedürfnisse von Frauen nicht erfüllt, voll zutage. Frauen, die autonom geworden sind, entscheiden sich lieber dafür, Single zu bleiben, als ihre Unabhängigkeit zu verlieren, sagt Barbara Foley Wilson, Demographin am *National Center for Health Statistics*. »Es ist schwer für Männer, wieder zu heiraten, wenn die Frauen nicht interessiert sind.«[29]

Und immer mehr Frauen sind nicht interessiert. »Manche verheirateten Leute fragen noch immer: ›Na, und was hält dich nachts warm?‹«, schreibt Margo Howard in der Zeitschrift *Boston*. »Das soll sicher ein Witz sein. Eine Wärmflasche natürlich. Die stößt einen nicht an, verteilt als Reflexbewegung keine Tritte, schnarcht nicht, zieht einem nicht die Decke weg und erzählt einem nicht ihre Probleme.«[30]

Denjenigen, die klinisch mit Frauen arbeiten, beginnt endlich zu dämmern, daß die Ehe kein Ideal ist. »Unsere Botschaft stellt sich als radikal heraus«, sagte Carol Anderson 1992 auf derselben Konferenz, auf der auch Sonia Dimidjian sprach. »Wir als Familientherapeuten stellen fest, daß es gar nicht so schlecht ist, geschieden zu sein.« Langsam, aber sicher beginnt ein Wandel in den Dogmen der Familientherapie. »Man nimmt an, daß die Ehe so, wie sie gegenwärtig besteht, gut für die Frauen ist. Und wir sagen: ›Da sind wir nicht so sicher.‹«

Carol Anderson, Sonia Dimidjian und Susan Stuart haben eine Studie über Frauen nach der Scheidung durchgeführt. Die Geschichten, die sie zu hören bekamen, so berichtete Dimidjian auf der Konferenz in Miami, hätten sie veranlaßt, »die Grundannahmen über die Familie, wie wir sie kennen, in Frage zu stellen«.[31]

Annahmen, die mit der Zufriedenheit der Frauen darüber zu tun haben, daß sie diejenigen sind, die sich um fast alles kümmern.

Annahmen über die Ehe als finanzielles Sicherheitsnetz, als bestes Umfeld für Kindererziehung, Selbstentwicklung und zufriedenes Altwerden.

»Geschiedene Frauen sind *nicht* bereit, alles aufzugeben, was sie haben, bloß um wieder zu heiraten«, sagt Dimidjian. »Sie sind nicht verzweifelt. Sie sind nicht depressiv. Sie haben das Gefühl, daß ihr Leben auch allein vollständig und erfüllt ist.«[32] Doch die noch immer bestehende Voreingenommenheit der meisten Familientherapeuten, warnt sie, »macht es schwierig, auch nur in Erwägung zu ziehen, daß der Single-Zustand tatsächlich gut für Frauen sein könnte, ihnen tatsächlich helfen könnte, ein interessantes Leben zu führen oder kreative, lebendige Arbeit zu leisten«.

Wie die drei Forscherinnen feststellten, sahen Frauen in mittleren Jahren, daß das Alleinleben sie auf einen Weg geführt hatte, den sie sonst nicht gewählt hätten. Und obwohl er schwierig war, war er überaus lohnend. »Er ermöglichte ihnen endlich die Freiheit, sich allmählich auf das zu konzentrieren, was sie vom Leben wollten. Wer sie waren. Wohin sie gehen wollten. Welche Dinge ihnen wichtig waren.«

Er versetzte sie in die Lage, »sich endlich ein Leben zu schaffen, das sie selbst definierten und bestimmten«.[33]

»Ich habe meinen Mädchennamen wieder angenommen und werde ihn nie mehr aufgeben«, sagt die 52jährige Julie, seit zehn Jahren geschieden, die gerade an ihrer Doktorarbeit schreibt und einen Liebhaber hat. Sie ist sehr zufrieden, daß er nicht mit ihr zusammenlebt. »Ich will niemals Frau Irgendwer sein. Nicht daß ich das für schlecht hielte. Ich sage bloß: ›Das hatte ich schon.‹ Und für mich hatte es gewisse Nebenbedeutungen, die ich wirklich nicht noch einmal will.«[34]

Die »Nebenbedeutungen« haben mit unterdrückten Gefühlen zu tun, mit dem Zwang, »sich unterbuttern zu lassen«. So wurde es Jane Gross von einer 57jährigen Lehrerin für begabte Kinder in Stanford, Connecticut, beschrieben. Nachdem Liz Lockwood erst gelernt hatte, ihre Finanzen zu verwalten und mit einer Bohrmaschine umzugehen, würde es ihr schwerfallen, »in der Familie nicht die Hosen anzuhaben«.[35]

In mittleren Jahren Single zu sein kann Frauen befähigen, mit Teilen ihrer selbst in Berührung zu kommen, von denen sie nie wußten, daß sie sie überhaupt hatten. »Ihre Rolle als Therapeuten«, sagte Anderson bei der AAMFT-Konferenz, »besteht einfach darin, Fragen zu stellen, die den Frauen helfen, anders zu denken und Träume zu wagen.«[36]

Vielleicht auch darin, ihnen Illusionen zu nehmen. In *Women and Families* meint Anderson, man müsse alleinstehenden Frauen in mittleren Jahren den Gedanken abgewöhnen, sie befänden sich vorübergehend »zwischen zwei Männern«.[37] Wenn sie sich an die Vorläufigkeit klammern, fällt es ihnen schwer, sich der Realität anzupassen und der Aufgabe zuzuwenden, sich ein eigenes Leben zu schaffen. Therapeuten müßten unverheirateten Frauen dieses Alters vielmehr helfen, »um den Verlust einer Lebensweise oder zumindest den Traum von dieser Lebensweise zu trauern und anschließend zu beginnen, eine andere zu entwickeln«.

Single mit 50

Gegen Ende meiner Analyse fragte ich meinen Therapeuten, warum er mich so wenig ermutigt habe, die Kehrseite meiner langen Beziehung zu R. zu untersuchen. Prompt und ohne zu überlegen, sagte er, er sei möglicherweise von einem »Mittelklasse-Glauben« an die Ehe beeinflußt gewesen.

Das war vielleicht ehrlich, aber im nachhinein empörend, wenn man bedenkt, daß darüber 15 Jahre vergangen waren. Meine Beziehung war nicht einmal eine »Ehe« im legalen Sinn, doch mein Therapeut hatte sie als solche behandelt. »Halten Sie daran fest«, das war die Botschaft, die er mir übermittelt hatte. Und meine Deutung lautete: »Etwas Besseres schaffen Sie vielleicht nicht.«

Und dann, mit 50, sah ich mich um und begriff schließlich, daß ich sehr wohl etwas Besseres schaffen konnte. Indem ich allein lebte.

Es war verlockend, auf Nummer Sicher zu gehen und einfach zu bleiben. Wir waren zu dieser Zeit 15 Jahre zusammen, und ich wußte, daß meine statistischen Chancen auf eine neue langfristige Beziehung ziemlich gering waren. Das Gespenst des einsamen Alters – ein archetypes Bild für alleinstehende Frauen – schüchterte mich ein. Und doch spürte ich innerlich die Unzufriedenheit meines Partners und meine eigene.

Vielleicht gefielen keinem von uns die Veränderungen, die im Laufe der Jahre im anderen stattgefunden hatten. Er war zum erfolgreichen Geschäftsmann geworden, und es stellte sich heraus, daß die Dinge, die ihn am meisten interessierten, mich niemals fesseln würden. Und obwohl er das nicht zugegeben hätte, bin ich nicht sicher, ob ihm gefiel, wie unabhängig – oder erfolgreich – ich geworden war. Ihm kam es so vor, als brauchte ich ihn weniger. Und ich brauchte ihn *tatsächlich* weniger, zumindest auf die alte Art. Er war zehn Jahre jünger als ich und noch dabei, gewisse Lebensfragen zu lösen, die nicht die meinen waren. Wir befanden uns in keiner Weise an der gleichen Stelle. Mehrere Jahre lang wartete ich darauf, daß etwas »geschah«, da ich der Täuschung erlag, Menschen träfen die Entscheidung zur Trennung gemeinsam. Dann wurde mir klar, daß ich diesen Schritt allein würde tun müssen, wenn er getan werden sollte.

Ich war zu der Erkenntnis gekommen, daß es keine echte Intimität zwischen uns gab. Mein Analytiker pflegte zu sagen, als wolle er mich an etwas erinnern, das ich vergessen hatte: »Aber Sie beide sind sehr intim miteinander.« Das sah er falsch. Wir waren ineinander verstrickt. Den größten Teil unserer gemeinsamen Zeit verbrachten wir damit, einander in allen Einzelheiten zu erzählen, was während des Tages geschehen war. Anscheinend hatten wir das Gefühl, das stünde uns zu, obwohl wir nie gewagt hätten, andere in dieser Weise auszunützen. Dann stellten wir sogar diese Berichte ein. Ich wollte nicht mehr zuhören, er wollte nicht mehr zuhören. Das konfrontierte uns mit einem fundamentalen Problem. Keiner von uns wollte als Klagemauer dienen, aber beide wollten wir eine haben. Wir wollten so weitermachen können und alle Frustrationen oder Verwirrungen loswerden, die sich während des Tages angesammelt hatten. Wenn der andere uns die Last abnehmen und durch »Zuhören« den Druck lindern konnte, so brauchten wir nicht selbst nachzudenken.

Beziehungen rutschen leicht in diese Art gegenseitiger Abhängigkeit. Man wird faul und verliert den Biß. Man fängt an, den anderen als Ausdehnung der eigenen Person zu betrachten statt als getrennten Menschen, den man respektiert und bewundert. Man liebt ihn nicht um seinetwillen, sondern als Empfänger aller negativen Gefühle.

Sich in den warmen Sumpf geteilter Frustrationen und zurückgehaltener Gefühle sinken zu lassen ist der Tod der Intimität. Die Tendenz von Paaren, sich gegenseitig in dieser Weise zu benutzen, ist vielleicht der Grund dafür, daß so wenige Ehen unbegrenzt dauern und doch glücklich bleiben können. Wir kommen an den Punkt, wo wir den anderen hassen, weil er uns benutzt, und er haßt uns aus dem gleichen Grund. Eines Tages wacht man auf und erkennt, daß man eine Gesellschaft zur gegenseitigen Ausbeutung geworden ist. Man riskiert, seine Individualität zu verlieren. Selbst heute, da ich dies schreibe, fünf Jahre nach unserer Trennung, habe ich bei dieser Zusammenfassung gewisse Hemmungen und frage mich, was »er« davon halten würde. Wäre seine Interpretation des Endes unserer Beziehung anders? Und bin ich fair zu ihm, indem ich meine eigene Sichtweise habe?

Und dann die andere Seite: *Ist die Fähigkeit, eine eigene Sichtweise zu haben, das Alleinsein wert?*

Das *scheint* die wichtigste Frage zu sein, denn Alleinsein ist das, was wir am meisten fürchten, aber sie *ist* es nicht. Die Frage lautet: *Ist eine Beziehung es wert, darin zu bleiben, wenn man in ihr nicht man selbst sein und geliebt werden kann?* Die Menschen verbringen Jahre damit, sich um den Preis ihres eigenen Wachstums damit abzumühen, sich den Bedürfnissen des anderen anzupassen. In erster Linie schützen sie damit ihren eigenen Wunsch, geliebt zu werden, und ihre Überzeugung, daß sie keine Liebe bekommen können, ohne etwas von sich selbst aufzugeben.

Es kann sein, daß nun, da die Frauen finanziell unabhängig geworden sind, intime Beziehungen zwischen Männern und Frauen neu durchdacht werden müssen. Ich habe gesehen, wie Frauen in mittleren Jahren damit beginnen, wenn die Kinder erwachsen sind und sie beruflich Fuß gefaßt haben. Auf einmal kommt es zu einer Verschiebung der Prioritäten.

Auf uns allein gestellt, vielleicht für immer

Den Ehegatten zu verlieren ist buchstäblich eine weibliche Erfahrung. Frauen verwitwen mit viermal größerer Wahrscheinlichkeit als Männer, sie verwitwen früher und bleiben mit größerer Wahrscheinlichkeit verwitwet, wenn noch viele Lebensjahre vor ihnen liegen. Fast zwei Drittel der Frauen über 65 sind Witwen.[38]

Angesichts der höheren weiblichen Lebenserwartung können verheiratete Frauen damit rechnen, mit fast zwei Jahrzehnten Witwenschaft im späteren Leben konfrontiert zu werden. Witwen in den Fünfzigern werden zahlreicher. Jedes Jahr gibt es fast so viele Frauen, die zwischen 55 und 64 Witwen werden, wie es Frauen über 65 gibt.[39]

Dem *National Institute on Aging* zufolge ist die Wahrscheinlichkeit, daß ältere Witwen oder geschiedene Frauen wieder heiraten, nicht groß, und mit zunehmendem Alter wird sie immer geringer. Ältere Männer sterben zuerst oder suchen sich jüngere Partnerinnen. Nur eine von vier Witwen heiratet innerhalb von fünf Jahren erneut. Die meisten bleiben für den Rest ihres Lebens alleinstehend, im Normalfall fast 20 Jahre lang. »Die letzte Lebensphase könnte man ›nur für Frauen‹ nennen«, sagt McGoldrick.[40]

Feministische Therapeutinnen wie McGoldrick, Carter und Anderson wollen Frauen dieses Alters helfen, das Leben allein als reiche und gangbare Alternative zu einem Leben als Teil eines Paares zu akzeptieren.

Sara, eine erfolgreiche Psychologin, kam mit 60 zu Betty Carter, um Hilfe zu suchen. Sara hatte ein ausgefülltes Leben gelebt und ließ sich von niemandem zum Narren halten. Ihr Mann hatte sie vor 20 Jahren verlassen, um seine Sekretärin zu heiraten. Mit drei Kindern und wenig Geld hatte Sara eine Doktorarbeit geschrieben und alle drei Kinder durch College und Studium gebracht. Ihre Eltern waren tot, und sie hatte das Gefühl, mittels einer Therapie ihre Beziehung zu ihnen gelöst und ihre Trauerarbeit geleistet zu haben. Nun hatte sie eine Menge Freunde, war sehr aktiv und strahlte Selbstvertrauen aus, wie Carter sagt: »Ich war nahe daran zu überlegen, ob *ich* nicht vielleicht bei *ihr* in Therapie gehen sollte, als sie mir schließlich sagte, warum sie gekommen war.«

Seit fünf Jahren hatte Sara eine langweilige Beziehung zu Robert, einem 65jährigen Rechtsanwalt, die zu lösen sie Angst hatte, weil sie fürchtete, niemanden mehr zu finden. »Ich liebe die Männer, ich liebe Sex, und ich war nie lange ohne feste Beziehung«, sagte Sara. Sie dachte, sie sei zu alt, um einen anderen Mann zu finden. Ihr Gefühl, alt zu werden, war durch den kürzlich eingetretenen Tod ihrer Mutter und die Geburt ihres dritten Enkelkindes verstärkt worden.

»Diese Art von Fällen versetzte mich immer in einen Zustand der Hilflosigkeit«, schreibt Carter. »Woran sollten wir arbeiten? Wie sollten wir das Problem bezeichnen – ›alt werden‹? Die Falle, in die der Therapeut hier gehen könnte, lag in der Annahme, Sara sei mit Robert oder einem anderen besser dran, als wenn sie allein bliebe«, meint Carter. »Ich nahm ihre Worte ernst, daß sie Hilfe brauche, um ihn zu verlassen, wenn auch ihre Angst, keinen anderen Mann mehr zu finden, in ihrem Alter realistisch war.«[41]

Wie geht man mit der Situation um?

Zu dieser Zeit sah Carter mehrere Patientinnen, die wie Sara herauszufinden versuchten, wie sie sich aus Beziehungen zu Männern lösen könnten. Die Therapeutin meinte, daß diese Frauen kein persönliches Problem hatten, sondern vielmehr ein durch ihre Sozialisation *als Frau* verursachtes – »eine Sozialisation, die sie eindeutig als Versagerin hinstellte, wenn sie ohne Mann lebte – es sei denn am Ende ihres Lebens als Witwe«. Carter beschloß, ihre Patientinnen in einer Gruppe zusammenzufassen. Wenn sie die Universalität ihrer Erfahrung sahen, könnten sie vielleicht sehen, daß die »Störung« in der sozial vorgeschriebenen Annahme lag, daß Frauen mit Männern zusammen sein müssen, wenn sie irgendeine Art von Leben haben wollen.

Außer Sara gab es da noch Annette, eine 49jährige Geschäftsfrau, die von ihrem Mann wegen dessen Sekretärin verlassen worden war, Joan, eine Schmuckdesignerin, die sich mit 32 darüber klarzuwerden versuchte, ob sie einen Heiratsantrag annehmen sollte oder nicht, die 50jährige Gina, eine nicht praktizierende Anwältin, deren reicher Ehemann ein Verhältnis hatte, und die 36jährige Marianne, die zusammen mit ihrem Mann wegen Eheproblemen bei Carter war.[42]

Trotz der unterschiedlichen Hintergründe dieser Frauen stellte sich, als sie sich aussprachen, heraus, daß jede glaubte, ohne Mann nicht ganz glücklich sein zu können – die Überzeugung, »man müsse nur ›das Richtige‹ tun und an seinen eigenen ›persönlichen Problemen‹ arbeiten, und schon wäre es vorbei mit den Schwierigkeiten, einen Mann zu finden oder zu behalten«. Doch Carters Idee, die Frauen zusammenzubringen, zahlte sich aus, denn jede war zwar von ihrer eigenen Situation überwältigt, konnte aber die anderen objektiver sehen und von ihnen lernen. Mit der Zeit verschoben die Frauen ihr Augenmerk darauf, sich um sich selbst zu kümmern, Entscheidungen zu treffen, die ihr eigenes Leben verbesserten, und sich auf das zu konzentrieren, was sie für ihr Leben arrangieren könnten, »anstatt abzuwarten, was andere ›ihnen erlauben‹ würden«.

Als das Selbstgefühl der Frauen und ihr Gefühl von Kompetenz stärker wurden, machten sie in ihren Beziehungen Fortschritte. Annette entschloß sich, sich scheiden zu lassen, und glaubte sogar, das könne für sie eine großartige Erfahrung sein. Joan beschloß zu heiraten, aber erst nachdem sie ihrem Freund klar gesagt hatte, was er von ihr erwarten konnte und was sie von ihm erwartete. Gina ging in den Beruf zurück, da sie zu dem Schluß gekommen war, wenn ihr Leben besser organisiert wäre, würde sie aufhören, die Affäre ihres

Mannes hinzunehmen. Marianne lernte, sich ihrem Mann gegenüber in einer Weise zu behaupten, die das Machtgleichgewicht in ihrer Beziehung veränderte.

Und Sara? Nach zwei Jahren in der Gruppe trennte sich Sara von Robert. »Wie sie befürchtet hatte«, sagt Carter, »fand sie keinen anderen Mann, aber als sie die Gruppe verließ, hatte sie noch intensiven Kontakt zu mehreren Peer-Groups, pflegte die Verbindung zu den Familien ihrer Kinder und war im Begriff, einen Reiseclub zu organisieren. ›Ich würde gern wieder einen Mann kennenlernen‹, sagte sie, ›aber ich würde seinetwegen keine meiner Aktivitäten aufgeben – er müßte bereit sein, sich genauso an mein Leben anzupassen wie ich mich an das seine. Und selbst wenn ich niemanden mehr treffe – es ist nicht mehr so wichtig für mich. Ich bin nicht allein – ich lebe nur allein.‹«[43]

Selbst wenn Sie sich selbst zum Bruch entschließen, wird der Übergang schwierig. Vielleicht empfinden Sie zuerst Euphorie, doch dann spüren Sie mit einem Schock die Realität.

Meine Trennung erfolgte Ende Dezember, als mein Partner das Haus verlassen wollte. Ich dachte, es wäre am besten, nicht da zu sein, wenn er seine Sachen packte und seine vielen hundert Bücher aus den Regalen räumte. Ich nutzte den Zeitpunkt und fuhr über Neujahr weg. Ich verbrachte drei Tage und Nächte in einem übertrieben teuren Zimmer im Turm des *Boca Raton Beach and Tennis Club.* Am Silvesterabend putzte ich mich mit einem schwarzen Kleid und Straß auf und ließ 100 Dollar springen, um an dem Abendessen mit Tanz für die Hotelgäste teilzunehmen. Bei diesem sentimentalen Urlaub war ich zum erstenmal seit vielen Jahren allein, und stellen Sie sich vor, es gefiel mir! Vorher war ich zum Portier gegangen und hatte darum gebeten, an einen Tisch gesetzt zu werden, wo ich in Gesellschaft anderer alleinstehender Personen wäre. (Es gab eine weitere, eine Frau, unter diesen mehreren hundert Leuten, und es kam so, daß wir schließlich an verschiedenen Tischen saßen.) Mein Platz war neben einer jungen Kinderärztin und ihrem Mann. Wir aßen ein wundervolles Menü und tranken sehr guten Wein und sprachen über die Probleme von Crack-Babies in Dade County. Um Mitternacht gingen meine neuen Freunde und ich auf die Tanzfläche und tanzten Boogie, und nach einem langen, befreienden Tanz verabschiedete ich mich und kehrte in mein Turmzimmer zurück, gesättigt und mit mir zufrieden. Es war noch nicht ein Uhr, als ich die Decken hochzog und das Licht ausschaltete. Der Neujahrstag dämmerte glockenhell, und ich verbrachte ihn am Strand und schrieb in mein Tagebuch, während eine Calypso-Band »Red, Red Wine« spielte.

Ich brauche wohl nicht zu sagen, daß es so nicht immer blieb. Als ich nach Hause kam, sahen meine Bücher verloren aus in den deckenhohen Bücherregalen unseres Wohnzimmers. Große, staubige Lücken klafften da, wo die Bücher meines Partners gestanden hatten. Einige Skulpturen, die ihm gehörten, waren fort; auch die Orientteppiche waren fort. Der Schrank im Schlafzimmer sah verwaist aus mit seinen dürren, leeren Metallkleiderbügeln. Der größte Teil der Möbel gehörte Gott sei Dank mir, und ich verbrachte den Tag nach Neujahr damit, sie herumzuschieben und die Lücken zu füllen. Es gab in diesem Haus, das plötzlich ein Echo entwickelt zu haben schien, fünf Schlafzimmer. Die meisten Sachen der Kinder waren fort, weil sie damit ihre eigenen Wohnungen möbliert hatten. So hatten die Schlafzimmer etwas Neutrales, Gästezimmermäßiges. Nur mein Keller war voll von den Ablagerungen eines Familienlebens: Kartons mit Schulbüchern, abgelegte, aber nicht weggegebene Kleider, mottenzerfressene Plüschtiere, ein Ski, dem irgendwie die Spitze abhanden gekommen war. All das gehörte nun mir, da ich den Hausanteil meines Partners gekauft hatte – ich besaß ihn, ich mußte ihn instandhalten, ich mußte ihn schließlich loswerden, wenn ich Platz für Veränderung schaffen wollte.

Im Frühjahr stürzte ich mich in die Arbeit, errichtete Steinmauern, setzte Pflanzen und baute die Einfahrt um. Ich ließ die Böden umgraben und neu einsäen. Dann verbrachte ich den Sommer damit, den Boden zu wässern und aus dem Fenster zu schauen, um nachzusehen, ob er trocken geworden war. Eines Morgens, als die Sonne Dampf von der Erde aufsteigen ließ, schienen das Haus, die runde Einfahrt und der Rasen förmlich wie neu zu glänzen, und die ganze Anlage, von der Straße aus betrachtet, wie andere sie sehen mußten, schien sich gelohnt zu haben: als hätte ich etwas Neues, Wertvolles und Dauerhaftes geschaffen. Ich dachte: So habe ich immer leben wollen, in einem Haus mit schwarzen Fensterläden, aus denen kleine

Mondsicheln ausgeschnitten sind, mit seidenen Hemden im Schrank und sauber auf Metallregalen aufgereihten Schuhen.

Es dauerte einen Tag, eigentlich nur einen halben Morgen, bis die Jahreszeit, die mir so glorreich erschienen war, der Realität wich. Trotz aller Geschäftigkeit mußte ich schließlich den Verlust des alten Traums zur Kenntnis nehmen: weißes Haus mit Staketenzaun, Kinderstimmen, im Ofen bratendes Huhn, Schmutz und Schweiß und die Glut eines Lebens, das zu anspruchsvoll gelebt wird, um es je anzuzweifeln. Nun waren da diese Kieseinfahrt, diese Steinmauern, ein leeres Haus und die schmerzhafte Freiheit, die das Alleinleben mit sich bringt. Es war genau das, was ich mein ganzes Leben lang zu vermeiden gesucht hatte, und nun war es da.

Abschied vom Märchenprinzen

»Der Kern des emotionalen Prozesses einer Scheidung besteht darin, das eigene Selbst aus der Ehe zurückzuziehen, also die Hoffnungen, Träume und Erwartungen als erledigt aufzugeben, die man auf den Ehepartner und die Ehe gesetzt hatte, und diese Hoffnungen und Erwartungen nun in das eigene Selbst zu investieren.«

So spricht Betty Carter über etwas, von dem sie weiß, daß die meisten von uns es als große Herausforderung erleben. »Dieser Grad von Selbstgerichtetheit geht gegen den Strich von allem, was Frauen von sich selbst zu glauben erzogen wurden.«[44]

In der Lebensmitte stellen Frauen fest, daß es notwendig ist, alte Träume zu betrauern und dann hinter sich zu lassen. Wie Dimidjian sagt, müssen wir »die Vorstellungen aufgeben, daß es im Leben Schlüsse gibt wie ›Und sie lebten glücklich bis ans Ende ihrer Tage‹, und daß ein Märchenprinz kommen und uns retten wird«.[45]

Einige der »Mamas« haben jahrelang mit ihren Männern gelebt, ohne sie zu heiraten, ohne, wie wir dachten, dieses Maß an Verpflichtung zu wollen, und dabei wünschten wir es uns eigentlich verzweifelt, das ist heute offensichtlich. Warum sonst wären wir so lange geblieben? Was wir nicht wollten, war der Verlust unseres Gefühls, eine abgetrennte Person zu sein.

Das kann einer Frau nämlich leicht passieren. Wir hatten gedacht, es sei besser, Einzelgängerin zu sein, in einem gewissen Sinn allein zu sein.

Nun waren wir allein. »Wenn ich draußen Paare zusammen sehe, tun sie mir tatsächlich leid«, sagt Willa, und ich fühle mich ermutigt, wenn ich an die endlosen Mahlzeiten mit R. in Restaurants denke, an die eine, unendliche Unterhaltung. »Tausend Abende mit vagem Small talk, ausdruckslosem Schweigen, Gähnen über der Zeitung, Zubettgehen zur Schlafenszeit«, wie Simone de Beauvoir es ausdrückte.[46]

Ich habe gelernt, daß es möglich ist, allein ein Leben zu haben – das heißt allein mit Freunden, mit Blumen, mit Büchern und Zeitschriften auf dem Couchtisch, meinen Katzen im Haus auf der Samtcouch und Satie aus der Stereoanlage. Ich habe gelernt, daß es die Sexualität nicht zerstört, unverheiratet zu sein, daß Alleinleben neue Vorräte an kreativer Energie erzeugen kann. Es ist verblüffend zu entdecken, wieviel Tiefe und Komplexität darin liegen.

Dennoch gibt es Zeiten, in denen ich mitten in der Nacht aufwache und denke: Wird es noch immer so wunderbar sein, allein zu leben, wenn ich 64 bin? Das ist Grenzgebiet, Neuland. Und um es zu durchqueren, müssen wir wiederum die Erfahrung miteinander teilen und uns gegenseitig bestätigen.

Willa und ich sind in meinem Wohnzimmer. Im Kamin brennt ein Feuer. Es heizt nicht so gut wie der alte Holzofen, den R. und ich viele Jahre lang hatten. War es ein Fehler, sich für den Anblick des Feuers statt für die Wärme des Ofens zu entscheiden?

Willa und ich diskutieren »das Thema«. Willa kommt zur Sache. Sie fragt, ob ich je daran dächte, mich mit jemand anderem zusammenzutun.

»Der Gedanke, ganz mit jemandem zusammenzuleben ... meine erste Reaktion darauf ist eher ängstlich.«

»Du willst es also nicht?«

»Da bin ich auch nicht sicher. Ich weiß nicht. Was ich *nicht* will, ist mit jemandem so zusammenzuleben, wie ich es früher getan habe. Aber vielleicht gibt es ja eine ganz andere Art von Zusammenleben.«

Natürlich haben wir dieses Thema schon früher umkreist. Viele

Male. Mehr als umkreist. »Wenn ich heute eine Beziehung haben sollte«, sagt Willa mit der Art von Selbstbehauptung, die wir an unseren besseren Tagen empfinden, »dann muß sie einen wirklichen Wert in meinem Leben haben und nicht bloß bestehen, weil ›jeder eine hat‹ oder so. Sie muß etwas Zusätzliches bringen. Sonst will ich lieber keine.«

Was wir wollen, ist ein volles Leben, wie immer das zu bewerkstelligen ist. Und wir wollen unsere Träume träumen, die, die wir nie zuvor zu träumen wagten. Wenn wir heiraten oder wieder heiraten, fürchten wir, in traditionelle Vorstellungen davon zurückzufallen, was von einer »guten Ehefrau« erwartet wird. Wir erinnern uns daran. Wir versuchen, uns gegenseitig Mut zu machen. »Ich habe das Gefühl, mich auf mich selbst verlassen zu müssen«, sagt Willa. »Ich kann mich nicht auf eine romantische Phantasie über irgendeinen Mann verlassen. Nicht daß ich je einem erlaubt hätte, mich auszuhalten. Aber weißt du, emotional habe ich doch sehr viel investiert. Und jetzt habe ich wirklich das Gefühl, daß es auf mich ankommt. Ich muß meine eigene Erfüllung, meine Freude und Erregung im Leben schaffen.«

»Wie ist das gekommen?« frage ich sie.

»Reife«, sagt sie. »Es ist ein Reifeprozeß, der da vor sich geht, vielleicht nicht bei jedem, aber bei mir. Er ist auch ein Teil eines spirituellen Suchens. Wir leben in einer Kultur, die uns immer erzählt, die Antwort liege irgendwo außerhalb unserer selbst. Sie bestünde in mehr Geld oder einem besseren Körper oder einer besseren Beziehung. Und ich glaube, daß das nicht stimmt.«

»Glaubst du, daß für dich die Erkenntnis, daß du sexuell nicht mehr soviel Power hast wie früher, diesen Gedanken beeinflußt hat, daß du es von außerhalb nicht bekommen kannst?«

»Das hat bestimmt entscheidend dazu beigetragen. Als ich es nicht mehr hatte, habe ich erkannt, wie süchtig ich nach dieser Erfahrung war. Irgendwie mußte ich mich anpassen, mußte es loslassen. Und das war sehr interessant für mich, weil ich bei diesem Loslassen das Gefühl hatte, daß ich auch meine Eltern losgelassen habe, und zwar auf einer viel tieferen Ebene als je zuvor. Irgendwie hängt das alles zusammen. Es ist, als würden meine Eltern nie die Mutter und der Vater sein, als die ich sie immer haben wollte. Ich werde meinen

Märchenprinzen nie finden. Ich werde hart für das arbeiten müssen, was ich mir wünsche, und ich werde mich mit Enttäuschungen abfinden müssen. Und all das habe ich, glaube ich, bis vor kurzem wirklich nicht *gewußt*. Ein großer Teil von mir hat sich verhalten wie ein Kind, das irgendwie dachte, Mommy und Daddy seien da draußen, der Märchenprinz sei da draußen, Dinge würden einfach passieren, wie durch Zauberei.«

»Und jetzt ist der Zauber verflogen?«

»Die Illusion ist weg. Die habe ich aus meinem Leben verbannt. Wenn jetzt Dinge passieren, die nicht unbedingt so sind, wie ich sie haben wollte, kann ich das leichter akzeptieren. Es ist, als wäre ich eher bereit, die Dinge einfach so hinzunehmen, wie sie kommen.«

»Und was ist mit dem ›Aber‹? Du wolltest sagen: ›Ja, ich bin enttäuscht, aber ...‹ Ich dachte, du wolltest sagen: ›Aber es lohnt sich auch.‹«

»Na ja, der Lohn ist, daß ich viel weniger leide. Das ist der Lohn.«

In dem Jahr löste sich Willa von dem Ehemann, von dem sie zwar schon seit Jahren getrennt lebte, auf den sie sich aber innerlich, wenn auch nicht in der Realität, noch immer verlassen hatte. Sie verkaufte das alte Haus, in dem die Kinder aufgewachsen waren, weil es ihr zuviel Arbeit machte, und kaufte für nur 60000 Dollar ein zauberhaftes altes Ferienhaus am Fluß. Die Leute fanden es zu dunkel. Die Leute sagten, es habe weder Isolierung noch Zentralheizung, und fragten, was ihr eigentlich einfiele.

Der erste Bauunternehmer, der kam, um einen Kostenvoranschlag für die Renovierung zu machen, sagte ihr wörtlich: »Dieses Haus ist ein Stück Scheiße.« Willa war ganz sicher, daß das nicht der Fall war. Sie war ganz sicher, daß sie sich trotz der Warnungen wohlmeinender Freunde, von den Warnungen ihres wohlmeinenden Ex-Mannes ganz zu schweigen, mit diesem Haus ihren alten Traum erfüllen konnte, glücklich am Wasser zu leben und zu arbeiten.

Sie gab weitere 19000 Dollar aus, als alles gesagt und getan war. Jedes letzte dunkle Brett wurde viermal mit weißer Farbe gestrichen. Sie ließ eine Innenwand entfernen und bezog die riesige umlaufende Veranda, deren Fenster auf die Windungen des Flusses hinausgingen, in das Haus ein. In alle Ecken und Winkel wurde Isoliermaterial gestopft und ein neuer Ofen installiert. Willa konnte es nicht glauben. Sie war in Ekstase. All das hatte sie allein geschafft.

Natürlich halfen die »Mamas«. Am Wochenende von Willas 53. Geburtstag kamen alle für drei Tage zum Anstreichen. »Credence Clearwater« war die Musik des Tages, und es gab Essen und Wein. Am späten Nachmittag sprangen die »Mamas« splitternackt von dem schwimmenden Dock, das in den Fluß hinausging, schwammen und spritzten sich gegenseitig naß. Es war, als gehörten diese alten Wände ihnen allen. Es war, als sei die riesige Küche ein Ort, wo sie kochen würden (und das sollten sie auch tun). Es war, als würden *sie* hier ihre Computer aufstellen und von einem kleinen Raum aus mit ordentlichen Regalen und Fenster mit Aussicht ihre Geschäfte führen.

Und natürlich stimmte das auch. Willa spürte es ebenfalls. Das Haus gehörte ihr, aber es gehörte allen.

Für Frauen in mittleren Jahren, die nicht mehr verheiratet sind, ist ein breites soziales Netzwerk am wichtigsten. »Die meisten alleinstehenden Frauen sind nicht allein«, schreiben Hicks und Anderson in *Women and Families*. Fast alle berichten von umfassenden Kontakten mit Verwandten oder haben einen besonderen Freundeskreis, mit dem sie lange verbunden bleiben. Die Sozialwissenschaftlerinnen glauben, daß die Frauen im Grunde nicht-traditionelle Familien aufbauen, »die über unsere übliche Vorstellung von dem, was Familie bedeutet, hinausgehen«. »Wenn solche ›Familien‹ funktionieren, können sie sogar mehr Intimität, Unterstützung und Liebe bieten als die eheliche Beziehung für Frauen in traditionellen Familien.«[47]

Die Bindung zwischen den »Mamas« erlaubt jeder, freier zu sein und das zu werden, was sie werden wollte, als sie jünger war. Wenn Willa nun in eine Beziehung eintreten sollte, dann würde sie das von einem Ort aus tun, den sie liebt: sich selbst.

KAPITEL 6
Die Östrogen-Kriege

»Es war, als hätten sich Schleusentore geöffnet«, sagte Fiona. »Ich dachte, ich würde mit meinem eigenen Blut weggespült.«

»Die Aufgabe besteht darin, die Zellen in Schach zu halten«, hatte ihr Arzt gesagt. »Progestin«, hatte er verkündet. »Ihr Körper hat aufgehört, es herzustellen, aber Sie produzieren noch Östrogen.« Ohne die Gegenwirkung von Progestin veranlaßte das Östrogen die Zellen ihres Endometriums zu wachsen. Der Arzt empfahl Progesteron.

Bücher, die Fiona las, um die Aussagen des Arztes zu überprüfen, boten dieselbe Strategie an. »Ihre Periode in Form bringen«, hieß es in einem. »Aufräumen«, sagte ein anderes, als sei das, was eine Frau am nötigsten brauche, die Kontrolle ihrer körperlichen Funktionen. Doch was meinten sie wirklich mit all diesem In-Form-Bringen und Aufräumen?

»Niemand diskutiert jemals diese Dinge im voraus mit uns«, sagte ich. »Deshalb wirkt alles, was mit unserem Körper passiert, immer so neu.«

»Ich fragte meine Mutter, wie die Menopause bei ihr gewesen sei«, sagte Fiona. »Sie dachte einen Augenblick nach und sagte dann: ›Ich hatte eine Hitzewallung.‹ ›War das alles?‹ sagte ich. Sie sagte: ›Das war alles.‹«

Im Interesse des hormonellen Gleichgewichts, wenn nicht der »Aufgeräumtheit«, begann Fiona, das vom Arzt angeratene Progesteron einzunehmen, und bald begann die »hohe Flut«, wie Laurie Anderson so poetisch sagte, nachzulassen. Nach all den schweren Blutungen wurden ihre perimenopausalen Perioden wieder normal. Sie riskierte keine Anämie durch Blutverlust mehr. Und sie brauchte sich nicht dem Dilemma zu stellen, ob sie sich einer Hysterektomie unterziehen sollte oder nicht.

Ich begann 1992 mit der Arbeit an diesem Buch. Das war das Jahr, in dem die Menopause öffentlich wurde. Gail Sheehy hatte in *Vanity Fair* ihren berühmten Artikel »The Silent Passage« geschrieben (ihr gleichnamiges Buch sollte bald folgen), und jede Frau in den mittleren Jahren, die ich kannte, sprach von kaum etwas anderem. Gott sei Dank konnte man endlich darüber reden!

Verwirrend jedoch war die Tatsache, daß wir »den Wechsel« so unterschiedlich erlebten. Einige von uns hatten Hitzewallungen, andere nicht. Einige nahmen zu, andere nicht. Einigen erging es wie mir – sie vergaßen Dinge, stolperten im Garten, lagen nachts wach im Bett, als würden ihre Augenlider mit Klebstoff offengehalten.

Die Menopause ist da nämlich wie die Menstruation. Ganz gleich, was Ihre Freundinnen, die sie zuerst haben, Ihnen erzählen, Ihre Erfahrung wird anders sein. In der Pubertät haben Sie und Ihre beste Freundin entdeckt, daß weder die Stärke Ihrer Blutungen noch die Größe Ihrer Tampons gleich waren, daß Ihre Krämpfe, Ihre Schwellungen oder andere menstruelle oder prämenstruelle Symptome sich unterschieden. Auch in der Menopause gibt es »Symptome«, und sie sind von Frau zu Frau verschieden. Zwar sind beide »natürliche« Erfahrungen des weiblichen Lebenszyklus und sollten als solche nicht als Leiden oder Krankheit angesehen werden, doch sowohl der Menstruationszyklus als auch das Aussetzen der Regel erzeugen hormonelle Veränderungen, die mit anderen Chemikalien im Körper zusammenwirken und zu sehr individuellen Reaktionen auf diese ansonsten »normalen« Geschehnisse führen.

Das große M

Meine letzte Periode lag ein Jahr zurück, als ich mich zu fragen begann, ob ich es nicht mit Östrogen versuchen sollte. Ich hatte Schlafprobleme, und außerdem bemerkte ich einen Verlust meiner Energie und Libido und sogar meiner sexuellen Phantasien. Was die Hitzewallungen betrifft, so hatte ich das Glück, zu Hause zu arbeiten, in Shorts und T-Shirt, und konnte mir nur schwer vorstellen, wie geplagt die Frauen waren, welche »die Vorstandszimmer Amerikas erleuchteten«, wie Gail Sheehy das so dramatisch ausdrückt.

Mir fiel auch auf, daß meine Stimmung sank und mein Schlaf gestört war. Etwas Verhärmtes schien sich sowohl auf meinem Gesicht als auch in meiner Psyche auszubreiten. Mir kam der Gedanke, daß das vielleicht an einem niedrigen Östrogenspiegel liegen könne. Dann fiel mir ein, daß der Hormonverlust möglicherweise auch an meinen Konzentrationsschwierigkeiten schuld war.

Ich hatte merkwürdige Gedächtnislücken gehabt; während einer Zeit von sechs Monaten war ich häufig gestolpert, und dann kam eine lange Periode, in der ich mich nur schwer auf meine Arbeit konzentrieren konnte. Ich fühlte mich deprimiert und ängstlich und mußte häufig ein Mittagschläfchen halten, teilweise, um den Schlafmangel der Nacht auszugleichen. Mir fehlte es an Optimismus bezüglich der Zukunft, und im nachhinein kann ich zwar über die düsteren Phantasien scherzen, von denen ich besessen war, wenn ich nachts wach lag, doch tatsächlich machte ich mir ernsthafte Sorgen über meine Fähigkeit, weiterhin für mich selbst aufzukommen. Meine Einnahmen gingen zurück, da ich nur noch unter großen Schwierigkeiten planen und vorausdenken konnte. Über zwei Jahre lang steckte ich mehr oder weniger in diesem Muster fest, und es war schwer, nicht zu denken: Ist es *das*, das Ende meiner Vitalität und Produktivität?

Ich brauchte eine gewisse Zeit, bis ich auf die Idee kam, die Menopause könne etwas mit der Tatsache zu tun haben, daß es mir nicht gut ging. Kein Arzt, den ich aufsuchte, gab mir irgendwelche Hinweise. Manche Ärzte denken, es gäbe keinen Anlaß, Frauen vor der Zeit über die möglichen Symptome der Menopause zu informieren. Ich selbst hätte viel lieber vorher gewußt, wie Veränderungen des Hormonhaushalts mein körperliches und seelisches Wohlbefinden beeinflussen. Dann hätte ich früher Hilfe zu bekommen versucht.

Kein Augenblick zu früh

Ich begann, mit anderen Frauen zu reden, medizinische und sozialwissenschaftliche Zeitschriften zu lesen und Forscher und Kliniker zu interviewen. Wie ich bald entdeckte, ist die Menopause nicht ein Tag, eine Nacht, ein Moment in der Zeit, sondern ein Prozeß, der bis zu 20 Jahre dauert. Tatsächlich können Veränderungen im Hormonhaushalt lange vor Aussetzen der Periode beginnen.

Mitte der dreißiger Jahre beginnt der Hormonspiegel zu sinken und verringert so die Wahrscheinlichkeit einer Schwangerschaft. In den frühen vierziger Jahren werden die Zyklen kürzer, und das FSH (follikelstimulierendes Hormon) kann ansteigen; wenn dies der Fall ist, dürfte nach den Worten eines gynäkologischen Forschers »die Möglichkeit, diese Frauen zur Schwangerschaft zu bringen, selbst bei heroischer Intervention, bestenfalls entmutigend sein«. Um diese Zeit hat die Perimenopause begonnen, und obwohl die Schwangerschaft nicht völlig ausgeschlossen ist, so ist sie doch unwahrscheinlich. In den späten vierziger Jahren werden die Zyklen unregelmäßig, und bei der Periode tritt oft eine Menge Blut aus. Unregelmäßigkeit ist der Vorbote der Menopause. Einige Frauen haben ein- oder zweimal keine Periode, und alles ist ausgestanden. Für andere kann die Unregelmäßigkeit ein Jahr oder länger anhalten.

Dies ist nur der kürzeste Abriß der menopausalen Kurve. Alles wird noch komplizierter, wenn wir die Auswirkungen von Hormonen und anderen Körperstoffen auf jede einzelne Frau betrachten. Nicht nur Östrogen wirkt auf uns in der Mitte des Lebens. Wenn Hitzewellen, Schlaflosigkeit und Stimmungsschwankungen auftreten – und wie schwer und für wie lange –, dann sind Neurotransmitter des Gehirns wie Serotonin im Spiel. Als Chemikalie, die für ihren Stoffwechsel im Gehirn das Vorhandensein von Östrogen erfordert, reguliert Serotonin Schlaf, Energie, Stimmung und Libido und ist für unser Wohlbefinden von zentraler Bedeutung. Frauen (wie Männer) haben unterschiedliche Mengen an Serotonin im Gehirn. Einige Forscher sind der Meinung, daß Frauen mit niedrigem Serotoninspiegel (weitgehend eine Sache der Vererbung) mehr Symptome zeigen, wenn ihr Östrogenspiegel absinkt, als Frauen, deren Serotoninspiegel nahe dem Normalzustand liegt.

Die *Rate* an Veränderungen ist ebenfalls relevant. Uriel Halbreich, Direktor für Bioverhaltensforschung an der *State University* von New York in Buffalo, ist der Ansicht, die relative Geschwindigkeit, mit der unser Sexualhormonspiegel sich ändert, sei *der* entscheidende Faktor dafür, welche Symptome wir in der Menopause bekommen (und übrigens auch während der Menstrualzyklen).[1] Ist der

Abfall graduell und ist ausreichend Serotonin vorhanden, mag es *keine* offenen Symptome geben. Bei wem der Abfall plötzlich auftritt – etwa nach Entfernung der Ovarien –, der wird wahrscheinlich deutliche und dramatische Symptome haben.

Zwischen diesen beiden Extremen liegt das Mittelfeld des Spektrums der Menopause, jener Bereich, in den alle anderen Frauen fallen. Einige aus dieser Gruppe können ihre Symptome als leicht unangenehm empfinden. Andere haben vielleicht ziemlich starke Symptome, bringen sie aber nicht, wie ich, gleich mit der Menopause in Verbindung. Schließlich wurde mir klar, daß ich seit Jahren unter dem »Wechsel« gelitten hatte. Das war ein erhellender Augenblick. *Das* also ist es, dachte ich, als ich mir Symptom um Symptom vergegenwärtigte – die unerklärliche Gewichtszunahme, die Angstträume und frühes Aufwachen, der mehrere Jahre andauernde Verlust dessen, was man auch nur entfernt einen Sexualtrieb nennen könnte. Ich erfuhr, daß vieles von dem, was ich erlebte – die Konzentrationsschwierigkeiten, Gedächtnisprobleme, Schlafschwierigkeiten, die Überbleibsel von Depression, die ich auch nach der Korrektur meiner Schilddrüsenfunktion und meines Hämoglobinspiegels noch empfand –, sich mit Hilfe einer Hormonsubstitutionstherapie wahrscheinlich bessern würde.

Die Entscheidung

Inzwischen hatte ich begriffen, wie sehr meine Funktionen beeinträchtigt gewesen waren, und nun wollte ich so gesund wie möglich werden. Da es in meiner Familie keine Vorgeschichte von Brustkrebs (darüber später mehr) gibt, entschloß ich mich, eine Hormontherapie zu beginnen.

Nach knapp zwei Wochen hatte ich keine Hitzewallungen mehr und schlief sehr viel besser. Nach einigen Wochen traten weitere Veränderungen auf. Mein Gesicht war glatter geworden. Das Östrogen, dessen Rezeptoren in der Haut dichte Cluster bilden, ließ mich weicher (und damit vermutlich jünger) aussehen. Wichtiger noch, es verbesserte meine Stimmung und steigerte meine Energie. Eine unangenehme Gereiztheit, die meine Konzentrationsfähigkeit bei der Arbeit gestört hatte, verschwand. Es gab keinen Zweifel daran, daß ich mich besser fühlte als seit langem, und dadurch fühlte ich mich auch jünger – energievoller und hoffnungsfroher. Doch die Einnahme von Östrogen und Progesteron hatte bezüglich ihrer Ungefährlichkeit noch immer eine ziemlich schlechte Presse. Handelte ich, indem ich diesen »Hormoncocktail«, wie Germaine Greer ihn in *The Change* verächtlich nennt, schluckte, potentiell selbstzerstörerisch, und das nur, um mich besser zu fühlen, besser auszusehen und besser denken zu können?

Ob Frauen in der Lebensmitte ein Ausbalancieren des veränderten Verhältnisses ihrer Sexualhormone brauchen oder nicht, ist zu einem der am heißesten diskutierten gesundheitlichen Themen unserer Zeit geworden. Gibt es tatsächlich Zustände wie »Östrogenmangel« und »Testosteronmangel«? Und wenn ja, welche Auswirkungen haben sie? Und selbst wenn der Verlust dieser Hormone Frauen in der Lebensmitte und danach schwer zu schaffen macht, sollten die Ärzte zu einer Behandlung mit synthetischen Medikamenten raten, deren Wirkung und deren Langzeitfolgen noch nicht ganz bekannt sind?

Diese Fragen sind belastend und schwer einschätzbar, was teilweise an den widerstreitenden Interessen von Grundlagenwissenschaft, Sozialwissenschaft, New-Age-Medizin und akademischem Feminismus liegt. Alles dreht sich um Sexualhormone. Alternative Gesundheitspraktiker schlagen alle möglichen Tränke vor, um sie zu ersetzen, und Feministinnen hüten sie wie die Kronjuwelen, obwohl sie das Verhalten, die Emotion und die Wahrnehmung beeinflussen und gegen die Frauen benutzt werden können. Inzwischen ist »Ich will meinem Körper nichts zuführen, was ich ihm nicht zuführen muß« zum gemeinsamen Schlachtruf vieler Frauen in mittleren Jahren geworden, die damit, ohne es zu wissen, ihre Gesundheit und ihr Lebensalter beeinträchtigen können.

Als Folge davon leiden manche Frauen unter Östrogenmangel. Der Ausfall von Sexualhormonen kann die Lebensqualität sowohl während des Klimakteriums wie auch in den späteren Jahren beeinträchtigen. Für Shirley Krohn, leitende Angestellte einer internationalen Baufirma, waren das Hauptsymptom Tränen: abrupte und unerklärliche Tränenausbrüche. Im Alter von 48 Jahren erklärte sie dem

Fortune-Magazin für einen Artikel über »Menopause und arbeitende Frau«: »Plötzlich begann ich mitten in einer Konferenz aus unerklärlichen Gründen zu weinen.«

Zu jener Zeit, erklärte Krohn, hatte sie »keinen Hinweis«, daß ihr unangenehmes Weinen irgend etwas mit Hormonveränderungen der Menopause zu tun haben könnte. Schließlich nahm sie sich sieben Monate unbezahlten Urlaub. Jetzt, da ihr klar ist, was mit ihr vorgegangen ist, berät sie andere arbeitende Frauen in der Menopause. Sie ist überzeugt, sie sei »viel weiter die Karriereleiter hinaufgestiegen«, wenn sie früher diagnostiziert worden wäre. Statt dessen, sagt sie, »habe ich das Selbstvertrauen verloren«.[2]

Auch ich beobachtete an mir, daß ich mein Selbstvertrauen verlor, als Schlafstörungen und Erinnerungs- und Konzentrationsprobleme mit meiner Arbeit kollidierten. Hätte ich die Fakten gekannt, wäre ich früher untersucht und behandelt worden, wäre die Menopause für die Übergangsphase meiner mittleren Jahre nicht so störend gewesen.

Natürlich kann die Erfahrung einer Einzelperson nicht für die Menopause aller Frauen stehen. Doch es ist wichtig, daß wir unsere verschiedenen Geschichten in die Öffentlichkeit bringen. Wenn wir vielleicht auch Vorsicht walten lassen wollen, *wo* und mit wem wir solche Dinge diskutieren – etwa unsere Symptome nicht in einem Büro zur Schau stellen möchten, wo überholte Vorstellungen über die Stabilität von Frauen in der Menopause herrschen –, ist es doch entscheidend, daß wir uns frei genug fühlen, unsere Erfahrungen untereinander auszutauschen. Es trägt dazu bei, die mittleren Jahre angenehmer zu machen, wenn wir soviel wie möglich über die mit der Menopause verbundenen biologischen Prozesse lernen und uns klarmachen, wie ein soziales Stigma uns sogar davon abhalten kann, unsere eigenen Symptome zu erkennen.

Tatsache ist, daß Östrogenmangel, wie er in der Menopause auftritt, den Schlaf stören, das Sexualleben beeinträchtigen, Erinnerung und Erkenntnis berühren und Angst sowie Konzentrationsprobleme erzeugen kann. Noch wichtiger ist, wie wir noch sehen werden, daß Östrogenmangel in Beziehung steht zum Verlauf bestimmter chronischer Frauenkrankheiten. Forschungen haben nachgewiesen, daß Frauen, die sich einer Hormontherapie unterziehen, stärkere Knochen haben, mehr Energie, einen niedrigeren Cholesterinspiegel und ein intaktes Urogenitalgewebe. Sie sterben mit geringerer Wahrscheinlichkeit an Herz- und Kreislauf-Erkrankungen und erleiden weniger häufig schwere Behinderungen durch Knochenbrüche. Und neuere Untersuchungen lassen auch faszinierende Beziehungen zwischen Östrogen, Gedächtnis und Denkvermögen erkennen.

Doch viele der neuen Daten und ihrer wesentlichen Folgen für das Wohlbefinden von Frauen gehen leider verloren in einer Atmosphäre von Anti-Intellektualismus und fehlgeleitetem, wenn auch gut gemeintem Feminismus. Frauen ringen die Hände über die Schwierigkeit, »die Entscheidung« zu treffen. Einige fühlen sich schuldig, weil sie sich besser fühlen möchten, andere betrachten die Medizin als den bösen »Big Daddy«. Angst, Zweifel und »Evening Primrose Oil« herrschen nur zu oft vor.

Östrogen-Kriege: Feminismus versus Wissenschaft

Im Herbst 1993 erhielt ich eines Tages ein Rundschreiben des *National Women's Health Network*, das so begann: »Liebe Freundin«, und dann im zweiten Absatz lautete: »Tatsache ist, daß über Hormonsubstitution – oder deren krebserzeugende Auswirkungen – nur wenig gute Forschungsarbeit geleistet worden ist. Und doch wird sie von Ärzten noch immer jeden Tag Zehntausenden von *gesunden* Frauen verschrieben.« Am gleichen Tag waren in der *New York Times* die Ergebnisse von Untersuchungen veröffentlicht worden, die die positiven Auswirkungen des Östrogens auf das Risiko zeigten, an Alzheimer zu erkranken. Darüber hinaus war in Zeitungen regelmäßig solides Beweismaterial für die Rolle des Östrogens bei der Verhinderung schwerer chronischer Krankheiten erschienen. Ein Jahr später, 1994, erhielt ich den gleichen »Liebe Freundin«-Brief des *National Women's Health Network*, als wenn man nichts über die positiven Effekte der Östrogen-Restitution gehört hätte. Passen Sie auf! Glauben Sie nicht, was Sie lesen. Ignorieren Sie diese Leute!

Allmählich wirkt es arg rückständig, wenn das *National Women's Health Network* (gegründet »aus der Überzeugung, daß jede

Frau das Recht auf die beste verfügbare Gesundheitsinformation hat«) noch immer auf dem Gedanken herumreitet, die Hormonsubstitutionstherapie sei »vielleicht eine gute Neuigkeit für Pharmafirmen«, aber »nicht unbedingt eine gute Neuigkeit für Frauen«. (Soweit ich sehen kann, unterscheidet sich das Verdienen am Verkauf von Hormonersatzstoffen nicht von dem Verdienen am Verkauf von Insulin oder Antibiotika.)

Ironischerweise hätte es keinen Streit über die Rolle von Sexualhormonen im Leben von Frauen nach der Menopause gegeben, wenn der wissenschaftliche Fortschritt es nicht ermöglicht hätte, daß Frauen eine Postmenopause *haben*. Die Frage, auf die es freilich keine simple Antwort gibt, lautet: *Nun, da wir eine so lange Postmenopause haben, wie verbessern wir das Wohlbefinden und die Lebensqualität während dieser Jahre?*

Im Jahre 1900 lebten nur wenige Frauen länger als ihre Ovarien, die durchschnittliche Lebenserwartung betrug etwa 47 Jahre. Heute haben Frauen ihr halbes Erwachsenenleben noch vor sich, wenn ihre Periode aufgehört hat. Die Menopause, die früher einen Endpunkt signalisierte, ist in weniger als einem Jahrhundert zu etwas geworden, das man als Übergang ansieht. Doch als Übergang wozu?

Zu einem völlig »normalen« zweiten Erwachsenenalter ohne Östrogen, wie es die Feministinnen gern hätten. Sie sorgen sich, der Östrogenmangel könne zur Krankheit gestempelt werden. Es wäre Wasser auf die Mühlen der Diskriminierung älterer Frauen, wenn man menopausale Symptome unter der Rubrik einer Krankheit oder einer »Mangelstörung« zusammenfassen würde, fürchten sie.

Gewiß, die Menopause wird weiterhin stigmatisiert und mißverstanden. Beim gegenwärtigen Stand der Aufklärung würde eine menopausale Präsidentschaftskandidatin vermutlich niemals gewählt. Doch die Besorgnis, Frauen könnten als durch ihre Hormone behindert gelten, hat sich auf einen gleichermaßen gefährlichen Widerstand gegen die hormonelle Medizin verschoben. Besonders verwirrend ist die Philosophie, die predigt, man solle jede Behandlung menopausaler Symptome meiden, die nicht in einem Reformhaus käuflich ist. Viele Frauen meinen, sie könnten frei von Arterienverkalkung und Osteoporose bleiben, indem sie einfach gesund leben und Vitamine, Mineralien und exotische Pflanzen konsumieren.

Mangel an Sexualhormonen ist ein kompliziertes, ja faszinierendes Thema. Eine nicht adäquate Ausbildung von Ärzten in Verbindung mit Warnungen fehlgeleiteter Feministinnen treiben Frauen zu Therapien, die als sicher angesehen werden, nur weil sie einfach erscheinen. Frauen sterben – an Herzkrankheiten und Hüftgelenkfrakturen – als Folge davon, daß sie nach der Menopause nicht genügend Östrogen haben.

Der Hitzewallungs-Blues

Hitzewallungen sind natürlich das berüchtigste Signal von Östrogenmangel. Einige Frauen haben möglicherweise niemals Hitzewallungen, andere fühlen sich von dem Symptom nur mäßig beeinträchtigt, wieder andere stellen fest, daß es ihren Schlaf ruiniert und sie tagsüber durch heftige Schweißausbrüche und rote Gesichter in Verlegenheit bringt. Forscher der Universität von Kalifornien in Los Angeles haben festgestellt, daß bei einer von ihnen untersuchten Frauengruppe die meisten Hitzewallungen während der Nacht auftraten und den Schlaf störten. Frauen in der Menopause wachten dreimal so häufig auf wie Frauen in der Postmenopause und hatten erheblich weniger REM-Schlaf – die für echte Erholung notwendige Schlafform. Das Forscherteam kam zu dem Schluß, daß aufgrund dessen menopausale Frauen stärker als andere zu Schlafstörungen neigen.[3]

Für die unter uns Frauen, die sich durch das erste Auftreten von Hitzewallungen gestört fühlen, stellt sich sogleich die Frage: »Wenn ich nichts dagegen tue, wie lange werden sie andauern?« Bei der Mehrheit der Frauen (65 Prozent) treten Hitzewallungen über einen Zeitraum von einem bis fünf Jahren auf. Weitere 25 Prozent haben diese Erscheinungen sechs bis zehn Jahre lang, zehn Prozent über zehn Jahre. Bei einigen – »einer signifikanten Minderheit«, laut Fredi Kronenberg vom *Columbia University College of Physicians* – dauern sie zwanzig und mehr Jahre.[4] (Philip Sarrel berichtete, er sei einer Frau in den Siebzigern und einer weiteren in den Neunzigern begegnet, die aufgrund von Hitzewallungen unter Schlafstörungen litten.[5])

Kronenberg ist eine weltweit anerkannte Expertin für Hitzewallungen. Ich hörte sie auf der *Menopause Conference* sprechen. Frauen in mittleren Jahren aus der Gegend von Kingston im Staate New York standen an die Geländer des Ballsaals des »Ramada Inn« gelehnt. Kronenberg äußerte sich sehr lebhaft zu dem Thema. Bei einer Hitzewallung, sagte sie, kann der Herzschlag um bis zu 25 Schläge pro Minute zunehmen. Die Körpertemperatur dagegen sinkt, weil der Körper Wärme abführt.

Zu einer Hitzewallung kommt es, wenn der Hypothalamus, jener Gehirnbereich, der die Körpertemperatur reguliert, verwirrende Signale erhält. Da er irrtümlicherweise die Körpertemperatur für zu hoch hält, löst er abrupt den Abkühlmechanismus aus. So wird die Haut zu Beginn einer Hitzewallung kalt und feucht.

Der Grund für diesen plötzlichen »Abfall« des Körperthermostats ist unbekannt. Man nimmt an, daß Östrogen eine wichtige Rolle dabei spielt, da die Hitzewallungen beginnen, wenn der Östrogenspiegel während der Menopause absinkt. Und das plötzliche Einsetzen von Hitzewallungen, wenn die Ovarien durch Operation entfernt worden sind, wie auch das Ausbleiben von Hitzewallungen bei Östrogengaben scheinen dieses Argument zu stützen. Doch die genaue Rolle von Östrogen bei dieser spezifischen Erfahrung von Dysregulation der Temperatur ist noch nicht bekannt.[6]

Als »schwer« gelten solche Hitzewallungen, die jede Stunde eintreten. Vier Millionen amerikanischer Frauen fallen unter diese Kategorie. Kronenberg hat zahlreiche solcher Fälle gesehen, weil sie daran interessiert ist, das Phänomen so häufig wie möglich zu beobachten, um es zu untersuchen. »Ich wähle die Probandinnen sehr sorgfältig aus, weil ich nicht 24 Stunden auf eine Hitzewallung warten möchte. Daher habe ich eine sehr gute Gruppe von Frauen mit Hitzewallungen.«

Eine ihrer Probandinnen, so erzählte sie uns, nennt sie »Old Faithful«, weil sie zehn Jahre lang stündlich Hitzewallungen hatte.

»*Quel horreur!*« flüsterte Fiona, die die Konferenz mit mir besuchte.

An dieser Stelle sollte man anmerken, daß Geschichten von Hitzewallungen als solche in einigen Kreisen suspekt geworden sind. Margaret Morganroth Gullette tat in der Zeitschrift *Ms.* im Jahre 1993 die Horrorgeschichte der Menopause verächtlich ab und behauptete, wir alle wären besser dran, wenn Frauen mit Symptomen einfach den Mund halten würden. Unausgesprochen sagt sie damit, es seien Frauen mit zuviel Zeit, die sich beklagten. »Tatsächlich spielt sich bei vielen Frauen so viel anderes ab, daß der Vorfall in ihrer gesamten Lebensgeschichte keinen großen Raum einnimmt.« Zwei ihrer engsten Freundinnen, merkt sie an, »durchliefen diese angeblich wesentliche Phase, ohne sie zu erwähnen«. Nachdem sie die Erfahrung ihrer beiden schweigsamen Freundinnen zitiert hat, macht sie sich über den Gedanken her, daß persönliche Anekdoten benutzt werden, um das Gegenteil zu tun – nämlich heftig und lautstark die physischen und psychischen Erfahrungen von Frauen in der Menopause auszuposaunen.

Gullettes Kurs ist reaktionär, aber überraschend repräsentativ für eine Menge feministischer Autorinnen, die es nicht mögen, daß Frauen den »Blues« von den Hitzewallungen singen, denn das könnte ja der politisch korrekten Geschichte schaden, die Menopause sei – mit wenigen Ausnahmen – nichts als ein Windhauch. Ihr Artikel in *Ms.* trägt den Titel »Was, schon wieder die Menopause?« und den Untertitel »Eine Anleitung zum Kulturkampf«. Sie will damit Frauen ermuntern, die »kulturelle« (und damit vermutlich konstruierte) Idee zu bekämpfen, die Menopause könne störend und zerstörerisch sein.

Wenn es ihnen auch nicht paßt, daß Frauen persönliche Anekdoten über ihre Erfahrungen mit der Menopause erzählen, so sollte man doch meinen, daß feministische Autorinnen wenigstens die Funde der Wissenschaftler ernst nehmen. Sie tun es nicht. Da das, was man über die Menopause in Erfahrung gebracht hat, nicht universal ist – das heißt nicht von *jeder* menopausalen Frau erlebt wird –, wird es von Feministinnen als bedeutungslos, ja harmlos abgetan. »Tatsächlich sollten wir sämtliche Statistiken mit Argwohn betrachten«, warnt Gullette.

Und dann kommt sie uns mit einem eigenartigen Zirkelschluß. »Dem *U. S. Department of Health and Human Services* zufolge berichten annähernd 15 Prozent der Frauen von so störenden Symptomen, daß sie sie als stark hinderlich betrachten und infolgedessen Behandlung suchen; wenn die Gynäkologen die Hälfte dieser Anzahl zu ERT oder HRT überreden, so würde das ein Verhältnis von 7,5 Prozent zu 92,5 Prozent ergeben. Selbst wenn dieses Verhältnis umgekehrt wäre, wäre es für mich bedeutungslos, denn das ›störende Symptom‹ einer anderen Frau ist nicht meines – und ich werde auf keinen Fall so zu reden anfangen, als sei die Menopause meine ›Krankheit‹.«[7]

Der Gedankengang ist nicht ganz klar, doch klar ist der Antagonismus gegenüber anderen Frauen.

Weniger antagonistisch, aber vielleicht gleichermaßen irreführend sind all die Natur-»Heilverfahren« gegen Östrogenmangel wie Dong Quai und mikronisiertes Jam-Östrogen. Solche Arzneien können möglicherweise bei eher ephemeren Symptomen der Menopause hilfreich sein, doch keine Untersuchung hat ergeben, daß sie bei der Behandlung chronischer Krankheiten wirksam sind wie Knochenschwund oder Herzkrankheiten, die heute für einige der ernsthafteren Folgen des menopausalen Hormonmangels angesehen werden.

Die Östrogen-Connection

Erst in den letzten Jahrzehnten, als die Lebenserwartung sprunghaft anstieg und Wissenschaftler anregte, über die Qualität des späten – und späteren – Lebens nachzudenken, haben Untersuchungen über die Langzeiteffekte des Mangels an Sexualhormonen auf die Gesundheit der Frau eingesetzt. Im Frühjahr 1993 versammelte das *National Institute of Health* (NIH) 250 Wissenschaftler, die über die neusten Forschungsergebnisse auf diesem Gebiet berichten sollten. Der dreitägige Workshop über die Menopause wurde als Meilenstein angesehen, weil in ihm auch Sozialwissenschaftler gehört wurden, die über Umwelteinflüsse auf menopausale Frauen sprachen, sowie Grundlagenforscher, die über physiologische Auswirkungen berichteten. Ein Ziel war, die Forscher dazu zu veranlassen, die Menopause als ein eher integriertes Phänomen zu betrachten, als Phänomen, das sowohl durch die Physiologie wie durch Umwelteinflüsse tangiert wird. Doch das Thema des Tages waren zweifellos die Sexualhormone – was sie bewirken, was nicht, und was sie bewirken könnten.

Sexualhormone beeinflussen erheblich mehr als nur unsere Fortpflanzungsfähigkeit. Die wichtigste Neuigkeit der neunziger Jahre war, daß sie das gesamte Wohlbefinden steuern – sowohl psychisch wie physisch. Tatsächlich ist die Bedeutung der Sexualhormone für die Gesamtgesundheit der Frau so wichtig, daß sich die Frage aufdrängt, *warum* wir aufhören, sie in der Mitte des Erwachsenenlebens zu produzieren.

Auf der NIH-Konferenz trug Wolf Utian, Reproduktionsendokrinologe und Begründer der *North American Menopause Society*, faszinierende Ideen vor: Es kann sein, daß die Evolution des weiblichen endokrinen Systems mit der verlängerten Lebensspanne nicht Schritt gehalten hat. Die Symptome, die viele Frauen haben, wenn ihre ovarialen Hormone aussetzen, könnten auf eine evolutionäre Verzögerung zurückgehen. Utian glaubt, wir hätten bereits begonnen aufzuholen. Er fragte seine Kollegen: »Erleben wir die Umwandlung einer ziemlich trägen Drüse... in postmenopausales Ovarium, das sich tatsächlich in eine Drüse verwandelt, die aus sich heraus bis zu 50 Prozent des postmenopausalen Androgens produzieren kann?«

Oder, mit den Worten eines Laien, befinden sich die Frauen in einem Prozeß der Entwicklung eines handlichen neuen postmenopausalen Ovariums, das uns davor bewahrt, Jahrzehnte früher in der Hormonabteilung zu landen? Das ist eine provozierende Frage, eine Frage, die nicht beantwortet werden kann, ehe nicht auf dem Gebiet der Endokrinologie neue Forschungsarbeiten vorliegen.

Ein Forscher, der mehr klinische Erfahrung mit menopausalen Frauen haben dürfte als irgend jemand sonst in den Vereinigten Staaten, Philip Sarrel, Professor für Geburtshilfe und Psychiatrie an der *Yale University*, weiß eine Menge darüber, wie Östrogen zur allgemeinen Gesundheit und zum Wohlbefinden von Frauen beiträgt. »Es ist, als ob ich mein Leben damit zugebracht hätte, dieses Hormon zu studieren«, erklärte er vor Frauen, die an einem Treffen teilnahmen, das die »Red Hot Mamas Prime Plus« in New York veranstaltet hatte. (»Red Hot Mamas Prime Plus« ist eine Organisation, die Vorträge über die Menopause anbietet.)

Eines der verschiedenen Östrogene, das die Ovarien produzieren, das Östradiol, ist vielleicht am wichtigsten für die Lebensqualität von Frauen. Seine Produktion hört nach der Menopause praktisch auf. Östradiol spielt eine Rolle bei den Zellfunktionen praktisch jedes

Körperteils, einschließlich vor allem der Vagina, der Blase und der Urethra sowie der Brüste. »Allein diese hormonelle Veränderung«, erklärte Sarrel, »verursacht wahrscheinlich die meisten mit der Menopause verbundenen Anzeichen und Symptome.«[8]

Östrogen beeinflußt die Cholesterinproduktion, die Knochenbildung und, unter anderem, die Insulinproduktion. »Bislang sind rund 400 Zellaktionen des Östrogens bekannt«, erklärte Sarrel auf der New Yorker Veranstaltung über die Menopause.

Bei fast allen Frauen in ihren späten vierziger Jahren und vielen auch früher kommt es zu einem Abfall der Ovarialhormone. Manche Frauen haben Symptome, doch häufig wissen sie den Grund nicht. Wenn die Hormonspiegel absinken, kann eine Reihe von Symptomen auftreten, darunter Jucken und Brennen, Taubheit und Prickeln (gewöhnlich in den Fingerspitzen), Krabbeln (ein Gefühl, als liefen Ameisen unter der Haut) und leichtes Auftreten von blauen Flecken.[9] (Hautzellen sind in der Tat große Östrogenverwerter.) Angina (Brustschmerzen) und Kopfschmerzen, einschließlich Migräne, können durch Östrogenmangel hervorgerufen – und mit zusätzlichen Hormongaben behandelt werden. Einige Ärzte, unter ihnen auch Sarrel, befürworten die Hormonbehandlung von Frauen *während* der Perimenopause, das heißt, nicht zu warten, bis die Periode aussetzt, sofern Tests ergeben, daß die Hormonspiegel niedrig sind und die Patientinnen sich bei den Symptomen unbehaglich fühlen.

Manche Anzeichen von Östrogenmangel werden unter Umständen von Frauen nicht als solche identifiziert. In der Menopause-Klinik von Yale hat Sarrel beobachtet, daß Frauen häufig die Beziehung zwischen Schwierigkeiten mit dem Gleichgewichtsgefühl und niedrigem Östrogenspiegel nicht erkennen können. »Der Verlust der Körperkontrolle, den sie erleben, kann Ängste vor unerkannten Krankheiten und vor Senilität hervorrufen«, erklärt er.[10] (Mein Stolpern im Garten löste ganz sicher solche Ängste aus.)

Daß Östrogen-Zusatzgaben das Gleichgewicht wiederherstellen können, ist zum erstenmal in einer Untersuchung nachgewiesen worden, bei der weibliche Ratten in der Östrus-Phase ihres Zyklus, wenn Östrogen- und Progesteronspiegel niedrig sind, besser auf schmalen Brettern laufen können. Mehr noch, wenn sie zusätzliches Östrogen erhielten, war ihre Leistung noch besser. Wenn Östradiol direkt in die

Basalganglien von Ratten implantiert wird, stolzieren sie so flink über die Bretter wie Akrobaten. Feministinnen bezweifeln oft, daß Tieruntersuchungen irgend etwas über das Erleben der Menopause bei Frauen aussagen können. Dies ist ein Fall, bei dem mit Ratten die gleichen Effekte erzielt wurden wie später bei Menschen. (Auf die Gefahr hin, wie eine Chauvinistin zu klingen, möchte ich sagen, daß ich, nachdem ich Östrogen erhalten hatte, mir keine Sorgen mehr zu machen brauchte, ob ich vom Auto bis zur Haustür gehen konnte, ohne gegen die Grenzsteine des Fußwegs zu stoßen.)

Praktisch alle Körpergewebe haben Östrogen-Rezeptoren. Dies sei der Grund dafür, erklärte Utian seinen Zuhörern, warum die Auswirkungen von Östrogenmangel so vielfältig seien.[11] Rezeptoren sind spezielle Zellteile, die Hormone andocken lassen und die Zelltätigkeit beeinflussen. Östrogen-Rezeptoren sind entdeckt worden in Schleimhäuten, in der Blase, in den Brüsten, in der Knochenhaut und selbst in der Lunge und in den Koronargefäßen, die den Herzmuskel mit Nährstoffen und Sauerstoff versorgen. Darum können bei sinkendem Östrogenspiegel so viele verschiedene körperliche und seelische Veränderungen auftreten. Einige dieser Änderungen fallen unter die Kategorie Auffälligkeit und können behandelt werden oder nicht. Andere sind »stille« Änderungen. Und diese Änderungen – »still« insofern, als sie keine sofortigen erkennbaren Symptome zeigen – sind die ernsteren, jedenfalls nach den Worten von Dr. Morris Notelovitz. Er ist der Begründer des *Women's Medical and Diagnostic Center* von Gainesville in Florida.

Von erheblicher Bedeutung für Frauen in der Lebensmitte und darüber hinaus ist der Zustand des Blasen- und Vaginalgewebes, das zunehmend austrocknet und schrumpft, je länger ihm Östrogen fehlt. Das Auftragen von Cremes kann das Unbehagen trockenen Vaginalgewebes lindern, doch das sind lediglich topische Behandlungen, die das Ausdünnen des Gewebes nicht verhindern. Der gleiche Prozeß läuft in der Urethra ab. Langsam, aber sicher werden Frauen anfällig für Blaseninfektionen und sexuell übertragbare Krankheiten. Niedriger Östrogenspiegel kann auch einen Zusammenbruch in der wichtigen »mechanischen Barriere« gegen die Ausbreitung von Bakterien herbeiführen. »Längs der Urethra verlaufen Muskelfasern, die dazu beitragen, den Urinfluß aus der Blase zu kontrollieren«, erklärt Notelovitz. »Die Muskeln sind am dicksten etwa in der Mitte der Urethra, wo sie eine ›Druckzone‹ erzeugen, die dabei mitwirkt, Bakterien im unteren Teil der Urethra zu belassen.«[12] Wenn nach der Menopause der Östrogenspiegel abfällt, nimmt der Blutstrom in diesen Bereich ab, und der Muskeltonus kann sich verringern, und das wiederum führt zu einem Druckabfall in der Urethra, der Bakterien erlaubt, unbehinderter in die Blase aufzusteigen.

Manche Frauen haben all die Symptome einer Blaseninfektion – häufiger und dringender Harndrang und verringerter Abdominaldruck –, mit Ausnahme von Schmerzen beim Urinieren. Dieses »Urethral-Syndrom« ist, so Notelovitz, bei Frauen nach der Menopause üblich.[13] Die Diagnose, soll sie korrekt sein, erfordert eine genaue Urinuntersuchung, ehe das Symptom behandelt werden kann. (Eine Urethroskopie ist möglicherweise ebenfalls angezeigt.) Doch mit Östrogen kann die Anfälligkeit für dieses Syndrom verringert werden. Östrogen sorgt für eine Verdickung des Harngangs, verbessert den Blutfluß zu diesem Bereich und erhöht den Urethraldruck – und alles zusammen unterstützt die Blase.

Hormongaben können auch verhindern, daß bei Frauen der Muskeltonus in der Urethra sinkt, was zur Inkontinenz führt. (»Die Menopause ist nicht das letzte Tabu!« verkündet eine Ärztin in Kingston auf einer Tagung über die Menopause, an der ich teilnahm. »Inkontinenz ist das letzte Tabu!«) Frauen haben mir erzählt, daß sie erst, als sie anfingen, Urin zu lassen, wenn sie lachten oder treppauf liefen, in Drogerien ganze Regale bemerkten, die der »Inkontinenz« und Produkten für den Umgang mit ihr galten. »Wenn Lachen zum Wasserlassen führt, kann die ›Windel für Erwachsene‹ nicht mehr weit sein, oder?« fragte Fiona.

Frauen, die ihr urogenitales Gewebe stärken wollen, ohne Östrogen oral zu nehmen, können sich mit vaginaler Östrogen-Creme behelfen.

Östrogen und Denken

Umstrittene Forschungen über Sexualhormone haben mit ihren Auswirkungen auf das Verhalten und die mentalen Fähigkeiten von Frauen zu tun. »Die Leute haben seit rund acht Millionen Jahren versucht, eine Verbindung zwischen den Hormonen der Frau und ihrem Verhalten zu finden, doch ohne Erfolg!« schreibt die Sozialpsychologin Carol Tavris frohlockend in ihrem Buch *The Mismeasure of Woman.*[14]

Auf der NIH-Konferenz wurde Beweismaterial für das Gegenteil vorgelegt. Die kanadische Psychologin Barbara Sherwin gab einen »Zustandsbericht« über die bisherige Forschung über den Zusammenhang zwischen Östrogen und Erinnerung sowie Kognition. »Das Hormon stärkt das Kurzzeitgedächtnis und trägt zur Erhaltung der Lernfähigkeit bei«, erklärte sie.[15] Und es hat sich herausgestellt, daß diese Verbesserungen mentaler Funktionen auf Östrogen zurückgehen, das direkt auf das Gehirn einwirkt. Sie traten nicht ein, weil Hitzewallungen und andere Symptome gelindert worden waren.

Einer von Sherwins Tests maß die Anzahl der Worte, die Frauen sich aus einem Absatz merken konnten, der ihnen gerade vorgelesen worden war. Es handelte sich um Frauen mit chirurgisch herbeigeführter Menopause (Durchschnittsalter 45 Jahre); einige erhielten eine Östrogentherapie, einige nicht. Diejenigen, die Östrogen bekamen, konnten sich an mehr Worte aus dem Absatz erinnern als Frauen, die mit einem Placebo behandelt wurden.[16]

Die Forscher testeten auch das abstrakte Denken und kamen zu dem gleichen Ergebnis. Frauen, die nach der Operation Hormone erhielten, erzielten bessere Ergebnisse als Frauen, die ein Placebo erhielten. Sherwin berichtete, daß »etwas erhöhte Werte erreicht wurden«.[17]

Bei einer anderen Studie verwendete Sherwin einen doppelten Assoziationstest, der die Fähigkeit zu neuem Lernen mißt, und stellte fest, daß Frauen, die Östrogen erhielten, vor und nach der Operation die gleichen Punktwerte erzielten. Bei den Frauen, die ein Placebo erhielten, nahm die Fähigkeit zu neuem Lernen dagegen »signifikant ab«.[18]

Einige Wochen nach der Konferenz besuchte ich Barbara Sherwin in ihrem Büro auf dem Campus der *McGill University* in Montreal. Es war ein regnerischer Nachmittag im Vorfrühling. Wegen der Universitätsferien waren die Flure, die Hallen und die winzigen Kammern, in denen die Wissenschaftler sitzen und arbeiten, ruhig und still. Ich vergesse immer, wie grau und farblos die akademische Umgebung wirklich ist. Alle hell erleuchteten Orte befinden sich in den Köpfen derer, die dort arbeiten.

Schon vor über einem Jahr hatte ich Sherwins Schriften gelesen, als ich sie kennenlernte. Sie hat – indem sie an Orten suchte, wo vor ihr niemand nachgeschaut hatte – vieles darüber herausgefunden, wie Östrogen auf das Denken und Fühlen von Frauen einwirkt. Weil sie so häufig zitiert wird und aufgrund der Aussagen anderer Wissenschaftler ihres Fachs wußte ich, daß Sherwin für Frauen bahnbrechende Arbeit geleistet hat. Sie ist eine schlanke, zierliche Frau mit leuchtendem Lippenstift und kurzem, knabenhaft frisiertem Haar, und sie wirkt jung, obwohl sie eine Tochter in den Zwanzigern hat. Sie empfing mich mit aufgeschnittenen Früchten, Keksen und frischem Kaffee. (Unwillkürlich mußte ich daran denken, daß ein männlicher Wissenschaftler wohl kaum solche Erfrischungen serviert hätte.) Wir trafen uns am späten Vormittag und sprachen bis weit in den Nachmittag hinein.

Sherwin ist Direktorin der *McGill Menopause Clinic,* deren Patientinnen sie studieren konnte und wo ihre Forschungsarbeiten über das Gedächtnis stattfinden. »Eines der Dinge, die Frauen spontan sagen, wenn ich sie frage, ob es irgendwelche Probleme gibt, ist: ›Mein Gedächtnis ist weg. Es ist einfach schrecklich.‹ Manchmal kommen ihnen die Tränen, wenn sie mir das sagen.« Als Sherwin in der Literatur nach einem Zusammenhang zwischen Östrogen und Gedächtnis suchte, stellte sie fest, daß auf diesem Gebiet wenig geforscht worden war, und sie entschloß sich, diese Arbeit selbst zu unternehmen. »Bisher haben wir Frauen, bei denen die Menopause chirurgisch ausgelöst wurde, bis zu sechs Monaten nach der Operation verfolgt. Wir sehen signifikante Veränderungen in jedem spezifischen Aspekt der kognitiven Fähigkeiten. In erster Linie beim kurzzeitigen verbalen Gedächtnis. *Nicht* beim räumlichen Gedächtnis und auch nicht beim Langzeitgedächtnis.«

Sherwin erklärt, sie könne gar nicht genug betonen, daß das, was sie feststellt, *nicht* global ist; das heißt, daß nicht alle Aspekte von Kognition und Gedächtnis vom Östrogenspiegel beeinflußt werden. Auch hat das, was sie herausgefunden hat, sich bislang noch nicht als bedeutsam für das Leben ihrer Probandinnen in der realen Welt erwiesen. »Niemand verliert deswegen seinen Job, aber im Labor *gibt* es ein Phänomen, und das hat Implikationen für die Pathologie.«

Was bedeutet dies? Die Mikroeffekte von Östrogenmangel auf das Gedächtnis der Lebensmitte können mit den größeren Fehlleistungen des Gedächtnisses zusammenhängen, die bei Frauen in ihrem späteren Leben auftreten können. Sherwin und andere untersuchen diese Möglichkeit.

Sexualhormone und das Gehirn

Die Wiederaufnahme der Forschung über die Effekte von Östrogen auf das Gedächtnis ist das Ergebnis jüngster Fortschritte in der Neurowissenschaft. Dr. Bruce McEwen, Leiter des *Laboratory of Neuroendocrinology* in New York, hat bedeutsame Tierversuche unternommen, die erkennen lassen, daß vom Östrogen stimulierende Effekte auf Nervenzellen des Gehirns ausgehen. »Für viele Leute ist der Gedanke, daß Hormone direkt auf das Gehirn einwirken, vielleicht nur schwer zu akzeptieren«, räumte McEwen auf der NIH-Konferenz ein. Er legte Forschungsergebnisse vor, die genau *das* beweisen, und das Hormon war das Östrogen.

McEwen begann seinen Vortrag mit Lichtbildern. Im Kern der Gehirnzelle einer Ratte liegt ein dichtes Netzwerk von Axonen und Dendriten, faserartigen Fäden, durch die Nervenimpulse laufen. »Die Masse der Nervenzellen findet sich tatsächlich in den Dendriten und Axonen«, erklärte er und nahm seinen Zeigestock zur Hilfe. Die Verbindung zwischen Nervenzellen wird am Ende der Dendriten hergestellt, in winzigen Strukturen, die »Spine« genannt werden.[19]

McEwens Labor hat die winzig kleinen Spine an den Dendriten gezählt und herausgefunden, daß am Nachmittag, wenn die Ovulation stattfindet, die Zahl jener Spine bei der weiblichen Ratte sprunghaft anwächst und dann im Laufe von 24 Stunden der Ovulation wieder absinkt.

Catherine Wooley, graduierte Studentin, die in McEwens Labor arbeitet, versuchte das gleiche Anwachsen von dendritischen Spinen durch die Verabfolgung von Östrogen zu erzielen.[20] Wenn die Ovarien von Ratten entfernt werden, dann nehmen jene kleinen Spine über einen Zeitraum von sechs Tagen allmählich ab, erklärte McEwen. Wooley stellte fest, daß mit einer Injektion Östradiol die Dichte jener winzigen, überaus wichtigen Spine sich »deutlich« zu verstärken beginnt.

»Was Dr. McEwen und sein Labor herausgefunden haben, ist geradezu überwältigend«, erklärte mir Barbara Sherwin. »Tatsache ist, daß Östrogen die Dichte der Neuronen an den Dendriten-Zweigen beeinflussen kann. Es läßt sich zeigen, daß die Dichte der Dendriten zunimmt, wenn Sie einem erwachsenen Weibchen Östrogen geben. Und wenn Sie es wegnehmen, wenn Sie also die Ovarien entfernen, verringert sich die Zahl der Dendriten. Das geschieht in einem Gehirnareal, im Hippocampus, der bekanntermaßen für das Gedächtnis von ganz entscheidender Bedeutung ist.«

Die umstrittene, ein wenig ältere Arbeit einer anderen Wissenschaftlerin, Doreen Kimura, Professorin für Psychologie in der Abteilung für Klinische Neurologische Wissenschaften an der Universität von Western Ontario, ist durch die von Östrogen hervorgerufenen Veränderungen in Tiergehirnen, die McEwen entdeckt hat, voll bestätigt worden. In den späten achtziger Jahren berichtete Kimura, daß die Kognitionsfähigkeit von Frauen mit den Hormonänderungen im menstrualen Zyklus schwankt. »Die meisten Leute akzeptieren den Gedanken, daß Hormone Einfluß darauf haben, wie wir uns in explizit sexuellen Situationen verhalten«, schreibt sie in *Psychology Today*. Doch »es mehren sich die Beweise, daß Sexualhormone eine größere Spanne von Verhaltensweisen beeinflussen, einschließlich des Problemlösens oder der intellektuellen Fähigkeiten«.[21]

Kimura fand heraus, daß während der Perioden mit hohem Östrogenspiegel im menstrualen Zyklus *oder* wenn Frauen in der Menopause Östrogen nehmen, die Ausübung bestimmter motorischer Fähigkeiten und kognitiver Aufgaben, wie die manuelle Geschicklichkeit und die schnelle Artikulierung, verbessert wird.

Schnelle Artikulation wird getestet, indem die Versuchspersonen aufgefordert werden, schnell ein zungenbrecherisches Wort zu wiederholen.

Als über Kimuras Arbeit berichtet wurde[22], waren Feministinnen irritiert. »Wen scheren überhaupt Zungenbrecher?« fragte Carol Tavris.

Sie »beziehen sich auf nichts« im wirklichen Leben, erklärte Ann Fausto-Sterlin, Professorin für Medizin.[24]

»Absurd«, meinte Harvard-Professorin für Biologie Ruth Hubbard, Kimuras Berichte herabsetzend.

Barbara Sherwin meint, Kimura habe eine unglückliche Analogie gewählt, als jemand sie fragte, welche Folgen das für die reale Welt habe. »Sie versuchte, es zu minimieren, indem sie sagte, eine Frau komme vielleicht an fünf Tagen im Monat aus ihrem Bürogebäude auf den Parkplatz und wisse nicht mehr genau, wo sie am Morgen ihr Auto abgestellt hat. Das war ein Versuch, die Frage leichthin zu beantworten, aber würden *Sie* wollen, daß diese Frau Präsidentin wird und ihren Finger auf dem Atomknopf hat? Es ist keine geringfügige Sache, wenn man an fünf Tagen im Monat vergißt, wo man seinen Wagen geparkt hat.«

Weil sie genau auf dem Gebiet arbeitet, das Feministinnen so aufregt – die Auswirkungen von Sexualhormonen auf die Psyche, die Emotionen und das Verhalten von Frauen –, trifft Sherwin selbst auf Kritik. Doch praktisch in jeder Arbeit, die sie veröffentlicht hat, stellte Sherwin immer wieder dezidiert fest, daß die Absicht hinter der Forschung über die Beziehung zwischen Östrogenmangel und kleinen Änderungen der kognitiven Fähigkeiten *nicht* darin bestehe, die Fähigkeiten von Frauen, »in der Welt« zu bestehen, in Zweifel zu ziehen, sondern vielmehr darin, Daten zu sammeln, die zu wichtigen Informationen über die Pathologie führen, die sich im späteren Leben von Frauen herausbildet. Studien, die kleine Mängel beim Kurzzeitgedächtnis von Frauen in der Postmenopause dokumentieren, führten schließlich zu Sherwins späterer Arbeit über die Verbindung zwischen Sexualhormonen und der Alzheimerschen Krankheit.[25]

Sherwin ist in Sorge darüber, welche Auswirkungen die antibiologische Position, wie sie von manchen Feministinnen vertreten wird, auf die Gesundheit der Frauen haben könnte. »Wenn man aufgrund irgendeiner Art philosophischer Ideologie nicht wahrhaben will, daß Hormone tiefgreifende Auswirkungen auf alle Arten körperlicher Funktionen haben, dann kann man Frauen nur einen schlechten Dienst erweisen.«

Die »Medizinalisierung der Menopause«

Die biologischen Auswirkungen der Menopause auf die allgemeine Gesundheit von Frauen ist ein heiß umkämpftes Terrain in den Östrogen-Kriegen zwischen Feministinnen und Wissenschaftlern. Viele Feministinnen lehnen die »Medizinalisierung« der Menopause ab, das heißt die Neigung, sie als »Krankheit« zu sehen, die »geheilt« werden könne, und sie bezweifeln, daß die Menopause Einfluß auf die Gesundheit hat – und daß Östrogen überhaupt eine wohltuende Wirkung hat.

In einer weithin zitierten Studie untersuchten Sonja und John McKinlay vom *New England Research Institute* 2300 Frauen per Post oder Telefon über eine viereinhalbjährige Zeitspanne zwischen Prä- und Postmenopause. Sie erkundigten sich nach dem Lebensstil, den sozialen Netzwerken und den Bemühungen um Hilfe *und* suchten den gegenwärtigen Gesundheitszustand zu bestimmen, indem sie danach fragten, welche neuen chronischen Krankheiten bei diesen Frauen seit dem vorherigen Interview diagnostiziert worden waren (die Frauen wurden viermal interviewt, in Abständen von neun Monaten). Die Frauen berichteten nicht oft von neuen chronischen Krankheitszuständen, und so zogen die Forscher den Schluß, es habe den Anschein, »daß die Menopause keine signifikante Rolle bei der Feststellung der Gesundheit von Frauen in mittlerem Alter spielt«[26] (mit Ausnahme der Frauen, die sich einer Hysterektomie unterzogen hatten).

Unglücklicherweise zeigen sich Zustände wie Herzkrankheiten und Osteoporose, die heutzutage mit Östrogenmangel in Verbindung gebracht werden, erst dann, wenn Frauen in der Postmenopause weiter fortgeschritten sind als die Frauen in der McKinlay-Studie. Dennoch werden deren Ergebnisse von den Feministinnen der »Menopause-ist-nichts«-Denkschule weithin akzeptiert.

Die feministischen Kritikerinnen – unter ihnen Sonja McKinlay

– argumentieren unter anderem, die Studien, die zeigten, daß die Menopause die Gesundheit beeinflusse, seien unzulänglich in ihrer Methodik. McKinlay und andere Feministinnen verlangen nach den Ergebnissen umfangreicher Longitudinalstudien, ehe sie den Gedanken akzeptieren wollen, daß die Menopause zu ernsthaften Gesundheitsproblemen beitragen kann.

Die medizinische Seite jedoch stellt die Frage, wieviel weiteres Beweismaterial zu diesem Zeitpunkt noch erforderlich ist, um die Verschreibung von Östrogen zur Verhütung chronischer Krankheit zu rechtfertigen. Übervorsicht, wie die der feministischen Kritikerinnen, hat ihre eigenen Gefahren, wie Wolf Utian auf der NIH-Konferenz zur Menopause bemerkte. Einer Gruppe von Journalisten erklärte er, wer auf die Ergebnisse von Untersuchungen warten wolle wie die *Women's Health Initiative*, die erst um 2005 vorliegen würden, der »ignoriert die augenblicklichen Gesundheitsbedürfnisse einer großen Gruppe von Frauen, die in dieser Dekade durch die Menopause gehen«.[27]

In der Sache »Feministinnen gegen männliche Gynäkologen« wird unweigerlich Robert O. Wilson zitiert. Wilson war Berater für Geburtshilfe und Gynäkologie an drei New Yorker Krankenhäusern und Mitglied des *American Board of Obstetrics and Gynecology* und des *International College of Surgeons*, als er 1966 sein Buch *Feminine Forever* veröffentlichte. Darin vertrat er ein Krankheitskonzept der Menopause und nahm die Möglichkeit unbegrenzter sexueller Attraktivität durch »Drogen« an (wie heutige Feministinnen synthetische Sexualhormone bezeichnen).

1969 fügte David Reuben Wilsons Auffassung noch eine düstere Ansicht hinzu. »Verstärkte Gesichtsbehaarung, eine tiefere Stimme, Fettleibigkeit und der Verfall der Brüste und weiblichen Genitalien tragen sämtlich zu einem maskulinen Erscheinungsbild bei«, schrieb der Psychiater in seinem Bestseller *Everything You Always Wanted to Know About Sex* (*Alles, was Sie schon immer über Sex wissen wollten*) warnend über die Erwartungen der Frau in der Menopause. »Vergröberte Gesichtszüge, Vergrößerung der Klitoris und graduelle Kahlheit vervollständigen das tragische Bild.«

Was konnte Frauen vor dieser entsetzlichen Aussicht bewahren? Östrogen, erklärte Reuben.

Verständlich, daß Autoren wie Wilson und Reuben die Feministinnen in Rage brachten. Doch in dem Rückschlag, der in den späten siebziger und achtziger Jahren erfolgte, wurde die Menopause »neu definiert« als nicht symptomatisch, als unerheblich, als eine Art Nichtereignis. Frauen, die Symptome *hatten*, wurden von einigen Autoren als weinerlich angesehen. Frauen erhielten den Rat, auf Hormongaben zu verzichten.

Doch nicht alle Frauen können dies, und selbst jene, die es können, wurden mißtrauisch, als alle Unannehmlichkeiten, die mit der Menopause verbunden sind, als kaum behandelbar bezeichnet wurden.

»Sie bekamen den Uterus, ich den Grad«: Margarets Geschichte

Bei Frauen, deren Menopause chirurgischen Ursprungs ist, das heißt durch die Entfernung der Ovarien hervorgerufen wurde, kann plötzlicher Abfall der Chemikalien im Gehirn und anderer Hormone dramatische Symptome auslösen – Energieschwund, düstere Stimmung, geringes Sexualinteresse. Solche Frauen haben kaum einen Zweifel daran, daß mit ihnen irgend etwas »Medizinisches« vor sich geht.

»Mein Leben ist nun unterteilt in das vor der Hysterektomie und das danach«, sagt Margaret, die sich mit 47 Jahren noch zu jung fühlt, um sich diesem Scheideweg in ihrem Leben schon zu stellen.

Ein paar Jahre vorher war sie eine glückliche, gesunde Frau gewesen, die mit ihrem zweiten Mann eine vitale Beziehung genoß. Sie und Hal teilten ihr Leben mit ihrer fünfjährigen Tochter und zwei jungen erwachsenen Kindern aus Margarets erster Ehe. Hal führte sein Geschäft, und Margaret arbeitete als Leiterin einer Umweltagentur. Außerdem besuchte sie Abendkurse, um ihre Collegeausbildung zu vervollständigen. Das Leben war geschäftig und befriedigend, und Margaret dachte, es würde auf diese Weise weitergehen, wenn nicht unbegrenzt, so doch noch wenigstens ein oder zwei Jahrzehnte.

Doch dann, als sie Mitte 40 war, veränderte sich etwas. Auf einmal waren ihre Perioden mit starken Leibschmerzen verbunden. Die Schmerzen wurden mit jedem Monat schlimmer. In der Woche vor ihrer Menstruation war sie reizbar und depressiv. Sie konsultierte mehrere Gynäkologen, die die gleiche verwirrende Diagnose stellten: »unbehandelbare Leibschmerzen«. Sie rieten auch zu einer Hysterektomie.

Sich Ovarien und Uterus herausnehmen zu lassen war so ähnlich, als würden einem Mann die Hoden entfernt. So jedenfalls empfand es Margaret. Sie würde zu einem Neutrum gemacht. »Sie sagten mir, mein Sexualleben würde sich nicht verändern, aber das glaubte ich nicht. Ich glaubte, etwas, das mir zutiefst wichtig war, würde radikal verändert, und ich hatte Angst.«

Margaret wollte, daß jemand etwas Konkreteres vorzubringen hatte als die Diagnose »Schmerzen«. Schließlich ging sie zu einer Universitätsklinik in Albany, wo eine Laparoskopie ergab, daß sie Endometriose hatte. Auch dieser Arzt sagte, nur eine Hysterektomie könne das Fortschreiten ihres Zustandes verhindern.

Die Hysterektomie ist ein über die Maßen oft verschriebenes Verfahren (nach dem Kaiserschnitt ist es die Nummer zwei chirurgischer Verfahren). Dennoch rechtfertigen verschiedene Zustände die Operation, und einer dieser Zustände ist die fortgeschrittene Endometriose. Doch Margaret war vorsichtig, bis sie den halben Monat lang in einer Art Agonie lag; zuweilen mußte sie bei verschlossener Tür, damit ihre Mitarbeiter nichts bemerkten, auf dem Boden ihres Büros liegen. Doch die Operation akzeptierte sie nicht. »Es ist verrückt, sich blindlings etwas herausoperieren zu lassen, in der Hoffnung, daß dies richtig ist«, meinte sie. »Was ist, wenn es nicht richtig ist? Was, wenn es etwas anderes ist?«

Bis zu ihrer Operation wußte Margaret nicht, daß die Endometriose so weit in ihren Körper eingedrungen war, daß sie Gefahr lief, auch die Blase und einen Teil des Darms entfernen lassen zu müssen. Niemand hatte ihr je gesagt, daß eine unbehandelte Endometriose andere Organe gefährden kann.

Nach der Operation – zu der die Entfernung der Ovarien (Oopherektomie) wie auch des Uterus (Hysterektomie) gehörte – war Margaret schmerzfrei, doch bald hatte sie das Gefühl, buchstäblich über Nacht ins mittlere Alter gestürzt worden zu sein. »An einem Tag war ich noch ich, ich war jung, und am nächsten Tag – wortwörtlich – war ich das nicht mehr. Meine Vagina vertrocknete, meine Haut sah nicht mehr gut aus, mein Haar verlor seinen Glanz und wurde sehr grau, und ganz plötzlich war mein Sexualtrieb auf Null reduziert.«

All das besserte sich dramatisch, als Margaret drei Monate nach der Operation auf Hormonsubstitution gesetzt wurde.

Inzwischen war Margaret entschlossen, der Erfahrung etwas Positives abzugewinnen. In den sieben Wochen nach der Operation schrieb sie zu Hause an ihrer Arbeit für den Grad eines Bachelors und belegte den letzten Kurs, der dazu nötig war. »Sie bekamen den Uterus«, sagt Margaret. »Ich bekam den akademischen Grad.«

Als ihre Stimmung und ihre Energie mit Hilfe von Hormongaben wieder normalisiert waren, ging Margaret los und ergatterte eine Stellung als Entwicklungsleiterin in der Verwaltung eines Krankenhauses. Wie sie sagt, hat sie mehr Status und Macht und ein höheres Einkommen als je zuvor. Sie glaubt, daß das, was sie durchgemacht hat, sie auch befähigte, Risiken einzugehen. »Ich bin dieselbe Person und doch auch wieder nicht. Früher habe ich einen ganz anderen Teil von mir immer unterdrückt und verborgen gehalten.«

Wenn sie auf ihr Leben vor der Hysterektomie zurückblickt, ist Margaret überzeugt, daß das Spiel nach den »Regeln«, das sie jahrelang praktizierte, ihr die Kraft, für sich selbst einzustehen und das zu bekommen, was sie wollte, genommen hatte. »Man muß aggressiv sein. An irgendeinem Punkt muß man einfach wissen, wer man ist, und das akzeptieren.«

Heute hat Margaret das Gefühl, ihr Leben in der Hand zu haben. Vieles von Margarets aggressivem Auftrieb rührte daher, daß sie zum erstenmal seit drei Jahren schmerzfrei war. Der Rest, meint sie, hänge mit der Wiederherstellung ihrer Östrogenspiegel zusammen. Frauen, denen Uterus und Ovarien chirurgisch entfernt werden, erleben das, was wir anderen allmählich und im Laufe vieler Jahre durchmachen, ganz plötzlich.

Östrogen und das Herz

»Da war dieses klopfende Gefühl in meiner Brust – wie ein Hammer«, sagte Catherine. Es hatte in dem Winter angefangen, in dem sie 52 wurde. »Das fühlte sich an wie ein schnell rollender Donner, der irgendwo aus meinem Inneren kam. Ich dachte: ›Das kann nicht mein Herz sein, es schlägt zu schnell.‹ Meine Tochter sagte: ›Was sollte es sonst sein, wenn nicht dein Herz?‹ Ich wachte von Zeit zu Zeit auf, gewöhnlich in den Stunden vor der Morgendämmerung, weil mich das Pochen weckte. Es war ein ähnliches Gefühl, wie wenn mein Bett zu beben anfängt, wenn die Waschmaschine am Ende des Flurs in den Schleudergang schaltet.«

Catherines Internist schickte sie zu einem Kardiologen, und der meinte, sie habe einen unregelmäßigen Herzschlag, gelegentlich zu schnell und dann gefolgt von etwas, was er (euphemistisch, wie sie annahm) als »Superschlag« bezeichnete. Er schlug einen Betablocker vor. Ihr Psychiater war von dieser Diagnose nicht beeindruckt; er sagte, alles sei eine Folge von Angst.

Catherine nahm den Betablocker ein und erfuhr schließlich, daß die Palpitationen weder durch einen »Superschlag« noch durch Angst verursacht wurden, sondern durch das normale menopausale Absinken ihrer Östrogenspiegel. Niemand hatte ihr gesagt, daß Palpitationen und Herzrasen Symptome der Menopause sein können, also hatte sie monatelang nicht daran gedacht, ihrem Gynäkologen von den Symptomen zu berichten. Nach einer Woche Östrogentherapie waren die Tachykardien verschwunden.

Früher hat man geglaubt, nur Männer seien anfällig für Herzkrankheiten, eine bemerkenswert ignorante Fehleinschätzung, da Herzkrankheiten seit 1900 die Haupttodesursache bei Frauen gewesen sind. Heutzutage ist die Botschaft von der weiblichen Verwundbarkeit endlich überall zu hören. Wie Jane Brody 1993 in der *New York Times* berichtete, war die Hälfte der 500000 Amerikaner, die an Herzanfällen starben, Frauen, zumeist nach ihrer Menopause.

Im selben Jahr brachte Janice Douglas, Leiterin der Abteilung für Endokrinologie und Hypertonie an der *Western Reserve Medical School*, die statistischen Zahlen über Herzkrankheiten bei Frauen auf der NIH-Konferenz zur Menopause auf den neuen Stand. »Beachten Sie, daß vor dem Alter von 45 Jahren die Sterbequote aufgrund von Krankheiten der Herzkranzgefäße vernachlässigenswert ist, und sehen Sie den auffälligen Anstieg bei Frauen ab dem Alter von 45 Jahren«, erklärte sie und veranschaulichte ihre Aussage mit einer demographischen Karte. »Das setzt sich fort bis zum Alter von 85 Jahren und darüber hinaus.«[28]

Die Statistik läßt erkennen, daß Frauen vor der Menopause geschützt sind, danach aber auf erschreckende Weise anfällig. Sobald die Frauen das Alter von 65 Jahren erreichen, ist bei ihnen die Gefahr eines Herzanfalls fast so groß wie bei Männern. Könnte Östrogen etwas mit diesem Phänomen zu tun haben, fragten sich Wissenschaftler schließlich.

Der erste Hinweis, daß Östrogen von Nutzen dabei sein könnte, Frauen vor Erkrankungen der Herzkranzgefäße zu bewahren, stammt von der *Nurses Health Study*, bei der 49000 Krankenschwestern in der Postmenopause über zehn Jahre lang beobachtet wurden und bei der sich herausstellte, daß Frauen, die Östrogen nahmen, um 44 Prozent weniger Herzanfälle hatten. Ihr Risiko, an Herzkrankheiten zu sterben, war auf 30 Prozent reduziert; und ihr Risiko, überhaupt an einer Krankheit zu sterben, ging in der Tat auf elf Prozent zurück.[29]

Da die Studie weder nach dem Zufallsprinzip noch kontrolliert angelegt worden war, wurde sie als fehlerhaft kritisiert, doch ihre Zahlen waren zu bemerkenswert, als daß sie hätten übersehen werden können. Seither beteiligen sich fünfzehn Medizinzentren in den Vereinigten Staaten an einer gründlichen Fünf-Jahres-Untersuchung, welche die Auswirkungen von Östrogen auf herzkranke Frauen nach der Menopause überprüfen soll.

Schließlich erkannten Wissenschaftler, daß das erhöhte Risiko von Herzkrankheiten in der Menopause in Beziehung steht zum Verlust an Sexualhormonen. »Es steht jetzt fest, daß Östrogenmangel als wichtiger Risikofaktor bei kardiovaskulären Krankheiten angesehen und *ohne weiteres mit anderen Risikofaktoren gleichgesetzt werden sollte*«, erklärte Douglas den versammelten Wissenschaftlern[30] (Hervorhebungen von mir).

Östrogen schützt Frauen vor Herzkrankheiten. Zahlreiche Studien haben gezeigt, daß Frauen nach der Menopause, »die über zehn Jahre oder mehr Östrogen oral zu sich nehmen, um 50 Prozent weniger Erkrankungen der Herzkranzgefäße haben als Frauen nach der Menopause, die keine Hormone nehmen«, schreibt Morris Notelovitz.[31] Eine 1990 in seiner Klinik durchgeführte Studie ergab, daß Frauen, die zusätzlich Östrogen erhielten, um fast zehn Prozent mehr an HDL (gutartiges Cholesterin), um acht Prozent weniger an LDL (bösartiges Cholesterin) und eine bemerkenswerte Verbesserung des Verhältnisses von Gesamtcholesterin zu HDL aufwiesen – was alles mit dazu beiträgt, vor Herzkrankheiten zu schützen.[18]

Cholesterin ist bekanntermaßen die Hauptursache von Arterienablagerungen. Wahrscheinlich läßt Östrogen die Ablagerungen schrumpfen, weil es das bösartige Cholesterin (LDL) verringert.

»Östrogen trägt dazu bei, den HDL-Spiegel hochzuhalten, und das vorhandene Beweismaterial läßt unabweisbar den Schluß zu, daß Frauen, die nach der Menopause Östrogen in Form von Hormonersatz nehmen, eine fünfzigprozentige Reduktion des Risikos zeigen, an einem Herz- oder Schlaganfall zu sterben«, schreibt Janes Brody. »Östrogen scheint auch dazu beizutragen, die Flexibilität der Arterienwände zu erhalten, die sonst mit zunehmendem Alter sich verhärten.«[32]

Der Cholesterinspiegel beginnt bei Frauen senkrecht anzusteigen, wenn sie Mitte Vierzig sind (bei Männern beginnt er sich in diesem Alter einzupendeln), das heißt, er steigt im Durchschnitt von 120 auf 160, ehe es in den sechziger Jahren auf dem jeweiligen Stand stehenbleibt. Seit dieser »auffällige Anstieg« bei Frauen in den mittleren Jahren in der Framingham-Studie über Koronarkrankheiten zum erstenmal entdeckt wurde, hat nach den Worten von Janice Douglas eine Reihe von Studien ergeben, daß Östrogen diesen Trend umkehren kann. Vor einiger Zeit haben Forscher herausgefunden, daß man die Ablagerungen in den Arterien von Affen messen kann und daß sich kurze Zeit nach Östrogengaben eine bemerkenswerte Abnahme des Ablagerungsdurchmessers feststellen läßt. »Die Stärke der Ablagerung ist direkt abhängig von der Verabreichung von Östrogen«, kommentiert Douglas.[33] (Ich konnte die ursprüngliche Ablagerung beinahe vor meinem geistigen Auge sehen, wie sie die Arterie in Form eines dicken Stücks Spaghetti ausfüllte und wie sie nach der Östrogengabe auf die Dicke eines Engelhaars schrumpfte.)

Dr. Notelovitz gibt den Rat, daß Frauen in der Postmenopause, bevor sie sich entscheiden, Hormone zu nehmen, um sich vor Herzkrankheiten zu schützen, ein Lipidprofil anfertigen lassen sollten, einen beim Fasten durchgeführten Bluttest, der das Cholesterin mißt. Auf diese Weise sei das Risiko einzuschätzen. Zu den Frauen, die ernsthaft erwägen sollten, Östrogen zu nehmen, gehören nach seinen Worten jene, in deren Familie vorzeitige Herzkrankheiten aufgetreten sind (weibliche Verwandte, die vor ihrem 60., und männliche, die vor ihrem 55. Lebensjahr herzkrank waren), außerdem Frauen mit hohem Blutcholesterinspiegel (Gesamtcholesterin über 240 Milligramm pro Deziliter Blut), ferner jene mit hohem Blutdruck (diastolischer Druck – die untere Zahl – über 95) und schließlich jene Frauen mit vorzeitiger Menopause (vor dem Alter von 40 Jahren).[34]

Viele Kliniker warten nicht mehr auf weitere Untersuchungen, ehe sie ihren Patientinnen mit Herzerkrankungen Östrogen verschreiben. Unter den Frauen im Alter von 45 bis 64 Jahren ist eine von sieben herzkrank. Nach dem 65. Lebensjahr erhöht sich das Verhältnis auf eins zu drei. Wenngleich für manche Frauen das Risiko von Östrogengaben die Vorteile überwiegt, besteht für die Mehrheit das größere Risiko darin, Hormone abzulehnen.

Den »Buckel« vermeiden

Osteoporose ist ein Zustand krankhaft poröser Knochen, die bei minimalen Traumen brechen können. Wir haben zunehmend Anhaltspunkte dafür, daß Östrogendefizite und nicht das Alter der Hauptgrund sind für Knochenschwund während der ersten Dekade nach der Menopause.[35] Unterarmbrüche und »Stauchbrüche der Wirbelsäule«, bei denen die Wirbelsäule durch das Gewicht des Skeletts allmählich zusammengedrückt wird, sind die am häufigsten auftretenden Folgen der Osteoporose. Die Wirbelsäule kann langsam zusammenfallen, ohne akute Symptome (nach einer Studie ist dieser Zustand in 80 Prozent der Zeit ohne Symptome), oder Patientinnen können stechende Schmerzen oder diffuses Unbehagen im mittleren oder unteren Rückenbereich angeben. Schließlich können sich Verlust an Körpergröße und dorsale Kyphose (Rückenkrümmung), der gefürchtete »Witwenbuckel«, einstellen.

Einer der Gründe, warum die Osteoporose in den letzten Jahren so ins Gespräch gekommen ist, liegt darin, daß wir soviel länger leben. Je mehr Zeit Frauen in der postmenopausalen Lebensphase zubringen, desto größer ist ihr Risiko von Knochenbrüchen. In der Menopause kann eine Frau sich gut daraufhin untersuchen lassen, ob sie möglicherweise eine Osteoporose entwickeln wird. Frauen mit einer genetischen Vorgeschichte oder von einem prädisponierenden Körpertyp (blond und dünn) können ihre Knochenmasse messen lassen, damit sie sich besser entscheiden können, ob sie Präventivmaßnahmen ergreifen sollen. In den letzten zwanzig Jahren ist eine Anzahl nicht-invasiver Methoden zur Knochenmessung eingeführt worden. Die Einzelphoton-Absorptiometrie kann in der Praxis des Arztes durchgeführt werden; sie ist genau, nicht kostspielig und setzt die Patientin nur einer niedrigen Strahlendosis aus.

In *Ourselves Growing Older* vom *Boston Women's Collective* verkünden Paula Brown Doress und Diana Kaskin Siegal mit gottähnlicher Gewißheit: »Die meisten von uns, die keine Hormone nehmen, werden keine so schwere Osteoporose entwickeln, daß sie zu Knochenbrüchen führt.«[36] Das stimmt nicht. Eine von zwei Frauen über 65 erleidet der *National Osteoporosis Foundation* zufolge Knochenbrüche infolge von Osteoporose. Ein Drittel der amerikanischen Frauen über 65 erleidet Spinalfrakturen, 15 Prozent brechen sich die Hüften.[37] »Das Problem Osteoporose bei älteren Frauen ist von schwankenden Ausmaßen«, erklärt Dr. Leonore C. Huppert von der *University of Pennsylvania Medical School.* »Achtzig Prozent der Hüftbrüche stehen in Zusammenhang mit der Osteoporose, und 15 bis 34 Prozent aller Patientinnen mit Hüftfrakturen sterben an den Komplikationen innerhalb von sechs Monaten nach dem Ereignis«, berichtet sie in der Zeitschrift *Medical Clinics of America.*[38]

Um solchen Brüchen vorzubeugen und als Ersatz für Hormonsubstitution raten Doress und Siegal zu Bewegung, Kalzium und trickreichen Strategien, um Stürze zu vermeiden. »Tragen Sie Schuhe und Slipper mit flachen Absätzen und rutschfesten Sohlen«, schreiben sie.[39] Solche Ratschläge sind einengend und potentiell gefährlich. Was stellen sich die Autorinnen vor, was mit Frauen geschieht, die ihr Leben kolossal einschränken und dennoch stürzen?

Im Laufe des Lebens nimmt die Mineraldichte der Knochen bei Frauen dramatisch ab – um 40 Prozent in der Lendenwirbelsäule und um 58 Prozent in den Oberschenkelhälsen. In den Jahren unmittelbar nach der Menopause vervierfacht sich die Verlustrate. Im ersten Jahrzehnt nach den Wechseljahren können Frauen allein in der Wirbelsäule fünf bis zehn Prozent der knochenerhaltenden Mineralien einbüßen. Trotz der Zuversicht des *Boston Women's Collective* steht außer Zweifel, daß diese Einbußen zu Knochenbrüchen führen.

»Natürlich gibt es sehr viele Frauen im Land, die wie meine Mutter 76 Jahre alt sind und deren Skelett in sehr, sehr guter Verfassung ist«, bemerkt Sheryl Sherman, Leiterin des Osteoporoseprogramms am *National Institute of Aging*. Das Problem ist die Feststellung, wessen Knochen in guter Form bleiben werden und wessen nicht. Sherman sagt: »Wir hoffen, daß die Frage irgendwie gelöst werden wird, indem man Algorithmen schafft, um jene Frauen zu identifizieren, die gefährdet sind, sowie jene, die Menopause und Alter wahrscheinlich mit nur minimalen Brüchen überstehen.«

Die hohe Mathematik wird gebraucht, weil die Anzahl der Variablen so groß ist. Die Knochenmasse ist eine, die Rate des »Knochenumschlags« eine andere. »Je schneller der Knochen im Alter verfällt, desto größer ist die Wahrscheinlichkeit von Knochenverlust«, meint Sherman. Dies bedeutet beispielsweise, daß eine Frau in bezug auf ihre Knochenmasse im oberen Quartil sein kann, doch bei der tatsächlichen Rate des Knochenumschlags im niedrigsten Quartil. Wie schätzt man *ihr* Risiko ein?

Bewegung, wie in Kapitel 2 erörtert, ist wichtig, da physische Aktivität den Knochen mechanisch belastet und ihn anregt, sich als Reaktion auf den Streß zu erneuern. Doch sowohl Kalzium als auch Östrogen und Bewegung sind wesentlich zur Erhaltung der Knochenmasse. Frauen, die glauben, Östrogen vergessen zu können, weil sie sich viel bewegen, »könnten einem traurigen Irrtum unterliegen«, sagt Dr. Morris Notelovitz, Spezialist für Osteoporose.[40]

Zur Erhaltung der Knochenmasse ist Kalzium von fundamentaler Bedeutung, und Frauen in der Postmenopause benötigen 1500 Milligramm täglich; fast immer ist ein Ersatzstoff notwendig, denn es ist schwierig, eine solche Menge mit der Nahrung aufzunehmen. Die durchschnittliche Kalzium-Einnahme bei erwachsenen Frauen in den Vereinigten Staaten beträgt nur 500 Milligramm pro Tag. (Ein halber Liter entrahmte Milch hat 300 Milligramm.)

Der Grund dafür, daß in der Postmenopause mehr Kalzium notwendig ist, liegt darin, daß zum Kalzium-Stoffwechsel Östrogen verwendet wird, und das heißt, wenn Östrogen abnimmt, dann nimmt die Menge des körpereigenen Kalziums ebenfalls ab. Frauen mit einer Prädisposition für Osteoporose wird geraten, Östrogengaben zu sich zu nehmen, wie auch Kalzium und Körperübungen durchzuführen. »Die Behandlung mit Östrogen ist wirksam zur Vorbeugung von postmenopausalem Knochenschwund und allen osteoporotischen Brüchen«, berichtet Shonni Silverberg. Eine Dosis von 0,625 mg konjugiertem Equilin oder sein Äquivalent »verhindert erfolgreich die postmenopausale Beschleunigung von Knochenschwund« und wird dies so lange bewirken, wie Östrogen genommen wird. Bis jetzt ist nicht bekannt, wie lange eine Hormontherapie erforderlich ist, um die Inzidenz von Knochenbrüchen signifikant zu reduzieren. Einige retrospektive Studien haben ergeben, daß für den Fall, daß die Therapie kurz vor der Menopause einsetzte, signifikanter Langzeitschutz bei mindestens fünf Jahre fortgesetzter Therapie erzielt werden kann.[41]

Verschiedene Studien haben gezeigt, daß Alkoholmißbrauch ein erhebliches Risiko für Osteoporose bedeutet. (Das gilt genauso für Männer wie für Frauen.) Hoher Natrium- und Koffeinmißbrauch ist ebenfalls mitverantwortlich.[42]

»Viele Bewegungsenthusiastinnen erzielen nicht den Nutzen, an den sie glauben«, schreibt Jane Brody. Sie fügt hinzu, daß Experten für Osteoporose begonnen haben, Östrogensubstitution für *alle* postmenopausalen Frauen zu empfehlen, bei denen sie gefahrlos möglich ist.

Je früher mit Östrogen begonnen wird, um so größer ist die Knochenmasse, die erhalten werden kann, schreibt Leonore Huppert in »Hormonal Replacement Therapy: Benefits, Risks, Doses«. Wenn innerhalb von drei Jahren nach der letzten Periode mit Östrogen begonnen wird, kann die Knochenmasse sogar zunehmen.[43]

Eine Dosis von 0,625 mg konjugierten Östrogens ist, wie sich gezeigt hat, zur Vorbeugung von Osteoporose so wirksam wie die zweifache Dosis und wird gegenwärtig empfohlen, wie Dr. Huppert erklärt. Adäquates Kalzium und Körperbewegung sind ebenfalls notwendig. Eine Kombination aus Östrogen- und Zusatztherapien kann, wie sich herausgestellt hat, die Knochenbruchrate weiter verringern. 1500 Milligramm Kalziumkarbonat senkt die Knochenbruchrate um 36 Prozent. Zusätzliches Vitamin D und Natriumfluorid reduzierten die Rate um 50 bzw. 65 Prozent. Kalzium und Östrogen zusammen führen zu einer 78prozentigen Abnahme der Knochenbruchrate. Eine Kombination aus allen vier Therapien ergibt eine eindrucksvolle Reduzierung von Brüchen um 94 Prozent, wenn man zum Vergleich unbehandelte Personen heranzieht.

Östrogen muß man unbegrenzt nehmen, um seinen Schutz gegen Knochenbrüche zu erhalten. »Wenn die Östrogentherapie unterbrochen wird, tritt ein rapider Verlust an Knochenmineralien ein, und dies betont die Notwendigkeit einer verlängerten, womöglich lebenslangen Therapie«, berichtet Huppert.[44]

Diese langfristige Hormoneinnahme löst unter jenen, die sich über die mögliche Beziehung zwischen Östrogen und Krebs Sorge machen, die größte Unruhe aus.

Die Krebs-Frage

Als Robert Wilsons Buch *Feminine Forever* zum Bestseller wurde, wurde es auch Ayersts Östrogen-Produkt »Premarin«, wie Germaine Greer in *The Change* bemerkte. »Zwischen 1963 und 1973 vervierfachte sich der Verkauf von Östrogen; die Hälfte der postmenopausalen Population wandte in den Vereinigten Staaten die Hormonsubstitutions-Therapie an«, schreibt sie. »Dann platzte die Bombe.«[45]

In den späteren siebziger Jahren stellte sich heraus, daß die Rate an Endometrialkrebs bei Frauen in Amerika um zehn Prozent gestiegen war. (Das heißt, daß statt einer Frau auf tausend, die sich die Krankheit zuzogen, es nun zehn auf tausend waren.)

Die übertriebene Werbung von Ärzten für das Östrogen war schuld daran. Der Irrtum, wie sich herausstellte, war nicht das Östrogen *an sich*, sondern die Tatsache, daß es ohne Progesteron, dem Sexualhormon, das mit seiner Wirkung Hand in Hand geht, verschrieben worden war. Wenn Östrogen nicht durch Progesteron »gehindert« wird, kann es zum Zellwachstum im Uterus führen, und das wiederum kann Krebs zur Folge haben. (Denken Sie daran, daß niemals nachgewiesen worden ist, daß Östrogen ein *Initiator* ist – ein Verursacher neuer Krebszellen.)

Britische Forscher berichteten Mitte der siebziger Jahre, daß eine

Kombination aus Östrogen und Progesteron das Endometrium, die Schleimhaut der Uterusinnenwand, schützt. Und nicht nur fiel die Risikorate, auch war die Inzidenz von Endometrialkrebs bei Frauen, die beide Hormone nahmen, geringer als die bei Frauen, die keine Hormone nahmen.[46]

Die Situation bei Brustkrebs ist weniger eindeutig als die bei Endometrialkrebs. Weil eine von neun Frauen im Laufe ihres Lebens Brustkrebs bekommt und weil *gewisse Formen* des Brustkrebs bei Frauen, die Östrogen nehmen, schneller wachsen können, wird das Thema unter Frauen kontrovers behandelt und ist für manche sogar angsterregend. Eine Medizinautorin sagte mir: »Warum sollte ich irgend etwas in Erwägung ziehen, das überhaupt eine Verbindung zu Krebs aufweist? Ich finde, es ist viel wichtiger, sich vor Brustkrebs zu schützen als vor Herzkrankheiten, auch wenn Herzkrankheiten mehr Leute umbringen. Denn man kann seine Lebensweise ändern und so das Risiko von Herzkrankheiten verringern, und *wenn* man mit 76 an einem Herzinfarkt oder Schlaganfall stirbt, dann stirbt man eben. An irgend etwas sterben wir alle. Ich meine, was sollen wir tun? Jung und schön sein und keine Herzkrankheiten und keine Osteoporose haben?«

Eine relevantere Frage dürfte sein: Kann die Einnahme von Östrogen bedeuten, daß wir an Brustkrebs sterben müssen? Und die Antwort zu diesem Zeitpunkt scheint zu sein: Nicht wahrscheinlich – zumindest nicht, solange in Ihrer Familie mütterlicherseits kein Brustkrebs aufgetreten ist. Untersuchungen haben gezeigt, daß unter Frauen, die eine solche Brustkrebs-Geschichte haben, jene, die jemals postmenopausale Hormone genommen haben, ein doppelt so hohes Risiko haben wie Frauen, die diese Hormone nie genommen haben.

Philip Sarrel berichtete in Kingston der *Menopause support group*, daß in den neunziger Jahren durchgeführte Meta-Analysen erkennen lassen, daß unter Frauen, die Östrogen nehmen, *kein* erhöhtes Risiko von Brustkrebs besteht, sofern sie keine entsprechende Familiengeschichte haben. (Eine Meta-Analyse ist eine Studie praktisch aller gut durchgeführten Studien, die bis dahin zu einem gegebenen Thema unternommen worden sind.)

Es gibt einige Hinweise, daß die Einnahme von Progesteron zusammen mit Östrogen Frauen tatsächlich vor Brustkrebs schützen kann. In einer Studie über neun Jahre, die eine Verbindung zwischen Östrogen-Einnahme und Brustkrebs untersuchte, fand Dr. R. Don Gambell vom *Medical College* von Georgia heraus, daß Frauen, die ein Progesteron zusammen mit Östrogen genommen hatten, die niedrigste Inzidenz von Krebs aufwiesen.[47]

In einer Studie über 22 Jahre, die von Dr. Lila Nachtigall am New Yorker *University Medical Center* geleitet wurde, bekam keine der 84 Frauen, die beide Hormone genommen hatten, Brustkrebs, während von den 84 Frauen, die keine Hormone genommen hat, sechs Brustkrebs bekamen.[48]

Andere Risikofaktoren für Brustkrebs sind Rauchen, Übergewicht und, wie mehrere Studien nahelegen, Alkoholgenuß.

»Frauen denken nicht so oft an den Tod durch Brustkrebs wie daran, ihn zu bekommen«, sagte mir Cheryl Sherman, die die NIH-Konferenz zur Menopause organisierte. »Und für viele Frauen ist es schlimmer, an Brustkrebs zu erkranken, als an kardivaskulären Krankheiten zu sterben.«[49]

Andererseits kann Sherman Frauen verstehen, die sich vor Krebs fürchten. »Ich bin es überaus leid, männliche Ärzte von einer ›irrationalen Angst‹ vor Brustkrebs reden zu hören.« Wer könnte es Frauen bei der Höhe des Risikos verübeln, daß sie aufpassen – sehr aufpassen?

Bei einer Lebensspanne von 85 Jahren entwickelt jede achte Frau Brustkrebs, meist in den späteren Jahren. Die Hälfte oder mehr werden von der Krankheit geheilt. Doch wie Jane Brody bemerkt, ergeht es Frauen mit Herzkrankheiten nicht sehr gut. Frauen sterben nach einer Herzattacke mit doppelt so hoher Wahrscheinlichkeit wie Männer.[50] Auch die Wahrscheinlichkeit ihres Überlebens nach koronaren Bypass-Operationen und Angioplastien ist geringer. Doch bedenken Sie wiederum die Fakten: Herzerkrankungen verursachen fünfmal so viele Todesfälle unter Frauen wie alle Krebserkrankungen zusammen. Und Herzerkrankungen sind, wie wir gesehen haben, weit weniger wahrscheinlich bei Frauen, die Sexualhormone nehmen.

Zu jenen Frauen, bei denen es definitiv nicht ratsam ist, Östrogen zu nehmen – Dr. Huppert nennt diese Fälle »absolute Kontraindikationen«[51] –, »gehören Schwangere, Frauen, die undiagnostizierte Genitalblutungen haben, die eine aktive Thrombophlebitis (Venenentzündung mit Ausbildung einer Thrombose), die einen brust- oder Uterus-Tumor haben, ob bekannt oder vermutet, oder die eine akute Lebererkrankung haben. Dr. Notelovitz fügt dieser Liste jene Frauen hinzu, die einen Krebs an den Ovarien oder einen kürzlichen Herzanfall hatten. Frauen mit Hormongaben, die genauer Beobachtung bedürfen, sind jene, wie er sagt, mit Anfallsleiden, Bluthochdruck, hohem Cholesterinspiegel, Migräne, Endometriose, Erkrankungen der Gallenblase oder Frauen, die zuvor Blutpfropfen in den Beinvenen hatten.[52]

Errechnen der menopausalen Stimmung

Fiona ist in ihrer Buchhandlung. Ich bin zu Hause. Wir telefonieren, und unsere Taschenrechner klicken. Ich sage zu ihr: »Ich nehme an jeweils zwei von drei Tagen zweieinhalb Milligramm.« Klick, klick, klick. »Das macht, mal sehen, zwanzig Tage im Monat zu zweieinhalb Milligramm, also monatlich 50 Milligramm.«

»Ich nehme an acht Tagen im Monat fünf Milligramm«, antwortet Fiona.

Klick, klick, klick. »Das sind nur 40 Milligramm im Monat!« rufe ich aus.

»Ja, aber ich mache das nur für kurze Zeit. Mein Gynäkologe meint, wenn ich die Maximaldosis langsam aufbaue, schaffe ich es vielleicht, die richtige Menge Progesteron einzunehmen, ohne zwei Perioden im Monat zu bekommen.«

Es ist das dritte Mal, daß Fiona und ich dieses Gespräch mit Hilfe der Taschenrechner führen. Es scheint keine perfekte, also nebenwirkungsfreie Formel für Östrogen und Progesteron zu geben. Doch gewisse Prinzipien sind anscheinend gültig. Frauen *wissen*, daß sie sich um so besser fühlen, je weniger Progesteron sie einnehmen. Die Frage lautet also: Mit wie wenig Progesteron kann ich auskommen und dennoch mein Endometrium intakt erhalten?

Wenn alle Ärzte dieselbe Formel verschreiben würden, eine

Standarddosis von 0,625 Milligramm Östrogen, und vom 16. bis zum 23. Tag Progesteron hinzufügen würden, dann würden wir Witze darüber machen, wie diese Verordnung sich vielleicht auf den Lauf der Welt auswirkt. Jede Frau auf HRT würde am 16. Tag unter den stimmungsverändernden Effekten von Progesteron leiden. Am 16. Tag jedes Monats – *bumm*; die Aktienkurse würden sinken, der Aggressivitätspegel würde steigen. Die ganze Weltpolitik wäre erschüttert.

Der feministischen Überzeugung zum Trotz haben manche Frauen entschieden Probleme, wenn ihr Östrogenspiegel niedrig ist. Und manche Frauen erleben Stimmungsschwankungen. (Denken Sie daran, daß dieser Spiegel lange vor Aussetzen der Periode zu sinken beginnt.) Eine Studie stellte fest, daß Frauen im Alter der Menopause (mit 50) im Vergleich zu Männern mehr Angst, Vergeßlichkeit, Konzentrationsschwierigkeiten, Müdigkeit, Gefühle der Wertlosigkeit, Verlust des Selbstvertrauens und Schwierigkeiten bei der Entscheidungsfindung erleben. »Diese Geschlechtsunterschiede blieben bestehen, selbst wenn die Forscher altersgebundene Lebensereignisse wie das Fortgehen der Kinder berücksichtigten«, sagte Barbara Parry von der *University of California* in San Diego bei einem Symposion der American Psychiatric Association.[53]

Sonja und John McKinlay schreiben in *The Harvard Medical School Mental Health Letter*, 40 Prozent der ersten depressiven Episoden bei Frauen träten in der Menopause auf (im Alter von 45 bis 55 Jahren).[54] Barbara Sherwin zufolge kommt es bei 80 Prozent der perimenopausalen Frauen zu Verstimmungen in unterschiedlichen Ausmaßen. Politisch umstritten ist die Frage, ob diese Verstimmungen der Lebensmitte auf Umweltstreß zurückzuführen sind, wie Sozialwissenschaftler wie die McKinlays glauben, oder durch abnehmende Sexualhormone ausgelöst werden, wie Biologen anzunehmen pflegen. Wahrscheinlich spielen sowohl die Biologie wie die Umwelt eine Rolle. Nichtsdestoweniger hat sich gezeigt, daß Frauen psychisch verletzlicher sind, wenn ihr Östrogen- und Progesteron-Spiegel sich ändert.

Schwangerschaft mit ihrem hohen Östrogenspiegel läßt Frauen sich häufig ungewöhnlich gut fühlen. Doch zehn bis 15 Prozent der Frauen entwickeln nach der Geburt eine schwere Depression. Auffälligerweise sind viele dieser Frauen vorher niemals depressiv gewesen. »Das bedeutet, daß etwas Endokrines oder Hormonelles Frauen empfindlicher macht«, bemerkte die bekannte Depressionsforscherin Myrna Weissman auf einer Tagung der *American Psychiatric Association.*[55]

»Die Geburt eines Kindes ist der radikalste Wandel in einem endokrinen Milieu, den ein Mensch erleben kann«, sagte mir Barbara Sherwin.[56] Was sie so radikal macht, ist die Schnelligkeit der Hormonänderungen. Innerhalb von fünf Stunden während der Geburt sinkt das Östrogen einer Frau auf ein Fünftel seines Schwangerschaftspiegels. Der Spiegel sinkt noch auf ein Fünftel *dieser* Menge – sogar auf einen niedrigeren Stand als vor der Schwangerschaft – innerhalb der nächsten 24 Stunden. Wenn der Östrogenspiegel sinkt, schreibt James Hamilton in *Postpartum Depression,* folgt eine »Kaskade« hormoneller Ereignisse, einschließlich des Abfalls der Cortison- und Thyroidspiegel, deren gemeinsame Auswirkungen bei dafür Empfänglichen psychiatrische Symptome auslösen können. (Diese Empfänglichkeit bei der Frau nach der Geburt ist auch davon beeinflußt, wieviel Serotonin sie hat.)

Die Woche vor der Menstruation ist ebenfalls ein Zeitraum, in dem der Östrogenspiegel sinkt – und die Stimmung der Frauen ebenfalls. Manche Frauen werden vor der Menstruation in unterschiedlichen Graden depressiv, reizbar, haben einen Heißhunger auf Kohlehydrate, wenig Energie und sind unfähig, sich zu konzentrieren – Symptome, die verschwinden, sobald die Menstruation einsetzt und das Hormongleichgewicht wiederhergestellt ist. Doch manche Feministinnen neigen dazu, den Beitrag von Sexualhormonen zum psychischen Gleichgewicht von Frauen abzutun und an PMS leidenden Frauen Vorwürfe zu machen, weil sie sich nicht über ihre Symptome erheben. »Ich glaube, Frauen sollten sich bewußt sein, was es kostet, PMS als Entschuldigung zu benutzen«, schreibt Tavris mit erhobenem Zeigefinger. »Es untergräbt ihr Ansehen in der amerikanischen Geschäftswelt und der Gesellschaft allgemein.«[57]

Während Feministinnen damit beschäftigt sind, vor biochemischen Depressionstheorien davonzulaufen, versuchen Wissenschaftler herauszufinden, ob und inwiefern das Hormongleichgewicht bei Frauen, die für Stimmungsstörungen anfällig sind, sich vielleicht von dem anderer unterscheidet. »Wir wissen heute, daß Östrogen und Progesteron eine direkte Wirkung auf die Funktion der Nervenzellen und damit starken Einfluß auf Verhalten, Stimmung und die Verarbeitung sensorischer Informationen haben – von allen weiß man, daß sie während des normalen Menstruationszyklus schwanken«, schreiben Dr. Sally K. Severino und Dr. Margaret L. Moline in *Premenstrual Syndrome.*[58]

In einer neueren Untersuchung, von der das *Journal of Endocrinological Metabolism* berichtet, stellte Sherwin fest, daß Frauen in der einen Woche pro Monat, in der sie keine Hormonsubstitute einnahmen, *eindeutig* schlechtere Stimmung, mehr physische Symptome und weniger sexuelles Verlangen empfanden als in den Wochen, in denen sie Hormone erhielten.[59]

Sherwin hat festgestellt, und viele Frauen wissen es aus eigener Erfahrung, daß unsere Stimmung um so schlechter ist, je mehr Progesteron wir in unserem Körpersystem haben. Viele Frauen stellen die Hormonsubstitutions-Therapie aufgrund von Depressionen, Reizbarkeit und nachlassendes Sexualverlangen ein, von Störungen, die auftreten können, wenn das Verhältnis von Östrogen und Progesteron nicht stimmt.

Manche Frauen neutralisieren diese Nebenwirkungen des Progesterons, indem sie sich an eine unterschiedliche Hormoneinnahme halten. Statt Östrogen und Progesteron entsprechend dem Zyklus zu nehmen, führen sie sich jeden Tag im Monat kleinere Dosen beider Hormone zu. Diese Methode, die von einem Gynäkologen festgelegt und überwacht werden sollte, verhindert prämenstruelle Symptome wie Bluten und Stimmungsschwankungen. In den meisten Fällen beendet sie auch das Menstrualbluten. (Wie Fiona meint: »Keine Periode mehr und keine schlechten Stimmungen mehr, das ist die beste aller möglichen Welten!«)

Ein Jahr, bevor meine Perioden aussetzten, war das Bluten so stark, daß mein Hämoglobinspiegel sank, doch erst viele Monate später wurde eine Blutuntersuchung angeregt, und um diese Zeit war der Spiegel auf gefährliche 8,5 abgesackt. »Da ist ja fast eine Transfusion fällig«, erklärte ein Internist, den ich aufsuchte, weil ich – keineswegs überraschend – kaum genug Energie hatte, um mich morgens aus dem Bett zu erheben. Außer der Anämie stellte der Internist eine Unterfunktion der Schilddrüse fest. Als ich Eisenzugaben und Schilddrüsenmittel erhielt, ging es mit mir schnell wieder bergauf. Meine Stimmung besserte sich, meine Energie kehrte zurück, und mein Immunsystem normalisierte sich wieder (die Schilddrüse reguliert das Immunsystem), so daß ich nicht mehr jeden Husten oder jede Erkältung erwischte, die des Weges kam. In den späten achtziger Jahren stellte sich bei einer Untersuchung heraus, daß ein niedriger Thyroxinspiegel *wahrscheinlich* der »Bösewicht« bei Frauen ist, die nach der Menopause depressiv werden. Forscher in Großbritannien stellten bei 85 Frauen in der späten Prämenopause Hormonprofile her und führten psychiatrische Interviews mit ihnen durch. Von all den Hormonen, welche die Wissenschaftler überprüften – darunter Sexualhormone, follikelstimulierende Hormone, Prolaktin und Kortison – korrelierte ein hoher Spiegel des die Thyreoidea stimulierenden Hormons (THS) am deutlichsten mit der Depression. THS, produziert im Gehirn, schaltet sich ein, wenn die Schilddrüse nicht genug von dem Hormon Thyroxin produziert – einem wichtigen Regulator des Immunsystems, der auch Schlaf, Stimmung und den Energiespiegel beeinflußt. Die Frauen der britischen Studie, die depressiv waren, hatten *alle* eine Unterfunktion der Schilddrüse. Die Forscher waren von diesem Befund so beeindruckt, daß sie sich fragten, ob eine Schilddrüsen-Unterfunktion in Wahrheit die Ursache der Depression sein könnte, die sich bei früheren Studien über Frauen vor der Menopause zeigte – bei Frauen, deren Thyroxinspiegel nicht untersucht worden war![60]

Schilddrüsen-Stoffe, Sexualhormone und stimmungsregulierende Chemikalien des Gehirns wie Serotonin interagieren miteinander und beeinflussen sich gegenseitig. Wenn die Schilddrüse nicht richtig funktioniert (was nicht unüblich bei Frauen im mittleren Alter ist), geraten auch die Östrogen- und Serotonin-Spiegel durcheinander. Wenn auch das Abfallen des Serotonin-Spiegels, wie es sich während der Menopause ereignet, für sich genommen nicht immer Symptome produzieren muß, so kann es doch dazu beitragen, indem es andere chemische Änderungen im Körper auslöst.

Frauen in der Menopause mit mäßiger bis schwerer Depression werden feststellen, daß sie nur auf Östrogengaben nicht reagieren.

Für diese Frauen ist eine psychiatrische Untersuchung wichtig. Antidepressiva, die dabei helfen, daß das Gehirn den Stoffwechsel seines eigenen Serotonins verbessert, stellen die normale Stimmung und Energie wieder her. Kürzlich habe ich ein Antidepressivum meiner Gesamtmedikation für die Lebensmitte hinzugefügt, und dazu gehören jetzt Vitamin B, Vitamin C, Kalzium, Magnesium sowie eine Zink-Kombination, Östrogen und Progesteron (ich wende die tägliche, nichtzyklische Methode an) sowie ein Präparat für die Schilddrüse. In den tiefsten Wintermonaten setze ich mich zu alledem noch künstlichem Licht aus. Und natürlich mache ich Körpertraining – Gewichtheben und Step-Aerobik, wie in Kapitel 2 erörtert. Das brauche ich, um mich wohlzufühlen – energisch, optimistisch, mit einem wohlfunktionierenden Immunsystem, das mich davor bewahrt, krank zu werden. Meine Ärzte meinen, im Frühjahr könne ich mich auf Kunstlicht (ein starkes Antidepressivum) beschränken und auf das antidepressive Medikament verzichten. In der Zwischenzeit beklage ich mich nicht. Zum erstenmal in fünf Jahren fühle ich mich »ausgeglichen«.

Die letzte Angst verlieren

Anfang der neunziger Jahre hat Barbara Sherwins Labor nicht nur nachgewiesen, daß Frauen nach der Hysterektomie das räumliche Gedächtnis *verlieren*, sondern auch, daß Frauen, die nach der Hysterektomie Östrogen einnehmen, diese Verluste nicht erleiden. »Für uns war die Frage sinnvoll: Könnte Östrogen vielleicht sogar den Verfall verzögern, der zu allen degenerativen Erkrankungen gehört? Selbst wenn wir es nur benutzen können, um den aktuellen Zustand zu erhalten, wäre das bei Alzheimer schon wertvoll.«[61]

Sherwin gehörte zu den ersten, die eine wichtige Verbindung zwischen dem postmenopausalen Abfall der Östrogenspiegel und der Alzheimerschen Krankheit fanden. Sie erklärte mir: »Heute, 1993, wissen wir, daß beim Auftreten der Alzheimerschen Krankheit auf der Welt ein Verhältnis zwischen Frauen und Männern von drei zu eins besteht, und das gilt für alle Kulturen, alle Länder. Es ist in Rußland so, es ist in Finnland so, und es ist in Brooklyn so.«

Bei einer so großen epidemiologischen Lücke zwischen den Geschlechtern war es nur gute Wissenschaft, sich die Rolle der Sexualhormone bei dieser Krankheit anzuschauen.

Im Herbst 1993 gab Dr. Victor Henderson die Ergebnisse einer Studie an 2418 Frauen bekannt, von denen manche Östrogen genommen hatten, andere nicht. »Wir stellten fest, daß Frauen, die sich einer Östrogensubstitutionstherapie unterzogen hatten, mit 40 Prozent geringerer Wahrscheinlichkeit an Alzheimer und verwandten Demenzen litten als Frauen, die kein Östrogen bekommen hatten«, erklärte Henderson, der Leiter einer Forschungsgruppe.[62]

1994 wurde eine weitere faszinierende Studie von Barbara Sherwin veröffentlicht. Diesmal hatte sie gesunde Frauen in der Postmenopause ausgewählt, die aus einem breiten sozioökonomischen Bereich der Gemeinde stammten – das heißt Frauen, die nicht bereits mit menopausalen Beschwerden in ihre Klinik gekommen waren. Keine der Frauen war zu dem Zeitpunkt in einer Östrogen-Therapie oder in psychiatrischer Behandlung, und sie glichen sich vom Alter und von ihrem Sozial- und Bildungsstatus her. Würden diese Frauen nach der Einnahme von Östrogen eine Veränderung in ihren Gedächtnisfähigkeiten zeigen? Sherwin wollte dies herausfinden.

In der Tat war es so! »Östrogen-Benutzer erinnerten sich an mehr Informationen aus standardisierten Kurzgeschichten, die ihnen vorgelesen wurden, sowohl unmittelbar danach und nach einer 30minütigen Pause«, berichtet Sherwin in *Obstetrics and Gynecology*.[63] Andere Denkfähigkeiten, die während dieser Studie untersucht wurden, schienen durch Östrogen nicht beeinflußt zu werden, was wiederum bewies, daß Östrogen einen *spezifischen*, nicht einen globalen Effekt auf die Kognition hat. Die Übereinstimmung der in den letzten Jahren berichteten Östrogen- und Gedächtnis-Studien »legen den Gedanken nahe«, daß Östrogen bei der Aufrechterhaltung des verbalen Gedächtnisses bei älteren Frauen eine Rolle spielt, erklärt Sherwin. »Solche Effekte können höchst wichtig sein, wenn es darum geht, Gedächtnisfehlfunktionen aufzuhalten, die mit Gehirnabnormitäten wie bei der Alzheimer-Krankheit verbunden sind.»[64]

»Neurowissenschaftler haben ihre Erleichterung darüber zum Ausdruck gebracht, daß die Welt schließlich die Bedeutung des Hormons für die Gesundheit des menschlichen Gehirns erkennen dürfte«, schrieb Natalie Angier ein Jahr nach meinem Interview mit Sherwin in einem Beitrag für die *New York Times* unter der Überschrift »Wie Östrogen vor Alzheimer schützen könnte«.[65]

Der Beitrag faßt die jüngsten Forschungsergebnisse – einschließlich der von Sherwin – zusammen, die nahelegen, daß Östrogen *während des ganzen Lebens* in den Gehirnzellen wirksam ist, die Produktion wichtiger Enzyme sicherstellt und »das dichtest mögliche Fasernetz aufrechterhält, das eine Nervenzelle mit der anderen verbindet, das heißt die Art von synaptischer Komplexität, die ein denkendes, erinnerndes, robustes Gehirn auszeichnet«.

Die jüngste Forschung bedeutet nicht mehr oder weniger als einen entscheidenden Durchbruch in unserem Denken über die sogenannten »Sexualhormone«. Die wachsende Überzeugung unter Neurobiologen, daß Östrogen im Leben des Menschen vom Fötus bis zum Tod an der neuralen Entwicklung und Funktionsfähigkeit beteiligt ist, hat unserem Verständnis eine »neue Dimension« hinzugefügt. Kurz, Östrogen ist, wie Angier schreibt, »weitgehend und fälschlich als ein weibliches Hormon betrachtet worden«.

Wir wissen heute, daß dies eine viel zu enge Betrachtungsweise ist, die der Rolle nicht gerecht wird, die Östrogen für das physiologische und mentale Wohlbefinden spielt.

»Die meisten Menschen, einschließlich Ärzte, sind sich nicht im klaren darüber, daß das Gehirn ein Hauptangriffspunkt des Östrogen ist«, erklärt Dr. Dominique Toran-Allerand, Neurowissenschaftlerin an der *Columbia University* in New York.[66]

Als Toran-Allerand den Neuronen im zerebralen Kortex von Katzengehirnen Östrogen verabreichte, stellte sie fest, daß die Neuronen chemische Botschaften, die erforderlich sind, um Wachstumshormone von Nerven zu produzieren, auszusenden begannen. Anschließend berichteten Toran-Allerand und ihre Kollegen im Februar 1994 in *The Journal of Neuroscience*, daß das Hormon seine Wirkung dadurch ausübe, daß es die Neuronen empfänglicher mache für den Stimulus des Nervenwachstumsfaktors, eines Proteins, von dem angenommen wird, daß es beim Wachstum von Dendriten und Axonen eine Rolle spielt. Diese Filamente (Fasern), die sich, so Angier, »vom Nervenzellkörper wie Arme eines Oktopus ausdehnen, senden Signale von einer Nervenzelle zur nächsten; sie sind das Gewebe, das den Neuronen zu kommunizieren erlaubt«.[67]

Bruce McEwen glaubt, daß die Effekte von Östrogen auf das Gehirn weit über seinen Einfluß auf den Nervenwachstumsfaktor hinausgehen. Er und seine Kollegen haben festgestellt, daß Östrogen auch das Wachstum eines wichtigen Gehirnenzyms, der sogenannten Cholin-Acetyltransferase, fördert. Dieses Enzym ist für die Synthese von Acetylcholin erforderlich, jener Substanz, die im Hippocampus, dem »Thron der Erinnerung«, Botschaften von einem Neuron zum nächsten ermöglicht.

Seit einiger Zeit ist bekannt, daß Menschen mit der Alzheimer-Krankheit zwischen 60 und 90 Prozent weniger Cholin-Acetyltransferase aufweisen als Menschen ohne dieses Leiden. »Dieser Enzymdefizit könnte zumindest einiges der Vergeßlichkeit, der kognitiven Mängel und der Psychose erklären, die mit Alzheimer verbunden sind«, berichtet Angier. »Und Östrogenmangel könnte einer der Gründe sein, daß der Spiegel von Cholin-Acetyltransferase absinkt.«[68]

Testosteron-Kriege?

Wie nicht anders zu erwarten, hat man kürzlich festgestellt, daß Veränderungen der Sexualhormone auch die kognitiven Fähigkeiten von Männern beeinflussen. Kimura berichtete letztes Jahr im *Scientific American*, sie habe jahreszeitliche Schwankungen bei den räumlichen Fähigkeiten von Männern beobachtet. »Ihre Leistungen verbesserten sich im Frühling, wenn die Testosteronspiegel niedriger sind.«[69]

Obwohl bei Männern der Spiegel der Sexualhormone allmählicher absinkt als bei Frauen, können die Testosteronwerte zwischen dem Alter von 48 und 70 Jahren um bis zu 30 oder 40 Prozent zurückgehen. Einige Forscher glauben, diese Veränderungen könnten mit vermehrtem Körperfett und geringerer Knochendichte einhergehen. Der Hormonverlust kann auch die Stimmung von Männern beeinflussen und ihre Energie, ihre Selbstbehauptung und ihre Konzentration verringern.[70] Gegenwärtig führt das NIH Untersuchungen durch, um festzustellen, ob eine Hormontherapie dazu beitragen könnte, Knochenverlust, Gebrechlichkeit und Depression bei Männern vorzubeugen. Während der frühen 90er Jahre führten mehrere Wissenschaftler Pilotstudien durch, mit denen sie die Auswirkungen der Testosteron-Substitution bei Männern über 54 mit niedrigem oder normalem Testosteronspiegel überprüfen wollten. »Die Ergebnisse waren generell positiv, einschließlich einer Zunahme an Gewicht und Stärke, einer Senkung der Knochen-Resorption (mit der Fähigkeit, Bruchanfälligkeit rückgängig zu machen oder zu vermindern), einer Zunahme des berichteten Sexualverlangens und entsprechender Aktivität und einer verbesserten räumlichen Kognition und eines besseren Wortgedächtnisses«, berichteten John M. Hoberman und Charles E. Yesalis zu Anfang des Jahres 1995 in der Zeitschrift *Scientific American.*[71]

Die beiden Autoren glauben, daß »massive Testosteron-Therapie innerhalb eines Jahrzehnts zur medizinischen Standardpraxis werden könnte«. Das *Hormonal Healthcare Center* in London verabreicht Hunderten von Männern unabhängig vom Alter Testosteron-Injektionen. »Altern wird in der Tat zunehmend als ein medizinisches Problem angesehen, und diese Einstellungsänderung führt zur Anerkennung einer ›männlichen Menopause‹, die so behandelbar ist wie ihr weibliches Gegenstück.«[72]

Es ist möglich, daß die eher offenkundigen Symptome, die durch den abrupten Wandel bei den Hormonen von Frauen auftreten, die Wissenschaftler herausforderten, zuerst die Effekte von Hormonverlusten auf Frauen zu erforschen, ehe sie darangingen, diese Möglichkeit auch bei Männern zu untersuchen. Doch die Männer kommen auch an die Reihe – sowohl, was die Hormonsubstitution betrifft (auf dem Reißbrett gibt es bereits ein Testosteronpflaster), als auch bezüglich der heftigen Debatte darüber, ob ein Hormonmangel bei Männern existiert. Die Testosteron-Kriege sind schon im Gange. »Ich glaube nicht an die männliche Midlife-Crisis«, sagt John McKinlay.[73] Trotzdem ist er überzeugt, daß es im Jahr 2000 ein solches Syndrom geben wird. Warum? »Es besteht ein starkes Profitinteresse an der Behandlung alternder Männer, genau wie an der alternder Frauen.«

Angst vor der Medizin?

Mißtrauen gegen die Medizin und die Verehrung dessen, was »natürlich« ist, haben viele Frauen, welche die Bedeutung der Sexualhormone für die Gesundheit nicht akzeptieren, engstirnig gemacht. Feministinnen greifen die Medizin wegen ihrer Bummelei bei der Erforschung weiblicher Gesundheit und wegen der Laxheit und Herablassung auf seiten der Kliniker an. Doch der feministische Widerstand rührt auch von etwas her, was Barbara Sherwin als »Paranoia« bezeichnet. »Wenn die Industrie irgend etwas damit zu tun hat, wenn männliche Gynäkologen irgend etwas damit zu tun haben, dann kann es nicht gut sein«, sagte sie zu mir. »Dann muß es die Frauen ausbeuten.«

Im Verlauf meiner Interviews mit Frauen für dieses Buch war ich überrascht, wie oft sie die Überzeugung äußerten, sie seien besser als ihre Ärzte in der Lage, angemessen für ihre Gesundheit vorzusorgen – insbesondere die gynäkologische Gesundheit. Zum Teil fühlten sie sich durch ganzheitliche Alternativen unterstützt. Eine Frau hatte sich geweigert, sich einen Knoten entfernen zu lassen, obwohl ihr Arzt, der etwas Bösartiges vermutete, dazu geraten hatte. Diese Frau hatte sich ein paar Jahre vorher der gleichen Prozedur unterzogen, und als die Biopsie negativ war, das Gefühl gehabt, ihr Geld zu verschwenden. »Diesmal werde ich mit meinem Tumor leben und ihn ganzheitlich behandeln«, sagte sie zu mir, womit sie meinte, daß sie sich selbst regelmäßig Mistelextrakt injizierte.

Vielleicht gab es noch nie eine Zeit, in der Frauen eine Medikation zur Behandlung oder Vorbeugung von Krankheit hauptsächlich aufgrund feministischer politischer Beeinflussung verweigerten. Die Frauen reagieren auf hochgeputschte Warnungen vor einem »Propagandaangriff« zugunsten einer »medizinisch problematischen Hormontherapie«, wie die Journalistin Phyllis Orrick kürzlich schrieb. Doch das Gegenteil ist wahr. Weniger Frauen, als wünschenswert wäre, nehmen Östrogen, teilweise wegen der Mahnungen uninformierter Autoren. Dem NIH zufolge hören 60 Prozent der Frauen, die mit der Einnahme von Östrogen beginnen, damit binnen sechs Monaten wieder auf – obwohl sie sich dramatisch besser *fühlen*.[74] Was ist der Hauptgrund dafür? Sie bezweifeln die Gefahrlosigkeit der Medikation. (Der zweite Grund ist leider ihre Besorgnis um die leichte Gewichtszunahme, die Östrogen bei manchen Frauen bewirkt. Im allgemeinen sind Frauen, die Östrogen einnehmen, eher schlanker als solche, die das nicht tun, obwohl das auch auf Unterschiede im Lebensstil zurückgehen kann.)

Östrogen hat etwas mit unserem Wohlbefinden *jetzt* zu tun, in den Vierzigern und Fünfzigern. Diese Tatsache ist deshalb bedeutsam, weil unser Wohlbefinden oder Unwohlsein unsere Fähigkeit beeinflußt, die Chancen zu nutzen, die sich uns zu dieser Zeit unseres Lebens bieten. Frauen, die sich nicht wohl fühlen, können nicht positiv an ihre Zukunft denken und diese planen. Es herrscht die Tendenz zu resignieren, sich mit weniger Energie, weniger Libido, weniger Hoffnung »zufriedenzugeben«, weil wir fälschlich glauben, daß uns das *Alter* niederdrückt und nicht Krankheiten, die häufig behandelbar sind.

In den Vereinigten Staaten sind mehr als 40 Millionen Frauen 50 Jahre und älter, und für sie sind psychisches und körperliches Wohlbefinden ein wichtiges Thema. Uns die Linderung von Symptomen und die Prävention chronischer Krankheiten zu verweigern in dem defensivem Interesse, uns vor männlich beherrschter Wissenschaften zu »schützen«, ist letztlich selbstschädigend und anti-weiblich.

KAPITEL 7
Liebe am Nachmittag: Sex und die Frau in der Menopause

»Ich versuche, die Beleuchtung schummrig zu halten. Ich versuche, so lange wie möglich so viele Kleidungsstücke wie möglich anzubehalten.«

Catherine und Willa lachen. Willa erkundigt sich nach den sexuellen Verletzlichkeiten alleinstehender Frauen in mittleren Jahren. Catherine, die wie ein junges Mädchen fühlt, so lange ist es her, daß sie mit einem Mann derart intim war, sagt: »Gib mir ein Beispiel.«

»Na, wenn wir im Bett sind und es machen und ich ein Hemd oder so was anhabe.«

»Wirklich?«

»Ja. Ich habe nicht das Gefühl, alle Kleider ausziehen zu müssen, bloß um Verkehr zu haben.«

»Die Männer *bitten* dich nie, dich auszuziehen?«

»Wenn sie erregt genug sind, interessiert es sie vielleicht gar nicht.«

»Soll das heißen, daß es an dir liegt, sie so zu erregen, daß sie gar nicht merken, ob du etwas anhast oder nicht?«

»Weißt du, manchmal ist es irgendwie erotischer, wenn man wirklich zur Sache geht, solange man noch etwas anhat.«

»Ja, aber bist du dir dessen *bewußt*, wenn du ... ich meine, ist das etwas, das dir nicht aus dem Kopf geht, daß du den Typ so heiß machen mußt, daß er nicht auf die Kleider achtet?«

»Mir ist ganz entschieden bewußt, daß ich nicht will, daß sie meinen Körper bemerken.«

»Vergiß den *Körper*, du willst nicht, daß sie merken, daß du deine Kleider noch anhast. Wie könnten sie deinen Körper bemerken – sie können ihn ja gar nicht *sehen*.«

Catherine bekommt allmählich dieses Gott-sei-Dank-daß-ich-das-alles-hinter-mir-habe-Gefühl, obwohl sie weiß, daß das defensiv ist. Und Willa merkt, während sie ihre Situation beschreibt, wie sehr sie sich in der Falle fühlt. »Ich meine, das ist lächerlich. Wenn ein

Mann will, daß ich oben bin, dann mache ich mir Sorgen, mein Bauch könnte über ihm hängen.«

»Dein Bauch?« sagt Catherine. »Und was ist mit deinem Gesicht?« sagt Catherine.

Neulich hat sie sich unabsichtlich oder vielleicht aus einem tiefen, selbstzerstörerischen Wunsch heraus in ihrem Schlafzimmer über einen Stuhl gebeugt und dabei in einen Handspiegel geschaut und gesehen, wie ihre Gesichtszüge durchhingen, als befinde sie sich in einem Zerrspiegelkabinett. *Ist es das, was ein Mann sehen würde, wenn sie oben wäre?* »Das ist eine Illusion, etwas Optisches, das bin nicht *ich*«, hat sie sich gesagt und versucht, nicht hysterisch zu werden. Aber sie war es. Spiegel lügen nicht.

»Es ist nicht so, daß ich unbedingt die Missionarsstellung haben *müßte*«, sagt Willa, die von dem Thema nicht lassen kann. »Bloß, daß mein Bauch flach aussieht, wenn ich auf dem Rücken liege.«

»Genau. Und dein Gesicht auch«, fügt Catherine hinzu.

»Vermutlich ist das der Hauptgrund für mein nachlassendes Sexualleben, all diese negativen Gefühle über meinen Körper. Und mein Gesicht.«

Catherines Sexualleben ist auf Null geschrumpft. Kann sie es Willa verübeln, daß sie sich wie ein besessener Teenager benimmt in einem Spiel, an dem sie, Catherine, nicht einmal mehr teilnimmt?

Catherines und Willas Gespräch spiegelt noch eine andere Art wider, auf die Frauen in den Fünfzigern sich heute von früheren Frauengenerationen dieses Alters unterscheiden. Mit 30 gehörten wir zur Vorhut der sexuellen Revolution, und mit den Jahren haben wir sehr viel mehr sexuelle Erfahrungen gesammelt als die Frauen vor uns. Das beeinflußt die Art und Weise, wie wir unsere sexuelle Zukunft betrachten. Mit einem Wort, wir erwarten, auch in den vor uns liegenden Jahren weiterhin Sex zu haben. Vielleicht freuen wir uns sogar auf bessere sexuelle Beziehungen als in jüngerem Alter, weil wir zu reifen und mitfühlenden Frauen herangewachsen sind, die sich selbst kennen.

Dennoch gibt es in diesem Lebensalter Ängste in bezug auf die physiologischen Veränderungen, die anfangen, die sexuellen Reaktionen zu beeinflussen. Das kulturelle Tabu gegen die Sexualität älterer Frauen trägt dazu bei, uns über die sexuellen Veränderungen in mittleren Jahren in Unkenntnis zu halten. Dagegen müssen wir ankämpfen, wie wir gegen so viele Tabus gekämpft haben, die unsere Fähigkeit zu einem erfüllten Leben einschränkten. Wir befinden uns hier an einem weiteren Entscheidungspunkt, an dem unsere eigene Fähigkeit zu wählen und zu handeln die Lebensqualität jetzt und in der Zukunft kolossal verändern kann. Frauen, die auch mit 60, 70 und 80 noch »Red Hot Mamas« sein wollen, arbeiten an den durch die Menopause ausgelösten sexuellen Veränderungen oder beugen ihnen sogar vor.

Wenn die Physiologie ins Spiel kommt

»Ich habe noch immer Orgasmen, aber sie sind jetzt anders. Nicht so intensiv, nicht so tief gefühlt. Es dauert länger, und ich brauche eine Menge Stimulation«, sagte eine Frau bei einem Besuch in der *Yale Menopause Clinic.*

Viele Frauen berichten von einer verringerten orgasmischen Reaktion nach der Menopause. Vierzig Prozent der von der Psychologin Ellen Cole befragten Frauen sagten, sie erlebten eine gewisse Veränderung, etwa, daß sie länger brauchten, um den Orgasmus zu erreichen, und/oder daß ihre Orgasmen weniger intensiv seien.[1]

Wie andere Reflexe sich mit dem Alter verlangsamen, so auch unsere sexuellen Reflexe. Erregung, diese Überflutung mit sexuellen Gefühlen, die wir »Antörnen« nennen, mit der sie begleitenden Befeuchtung der Vagina, tritt nicht immer bei der ersten Berührung unserer Brust durch eine Hand oder bei einem einzigen Kuß auf den Hals auf, wie es in Teenagerzeiten der Fall war.

»Ich brauche 15 Minuten, bloß um eine Intensität aufzubauen, für die früher anscheinend nur Sekunden erforderlich waren«, erzählte eine Frau in der Yale Clinic der Psychologin Cole.[2]

Wenn wir nicht *wissen,* daß diese langsamere Erregung in der Lebensmitte normal ist, geraten wir vielleicht in Panik und denken: »Mein Gott, ich habe es verloren. Ich bin nicht mehr sexy.« Diese Angst kann die sexuelle Reaktion weiter erschweren; es ist nicht leicht, gleichzeitig bekümmert und sexy zu sein. Wenn wir dagegen mit einer langsameren Gangart *rechnen,* können wir uns beim sexuellen Vorspiel entspannen, da wir wissen, daß es uns trotzdem an den gleichen Punkt bringen wird.

William Masters und Virginia Johnson, Pioniere bei der Erforschung der menschlichen Sexualität, schrieben in *Human Sexual Response*, daß Frauen in buchstäblich jedem Alter die volle Fähigkeit zum Orgasmus besitzen, vor allem, wenn sie regelmäßig wirksame sexuelle Stimulierung erleben. »Kurz, weiblicher Sexualität ist durch das Fortschreiten der Jahre keine zeitliche Grenze gesetzt.«

»Wenn sie bei guter Gesundheit sind«, sagte Dr. Wardell Pomeroy, ein Kollege des Sexualforschers Alfred Kinsey, können Frauen, die älter werden, »ebenso Orgasmen und auch multiple Orgasmen haben wie mit 40 oder 50 Jahren, *was ihre erlebnisstärkste Zeit ist.*«[3]

Bei einer Umfrage unter 800 amerikanischen Männern und Frauen, durchgeführt von Bernard Starr und Marcella Weiner, antworteten 87 Prozent der weiblichen Probanden, der Sex sei nach der Menopause noch genauso wie früher oder sogar besser. Die meisten von ihnen waren sexuell aktiv.[4]

»Benutze es, oder du verlierst es«, ist ein populäres, wenn auch etwas beunruhigendes Rezept für menopausale Frauen. Tatsache ist, daß bei sexuell aktiven Frauen die vaginale Atrophie signifikant geringer ist. Philip Sarrel zeigt in *Sexual Turning Point*, daß Sex, ob mit einem Partner oder durch Masturbation, dazu beiträgt, die Elastizität und damit die Funktionalität der Vaginalwände aufrechtzuerhalten. Er fördert auch die Gleitfähigkeit. Außerdem wird das Vaginalgewebe durch Massage – entweder bei der Masturbation oder bei koitaler Aktivität – stärker durchblutet, was die Zellen vervielfacht und verdickt und so die Atrophie verringert. Einige Studien haben gezeigt, daß Koitus plus Masturbation zur Vorbeugung gegen mangelnde Befeuchtung und vaginale Atrophie wirksamer ist als der Koitus allein.

Die verringerte Intensität der Orgasmen während der Menopause kann auf eine geringere Durchblutung der Vagina zurückzuführen sein. Bei jüngeren Frauen kommt es zu einem starken Blutandrang im äußeren Drittel der Vagina, wenn sich der Orgasmus nähert. Nach der Menopause, wenn dieser Bereich weniger durchblutet ist, erzeugt sexuelle Erregung keinen so starken genitalen Blutandrang. Was Masters und Johnson als »orgasmisches Plateau« bezeichnen, ist nicht so groß, und infolgedessen ist auch der Orgasmus schwächer. Ältere Frauen erleben während des Orgasmus auch weniger vaginale Kontraktionen, etwa drei bis fünf, verglichen mit fünf bis zehn in der Jugend.[5]

Für einige der Patientinnen der Yale Clinic war das Orgasmusproblem eindeutig ein klitorales. »Meine Klitoris ist unempfindlicher geworden und reagiert sehr schwach«, sagte eine. Solche Beschwerden sind häufig auf eine Atrophie der Klitoris zurückzuführen.[6] Östrogenmangel kann schließlich dazu führen, daß das Organ schrumpft – obwohl auch dies, wie so viele mit Östrogen zusammenhängende Veränderungen, mittels Behandlung rückgängig zu machen ist.

Diejenigen, die feststellen, daß ihre Orgasmen schwächer oder seltener werden, erfahren vielleicht, daß eine Hormonsubstitutionstherapie hilfreich ist. In der Londoner Menopause-Untersuchung war eine von vier Frauen nach den Wechseljahren nicht mehr in der Lage, Orgasmen zu haben, doch unter Hormonsubstitutionstherapie wurden 80 Prozent wieder zu Orgasmen fähig.[7]

Bei Frauen, die sich einer Hormontherapie unterziehen, ist die Wahrscheinlichkeit größer, daß sie starkes Interesse an Sex haben, Orgasmen erreichen, ihr Sexualleben als »erfreulich« bezeichnen und masturbieren, berichtet Sarrel in *Sexual Turning Points*.[8] Angesichts all dessen ist es nicht überraschend, daß sie auch mit doppelt so hoher Wahrscheinlichkeit in einer sexuellen Beziehung stehen.

Philip Sarrels Londoner Menopause-Untersuchung wollte feststellen, was die Frauen, die von keinerlei sexuellen Problemen berichteten, gemeinsam hatten, und was dabei herauskam, ist faszinierend. Eine von drei dieser »Sex ist toll«-Frauen hatte einen neuen Partner. Ein solcher scheint das sexuelle Interesse neu zu beleben, und das wiederum kann andere sexuelle Probleme fernhalten. (Tierforscher haben eine ähnliche Beobachtung gemacht, nämlich, daß ein neuer Partner erhöhte sexuelle Aktivität auslöst, ein Phänomen, das sie den »Neuheitseffekt« nennen.)

Für Frauen ohne Sexualpartner – oder Paare, die ihr Repertoire erweitern wollen – kann vielleicht ein Massagestab diesen »Neuheitseffekt« bringen. Eine Zeitung beschrieb den »Prelude 3« von Windemere, ein Modell komplett mit Optionen wie beim »G-Spotter Plus«, der die Massage der Beckenbodenmuskeln erlaubt, als »benutzerfreundlich«. Wie die Zeitung witzelte, bietet »Prelude 3 sicheren Sex, weniger Verletzungen des Handgelenks und die Freude, den Typ an der Bar da zurückzulassen, wo Sie ihn getroffen haben«.[9]

Manche Frauen finden den Orgasmus in der Lebensmitte besser als in jüngerem Alter. »In den ersten 30 Jahren des Ehelebens konnte ich den Orgasmus durch Stimulation über der oder rund um die Klitoris erreichen, aber eine direkte Berührung der Klitoris konnte ich nicht ertragen«, sagte eine Frau in der Yale Clinic. Die Menopause brachte ihr einen überraschenden Gewinn. »Jetzt kann ich direkte Stimulierung der Klitoris genießen, und ich habe zum erstenmal in meinem Leben festgestellt, daß ich multiorgasmisch bin.«[10]

Einige der Frauen, die ich interviewte und die Ende 40 oder in den Fünfzigern waren, berichteten von längeren Perioden sexueller Abstinenz. Nicht alle waren unglücklich über diese Situation, einige betrachteten sie als natürlich, als eine Art Winterschlaf. »Vor fünf Jahren hätte ich nie gedacht, daß ich mehrere Jahre ohne Sex leben würde«, sagt eine 51jährige Künstlerin.[11] In Wirklichkeit fand sie das jedoch nicht sonderlich besorgniserregend. »Ich habe nicht das Gefühl, daß Sex etwas ist, das mich verlassen hat und nie wieder zurückkommen wird. Ich meine, wenn man keinen Sex haben wird, warum soll man dann die ganze Zeit erregt und frustriert und unglücklich sein? Es ist fast, als ziehe sich der Körper in einen Zustand von Selbstschutz zurück, wenn man keine sexuellen Ventile hat. Ich bin überzeugt, daß ich sexuell erregt wäre, wenn ich morgen eine Beziehung beginnen würde.«

Oft ist nur die Ankunft eines attraktiven Partners erforderlich, um den Sex wieder zu beleben. »Zwei Jahre lang hatte ich überhaupt keinen Sex und war ziemlich verzweifelt darüber. Ich hatte das Gefühl, irgendwie zu schrumpfen«, sagt Hedda. »Dann lernte ich einen Mann kennen, zu dem ich eine sehr starke Verbindung hatte, und spürte die Rückkehr überaus heftiger sexueller Gefühle. Ich dachte: ›So, so, *das* ist also noch da?‹«

Die Vagina in der Menopause

»Ich glaube, ich fange an, ein bißchen zu schrumpfen«, erzählt Willa Catherine.

»Du meinst deine Vagina?«

»Ja.«

»Wirklich?«

»Ich weiß nicht. Dieser Mann, mit dem ich zusammen bin, ist sehr groß, also ist das schwer zu sagen.«

»Vielleicht reagierst du auf seine Größe.«

»Tja, ob es Trockenheit ist, ob ich geschrumpft bin oder ob es seine Größe ist, wer weiß?«

»Verhindert Östrogencreme nicht die vaginale Atrophie?«

»Angeblich ja. Meine Nachbarin Mary Par war total atrophiert. Sie hatte lange Zeit sehr wenig Sex, aber dann fand sie einen neuen Freund, und da stellte sie fest, daß sie...«

»... atrophiert war.«

»*Total.* Sie fing an, die Creme zu benutzen, und das brachte die Sache wieder in Ordnung.«

Eine Frau, die sich selbst immer als heißblütig und sexy betrachtet hat, kann den Verlust der sexuellen Säfte als Schlag gegen das Ego erleben, als entnervenden Vorboten des Alters. Eine Medizinjournalistin, die ich interviewte, sagte, anfangs habe der Verlust der Gleitfähigkeit sie fürchten lassen, sie sei sexuell »nicht mehr zu gebrauchen«. »Ich dachte: ›O Gott, soll das das Ende meines wunderbaren Sexuallebens sein?‹« Wie sehr Frauen unter diesem Symptom leiden, spiegelt sich in der Sprache wider, die sie benutzten. Einige in Coles Studie verglichen die Art, wie ihre Vagina sich anfühlte, mit der »Wüste Sahara«, »Sandpapier« und »weißem Pergament«.[12]

Wenn die Ovarien eine angemessene Menge Östrogen ausschütten, so erfolgt das Schlüpfrigwerden der Vagina im allgemeinen nach zehn bis 30 Sekunden Erregung, doch wenn das Östrogen weniger wird, kann es ein bis drei Minuten dauern, und die Befeuchtung ist möglicherweise geringer. Fast die Hälfte der Frauen, die die London Menopause Clinic aufsuchten, klagten über Vaginaltrockenheit.[13]

Vaginale Atrophie, die eine Folge des Östrogenverlusts ist, tritt bei zehn bis 20 Prozent der Frauen auf.[14] Manchmal kommt es infolge der Atrophie zu Infektionen. Wenn das Östrogen abnimmt, werden die Zellen der Vagina weniger sauer und können daher die schützenden Bakterien weniger gut nähren, die gewöhnlich in den Vaginalsekreten enthalten sind. Dann kann der Geschlechtsverkehr die Vaginalwände reizen, was zu Vaginitis führt. Wenn es zu vaginalen Blutungen kommt oder der Geschlechtsverkehr schmerzhaft ist, läßt das Interesse am Sex nach – zumindest zeitweilig.

Mit der Zeit wird das Gewebe zwischen Vagina und Urethra dünner, was Kontinenzprobleme verursacht. Unmittelbar vor dem oder während des Orgasmus kann eine Frau ein wenig Urin verlieren. Einige werden damit gut fertig, andere kommen schlechter zurecht. Eine Frau sagte einem Forscher an der *Yale Menopause Clinic*, aufgrund ihrer Tendenz, Urin zu verlieren, habe sie eine Phobie dagegen, mit ihrem Mann zu schlafen.

Lange Perioden sexueller Abstinenz erhöhen die Wahrscheinlichkeit vaginaler Atrophie.[15] Umgekehrt lassen sich atrophische Veränderungen durch sexuelle Aktivität verhindern oder wenigstens verringern; sie stimuliert die vaginalen Gewebe und hilft mit, Veränderungen in der vaginalen Schleimhaut und den Sekretionen zu verhindern.[16] Selbst in Fällen, in denen die Vaginalöffnung so geschrumpft ist, daß der Geschlechtsverkehr nicht mehr möglich ist, kann orales Östrogen und/oder direkt auf die Vagina aufgetragene Östrogencreme in Verbindung mit einer sanften Dehnung das Problem ziemlich rasch beseitigen.[17]

Ohne ausreichende Gleitfähigkeit kann die Penetration schmerzhaft sein. Normalerweise neutralisiert die Befeuchtung der Vagina das alkalische Ejakulat, doch wenn weniger Feuchtigkeit da ist, kann das Ejakulat zu einem Reizstoff werden. Wie zu erwarten, empfinden Frauen, die unter unbehandelter Trockenheit leiden, weniger Verlangen und fangen möglicherweise an, sexueller Aktivität aus dem Weg zu gehen.

Mangelnde Lubrikation kann auch unerwünschte psychologische Auswirkungen haben. Wenn eine Frau oder ihr Partner meint, das langsamere Feuchtwerden bedeute, daß sie nicht erregt ist, so kann es zu Mißverständnissen und Abwehr kommen. Beide Partner müssen wissen, daß das langsamere und geringere Feuchtwerden in der Lebensmitte normal und *physiologisch* bedingt ist.

Zwischen 20 und 30 Prozent der Frauen in der Yale Menopause Clinic berichteten von einer Überempfindlichkeit, die sie veranlaßte, nicht berührt werden zu wollen – nicht nur sexuell, sondern auf *irgendeine* Weise. Selbst die Reibung der eigenen Kleidung auf der Haut verursachte ihnen Unbehagen.[18] »Ich weiche Berührungen und ihrer Rauheit jetzt aus. Ich fürchte, verletzt zu werden«, gestand eine Patientin Ellen Cole.[19] Eine Frau, die ich interviewte, sagte, sie wünsche sich zwar manchmal Sex, »doch zu anderen Zeiten will ich nicht angefaßt werden. ›Komm mir nicht zu nahe!‹ könnte ich schreien.«

Was der Grund hierfür ist, ist nicht genau bekannt, aber Sarrel meint, östrogenbedingte Änderungen der Zeit, die Nervenimpulse brauchen, um von einer Zelle zur anderen zu wandern, könnten möglicherweise die Berührungswahrnehmung beeinflussen.[20] Es kann unglückliche Folgen haben, wenn man das Symptom mißdeutet – und nicht behandelt. Eine 49jährige Frau, die soeben zu menstruieren aufgehört hatte, erlebte im ersten Jahr einer Beziehung großartigen Sex. Dann fing sie allmählich an, sexuellen Kontakt zu vermeiden. »Ich mochte nicht, wie es sich anfühlte, wenn er mich berührte«, erinnert sie sich, »und wir beide haben das falsch interpretiert. Die Tatsache, daß meine Vagina nicht mehr feucht wurde, war so eine Art Bestätigung dafür.«[21]

Weil keiner von beiden begriff, daß ihre Symptome physiologisch bedingt waren, entwickelten sich Gefühle der Zurückweisung und geringeren Selbstwerts, und die Beziehung zerbrach schließlich. Einige Zeit nach der Trennung begann die Frau mit einer Hormontherapie, und siehe da, die Aversion gegen Berührung schwand. »Ich bin sogar kürzlich zu ihm zurückgegangen, und der Sex war wie in alten Zeiten, doch jetzt ist er ziemlich fest mit einer anderen Frau befreundet, also nehme ich an, daß es für uns keine Zukunft gibt. Das macht mich wirklich wütend.«[22]

Östrogensubstitution normalisiert die Lubrikation binnen fünf oder sechs Tagen. Auch Gleitmittel wie Vitamin-E-Creme oder -Öl, K-Y-Gelee oder Replens, direkt auf die Vagina aufgetragen, lindern die Trockenheit. Einige Frauen sind in der Anwendung von Gleitmitteln unsicher, da sie fürchten, Männer würden davon abgeschreckt. »Ich glaube nicht, daß ich mich jemals an die Mechanik der künstlichen Befeuchtung werde gewöhnen können«, sagte eine Frau zu Ellen Cole. »Mein Mann ist geduldig und freundlich, aber ich glaube, allmählich langweilt ihn das. Geplanter Verschleiß, das bin ich.« *Hot Flash*, ein Informationsblatt für menopausale Frauen, schlägt vor, das Gleitmittel während des genitalen Vorspiels von beiden Partnern auftragen zu lassen. »Das vermeidet das psychologische Trauma, wenn die Frau daran erinnert wird, daß ihr Körper weniger reaktionsfähig und ein Gleitmittel erforderlich ist.«[23]

Eine Frau erzählte mir, sie verringere das Gefühl, es liege an *ihr*, indem sie das Gleitmittel auf den Penis ihres Mannes auftrage.

Vergessen Sie nicht, daß hormonelle Veränderungen auch die sexuelle Reaktionsfähigkeit älterer Männer beeinflussen. Denken Sie daran, daß der Penis des Mannes oft gewisse Arten des Streichelns braucht, um zu erigieren. Solches Streicheln oder Küssen *könnte* als mechanisch empfunden werden, doch meist wird es bloß als Teil des sexuellen Austauschs erlebt. Die Vagina schlüpfrig zu machen, auf welche Weise auch immer, kann genauso als Teil des sexuellen Spiels erfahren werden.

Hormone und Verlangen

Während der ganzen Lebensspanne korrelieren hohe Östrogenpegel mit starkem Verlangen. Im Laufe des Menstruationszyklus verändert sich der Östrogenspiegel. Bei geringem Östrogen in den zwei Wochen vor der Periode erleben die meisten Frauen ein leichtes Nachlassen des Sexualtriebes. Das scheint zum Plan der Natur für die Erhaltung der Spezies zu gehören. Das Verlangen ist zum Zeitpunkt der Ovulation am größten, und dann ist auch der Östrogenspiegel am höchsten.

Die Östrogenmenge, die wir zu *jeder beliebigen* Zeit des Monats produzieren, sinkt langsam ab, wenn die Menopause näherkommt. Frauen stellen daher vielleicht fest, daß sie sexuell weniger erregt werden. Ähnliches passiert Männern in der Lebensmitte, die ebenfalls anfangen, ihre Sexualhormone zu verlieren. Doch bei Frauen erfolgt dieses Absinken nicht so allmählich wie bei Männern, und aus diesem Grunde kann es manchmal stärker bemerkbare Auswirkungen haben (der Verlust des Verlangens ist eventuell eine davon). Bei einer Studie der *Stanford University* sagten 20 Prozent der Frauen, deren Östrogenspiegel sank, obwohl sie noch menstruierten, sie seien beim Sex häufig nicht erregt.[24]

Nicht alle Frauen sind nach der Menopause weniger an Sex interessiert, doch diejenigen, denen es so ergeht, bekommen möglicherweise wenig Mitgefühl von denen, die sagen, sie hätten sich noch nie so sexy gefühlt, und die manchmal eine hochmütige Haltung einnehmen, als seien sie eben von Haus aus sexueller. Oder die so tun, als entgingen sie aufgrund überlegener emotionaler Gesundheit den Unzulänglichkeiten, die uns übrige heimsuchen. Das gleicht der Einstellung mancher Frauen mit schmerzlosen Perioden gegenüber solchen, die in den Tagen vor der Menstruation zu leiden haben. »Das spielt sich alles im Kopf ab«, denken diese Königinnen.

Tatsächlich spielt sich vieles davon in unserem Kopf oder, genauer, in unserem Gehirn ab. Mit Sicherheit hat die Umgebung einen Einfluß darauf, wie bereit, willens und fähig wir zum Sex sind, doch die Gehirnchemie spielt ebenfalls eine Rolle. Die Neurowissenschaft entdeckt allmählich einige metabolische Hinweise darauf, warum das Verlangen in der Menopause nachläßt. Serotonin ist einer der Neurotransmitter im Gehirn, welche die Libido regulieren; Studien zeigen, daß mit der Verringerung von Serotonin auch der Östrogenspiegel fällt. Wenn das Östrogen durch eine Hormontherapie ersetzt wird, kann ein höherer Pegel von Serotonin im Gehirn aufrechterhalten werden und damit auch das sexuelle Verlangen.

Unglücklicherweise fühlen Frauen sich häufig schuldig, wenn ihre Libido geringer wird, und machen sich Sorgen, welche Auswirkungen das auf ihren Partner hat. »Verweigere ich mich ihm wegen etwas, das er früher am Tag getan hat?« fragte eine Frau in der *Yale Menopause Clinic*. »Warum bin ich so kleinlich geworden? *Früher* habe ich Streitigkeiten nie mit ins Bett genommen.«[25]

Wenn wir erst einmal anfangen, uns selbst die Schuld zu geben, geraten wir in einen Teufelskreis. Der Verlust an sexuellem Interesse verursacht uns Schuldgefühle, diese wiederum verringern unser Interesse am Sex noch mehr, und so geht es weiter. Da wir nicht wissen, was passiert oder warum oder auch nur, daß es möglicherweise bald *nicht mehr* passiert (gewisse Nebenwirkungen eines verringerten Östrogenspiegels, darunter Schlaflosigkeit, Hitzewallungen und sogar Libidoverlust, können verschwinden, wenn unser Körper sich an die Hormonverschiebung angepaßt hat), neigen wir dazu, dem aus dem Weg zu gehen, was uns peinlich ist oder Unbehagen verursacht.

Eine Frau, die ich interviewte und die eine zufriedenstellende, positive Beziehung zu ihrem zweiten Ehemann hat, macht sich dennoch Sorgen über ihr schwankendes Verlangen. Sie ist 52. »Es gibt Zeiten, in denen ich mich sehr erregt und sexuell fühle und wirklich dauernd Sex haben möchte. Und es gibt Zeiten, da habe ich überhaupt kein Interesse. Und dann bekomme ich Angst und frage mich, was da nicht stimmt. Wie kommt es, daß wir keinen Sex haben? Stimmt mit uns etwas nicht?«

Es kann unheilvoll sein, wenn wir unser gegenwärtiges Verlangen damit vergleichen, wie wir uns vor Jahren fühlten. »Als ich jünger war, war ich sehr sexuell, sehr viel mehr als heute. Als Richard und ich uns kennenlernten, waren wir sehr sexuell, sehr, sehr sexuell. Daher weiß ich nicht, ob all das bloß Teil einer beginnenden Beziehung und der damit verbundenen Erotik war oder ob das Leben eben so ist. Ich meine, das Leben stellt sich einem in den Weg, wirklich. Ich weiß nicht, ob das Alter etwas damit zu tun hat. Ich weiß nicht, ob ich mir selbst Schranken auferlege, ob ich mich selbst daran hindere, einfach loszulassen. Ich weiß nicht, was zuerst kommt.«

Nach dem Alter von 45 soll die Libido bei Frauen in der Lebensmitte um 25 bis 65 Prozent absinken, je nach Studie.

43 Prozent der menopausalen Frauen in einer australischen Untersuchung sagten, Sex habe für sie wenig oder gar keine Bedeutung.[26] Die Zahl erscheint mir hoch. Die Frauen, mit denen ich sprach, taten das Nachlassen ihres Sexualtriebes durchaus nicht so ab; die meisten fanden es zumindest schmerzlich. Andere fürchteten, das Absinken signalisiere das Ende. »Früher liebten wir uns jede zweite Nacht. Jetzt ist diese Intensität nicht mehr da«, meinte eine Frau. »Ich hoffe, daß sie nicht total verschwindet.«

»Es war, als wäre ich an einem Tag noch ich selbst und jung gewesen und am nächsten Tag buchstäblich nicht mehr«, sagte Delcy, als sie die Veränderungen beschrieb, die sie erlebte. »Über Nacht war mein Sexualtrieb um drei Viertel verringert. Eine Zeitlang war er überhaupt nicht mehr vorhanden. Ich meine, es ist eine chemische Sache, verdammt. Wenn man nicht genug Östrogen hat, empfindet man kein Verlangen. Man hat *Erinnerungen* an sexuelles Verlangen, aber man hat kein Verlangen. Man empfindet *Zuneigung* zu einer Person. Man paßt sich an, weil man die Person liebt. Aber man hat keine Lust.«

Hier kann ein stützender Partner von entscheidender Bedeutung sein. Delcy war traurig und wütend, aber sie hatte das Glück, Hilfe zu bekommen. »Ich habe einen äußerst geschickten und geduldigen Ehemann, der mich anbetet und liebt«, sagt sie. »Andy war bei mir, von Anfang bis Ende. Er sagte, was immer geschehen würde, wir würden damit fertig. Wenn mein Sexualtrieb nachlassen würde, dann würden wir einen Weg finden, das zu bewältigen.«

Mit Hilfe einer Hormontherapie konnte Delcy den größten Teil ihres befriedigenden Sexuallebens zurückgewinnen. »Ich sage Ihnen, als ich einen Orgasmus hatte, wäre ich beinahe ausgegangen, um das zu feiern. Es war, als wäre ich endlich wieder lebendig!«

Hysterektomien, bei denen die Ovarien und der Uterus entfernt werden, können verheerende Auswirkungen auf die sexuelle Lust haben. Jeder zweiten Amerikanerin wird von Ärzten geraten, eine Hysterektomie vornehmen zu lassen, und eine von dreien folgt diesem Rat. (In Europa unterzieht sich nur etwa eine von 25 Frauen dieser Operation.)[27] In manchen Fällen ist ein chirurgischer Eingriff vielleicht nötig, um ein bösartiges Gewächs zu entfernen oder eine andere lebensbedrohliche Krankheit zu behandeln, doch die Anzahl der Hysterektomien in unserem Land geht weit über die medizinische Notwendigkeit hinaus. Eine der unglückseligen Folgen hiervon ist, daß zahllose Frauen vorzeitig in die Menopause eintreten. Und viele, wenn nicht die meisten, sind von ihren Ärzten nicht vollständig darüber aufgeklärt worden, wie sich die Entfernung der Ovarien auf ihr Sexualleben auswirken wird.

Vive la Testosteron-différence!

Wir sind daran gewöhnt, Östrogen als das »weibliche Hormon« und Testosteron als das »männliche Hormon« zu betrachten, doch tatsächlich produzieren Männer *und* Frauen beide, wenn auch Männer geringere Östrogenmengen und Frauen geringere Testosteronmengen haben. Insgesamt weisen Frauen nur sechs bis zehn Prozent des Testosterons bei Männern auf. Ein Drittel davon wird in den Ovarien produziert, und wenn die Ovarialproduktion in der Menopause nachläßt, verlieren Frauen einen guten Teil ihres Testosterons. Wenn der Prozentsatz dieses Hormons auch bei Frauen im Vergleich zu Männern gering ist, so ist seine Bedeutung für das weibliche Wohlbefinden doch wesentlich größer, als früher erkannt wurde.

Alle Frauen verlieren in der Menopause Testosteron, doch diejenigen, deren Menopause durch die chirurgische Entfernung der Eierstöcke abrupt herbeigeführt wird, erleben einen scharfen Abfall des Hormons, wie Sherwin 1993 den Wissenschaftlern beim Menopause-Workshop des NIH berichtete.[28] Sie habe sich gefragt, welche Auswirkungen diese dramatische Verringerung von Testosteron bei Frauen in der Lebensmitte tatsächlich hätte. Um das herauszufinden, verabreichten sie und Dr. Morrie Gelfand an der *McGill University Menopause Clinic* einer Gruppe menopausaler Frauen Testosteron. Und siehe da, im Vergleich zu Frauen, die bei der Untersuchung nur Östrogen erhielten, stiegen bei diesen Frauen das Verlangen, die Erregung, die Anzahl der Phantasien sowie die Orgasmus- und Koitusraten signifikant an.

Auch menstruierende Frauen reagieren in ihrem Verhalten auf den Testosteronpegel. »Die Daten über den Menstruationszyklus zeigen, daß Frauen, die in der Mitte des Zyklus höhere Spitzenspiegel (an Testosteron) haben, auch eine größere Häufigkeit von sexuellem Interesse, autoerotischem Verhalten und manchmal Geschlechtsverkehr während des ganzen Zyklus aufweisen«, berichtete Sherwin in einem Artikel in *Psychobiology*.[29] »Natürlich müssen weitere Arbeiten über die Rolle des Testosterons bei der weiblichen Sexualität durchgeführt werden, aber die Konsequenz, mit der die verfügbaren

Daten auf dessen verstärkende Effekte schließen lassen, ist zwingend.« Testosteron, schrieb sie, sei möglicherweise »entscheidend« für die Aufrechterhaltung »optimalen sexuellen Funktionierens« bei Frauen nach der Menopause.

Das Hormon hat auch eine deutliche Wirkung auf die Energie postmenopausaler Frauen. Verglichen mit Probandinnen, die nur Östrogen erhielten, fühlten sich diejenigen, deren Hormontherapie mit Testosteron ergänzt wurde, »gelassener, heiterer und energiegeladener«. Als ich sie in ihrem Büro an der McGill University interviewte, berichtete Sherwin mir von einer Politikerin, die nach der Menopause soviel Energie einbüßte und sich so erschöpft fühlte, daß sie ihren Terminplan stark reduzieren mußte. Nachdem man ihre Östrogentherapie mit Testosteron anreicherte, gewann sie die Energie zurück, die sie vor der Menopause besessen hatte.

In Großbritannien ist die Gabe von Testosteron an menopausale Frauen zur Verbesserung der Libido ein relativ alter Hut. Ein Gynäkologe am *Chelsea and Westminster Hospital* in London verschreibt gegenwärtig 25 Prozent seiner postmenopausalen Patientinnen Testosterontabletten, wie John M. Hoberman und Charles E. Yesalis Anfang 1995 im *Scientific American* berichteten.[30]

Germaine Greer schreibt allerdings, daß in England »nur Frauen, die Teil eines heterosexuellen Paares sind«, das Medikament verschrieben bekommen.[31] Anscheinend betrachten die Briten das Hormon als so wirksam, daß sie Angst haben, wenn alleinstehende und/oder lesbische Frauen es in die Hände bekämen, würde deren postmenopausaler Sex das Empire ruinieren. (Es gibt einen »Deckeneffekt« beim Testosteron, eine obere Schwelle, jenseits derer es das sexuelle Verhalten nicht beeinflußt, sagt Sherwin. Man hat auch nicht nachweisen können, daß es das Verhalten prämenopausaler Frauen mit normalem Testosteronspiegel beeinflußt.)

Greer hat etwas gegen Testosteron, sogar bei verheirateten Frauen. »Wenn wir einer verheirateten Frau, die das Interesse am Sex verloren hat, ein männliches Hormon geben, dann passen wir ihre Sexualität bewußt der ihres Mannes an; die ganze Sache riecht nach weiblicher Bereitschaft, für ein ruhiges Leben alles zu tun«, schreibt sie in *Ab 40*.[32]

Irgendwie scheint Greer die Möglichkeit, daß vielleicht auch die

Ehefrau daran interessiert ist, ihr Sexualleben zu retten, gar nicht in den Sinn gekommen zu sein. Margaret, die ich nicht lange nach einer Hysterektomie und Ovarektomie interviewte (siehe vorhergehendes Kapitel), war am Boden zerstört, als die Operation ihr das Verlangen nahm und sie, zumindest anfangs, keinen Orgasmus mehr hatte. »Sex war immer ein zutiefst wichtiger Teil meiner Beziehung zu meinem Mann«, erzählte sie mir. »Die Vorstellung, das zu verlieren, war qualvoll für mich.« Östrogen verhalf ihr wieder zu Orgasmen, aber es brachte nicht das frühere Verlangen und die Lust zurück. Als ich ihr von Sherwins Forschungsarbeiten über Testosteron erzählte, sagte sie: »Ich werde sofort mit meinem Gynäkologen reden.«

Ein Jahr später sprach ich erneut mit Margaret und erfuhr, daß ihr Gynäkologe sich weigerte, ihr Testosteron zu verschreiben. Doch schließlich siegte sie doch, und zwar dank des besorgten Eingreifens ihrer Schwiegermutter, die in den Siebzigern ist. »Liebes«, sagte diese zu ihr, »ich habe etwas für dich.« Interessanterweise war Margaret diejenige gewesen, die ihrer Schwiegermutter als erste von der Nützlichkeit des männlichen Hormons für postmenopausale Frauen erzählt hatte. Und ihre Schwiegermutter, die in Florida lebt und in dritter Ehe glücklich ist, konnte jemanden dazu bewegen, ihr ein Östrogen-Progesteron-Kombinationspräparat zu verschreiben. »Ich habe zwei Flaschen davon«, sagte sie zu Margaret. »Ich gebe dir eine ab.«

Die Pille kombinierte 0,625 Milligramm Östrogen – die gleiche Menge, die ihr eigener Arzt Margaret verschrieben hatte – mit 0,5 Milligramm des magischen Testosterons. Zwei Wochen nach Beginn der Einnahme, so sagte Margaret mir, hatte sie wieder sexuelle Träume und spürte im wachen Leben neues Verlangen. »Und außerdem«, sagte sie, »sind die Muskeln in meinen Oberschenkeln stärker. Sie taten mir inzwischen beim Treppensteigen weh, und nun laufe ich die Treppe hinauf wie ein junges Mädchen und spüre nichts.«

Obwohl die Testosterondosis, die menopausalen Frauen verschrieben wird, klein ist, gibt es Berichte darüber, daß sie bei 15 bis 20 Prozent der behandelten Frauen milden Hirsutismus (Haare, wo man keine haben will) erzeugt habe. Barbara Sherwin sagte mir ohne nähere Angaben, diese Nebenwirkung, sollte sie denn auftreten, gehe zurück, sobald die Dosis verringert werde. (Die Idee ist schließlich, daß Sie ein Hormon ersetzen, das Ihr Körper früher selbst produzierte – und ihm nicht etwas zuführen, das er zuvor nicht hatte.)

Unerwünschte Haare sind ein gefühlsgeladenes Thema, selbst bei einigen Wissenschaftlerinnen. Sheryl Sherman, eine Biologin, die die NIH-Konferenz über die Menopause organisierte, sagte mir, ihrer Meinung nach gebe es nicht genug Daten, welche die Theorie stützen, durch Testosteron erzeugter Hirsutismus sei reversibel. Während eines Telefongesprächs sagte sie: »Ich möchte nicht gern etwas einnehmen, von dem mir Haare auf der Brust wachsen. Sie ist jetzt schon klein, aber wenn sie behaart wäre, wäre sie noch weniger attraktiv.«[33]

»Aber Sie würden doch nichts anderes tun, als die Menge zu ersetzen, die Sie früher hatten und die verlorenging, als die Ovarien ihre Funktion einstellten, nicht?« sagte ich.

»Das ist richtig.«

»Dann wäre Ihr Hirsutismus-Risiko also ziemlich gering.«

»Stimmt. Aber vergessen Sie nicht, daß die Dosen bei verschiedenen Personen unterschiedlich sein können. Und wir wissen nicht, was die optimale Dosis ist. Während wir das feststellen, könnten wir ein paar unangenehme Nebenwirkungen erzeugen.«[34]

Barbara Sherwin, die die Verwendung von Testosteron an einer großen Zahl von Patientinnen der McGill Menopause Clinic untersucht hat, ist zuversichtlicher. »Wir verwenden dieses Medikament häufig. Es gibt einige Nebenwirkungen, nichts ist ohne Nebenwirkungen. Aber wenn man eine moderate Dosis verabreicht, und wir wissen, was eine moderate Dosis ist, dann sind die Nebenwirkungen absolut minimiert und treten bei den meisten Frauen nicht auf.«

»Und wenn, was der Himmel verhüten möge, Haare zu wachsen beginnen, wo sie unerwünscht sind?« fragte ich.

»Dann senken wir die Dosis, und sie verschwinden«, sagte Sherwin.

Bei der Bestimmung, welcher Frau Testosteron helfen könnte, läßt Sherwin sich davon leiten, was die Frau über ihre Unzufriedenheit mit ihrem sexuellen Interesse *und* die Stärke ihres sexuellen Interesses vor der Menopause aussagt. »Oft sagen mir Frauen, wenn ich sie danach frage: ›Ja, alles ist großartig. Die Beziehung ist fabelhaft. Die Kinder sind aus dem Haus.‹ Die Eheleute verbringen mehr

Zeit zusammen. Sie genießen einander. Wenn die Frau dann sagt: ›Vielleicht liebe ich ihn nicht wirklich, weil ich einfach nicht mehr an Sex interessiert bin‹, dann finde ich Testosteron für eine solche Frau sehr effizient.«

Wenn die Frau dagegen nie sonderlich an Sex interessiert war, auch früher nicht, dann hat Sherwin wenig Hoffnung, ihr Verlangen mit einem Hormon steigern zu können. »Bei den Frauen, die vor der Menopause ein befriedigendes Sexualleben hatten, passiert nichts anderes als dessen Wiederherstellung. Sie können wieder da anknüpfen, wo sie aufgehört hatten. Sie empfinden wieder Verlangen. Das ist der Unterschied, und er ist klinisch sehr auffallend. Da gibt es gar keine Frage.«

Viele Frauen wissen nicht, daß in unserem Land Testosteronpräparate zur Verfügung stehen. Sherwin schreibt diesen Informationsmangel der Frauen der Rückständigkeit der Gynäkologen und der Tabuisierung der Lust älterer Frauen zu. »Die Sexualität postmenopausaler Frauen wird noch immer unter der Decke gehalten. Viele Gynäkologen fragen einfach nicht danach, weil sie nichts davon hören wollen. Sie fühlen sich überhaupt nicht wohl bei der Diskussion von Sexualität, und außerdem wollen sie keine Informationen über Dinge erfragen, gegen die sie nichts tun können. Im übrigen wird die Sache bei Frauen nicht als ganz ernst oder diskussionswürdig betrachtet. Wenn Frauen kein sexuelles Verlangen empfinden, können sie trotzdem Sex haben. Also nimmt man das bei Frauen auch heute noch nicht recht ernst.«

In Kanada stehen Testosteronpräparate für Frauen seit 25 Jahren problemlos zur Verfügung. Ein kanadischer Kliniker, mit dem ich sprach und der wegen Patientenüberlastung nicht wollte, daß ich seinen Namen nenne, behandelt berufstätige Frauen aus den USA, die vor allem ihre Energie steigern möchten. Sie fliegen nach Kanada, weil sie zu Hause niemanden finden können, der Testosteron verschreibt. »Wir untersuchen und behandeln sie in unserer Klinik, und die Nachfolgeuntersuchungen erfolgen dann telefonisch.«

Die PC-Muskeln: unsere Möglichkeiten erweitern

Hier wieder Willa, stets bereit, darüber zu reden, und Catherine, stets bereit, ihr zuzuhören.

»Ich komme schneller. Mir scheint, als ich jung war, konnte ich einen bestimmten Pegel der Lust...«

»Der Erregung...«

»... länger aufrechterhalten.«

»Ja.«

»Vielleicht ist das eine Muskelsache, die mit den PC-Muskeln zu tun hat. Meine sind ein bißchen schwach, hat mein Arzt gesagt. Wenn ich zum Beispiel springe oder niesen muß, dann verliere ich ein paar Tropfen Urin.«

»Und sie sagen, das hängt direkt mit deinen sexuellen...«

»Den Orgasmen, ja, damit hängt es zusammen. Ich meine, ich habe noch immer tolle Orgasmen, aber sie sind nicht mehr... sie dauern einfach nicht mehr so lange wie früher.«

Eine Frau, die seit zwei Jahren alleinstehend ist, sagte mir, sie mache sich jetzt Sorgen, weil der Muskeltonus ihres Beckenbodens anscheinend verschwunden sei. Dem Rat eines Sexhandbuches folgend, hat sie als Übung versucht, den »Harnstrom zu unterbrechen«, aber das gelang ihr nicht. »Wenn das wirklich ein aussagefähiger Test ist, dann sind meine Muskeln offenbar verschwunden. Was soll ich jetzt machen? Es weiter versuchen?«

Im Alter ab 45 Jahre erleben die meisten Frauen eine gewisse Schwäche der »PC«- oder pubococcygealen Muskeln.[35] Das sind die Muskeln, die die Vagina, den Harnröhrenausgang und die Analregion in Form einer »8« umschließen und das Schambein vorn mit dem Coccyx hinten verbinden. Eine Schwächung oder Erschlaffung dieser Muskeln erfolgt naturgemäß infolge von Alter, Abnahme der Sexualhormone und Schwangerschaft.

Wenn die PC-Muskeln schwach sind, so trägt das sowohl zu Harninkontinenz *als auch* zu Schwierigkeiten bei, den Orgasmus zu erreichen. Gewöhnlich gehen die beiden Symptome Hand in Hand. Nach Meinung von Dr. Winnifred Cutler, die an der *University of*

Pennsylvania Medical School weibliche Sexualität erforscht, haben Frauen, die Urin verlieren, unter Umständen auch Schwierigkeiten, einen vaginal stimulierten Orgasmus zu erreichen. In seltenen Fällen können schwache PC-Muskeln dazu führen, daß beim Sex geringe Mengen Urin abgehen, besonders beim Orgasmus. Dieses Problem ist zu beseitigen oder zumindest größtenteils zu kontrollieren. Denn durch spezifische Übungen *kann* man diese Muskeln kräftigen. Wenn sie nach drei bis sechs Wochen stärker sind, hört der Harnverlust auf, und die Stimulierung der Klitoris führt häufiger zum Orgasmus. Wenn die Muskeln noch kräftiger werden, so kann *sowohl* vaginale *als auch* klitorale Stimulierung den Orgasmus auslösen. *Je stärker die Beckenmuskulatur, desto orgasmischer die Frau.* »Wenn Freud und seine Anhänger sich darauf konzentriert hätten, den Frauen zu helfen, ihre Beckenmuskulatur zu kräftigen, statt ihre kindliche Sauberkeitserziehung zu überwinden«, meint Cutler, »dann wären vaginale Orgasmen vielleicht das Geburtsrecht jeder Frau.«[36]

Wie der Aufbau anderer Muskeln anhand eines Trainingsprogramms mit Gewichten erfordert auch der Wiederaufbau der PC-Muskeln Training und die Durchführung der Übungen in der richtigen Form. Dr. Arnold Kegel stellte als erster den Zusammenhang zwischen schwachen PC-Muskeln und Harninkontinenz unter Streß fest. Wenn er die Patientinnen nach drei bis sechs Wochen solcher Übungen erneut untersuchte, stellte er fest, daß die schlaffen PC-Muskeln straffer geworden waren, daß Uterus, Blase und Perineum höher saßen und daß die Vagina länger und enger war. Außerdem hatte die Stärke der orgasmischen Kontraktionen zugenommen.[37]

Die PC-Muskeln sind sowohl von den Bauch- als auch von den Gesäßmuskeln getrennt. Wenn Sie die richtige Muskelgruppe anspannen, so ziehen sich weder die Bauch- noch die Gesäßmuskeln zusammen. Tatsächlich kann man Ihnen nicht ansehen, wann Sie diese Übungen durchführen.

Die Kegel-Übungen erfordern, daß Sie zuerst die richtigen Muskeln orten (einige bezeichnen sie als zirkumvaginal, also die Vagina umschließend). Ein Forscher rät: »Um die zirkumvaginale Muskulatur zu lokalisieren, setzen Sie sich auf die Toilette, spreizen Sie die Beine und beginnen Sie zu urinieren. Sehen Sie, ob Sie den Harnstrahl unterbrechen und wieder fließen lassen können, ohne die Beine zu bewegen. Wenn Ihnen das gelingt, benutzen Sie die zirkumvaginale Muskulatur.«[38]

Kegel entwickelte ein Biofeedback-Gerät, ein Perineometer, das die Stärke der Muskeln mißt. Das Feedback des Perineometers kann einer Frau helfen, ihre Muskelkraft schneller und gründlicher aufzubauen, wie Forschungsarbeiten der *National Institutes of Health* (NIH) gezeigt haben.[39]

Sie können diese Übungen überall durchführen, im Stehen oder Sitzen. Wenn Sie die Übungen richtig machen, erzielen Sie zwangsläufig Ergebnisse. Hier die Anleitung zu den Kegel- oder Beckenbodenübungen.

Ziehen Sie die Muskeln zusammen und halten Sie sie gespannt, so lange Sie können. Arbeiten Sie sich nach und nach bis auf acht bis zehn Sekunden vor. Dann entspannen Sie die Muskeln und wiederholen Sie die Übung. Beginnen Sie mit 15 Kontraktionen pro Tag und steigern Sie die Anzahl der Übungen jede Woche um zehn weitere, bis Sie 35 bis 40 am Tag schaffen.

Morris Notelovitz beschreibt eine weitere Hilfe zur Entwicklung dieser Muskeln, ein Set von »Gewichten zum Trainung der Beckenmuskulatur«. Dieses Gewichtsset umfaßt fünf Vaginalkegel, die Tampons ähneln und zwischen 20 und 70 Gramm wiegen. Sie beginnen mit dem kleinsten, schieben ihn in die Vagina und halten ihn dort jeweils zehn oder 15 Minuten fest. »Sie müssen Ihre Zirkumvaginalmuskulatur benutzen, um das Gewicht in der Vagina zu halten, sonst fällt es heraus«, erklärt Notelovitz. »Wenn Sie das Gewicht sogar beim Husten oder Lachen halten können, sind Sie bereit, zur nächsten Größe überzugehen.«[40]

Sex und der Mann in der Lebensmitte

»Nur zu oft wird bei der Diskussion über die veränderte Sexualität menopausaler Frauen versäumt, auch die höchst bedeutsamen Veränderungen bei Männern zu erwähnen, (obwohl) durchaus erwiesen ist, daß sexuelle Funktionsstörungen bei einem Partner rasch auch zu sexuellen Funktionsstörungen beim anderen Partner führen können«, sagt David Iddenden.[41] Fast 25 Prozent der menopausalen Frauen bei einer in Stanford durchgeführten Studie erklärten, ihr Partner habe »gewöhnlich« ein Problem mit der Erektion.[42] Man braucht wohl nicht zu erwähnen, daß chronische, unbehandelte Impotenz ihres Partners das Interesse einer Frau an Sex dämpfen kann.

Die beiden von Männern in mittleren Jahren am häufigsten geschilderten Probleme sind Schwierigkeiten, eine angemessene Erektion zu erreichen, und ein verringerter Sexualtrieb. Teilweise ist das auf normale Gefäßveränderungen zurückzuführen, die keine Panik erzeugen müssen, wenn man sie richtig versteht. Diese Veränderungen verschlechtern die Situation nicht, sie wandeln sie nur.

Ähnlich wie bei Frauen können sich Dauer und Intensität des Orgasmus verändern. Bei jüngeren Männern kommt es zu einer Reihe von Kontraktionen, die während der eigentlichen Ejakulation relativ stetig sind. Bei Männern über 50 können sich die Kontraktionen bei der Ejakulation im Rhythmus früher verändern oder weniger stark sein, und der Samenausstoß ist geringer.

Mit 60 haben die meisten Männer noch Sex. Mit 68 Jahren haben etwas weniger als drei Viertel noch immer Verkehr, obwohl manche, die abstinent sind, noch immer Interesse an Sex haben, berichtet Hendricks in *Aging in Mass Society*.[43] Wenn sie die späten Siebziger erreichen, sind nur noch 25 Prozent der Männer sexuell aktiv, und diese Männer werden vermutlich für den Rest ihres Lebens irgendeine Form von Sex haben.

Psychologen weisen darauf hin, daß eine Abnahme der frenetischen sexuellen Energie der Jugend einem bewußteren, entspannteren und emotional offeneren Sexualleben den Weg ebnen kann. *»Männer können in mittleren Jahren wesentlich bessere Liebhaber werden«*, sagte Maggie Scarf einer Gruppe von Therapeuten bei einer von Harvard gesponserten Konferenz über Paarprobleme in mittleren Jahren. »Ihre sich wandelnde Sexualität schafft eine Situation, in der sie einfach ihren Intimpartnerinnen gegenüber verwundbarer geworden sind.«[44]

Wenn ein Mann altert und sein Sexualtrieb nachläßt, braucht er vielleicht mehr direkte genitale Berührungen, um eine volle Erektion zu erreichen – genau wie eine Frau eventuell ein längeres Vorspiel braucht, ehe die Vagina feucht wird. Laut Scarf deuten Männer, die das nicht wissen, die Arbeit, die nun erforderlich ist, um eine Erektion zu erreichen, als »Potenzverlust«, bei dem Alter und Tod nicht mehr fern sind.

Die Frau oder Geliebte eines alternden Mannes mißdeutet vielleicht die Tatsache, daß ihr Partner nur langsam eine Erektion erreicht, als Anzeichen dafür, daß er eine jüngere und sexuell anregendere Partnerin braucht, um in Erregung zu geraten. »Wenn sie mißdeutet, was da passiert«, sagt Scarf, »fordert sie vielleicht, er solle seine Liebe zu ihr und sein Begehren nach ihr dadurch beweisen, daß er gleich von Anfang an seine volle Potenz erreicht. Und damit ist das sexuelle Desaster vorprogrammiert.«

Der Mann, der unter Druck gesetzt wird, das gleiche zu bieten wie in jungen Jahren, kann eine akute sexuelle Leistungsangst entwickeln. »Das Liebeslager ist dann bald kein Hafen mehr, sondern die Bühne, auf der er seine verhängnisvollen und erfolglosen Vorstellungen gibt.« Die Reaktion ist Vermeidung. »Vielleicht wendet er sich völlig vom Sex ab oder jemand Neuem zu, um sich zu bestätigen, daß er begehrenswert und männlich ist.«

Im Alter ab etwa 60 Jahre kann sich der Orgasmus des Mannes schwächer und weniger explosiv anfühlen. Die Refraktärperiode – die Zeit nach einem Orgasmus, die ein Mann braucht, ehe er erneut einen Orgasmus haben kann – nimmt beträchtlich zu. »Der Mann im Teenageralter kann zwei Orgasmen pro Minute haben«, sagt Scarf. »Der Mann, der sich den 60 nähert, kann nur alle 24 bis 48 Stunden einen Orgasmus erleben.« Wenn Männer nicht wissen, daß dies eine normale Erscheinung ist, können sie über die Veränderung sehr bekümmert sein und annehmen, sie verlören »es« völlig.[45]

Marilyn, eine alleinlebende Frau von 62, deren erste Erfahrungen mit Männern um die 50 und 60 begannen, als sie selbst Ende 40 war, sagte mir, ihre Liebhaber in den Sechzigern hätten alle gelegentlich Erektionsschwierigkeiten gehabt – sie zu erreichen, sie zu halten oder beides. Was sie dabei empfand, hing wesentlich davon ab, was sie für den Mann empfand. »Ich bin zufällig sexuell selbstsicher, also habe ich es nie so interpretiert, als hätte es mit ihren Gefühlen für mich zu tun.« Ein Mann, der beinahe 70 war (sie selbst war noch in den Fünfzigern), hatte die größten Erektionsschwierigkeiten, doch sie liebte ihn genug, um unbegrenzt an der Beziehung festzuhalten, wenn sich nicht andere Probleme ergeben hätten, wie sie berichtete. »Er war sehr romantisch und sehr liebevoll, und ich hatte das Gefühl, mit den Grenzen der sexuellen Beziehung umgehen zu können.«

Der Mann wurde nie wirklich hart, ehe er sie nicht penetriert hatte. »Irgendwie schaffte er es, da hineinzukommen, selbst wenn er schlaff war. War er erst einmal in mir, bekam er immer eine Erektion. Sex bereitete ihm ungeheure Lust, und ich fand das aufregend.«

Nach allem ist es nicht überraschend, daß Männer mit höherem Testosteronspiegel zu häufigeren und festeren Erektionen und zu häufigerer sexueller Aktivität tendieren als diejenigen, deren Testosteronspiegel abnimmt.[46] Probanden mit niedrigem Testosteronspiegel waren nicht in der Lage, auf Kommando Erektionen zu erreichen, während sie über Sex phantasierten. Nachdem sie Testosterongaben erhalten hatten, dachten sie häufiger an Sex, waren erregter und hatten tatsächlich auch häufiger Geschlechtsverkehr.[47]

Außer mit Hilfe einer Testosterontherapie kann ein Mann seinen Testosteronspiegel auch dadurch erhöhen, daß er regelmäßig mit einer Partnerin sexuell aktiv ist. (Aus unbekannten Gründen hat Masturbation keinen Einfluß auf den Testosteronspiegel.)[48] Der Morgen ist für Sex in der Lebensmitte gewöhnlich die beste Zeit, da der männliche Testosteronspiegel dann am höchsten ist.

Verschreibungspflichtige Medikamente gegen Bluthochdruck können den Sexualtrieb eines Mannes wie den einer Frau zum Erliegen bringen. Manche Männer, die solche Medikamente einnehmen müssen, setzen sie ab, ohne einen Arzt zu konsultieren, weil sie es unerträglich finden, ihren Sexualtrieb zu verlieren. Ein Collegeprofessor sagte einem Reporter der *New York Times*, wie er sich nach der Einnahme der blutdrucksenkenden Mittel fühlte: »Sexuell war ich einfach tot. Es war, als hätte man mich kastriert. Es war erschreckend. Ich verspürte keinerlei sexuelle Erregung.«[49] Er setzte das Medikament ab, und seine sexuellen Reaktionen kehrten zurück. Doch so drastische Aktionen sind gefährlich und unnötig, da in den meisten Fällen das Medikament gewechselt oder die Dosis verändert werden kann, um das Problem zu korrigieren.

Auch körperliche Bewegung kann das Problem beseitigen. »Männer in mittleren Jahren, die sich kraftvoll körperlich betätigen, erleben sexuelle Veränderungen, die sie den Sexualmustern jüngerer

Männer näherbringen, wenn sie ihre kardiovaskuläre Fitneß steigern«, berichtet Cutler.[50] Achtundsiebzig gesunde Männer mit sitzender Lebensweise willigten ein, dreimal wöchentlich zu joggen oder Fahrrad zu fahren, und neun Monate später hatten sie um 30 Prozent mehr Sex als vor Beginn des Trainings.

Kraftvoll ist hier das Schlüsselwort. Bei einer anderen Untersuchung wurden 48jährige Männer in zwei Gruppen unterteilt; die eine ging dreimal in der Woche eine Stunde lang spazieren, die andere erklärte sich bereit, dreimal wöchentlich an einem anstrengenden Fitneßtraining teilzunehmen. Nur die Männer, die sich dem anstrengenden Programm unterzogen, wiesen eine Steigerung des sexuellen Verlangens und Verhaltens auf.[51]

Gefäßprobleme (verstopfte Arterien, Bluthochdruck, verhärtete Gefäße) sind ebenfalls eine wichtige Ursache von Impotenz. Volle 50 Prozent der Männer, die sich koronaren Bypass-Operationen unterziehen, sind impotent.

Mehr als eine Million amerikanischer Männer werden gegenwärtig wegen Impotenz behandelt – die Zahl hat in den letzten paar Jahren um das Fünffache zugenommen.[52] Ein Grund für diese Zunahme, sagt Dr. James Baraa, ein prominenter Urologe, ist, daß die Menschen endlich begriffen haben, daß sie bis in ihre Neunziger befriedigenden Sex haben können, wenn sie das wollen.[53]

Wieviel Blut in den Penis strömt und die Erektion verursacht und wie *schnell* dies geschieht, ist je nach Alter unterschiedlich. Der junge Erwachsene kann binnen drei bis acht Sekunden eine Erektion erreichen; der ältere Mann braucht länger, und seine Erektion geht leichter zurück.[54] Die Muskeln, welche die Blutgefäße im Penis umgeben, müssen in der Lage sein, sich zu entspannen, wenn diese Gefäße sich mit Blut füllen sollen. Die Muskeln entspannen sich, weil gewisse Neurotransmitter – natürlich vorkommende Hirnchemikalien, die Botschaften zwischen Nervenzellen übermitteln – ihnen das Zeichen dazu geben.

1992 wurde von dem berühmten Hirnforscher Sol Snyder an der Johns Hopkins-Universität entdeckt, daß der entscheidende Neurotransmitter bei diesem Prozeß Stickstoffoxyd ist, das von Natur aus in den Nerven des Penis vorkommt.[55] Snyder glaubt, daß möglicherweise ein Mangel an Stickstoffoxyd, dadurch erzeugt, daß zu wenig Sauerstoff den Penis erreicht, eine der Hauptursachen von Impotenz ist. Sauerstoff fördert die Synthese von Stickstoffoxyd durch die Nervenzellen im Penis. Rauchen, mangelnde körperliche Bewegung und ein Mangel an regelmäßigem Sex können verhindern, daß der Penis genug Sauerstoff erhält. Auch einige Arzneimittel gegen Herzerkrankungen können dazu führen.[56]

Weitere medizinische Zustände, die Impotenz verursachen können, vor allem bei Männern in mittleren Jahren, sind Diabetes, Hypo- und Hyperthyroidismus, Nierenversagen, chronischer Alkoholismus, Leberzirrhose und Sichelzellenanämie.[57] Auch der Konsum von mehr als hundert Gramm Alkohol täglich korreliert mit geringer sexueller Aktivität, wie Dr. Millicent Zacher feststellt, eine Reproduktionschirurgin, die männliche Unfruchtbarkeit behandelt. Alkohol kann die Leber und ihre Enzyme auf eine Weise angreifen, welche die Blutchemie verändert und damit die Menge des zirkulierenden Testosterons.

Wenn er also sexuell desinteressiert ist, gewöhnen Sie ihm die Zigaretten und den Schnaps ab und schicken Sie ihn auf die Laufpiste.

Das machtvolle Sex-Potential in den Fünfzigern

Manche Frauen erklären sich völlig zufrieden mit einer lange andauernden monogamen Beziehung – ja, sie feiern sogar deren Reichtum. »Ich bin völlig damit zufrieden, daß ich mich dafür entschieden habe, nur meinen Mann sexuell zu lieben«, schrieb eine Leserin an eine Frauenzeitschrift. »Er und ich haben uns gegenseitig sexuell genährt und lieben und respektieren den Körper des anderen von Herzen. Wir haben über unseren Geschmack und unsere Vorlieben gesprochen und sind mit den Jahren in eine starke Intimität hineingewachsen. Wir weigern uns, an grünere Weiden zu denken. Wir haben keine verstiegenen Gedanken über die Liebe. Liebe ist eine Entscheidung, sich auf die Dauer in einer Beziehung zu binden. Wenn man so an sie herangeht, läßt man sich von seinem Gehirn leiten und nicht von seinen Hormonen, und dann wird man sehr wählerisch.«

Maggie Scarf erklärte den Therapeuten auf der Konferenz über Paartherapie: »Wenn die Partner zärtlich zueinander sein können und vor allem die normalen sexuellen Veränderungen, die beide erleben, mit Verständnis und Respekt behandeln... dann kann die sexuelle Bindung zwischen ihnen vertieft und entscheidend bereichert werden.«[58]

Ganz bestimmt war das bei einigen Paaren in mittleren Jahren der Fall, die ich interviewte. Besonders befriedigend war die neue sexuelle Reife, die bei Männern zum Ausdruck kam, welche sich nicht für *Playboy*-Schönheiten oder hübsche Versionen dessen interessieren, was einer als »die generische Frau« schilderte, »die ich jeder Frau aufdrückte, mit der ich zusammen war«. Alan, 48, hat seit zwei Jahren ein Liebesverhältnis mit einer Frau von 52 Jahren, die Mutter dreier erwachsener Kinder ist. Die Beziehung gibt ihm sexuell mehr, als er in diesem Alter je erwartet hätte. »Ich habe das Gefühl, den Sex sehr viel besser zu verstehen und ein bißchen besser zu begreifen, worum es bei einer Frau sexuell geht. Nicht, worum es bei einer Frau überhaupt geht. Genauer, ich spüre, daß jede Frau anders ist, und das habe ich nie gewußt, als ich jünger war.«

Richard, ein 48jähriger Therapeut, in dritter Ehe mit einer gleichaltrigen Frau verheiratet (sie war die weiter oben in diesem Kapitel beschriebene Frau, die sich Sorgen machte, weil ihr Sexualleben weniger intensiv war als zu der Zeit, als sie noch nicht verheiratet waren), ist regelrecht begeistert von der neuen Offenheit in ihrer Beziehung. Sie wurde erreicht durch »viel Arbeit« und eine späte Offenbarung bei *ihm*. Dadurch, daß seine Frau ihn herausforderte, entdeckte er, daß er sich in *keiner* seiner früheren Beziehungen jemals voll an eine Frau gebunden hatte. Diese Ehefrau, die er liebte, verlangte im Grunde von ihm: Jetzt oder nie. Das erforderte eine starke Veränderung bei Richard, der auf irgendeine sehr tiefe Weise niemals Grenzen hatte akzeptieren wollen. Wie er feststellte, war der Preis, den er dafür bezahlt hatte, eine Art halbiertes Leben.

Winnifred Cutler schreibt, daß die Sinnlichkeit langsamer wird, wenn Menschen reifen. »Der Drang, in hitziger Eile zu kommen und zu gehen, sollte einer langsameren, sinnlicheren Gangart weichen.« Frauen müssen nicht nur ihre Vorstellungen vom Sex der Frau mit 50, sondern auch vom Sex der Männer revidieren. Ellen Cole meint, daß wenigstens einige der Frauen aus der Yale-Studie, die Probleme mit ihrem Sexualleben hatten, möglicherweise »eine männliche oder jugendliche Vorstellung davon hatten, wie Sex sein sollte«. Statt sich auf Orgasmus und Geschlechtsverkehr zu konzentrieren, sagt sie, täten Menschen in mittleren Jahren besser daran, ihre Auffassung von Sexualität und Sinnlichkeit auszudehnen, eine Auffassung, wie sie schreibt, »zu der auch neue Arten von Berührung, Phantasie, Spiel und Entdeckung« gehören könnten.[59]

Auf Nummer Sicher gehen

Catherine fühlt sich nicht wohl. Ihre Symptome sind vage, aber entnervend dauerhaft. Erschöpfung, manchmal ein Gefühl wie bei leichtem Fieber, ein komisches Empfinden im Hals, als habe sie eine Infektion, doch das ist es nicht. Der Arzt sagt, alles sei in Ordnung, aber hat er sie gründlich genug untersucht? Allmählich sind wir alle davon besessen.

Richard sagt: »Was ist mit der Lymeschen Krankheit?«

Willa sagt, daß sie Bernie Siegal kennt, falls Catherine seine Telefonnummer möchte.

Howard sagt: »Was ist mit dem Tryptophan, das du genommen hast, als du in Brasilien nicht schlafen konntest?«

Helen sagt: »Vergiß das Tryptophan. Was ist mit dem Typ, mit dem du in Brasilien geschlafen hast, der, von dem du meintest, er wäre ein bißchen bi?«

Catherine hat ein starkes Gefühl von *déjà vu*. Sie erinnert sich, wie vor 30 Jahren, nach ihrer ersten Erfahrung mit Sex, ihre Periode ausblieb. Diese ausgebliebene Periode bedeutete natürlich Schwangerschaft. Bedeuten ihre Symptome jetzt HIV? Seit ihrer Trennung von ihrem Mann hatte sie eine einzige, lausige sexuelle Erfahrung, und sie benutzten kein Kondom. Sie sagt sich, daß die Chancen eins zu einer Million stehen, eins zu einer *Milliarde*. Sie sagt sich, es sei einfach nicht möglich, daß eine heterosexuelle Frau, die 16 Jahre mit demselben Mann geschlafen hat, sich bei der ersten Begegnung mit jemand anderem ansteckt.

»Fran Leibowitz sagt, heutzutage sei Sex verfügbar, wenn man ein Kamikaze-Typ ist, und wenn nicht, könne man ihn vergessen«, sagt Helen.

»Brasilien ist nicht weit von Afrika entfernt«, denkt Catherine.

Willa sagt: »Wozu sind Freunde da, wenn nicht dazu, dich mit deinen destruktiven Verhaltensweisen zu konfrontieren?«

Willa sagt, man könne gar nicht paranoid genug sein. Sie berichtet, ein Herzchirurg habe soeben ein Patent für eine neue Art von Operationshandschuhen bekommen, welche die Möglichkeit des Kontakts mit kontaminiertem Blut verringern. Der Handschuh besteht aus einer dünnen Schicht Polyurethanschaum, die wie bei einem Sandwich zwischen zwei Schichten Latex eingebettet ist. Der Chirurg behauptet, der Schaum erhöhe die Schutzbarriere, ohne das Tastgefühl zu beeinträchtigen. Vielleicht, so sagt Willa, sollte jemand dieses Sandwich-Prinzip auch auf Kondome anwenden.

Catherine fragt sich, wie man tatsächlich an Kondome herankommt. Sie denkt daran, sie per Post zu bestellen oder vielleicht eine ihrer Töchter zu bitten, sie im Drugstore für sie zu kaufen. Fiona sagt, in New York lieferten die Drugstores ins Haus. Catherine erinnert sie daran, daß sie nicht in New York sind.

»Könnte dieser Ausbruch von Sexualität in der Lebensmitte eine Art versicherungsmathematischer letzter Schnaufer sein?« sagt Willa.

»Als Frau, die offen mit ihrer Sexualität umgeht und ihren Körper zum erstenmal in 42 Jahren liebt statt haßt, empfinde ich tiefen Groll gegen Aids«, schrieb eine Leserin als Antwort auf die Umfrage einer Frauenzeitschrift. »Ich verlasse eine 20jährige Ehe mit sehr uninteressantem Sex und bin mit der unaussprechlichen Landschaft von Abstinenz oder möglichem Tod konfrontiert, wenn ich von meiner neu gefundenen und hart erkämpften Freiheit Gebrauch mache.«[60]

Ursprünglich schien Aids ein Thema für schwule Männer und Konsumenten harter Drogen zu sein, doch inzwischen ist es eindeutig auch ein Thema für Frauen. 1982 waren nur zwölf Prozent der Frauen mit Aids durch sexuellen Kontakt mit einem HIV-positiven Mann erkrankt. 1986 hatte sich diese Zahl mehr als verdoppelt.[61]

Doch obwohl Frauen betroffen sind, ist die Anzahl derer, die regelmäßig Kondome verwenden oder andere Arten von »Safer Sex« üben, alarmierend gering. Bei einer landesweiten Umfrage unter

10000 Personen wurde festgestellt, daß Frauen und Menschen mit geringem Einkommen mit der größten Wahrscheinlichkeit gefährliche Sexualpartner hatten. Und 71 Prozent dieser Personen sagten, sie benutzten *keine Kondome*! »Entweder erkennen Frauen das Risiko nicht, oder sie sind nicht in der Lage, Safer-Sex-Praktiken zu erzwingen«, schließt Joseph Catania von der *University of California* und Autor der Studie, die zuerst in *Science* erschien.[62]

Norma Leslie, Direktorin des *Women's Health Education and Counseling Center* am *University of Oklahoma College of Medicine*, untersuchte in einem großen Lehrkrankenhaus eine Gruppe geschiedener Frauen und stellte fest, daß diese dazu neigten, beim Ende der Ehe mit der Geburtenkontrolle aufzuhören – trotz der Möglichkeit zukünftiger sexueller Begegnungen. »Könnte es sein«, fragte Leslie provozierend, »daß durch die Scheidung ein Gefühl der Entfremdung auftritt, das uns veranlaßt, uns verwundbar und losgelöst zu fühlen, und das es uns schwermacht, sexuelle Entscheidungen zu treffen und zu planen?«[63]

Studien zeigen, daß Frauen in mittleren Jahren dazu tendieren, mit empfängnisverhütenden Mitteln genauso umzugehen wie in jungen Jahren oder in der Adoleszenz – trotz des neu hinzugekommenen Aids-Faktors. Wenn sie damals verantwortungslos waren, dann kehren sie später zu diesem Verhalten zurück.

Eine der Frauen, die ich interviewte, äußerte mit 52 die gleiche Ambivalenz wie ein junges Mädchen, das den Verlust seiner Jungfräulichkeit erwägt.

»Dieser Mann, den ich getroffen habe... ich weiß nicht. Ich glaube, er war letzten Monat oder so nicht in der Stadt. Bin gespannt, ob er je wieder auftaucht. Aber wir haben Kondome benutzt, und einmal ging eines kaputt, wissen Sie.«

»Und?«

»Also haben wir aufgehört, Kondome zu benutzen. Es war eine Art Kontrolle. Er sagte: ›Ich habe sehr zurückgezogen gelebt‹, und ich sagte: ›Ja, ich auch.‹ Und dann machten wir es ohne Kondom. Ich meine, wenn er gesagt hätte, daß er herumgevögelt hat, dann hätte ich auf Kondomen bestanden.«

»Und wenn er gelogen hat?«

»Tja, wenn er gelogen hat, dann wäre ich angeschmiert.«

Warum praktizieren Frauen keinen »Safer Sex«?

Einige fürchten, dominierend oder »zu unabhängig« zu wirken, wenn sie auf Kondomen bestehen. »Ich bin nicht so pingelig, wie ich sein sollte«, sagt Enid. »Ich bin einfach mittendrin, und dann reißt es mich mit.«

Wenn sie darauf bestehen würden, Kondome zu benutzen, glaubt Enid anscheinend, sie wäre zu »pingelig« und ließe sich nicht »mitreißen«.

Frauen setzen ihr Leben aufs Spiel, um nicht »zu pingelig« zu erscheinen. Schwaches Selbstwertgefühl oder Angst vor Verlassenwerden oder Zurückweisung hält sie vielleicht davon ab, in ihrem eigenen Interesse zu handeln. Leslie weist darauf hin, daß eine Frau, wenn sie sexuelle Begegnungen benutzt, um Einsamkeitsgefühlen zu entgehen und ihr unsicheres Selbstwertgefühl aufzupolieren, vielleicht ungern »Safer Sex« zu einem Thema macht, weil sie meint, das könne die Beziehung gefährden.[64]

Intensive, unmittelbare Erfahrungen »können dazu dienen, vorübergehend die eigene Identität und das Selbstwertgefühl zu stärken«, sagt Leslie. Daher kann das Aids-Risiko wie Sex ohne Empfängnisverhütungsmittel als Abwehr gegen das Gefühl unsicherer Identität benutzt werden – genau wie in der Adoleszenz.[65] (Leslie schreibt, daß Frauen in der »Wer bin ich?«-Krise, die durch die Verlustgefühle der mittleren Jahre ausgelöst wird, möglicherweise auf das Verhalten regredieren, das sie an den Tag legten, als sie jung waren.) Um das Selbstwertgefühl und die schwankende Identität zu stärken, funktioniert der »Kick« des hohen Risikos vielleicht am ehesten, zumindest zeitweilig. Sex mit jemandem, der total unpassend ist, kann diesen Zweck erfüllen. Genau wie damals Sex ohne Empfängnisverhütung.

Althea, eine New Yorker Therapeutin Mitte 50, deren zweite Ehe soeben zu Ende gegangen war, stellte eines Abends fest, daß sie sich von ihrem Taxifahrer angezogen fühlte. Irgendwie ließ die Tatsache, daß er Inder war (»Er hat so eine sanfte Stimme«) die Möglichkeit einer Begegnung weniger gefährlich erscheinen, erzählte sie mir. Am Ende der Fahrt gab sie dem Chauffeur ihre Karte. »Er rief mich am nächsten Tag an, aber ich hielt ihn einen Monat hin«, sagt sie. Trotzdem lud sie ihn nach der ersten Verabredung zu sich nach Hause zum Sex ein.

Althea benahm sich so, wie sie es hätte tun können, als sie viel jünger war, die New Yorker Taxifahrer noch weniger pathologisch und Aids nicht existent waren. Wollte sie es vielleicht, um welchen Preis auch immer, noch einmal wissen?

»Bin ich es, oder ist es meine Ehe?« fragen sie sich, wenn Sex noch langweiliger wird als die Talkshows von David Letterman. Althea hatte vier Jahre lang das Gefühl gehabt, heißer Sex gehöre für sie vielleicht der Vergangenheit an. Mit ihrem Mann hatte sie überhaupt keinen Sex mehr, und sie fühlte sich saftlos und langweilig, was sich spürbar auf ihre Identität auswirkte. Daher die erotische Anziehung, die sie auf dem Rücksitz des dunklen Taxis empfand und nach der sie handelte. Wie sich herausstellte, war der Chauffeur ein anständiger Mann, mit dem sie mehrere Monate lang eine Beziehung hatte. Glück, könnte man sagen, aber ein solches Verhalten hätte sie keiner ihrer Patientinnen durchgehen lassen.

Manche Frauen werden nachlässig, weil sie wütend darüber sind, daß sie die Verantwortung für die sexuelle Sicherheit übernehmen sollen. »Meine Erfahrung mit Männern war, daß sie überhaupt nicht betroffen sind«, sagt Enid. »Ich bin diejenige, die betroffen ist. Wenn sich also jemand die Mühe machen soll, für Safer Sex zu sorgen, dann werde ich das sein müssen.« Gelegentlich handelt es sich auch einfach um Verleugnung. »Manchmal habe ich einfach nicht die Kraft, darauf zu bestehen.«

Viele Frauen glauben noch immer, mit jemandem, der »gesund« (oder, wie in Altheas Fall, »sanft«) wirkt, seien sie sicher. Eine verheiratete Frau schrieb auf die Umfrage der Frauenzeitschrift, sie habe ein Verhältnis mit einem verheirateten Mann, »der nur mit seiner Frau schläft und vor zehn Jahren einmal eine Nacht lang etwas mit einer anderen Frau hatte. Ich habe schreckliche Angst vor einer Aids-Infektion, aber ich vertraue rückhaltlos darauf, daß dieser Mann frei von Krankheiten und gesund ist.« Das mag er ja sein, aber wie oft haben Frauen schon geglaubt, sie selbst seien »die Einzige«, nur, um später herauszufinden, daß dem nicht so war?

Der 45jährige Michael, ein Zahnarzt, verläßt seine Praxis mehrmals in der Woche zu Rendezvous mit Prostituierten, ehe er nach Hause fährt. Er benutzt keine Kondome, weil er Erektionsprobleme hat. Manchmal schnupft er noch ein oder zwei *lines* Kokain, um die Erfahrung zu steigern. Seine Frau weiß nichts von seinem Doppelleben und hat daher keine Ahnung, daß sie stark gefährdet ist, sich das Aids-Virus zuzuziehen.

Vielleicht sind solche Geschichten häufiger, als man denkt. Bei der Umfrage der Frauenzeitschrift gaben nur 18 Prozent der antwortenden 8000 Frauen an, sie wüßten sicher, daß ihr Mann seit der Heirat mindestens eine Affäre hatte. Aufschlußreich war jedoch, daß 77 Prozent meinten, sie seien gefährdet, mit HIV infiziert zu werden. Vielleicht argwöhnten die meisten, ihre Ehemänner hätten ihnen ihre Affären nicht gestanden. Eine Frau schrieb nach der Entdeckung, daß ihr Mann in den zwölf Ehejahren etliche Affären gehabt hatte, hilflos: »Man kann sich nicht vor einem Risiko schützen, von dem man gar nicht weiß, daß man es eingeht.«

Viele Frauen kennen sich auch mit den praktischen Einzelheiten von »Safer Sex« nicht aus. Das Aids-Virus kann sich in der Flüssigkeit befinden, die vor der Ejakulation austritt. Wenn man also bis zum eigentlichen Verkehr wartet, ehe man zum Kondom greift, wartet man zu lange. Dr. Jeffrey Pudney, einer der Forscher, die das HIV-Virus im Vorejakulat entdeckten, sagte, das Kondom solle während aller Stadien des Sex benutzt werden. »Im Augenblick glauben die meisten Leute, Safer-Sex-Praktiken bestünden darin, vor der Ejakulation ein Kondom zu verwenden – oder, im Fall von oralem Sex, sich vor der Ejakulation zurückzuziehen. Die Existenz von HIV-positiven Zellen in der männlichen Vorejakulationsflüssigkeit bedeutet, daß während des sexuellen Vorspiels das Risiko einer HIV-Übertragung besteht.« Kondome sollten also vor *jeglichem* genitalen Kontakt angelegt werden.

Oraler Sex ist möglicherweise riskanter, als irgend jemand zugeben möchte. Im Mund kommt es häufig zu Zahnfleischbluten, Schnitten und Abschürfungen. Wenn jemand mit einer solchen Verletzung mit einem HIV-positiven Partner oralen Sex hat, kann das im Vorejakulat, im Ejakulat oder in den Vaginalsekreten enthaltene Virus leicht in die Blutbahn der nicht identifizierten Person eindringen.

Ein Grund, warum es den Leuten so schwerfällt, den Gefahren des oralen Sex zu begegnen, ist, daß die bisher verfügbaren Vorbeugungsmaßnahmen so unattraktiv sind. Oraler Sex mit einem Mann, der ein Kondom trägt, oder das Abdecken der Vulva einer Frau mit einer »Dentalbarriere«, um ihr oralen Sex zu verabreichen, sind kaum geeignet, Bilder von »Hingerissensein« oder »Ekstase« heraufzubeschwören, die Phantasie, an der viele von uns noch immer hängen.

Entscheidungen treffen, ohne unsere Sexualität zu unterdrücken

Eine gesunde Reaktion auf die Besorgnis wegen Aids besteht nicht darin, unsere Sexualität zu unterdrücken, sondern darin, uns selbst gegenüber liebe- und verantwortungsvoll zu sein. Die Antwort liegt also in bewußter Entscheidung. Wir brauchen unsere Sexualität nicht zu verdrängen und zu vergessen, daß wir jemals die sinnlichen Wesen waren, die aus der sexuellen Revolution hervorgingen. Wir können weiterhin unser sexuelles Selbst mögen und feiern und *trotzdem* verantwortungsvolle, uns selbst schützende Entscheidungen treffen – Entscheidungen darüber, mit wem wir schlafen, was wir beim Sex tun und nicht tun und wie wir es tun.

Aids ist ein ebenso ernstes Anliegen, wie es die Geburtenkontrolle für die meisten von uns war, doch natürlich sind die Gefahren hier größer. Passivität kann tödlich sein. Frauen müssen aktiv Entscheidungen treffen und durchsetzen, die ihre Gesundheit und ihr Leben schützen. Wir können nicht warten, bis wir vor Verlangen glühen, bevor wir diese Fragen durchdenken. Wir müssen vorher entscheiden, welche Risiken wir einzugehen bereit sind – und welche nicht.

In einem der aufschlußreichsten Abschnitte einer Leserinnenumfrage aus dem Jahre 1992 schrieb fast die Hälfte der Antwortenden (70 Prozent alleinstehende Frauen), sie hätten wegen Aids ihre Werbungsrituale und ihr sexuelles Verhalten geändert. Fast jede vierte Frau diskutiert mit ihrem Partner ausführlich seine sexuelle Vorgeschichte, »ehe auch nur eine Socke zu Boden fällt«. Aber nur 13 Prozent der Leserinnen erklärten, sie verlangten zur Zeit einen

Aids-Test, bevor sie Sex mit einem neuen Partner hätten. »Die beste Lösung, die mir eingefallen ist«, sagt eine 56jährige, »ist, daß sowohl ich als auch der mir wichtige Partner einen Aids-Test machen, uns die Resultate mitteilen und für die Dauer unserer Beziehung monogam bleiben.« Sie räumt allerdings ein, daß man sich nicht einmal auf Monogamie verlassen kann.

Manche Frauen treiben die Vorsichtsmaßnahmen ins Extrem. »Der einzig sichere Sex«, sagt eine 45jährige Frau, die früher viele Liebhaber hatte und nun zölibatär lebt, »ist kein Sex.« Auf die Frage: »Wenn Sie plötzlich alleinstehend wären, was würden Sie tun?« antworteten 55 Prozent, sie würden »Selbstbefriedigung praktizieren« und 38 Prozent würden »zolibatär leben«. Nur 43 Prozent aller Befragten würden sich heute auch noch »nach einem neuen Partner umsehen«.

Wir haben einen weiten Weg zurückgelegt von der sexuellen Revolution der sechziger Jahre bis zu Monogamie und Zölibat. Frauen, die heute um die 40 und 50 sind, waren die »Vorkämpferinnen der sexuellen Revolution«, bemerkte eine Journalistin. Doch die *meisten* dieser Frauen definieren sicheren Sex als Monogamie. »Statt sich nur auf Kondome zu verlassen, suchen sie nach einem einzigen Mann – oder sie hören zu suchen auf.«

Dabei verringern Kondome – konsequent und richtig benutzt – das Risiko einer HIV-Infektion beim Geschlechtsverkehr beträchtlich. Eine alleinstehende Frau oder jede Frau, bei der auch nur die entfernteste Möglichkeit sexuellen Kontakts mit einem anderen als einem risikolosen Partner besteht (wie oben definiert), sollte zu Hause und in ihrer Handtasche immer Kondome bereithalten und wissen, wie man sie benutzt und wie man sie gefahrlos entfernt, wenn der Sex vorüber ist.

Für einige von uns ist das »Einkaufen von Schutz« der schwierigste Teil. »Zwei Jahre Zölibat reichten mir«, schrieb eine 47jährige Großmutter in *The Woodstock Times*. »Ich hatte keine der bekannten, sexuell übertragenen lebensgefährlichen Krankheiten. Wenn ich also den ganzen Weg zurücklegen wollte (ich hatte endlich jemanden getroffen, der mich darauf hoffen ließ), dann wollte ich es mit Kondomen tun. Ich nahm es auf mich, sie zu kaufen.«

Nachdem sie eine Stunde lang alle Verkaufstheken in der Apotheke umkreist hatte, stellte sie sich schließlich vor ein Regal mit winzigen Schachteln. »Auf einigen der Schachteln waren ein paar schicke Bilder. Bilder von Paaren, die sich an den Händen hielten und über weißen Sand und die türkisfarbenen Wellen der Karibik schauten. Diese Schachteln schob ich sofort beiseite. Ich wollte nicht ans Wasser und schon gar nicht in den Sand. Ich wollte bloß etwas, das in einem sauberen Schlafzimmer auf einem gewöhnlichen Bett funktionierte. Meine ernsten Sorgen machten eine beruhigende Schachtel nötig.«

Sie traf ihre Wahl und wartete dann, bis sie die einzige Kundin im Geschäft war. »Ich griff nach ein paar Süßigkeiten, einem Tootsie-Roll-Lutscher – Weintraubenaroma – und legte ihn neben den Kondomen auf die Theke. Die Verkäuferin war älter als ich. Sie lächelte mir zu. Offenbar kommt das öfter vor, ein kleiner, harmloser Nebeneinkauf... Aber ihrem Lächeln entnahm ich, daß ihr das mit dem Lutscher gefiel. ›Merkwürdige Zeiten‹, sagte ich. Sie stimmte mir zu.«[66]

KAPITEL 8
Eigenes Geld

»Ich habe gerade in irgendeiner Zeitschrift gelesen, Sex sei erledigt«, sagt Fiona zu Susan. »Jetzt ist es das Geld. Alleinstehende Frauen, verheiratete Frauen, ganz egal. Wenn sie 50 oder nahe daran oder eben darüber sind, geht es Frauen um finanzielle Sicherheit. Früher wäre es der Sex gewesen. Es wären Beziehungen gewesen. Sogar *die* Beziehung. Heute kommt all das nach den Finanzen, das höre ich Frauen sagen.«

Susan meint: »Ich habe das Gefühl, wenn ich im Augenblick einige Hunderttausend auf der Bank hätte, bräuchte ich mir um nichts Sorgen zu machen. Na ja, vielleicht stimmt das nicht ganz. Vielleicht, wenn ich einige Hunderttausend auf der Bank *und* diesen Mann, mit dem ich mich treffe, in der Hinterhand hätte...«

»In unserem Haushalt«, erinnert sich Willa, »war mein Vater der einzige, der sich mit Geld auskannte. Und es war geheim. Wir durften nicht wissen, wieviel er verdiente. Was Geld betrifft, war er wirklich der Herr im Haus. Es war etwas scheinbar Mystisches, dieses Wissen, das er hatte. Es war kein Wissen, das gelehrt, geteilt und dir gegeben wurde, um dich zu stärken. Es war *seine* Macht.«

Noch immer Aschenputtel

Ich wußte, was Willa meinte. Als ich jung war, hat man mir niemals etwas über Geld beigebracht. Ich hatte nie daran gedacht, *wie* mein Leben sein würde. Ein Bachelor-of-Arts-Grad war alleiniges Endziel. Nach dem College arbeitete ich ein paar Jahre lang als Redaktionsassistentin bei einer Frauenzeitschrift. Dann heiratete ich, und das »Geheimnis« des Geldes war mir noch immer ein Buch mit sieben Siegeln.

Ich wurde fast unabsichtlich Schriftstellerin, weil ich meinen Kopf von dem Windelstapel befreien wollte, als in unserer winzigen

New Yorker Wohnung drei Kinder unter vier Jahren herumkrabbelten. Wenn es Zeit für ihren Mittagsschlaf war, zwang ich mich an die Schreibmaschine und hielt mich mit Kissen aufrecht, um nicht einzuschlafen. Ich hatte eine von 24 Stunden für mich allein,und ich hoffte, wenn ich die an sieben Tagen pro Woche ausnützte, würde ich fähig sein, etwas zu schaffen. Allerdings stellte ich mir niemals vor, mich tatsächlich selbst zu erhalten. Damals wurde von Ehefrauen nicht erwartet, sich so etwas vorzustellen. Hätte man von mir die Vorhersage verlangen können, daß Geld – wie man es verdient, wie man es ausgibt, wie man es spart und investiert – für mich zu einem lange ungelösten Problem werden würde, das ich erst in den Fünfzigern endgültig bewältigen würde?

Die Jahre vergingen, und es gefiel mir, eine eigene Karriere als Autorin zu machen – die Unsicherheit meiner Lage tat ich ab: keine Krankenversicherung, kein Pensionsplan, keine vom Gehaltsscheck abgezogenen Steuern, denn es gab kein Gehalt. Ich erhielt kein Gehalt, sondern Honorare. Autoren betrachten den finanziellen Kampf, Freiberufler zu sein, als Preis für ihre Unabhängigkeit. Doch in den schlaflosen Nächten nach dem Ende meiner Beziehung, mit 50, schaute ich manchmal zurück und wünschte mir, ich hätte als Lehrerin gearbeitet wie meine Freundin Myra, die mit 55 eine dicke Rente beziehen und eine neue Karriere beginnen würde, indem sie Schönheitspflegeprodukte verkaufte, die aus Schlamm aus dem Toten Meer hergestellt wurden.

Myra hatte es geschafft.

Sie hatte auch einen Ehemann. Ein Teil dessen, was ich erlebte, hatte mit dem Single-Dasein zu tun. Als ich den Entschluß faßte, nach 16 Jahren meine Beziehung zu lösen, wußte ich, daß die statistischen Chancen 50jähriger Frauen, noch einmal jemanden zu finden, ziemlich gering sind. Dennoch fühlte ich mich in der Lage, es allein anzugehen. Nicht daß ich mir sonderlich gewünscht hätte, allein zu sein, aber ich wußte, daß ich es *konnte*, und das war wichtig. Ich hatte ein Leben, ich hatte eine Arbeit, die ich liebte, ein schönes Zuhause, erwachsene Kinder, die mir eine ungeheure Stütze und Freude waren. Und ich hatte Freunde.

Was ich nicht mehr hatte, war eine Illusion von Schutz, von finanzieller Unterstützung, falls ich sie brauchte. Und als die Menopause kam, holte mich die überaus verunsichernde Tatsache ein, daß ich nicht unsterblich bin. Diese wunderbare Energie, von der ich immer hatte zehren können, würde nicht für alle Zeit da sein. Vielleicht würde ich noch zehn weitere Jahre arbeiten können, vielleicht sogar länger. Vielleicht aber auch nicht, wer weiß?

Ich mußte der Tatsache ins Auge sehen, daß ich keinen Plan hatte – emotional, finanziell, sozial, intellektuell. In den Vierzigern hatte ich gut verdient, doch ich hatte das Geld ausgegeben, als gäbe es kein Morgen. Auf lange Sicht hatte ich nie wirklich gedacht, es selbst schaffen zu müssen – für immer. Oh, mein Gott, *für immer*! Auf irgendeiner Ebene, trotz der äußeren Fallen der Unabhängigkeit, existierte ich noch immer wie Aschenputtel.

Wie leicht erwacht man in der Lebensmitte mit der plötzlichen und unbehaglichen Erkenntnis, daß der Handlungsablauf der Geschichte eine andere Wendung genommen hat, als man erwartet hatte. Der weiße Staketenzaun ist in sich zusammengefallen, der Prinz ist schon lange fortgegangen, und wir sind jetzt für unseren Lebensunterhalt selbst verantwortlich und werden das auch bleiben. Niemand ist da, der uns unterstützt, wenn die Miete fällig wird, niemand deckt unsere Unkosten, wenn wir nicht mehr arbeiten können. Wir wissen das, und doch, viele von uns vermeiden es noch immer, das Notwendige zu tun, um sich selbst eine sichere Zukunft zu schaffen.

Als Frauen wurden wir nicht mit der Erwartung erzogen, daß *wir* diejenigen sein würden, welche die Mittel für ein einigermaßen komfortables Leben zu beschaffen haben würden, nicht nur heute, sondern auch im späteren Leben. Carol Anderson sagt, es sei wesentlich, daß Frauen in diesen Jahren die Kontrolle über ihre finanziellen Angelegenheiten erlangen. »Ohne diese Kontrolle werden sie ihre eigene Macht, ihren Selbstwert, ihren Stolz und ihre Autonomie nie voll erfahren.«[1]

Der Entschluß, unser eigenes Geld zu verwalten und für die Zukunft zu investieren, ist ein weiterer Entscheidungspunkt für Frauen in der Lebensmitte. Und es ist ein Punkt, an dem viele von uns gefährlich zu schwanken scheinen. Von 60 Frauen, die ich für dieses Buch interviewte, hatte nur eine einen realisierbaren Spar- und Investmentplan und legte eine angemessene Geldsumme für ihre Zukunft zurück!

Wie lernen wir, zur Kenntnis zu nehmen, daß wir nicht das Notwendige getan haben, um unsere finanzielle Zukunft zu sichern – und es dann auch zu *tun*? Wenn wir an diesen Entscheidungspunkt gelangen und begreifen lernen, was unserer Nervosität in bezug auf Geld zugrunde liegt, wenn wir unsere Einstellung *und* unsere Gewohnheiten im Umgang mit Geld verändern – und uns eine *Sicherheit* schaffen –, dann können wir auch die übrigen Belohnungen dieses Übergangs in der Lebensmitte einstreichen.

An der Spitze und trotzdem unten

Frauen erreichen die Lebensmitte mit einem riesigen finanziellen Handicap. »Es ist, als seien Männer und Frauen zwei Läufer, welche die gleiche Strecke zurücklegen müssen«, schreibt die Finanzautorin Anita Jones-Lee, »aber die Läuferin ist dabei doppelt im Nachteil, denn ihre Laufschuhe sind mit Blei ausgekleidet, und außerdem muß sie auch noch mehr Hürden überspringen, um das Ziel zu erreichen.«[2]

Bei Frauen über 50, die einer Vollzeitarbeit nachgehen, weitet sich der Unterschied in der Bezahlung zu einer breiten Kluft. Frauen dieser Gruppe verdienen nur *64 Prozent* von dem, was Männer ihres Alters verdienen. Für jüngere Frauen mag diese Kluft sich allmählich schließen, wie der Analytiker Robert Lewis bemerkt, doch »die Arbeitswelt für Frauen über 50 spiegelt Karriereentscheidungen, Berufswege und Kindererziehungsmuster der fünfziger Jahre wider.«[3]

Die revisionistische Forschung neigt dazu, eindrucksvoll klingende Prozentzahlen für den Anstieg des Einkommens von Frauen in den letzten zehn oder 15 Jahren zu betonen, aber die verblassen in dem Augenblick, in dem man sich klarmacht, auf welchen Gehältern sie basieren. Eine Frau, die 30000 Dollar im Jahr verdient und zehn Prozent mehr erhält, bekommt wesentlich weniger als der Mann, der 100000 Dollar verdient.[4]

Wenn wir irgendwelche Hoffnungen hegen wollen, Geld zu investieren, so ist ein angemessenes Einkommen erforderlich. In *Wo-*

men and Money bemerkte Jones-Lee, daß eine Frau, die für den durchschnittlichen Frauenlohn voll arbeitet und mit 65 nach 40 Jahren ununterbrochener Berufstätigkeit in Rente geht, im Laufe ihres Lebens 818840 Dollar verdient. In der gleichen Zeit verdient der durchschnittliche männliche Berufstätige 1289840 Dollar. Damit hat er fast eine halbe Million Dollar mehr für sein Rentenalter zu investieren als sie.[5]

Die Wertpapiere von Männern haben fast die doppelte Höhe wie die von Frauen.[6] Eine Untersuchung von Merrill Lynch an 800 Männern und Frauen zwischen 45 und 64 Jahren zeigte, daß 47 Prozent der Männer für ihr Rentenalter sparten, aber nur 30 Prozent der Frauen. Das durchschnittliche Investment-Portfolio der Männer machte 52500 Dollar aus, das der Frauen 25700.[7] Frauen haben also nicht nur viel weniger zu investieren, sondern nehmen auch mit geringerer Wahrscheinlichkeit die Risiken von Wachstumsinvestitionen auf sich. Daher wächst das Geld, das sie *haben*, nicht so stark an wie das von Männern.

Der Begriff »gläserne Decke« bezieht sich auf die unsichtbaren Schranken, die Frauen daran hindern, die Spitzenebene ihres Berufes zu erreichen. Heute schaffen es nur wenige Frauen bis auf diese Ebene. Wenn man von Studien extrapolieren kann, die in Finanzzeitschriften publiziert wurden, so ist es wahrscheinlich, daß die Besten und Klügsten unserer Generation, wenn sie sich der Lebensmitte nähern, auf ein Nebengleis abgeschoben werden, ehe sie eine Chance haben, das Steuer in die Hand zu bekommen.

1976 veröffentlichte *Business Week* eine Geschichte über 100 Frauen in hohen Konzernpositionen – die »erste« Vorhut –, Vizepräsidentinnen, Direktorinnen, Teilhaberinnen. Zehn Jahre später erschien eine Nachfolgeuntersuchung über dieselben Frauen, und dabei stellte sich heraus, daß nicht eine von ihnen eine wirkliche Spitzenstellung in einer größeren öffentlichen Körperschaft innehatte, außer wenn sie die Firma geerbt oder selbst gegründet hatte. Die meisten waren im mittleren Management steckengeblieben. Ein Drittel hatte die Welt der Körperschaften gänzlich verlassen, weil sie nicht befördert worden waren oder man sie in Bereiche wie Public Relations- oder Personalverwaltung abgeschoben hatte.[8]

Aus den beglaubigten Angaben von 800 großen Firmen stellte *Fortune* ein noch schlechteres Bild der Chancen von Frauen, die Spitze zu erreichen, zusammen. Unter den 4012 Personen, die 1990 als höchstbezahlte Angehörige dieser Firmen registriert waren, waren, wie *Fortune* feststellte, *19 Frauen* – nicht einmal ein halbes Prozent.[9] Die Bezahlung an der Spitze ist schlechter denn je, wenn man sie mit der von Männern vergleicht. In den höchsten Rängen verdienen Frauen nur 40 Prozent von dem, was Männer erhalten – selbst wenn sie ebensoviel Erfahrung haben.

In einer Studie, die 1995 in *The Academy of Management Journal* veröffentlicht wurde, erwiesen sich nur etwa sechs Prozent der Direktoren der Fortune-500-Firmen als Frauen.[10] »Bei der gegenwärtigen Zuwachsrate von Frauen in Spitzenpositionen wird es bis zum Jahre 2466 – über 450 Jahre – dauern, bis die Gleichstellung mit Männern erreicht ist«, bemerkte Eleanor Smeal von der *Feminist Majority Foundation*.

In der Welt der Konzerne wird die Diskriminierung von Frauen in der Lebensmitte am schlimmsten. Ganz gleich, wieviel Erfahrung sie gesammelt haben mögen, Frauen werden aus den oberen Rängen des Geschäfts ferngehalten. Du gehörst nicht hierher, lautet die deutliche Botschaft; du verdienst nicht, was wir verdienen.

Die Erfahrungen von Elizabeth Sobol, einem Wall-Street-Star, die in 20 Jahren von der Anfängeranalytikerin eines Mutual Fund zum Managing Director und zur höchstrangigen Frau bei Kidder, Peabody aufstieg, sind ein schmerzliches Beispiel für Frauen in mittleren Jahren, die den Ehrgeiz haben, es bis ganz nach oben zu schaffen. In ihrem Spitzenjahr bei der Maklerfirma verdiente Sobol 700000 Dollar, berichtet Meryl Gordon.[11] Doch im Alter von 48 Jahren sah sie sich zur Kündigung gezwungen, weil sie sich, was das Einkommen betraf, bezüglich Alter und Geschlecht als diskriminiert empfand.

Sobol erlebte schon früh die anti-weibliche Voreingenommenheit auf ihrem Gebiet. 1971, kurz nach ihren Anfängen als Finanzanalytikerin, erfuhr sie, daß der Mann am Nebenschreibtisch, frisch eingestellt und mit exakt den gleichen Aufgaben wie sie, im Jahr 2000 Dollar mehr verdiente. Und mit den Jahren wurde es nicht besser; als sie aufstieg, wurde die Kluft zwischen ihrem Verdienst und dem ihrer männlichen Kollegen nur größer.

1981, nachdem sie zu Kidder, Peabody gegangen war, wurde Sobol zur Chefin der Utility-Finance-Abteilung und hatte 18 Leute unter sich. Als sie entdeckte, daß ihre männlichen Kollegen einen höheren Bonus erhielten, meinte sie, sich nicht beschweren zu dürfen, da sie bereits ein sechsstelliges Gehalt verdiente. Doch die Bonusunterschiede wurden immer deutlicher. 1987, nachdem sie einen Zusammenschluß zweier Firmen im Wert von 1,8 Milliarden Dollar bewerkstelligt hatte, »erhielt ich 400000 Dollar Bonus, während der Mann aus der Abteilung für Zusammenschlüsse und Erwerbungen, der an dem Deal gearbeitet hatte, eine Million mehr bekam«, erzählte sie der Reporterin Meryl Gordon von *Working Woman*. »Ich war ziemlich bestürzt. Mein Boß sagte: ›Vielleicht können wir Ihnen nächstes Jahr mehr geben.‹ An diesem Punkt hätte ich gehen sollen.«[12]

Bald wurde ihre Karriere durch einen neuen Boß bedroht, obwohl man sie als eine von Kidders wertvollsten Angestellten bezeichnet hatte. Der neue Mann »unterminierte« sie total, wie sie sagt. »Er wollte mich an wesentlichen Entscheidungen nicht teilnehmen lassen, und er ließ nicht zu, daß ich Kompensationen oder Einstellungen und Entlassungen kontrollierte.«

Als ein Vorgesetzter, mit dem sie sprach, nichts tat, um die Situation zu korrigieren, kündigte Sobol. Das war im April 1991. Die Firma bot ihr einen Job als Beraterin, den sie beleidigend fand, und sie erhob Klage wegen Diskriminierung. Doch eineinhalb Jahre später hatte sie noch immer keine andere Arbeit finden können. Die Headhunter sagten ihr, durch ihre Klage habe sie jede Chance auf einen neuen Job vertan.

Frauen nehmen ein beträchtliches Risiko auf sich, wenn sie juristischen Protest gegen Voreingenommenheiten am Arbeitsplatz einlegen. Und je höher sie aufgestiegen sind, desto mehr haben sie zu verlieren.

Ein weiteres Vorurteil, das in der Geschäftswelt herrscht, ist, daß Frauen wegen ihrer Bindung an die Familie keine Spitzenpositionen anstreben. »Weil Frauen im allgemeinen noch immer die Hauptlast der Kindererziehung tragen, wollen viele hochqualifizierte Berufstätige, die Mütter sind, *einfach keine Spitzenjobs mit starkem Druck* – oder sie entschließen sich, zeitweilig auszusteigen«, behauptet *Business Week*[13] (Hervorhebung von mir). Diese Sprache impliziert ein männliches Achselzucken, das sagen soll: Was kann man da machen? Es ist nicht *unsere* Schuld, daß Frauen nicht mehr Verantwortung übernehmen wollen.

Tatsächlich bezahlen die Frauen mit dem besten Verdienstpotential aufgrund mangelnder Gleichheit in der Sorge für Haushalt und Kinder den höchsten Preis. Sie werden nicht so hoch bezahlt wie ihre männlichen Kollegen, aber sie kommen auch nicht dazu, eine Familie zu haben. Fast die Hälfte der Frauen auf der Top-Fifty-Liste von *Business Week* war unverheiratet oder geschieden, und das eine Drittel, das verheiratet war, hatte keine Kinder. »Ich bin jetzt in meinem Beruf an der Spitze, und das erforderte ungeheure Konzentration binnen einer kurzen Zeitspanne«, sagt Claudia Golden, die erste Wirtschaftsprofessorin, die in Harvard einen Lehrauftrag erhielt. »Wenn ich verheiratet wäre und Kinder hätte, hätte ich diese Energie wahrscheinlich nicht gehabt.«[14]

Doppelte Arbeit und nichts zu investieren

Theoretisch sind in Ehen, in denen beide Ehegatten arbeiten, die Haushaltsaufgaben ziemlich gleichmäßig verteilt, aber praktisch sieht das anders aus. Nur 20 Prozent der Ehemänner berufstätiger Frauen leisten den gleichen Anteil Hausarbeit und Kinderpflege, obwohl die Frauen oft glauben, sie hätten eine gerechte Regelung getroffen. Wenn man Haushalt und Kindererziehung einrechnet, dann arbeiten die meisten berufstätigen Frauen 15 Stunden mehr in der Woche als ihre Ehemänner – insgesamt schockierende *drei Monate zusätzlicher Vollzeitarbeit pro Jahr!*[15]

Der endgültige Schlag gegen die finanzielle Sicherheit von Frauen kann darin bestehen, daß sie stärker an der Pflege alter Eltern beteiligt sind. Diese zusätzliche Arbeit hindert viele Frauen daran, einen Vollzeitjob anzunehmen, wie die Soziologin Robyn Stone feststellt.[16] Diejenigen, die ganz zu arbeiten aufhören, um zu Hause zu bleiben und ihre Mütter zu pflegen, gefährden ernstlich ihre eigene finanzielle Zukunft. Im schlimmsten Falle werden Mutter und Tochter zusammen älter – und ärmer.

75 Prozent derer, die ältere Familienmitglieder pflegen, sind Frauen. Um sich eine Vorstellung davon zu machen, was das kostet, nehmen Sie an, daß bei einem Stundenlohn von zehn Dollar die Frau in mittleren Jahren, die eine Stunde pro Tag mit Altenpflege verbringt, jährlich eine Verdienstzeit von 3600 Dollar verliert. Und viele setzen sehr viel mehr ein als eine Stunde am Tag.[17]

Ich sage nicht, daß Frauen älteren Angehörigen die kalte Schulter zeigen sollten, sondern vielmehr, daß wir zur Kenntnis nehmen sollten, was es uns kostet, diese Verantwortung zu übernehmen, und daß wir darauf bestehen sollten, sie zu *teilen* – mit Brüdern, mit Ehemännern, mit der Regierung, mit wem auch immer, nur damit wir nicht unsere Zukunft gefährden, indem wir wieder einmal die Rolle des unbezahlten Kindermädchens übernehmen.

Ausfallzeiten wegen Kindererziehung und Altenpflege sind mit ein Grund dafür, daß Frauen finanziell so weit zurückhängen, wenn sie älter werden. Unzulängliche Pensionsfonds sind ein weiterer. In »Aging and Old Woman«[18] schreibt Beth B. Hess, daß in das System unserer ökonomischen Diskriminierung die Tatsache eingebaut ist, daß Pensionen fast ausschließlich dem wirtschaftlichen »Kern«-Sektor gehören, also weißen Männern, und sich nicht auf den »peripheren ökonomischen Sektor« erstrecken, der natürlich die Frauen einschließt. Achtzig Prozent aller Frauen im Rentenalter haben keinen privaten Pensionsplan, und diejenigen, die einen haben, erhalten weniger, denn die Pensionsfonds sind auf den Gehältern begründet.[19] Die durchschnittliche Jahrespension von Männern beträgt, wie eine Studie aus neuerer Zeit zeigt, 9460 Dollar. Frauen bekommen 4330 Dollar – *weniger als die Hälfte.*[20]

Oft beginnen Frauen erst in der Lebensmitte zu sehen, daß sie doppelt gestraft sind. Weil sie früh in ihrem Arbeitsleben ausgebeutet wurden, leiden sie später unter größerer finanzieller Unsicherheit. Diejenigen, die den Beruf verließen, um Kinder großzuziehen, haben lange Perioden ohne Gehalt, die sich auf die Höhe ihrer Rente auswirken. Der Lebensverdienst von Frauen beträgt nur zwei Drittel von dem der Männer, und ihre Sozialrenten spiegeln das wider. Sie erhalten jährlich im Schnitt 4226 Dollar, Männer dagegen durchschnittlich 7342 Dollar.[21] Wenn wir sonst nichts haben, wovon wir leben können, ist das eine ziemlich erschreckende Zahl. Stellen Sie sich vor, die letzten 22 inflationsgeplagten Jahre Ihres Lebens mit nichts als der gegenwärtigen durchschnittlichen Sozialrente für Frauen in Höhe von 608 Dollar im Monat zu bestreiten!

In den späteren Jahren machen sich bei den Frauen die bemitleidenswerten Auswirkungen lebenslanger Diskriminierung bemerkbar. Doppelt so viele Frauen wie Männer – nämlich 2,5 Millionen – über 65 leben unterhalb der Armutsgrenze.[22] Und wenn sie älter werden, nimmt ihre Armut noch zu. Fast die Hälfte der älteren Frauen hat mittlere Einkommen von weniger als 5000 Dollar (dagegen nur jeder fünfte Mann). 1990 machten Frauen fast drei Viertel der armen Alten aus.

Leben, als gäbe es kein Morgen

Zweifellos sind die Karten zu unseren Ungunsten verteilt. Frauen arbeiten noch immer doppelt so schwer und verdienen weniger Geld. Sie werden noch immer als unbezahlte Kinder- und Altenpflegerinnen der Nation ausgebeutet. Doch das Heimtückischste ist vielleicht, daß sie sich durch ihre eigene Ambivalenz wirtschaftlich gefährden – durch den unbewußten Wunsch, versorgt zu werden.

Rhoda, die in Chicago lebt und von sich selbst meint, sie sei immer unabhängig gewesen (sie ist dreimal geschieden und verdient ihren Lebensunterhalt seit Jahren selbst), sagt: »Ich kann bestimmt nicht damit rechnen, daß irgendein Mann da ist, der mich unterhält, und ich möchte nicht von meinen Kindern abhängig sein. Also denke ich, daß ich für mein Alter etwas Geld zusammenbringen muß.«

Doch vielleicht wird das auch nicht wirklich nötig sein. »Wer weiß, vielleicht werde ich einfach weiter arbeiten«, sagt sie und macht sofort einen Rückzieher. »Vielleicht arbeite ich einfach weiter. Vielleicht werde ich *immer* arbeiten können.«

Die Phantasie, unsterblich zu sein, ist tröstlicher als die Konfrontation mit der Unvermeidbarkeit des Alters und der Notwendigkeit, sich darauf vorzubereiten.

Rhoda hat eine kleine Firma, die Autoren Textverarbeitung und andere Dienste anbietet. Die Vormittage reserviert sie allerdings für sich, setzt sich jeden Tag fleißig an ihren Computer und versucht zu lernen, wie man ein Drehbuch schreibt. Sie denkt, selbst wenn sie dazu fünf oder zehn Jahre brauche, könne sie den großen Gewinn machen, wenn sie je wirklich ein Skript verkaufe. »Denk bloß daran, was Autoren für einen einzigen Film bekommen!«

Zum erstenmal in ihrem Leben genießt sie das volle Spektrum ihrer kreativen Kräfte, doch sie verspielt auch drei Stunden ihrer kostbaren Zeit pro Tag, 15 Stunden in der Woche. Inzwischen geht es knapp zu, so knapp, daß sie beschlossen hat, ihre Krankenversicherung zu kündigen. »Die 150 Dollar im Monat lege ich lieber auf einem Investmentkonto oder für einen Sparplan an... na ja, im Augenblick ist das so eine Art Glücksspiel.«

»Und wenn du krank wirst?« sage ich.

»Na ja«, sagt sie, »wenn ich krank würde...« Sie beendet den Satz nicht, sondern geht zu einer beruhigenderen Vorstellung über. Die Geschichte ist auf ihrer Seite. »Ich war seit 1969 nicht mehr krank«, sagt sie. »Buchstäblich. *Niemals.*«

»Aber statistisch«, beharre ich, »werden die Chancen, daß dir etwas zustößt, mit jedem Jahr, das vergeht, erheblich größer.«

»Aber vor der Kündigung meiner Krankenversicherung habe ich beschlossen, alles untersuchen zu lassen, *alles.*«

»Und du bist kerngesund.«

»Ich bin absolut kerngesund. Und ich bin auch sehr auf meinen Körper eingestimmt; wenn also jemals etwas anfangen würde...«

»Was würde passieren, wenn etwas... anfangen würde?«

»Na ja, ich würde es *wissen*, verstehst du, was ich meine?«

Als in den sechziger und siebziger Jahren die Frauenbewegung in Schwung kam, fingen Frauen zum erstenmal an, Geld zu verdienen, und sie fingen auch an, es auszugeben – mit Hingabe. Nachdem wir endlich die finanzielle Unabhängigkeit erreicht hatten, manchmal zu einem hohen Preis, wollten wir keine Grenzen unserer Fähigkeit akzeptieren, Geld auszugeben. Niemand sollte *uns* sagen, wir könnten keine 200 Dollar für ein Paar Schuhe von Joan and David oder 2000 Dollar für ein Skiwochenende in Zermatt ausgeben. Doch

Frauen unserer Altersgruppe weisen einen überraschenden Mangel an finanziellem Durchblick auf. Von denen zwischen 35 und 54 Jahren haben die Hälfte Girokonten, die keine Zinsen einbringen. Nur 12,5 Prozent besitzen Wertpapiere oder Fondsanteile, und nur sechs Prozent haben Anteile an Geldmarktfonds. Diejenigen, die es tatsächlich schaffen, Geld zu investieren, beginnen damit erst in mittleren Jahren. Die durchschnittliche Wertpapierbesitzerin ist 49 Jahre alt, der durchschnittliche Wertpapierbesitzer 44.[23]

Selbst Frauen, die ein beträchtliches Einkommen verdienen, tun sich mit dem Sparen oft schwer. »Immer, wenn ich ein dickes Honorar aus Tantiemen oder einem Auslandsverkauf bekomme«, erzählt eine Top-Fotografin, die für Zeitschriften arbeitet, »sagt mir der Steuerberater: ›Sie sollten wirklich Geld auf ihr Pensionskonto einzahlen.‹ Also lege ich widerwillig etwas an. Aber wenn er nicht wäre und mir Schuldgefühle verursachte, würde ich alles ausgeben, was ich verdiene. So kommt es, daß ich nicht annähernd genug zurückgelegt habe.«

Geschiedene Frauen geben das Geld, das sie bei der Scheidung bekommen haben, oft für Luxusgegenstände aus; sie versuchen vielleicht, das zu kompensieren, was sie während der Ehe erdulden mußten – oder bei der Trennung. Auch Witwen geben Geld aus, und das schnell. 80 Prozent der verwitweten Frauen haben ihre Versicherungsleistungen binnen 18 Monaten nach dem Erhalt wieder ausgegeben. Einige verlieren das Geld durch schlechte Investitionen, wie eine Studie zeigt; andere verschwenden es einfach.[24]

Es kostet ungeheure Anstrengung und eine Art Gegen-den-Strich-Bürsten, um Geld aus der eigenen Gegenwart abzuziehen und für die Zukunft beiseitezulegen. Ich glaube noch immer, daß dies keiner tut, der es nicht so gelernt hat, wie Seehunde das Fischen lernen. Männer der Mittelklasse lernen es. Von Kind an bringt man ihnen bei, zu planen und zu sparen, um einen bestimmten Lebensstandard zu erreichen und zu bewahren. Frauen der Mittelklasse lernen das nicht. Wir wuchsen in der Erwartung auf, daß man uns in eine Eigentumswohnung für Rentner in West Palm trägt, wie wir mit 20 glaubten, man würde uns in das weiße Landhaus mit dem Staketenzaun tragen. Dieser Traum, davongetragen zu werden, ist keine bewußte Entscheidung, aber wir hegen ihn dennoch. Das ist es, was *wir* lernen, wenn wir noch klein sind, und obwohl wir uns inzwischen mit einer gewissen Unabhängigkeit bewegen, dauert der Traum von der Rettung noch an. Das meinen wir, wenn wir, wie heimlich auch immer, denken: »Die Zukunft wird schon für sich selbst sorgen.«

Die meisten von uns haben nie wirklich gedacht, wir würden bis zum Schluß für uns selbst sorgen müssen. »*Ich* schaffe das«, dachten wir, als die Frauenbewegung in den siebziger Jahren uns vorantrieb; aber da war vielleicht auch der tief begrabene Wunsch: »Ich brauche das nicht für immer zu tun.« Wenn uns endlich dämmert, daß keiner außer *uns* da ist, der in den letzten Jahrzehnten unseres Lebens für uns sorgt, haben wir vielleicht keinen Cent investiert. Das ist die Wiederkehr des Cinderella-Komplexes, bloß daß uns jetzt nur noch wenig Zeit bleibt, um das Versäumte nachzuholen.

Alte Märchenprinzen sterben nie

Manche Frauen sprechen auch dann noch unsicher über das Thema Selbsterhaltung, wenn sie schon seit Jahren ihr eigenes Geld verdienen. Auch die Höhe ihres Einkommens spielt dabei keine große Rolle.

»Ich glaube nicht, daß ich jemals in Pension gehe. Ich *möchte* nicht in Pension gehen», behauptet Maryanne, eine Medizinjournalistin. Aber wenigstens investiert sie, legt Geld auf ein Investmentkonto an, das ein alter Collegefreund für sie verwaltet. Und verständlicherweise ist sie stolz auf ihren Erfolg. Sie hofft, daß es immer so weitergehen wird. »Wenn ich mir Leute mit 65 Jahren anschaue, dann möchte ich annehmen, daß ich mindestens noch 15 gute Jahre vor mir habe, in denen ich tun kann, was ich jetzt tue, und mein bisheriges Arbeitstempo beibehalten kann. Und wenn es danach nötig würde, kürzer zu treten, könnte ich das tun.«

Hat sie ein genügend großes Polster angesammelt, um das zu tun? »Darüber denke ich nicht viel nach«, sagt sie. »Vielleicht werde ich ein kleines Haus mit einem zusätzlichen Cottage auf dem Grundstück kaufen und mir so ein Einkommen sichern. Außerdem werden David und ich wahrscheinlich ... ich freue mich darauf, mit ihm zusammen zu sein. Und zwei Personen können, nun ja ...«

»Billiger leben als eine.«

»Genau. Wir würden beide etwas Geld einbringen.«

Maryanne schien hin und her zu schwanken zwischen dem Gefühl, stark genug zu sein, um für immer zu arbeiten, und dem Schrekken, die eigene Sterblichkeit zu erfahren. »Das einzige, wovor ich Angst habe«, sagte sie mir, »sind Krankheit und Tod. Ich habe beispielsweise furchtbare Angst, Krebs zu bekommen. Irgend etwas Schreckliches wie Brustkrebs. Weißt du, eines Tages wachst du auf, und du hast Brustkrebs, und er sitzt in deinen Lymphknoten. Oder du brichst dir ein Bein. Ich weiß nicht. Du wirst bei einem Autounfall blind. Diese Art natürlicher Katastrophen.«

Mit anderen Worten, das Leben ist ein Lotteriespiel. Wir haben keine wirkliche Kontrolle darüber. Und ist Erfolg nicht eigentlich eine ernste Herausforderung des Schicksals? »Manchmal denke ich, ich bin so glücklich und alles ist so gut, daß mir etwas Schlimmes passieren wird«, schließt Maryanne, »etwas Schreckliches.«

Tod durch Krebs oder äußerste Not, das bleiben die lähmenden Ängste vieler Frauen in der Lebensmitte. Gott verhüte, daß wir erfolgreich, glücklich und sicher sein sollten, nachdem wir uns selbst eine solide Zukunft bereitet haben. Geld zu verdienen, klug zu investieren und neues Geld zu erzeugen ist dreist und riskant. Es verstößt gegen alles, was man uns als weiblich beigebracht hat – und als ungefährlich.

Bei einer Konferenz in New Orleans lernte ich eine reizende Frau aus Baton Rouge kennen. Serena hat eine Vollzeitpraxis als jungianische Psychotherapeutin, eine erwachsene Tochter und einen Ehemann, mit dem sie seit 30 Jahren verheiratet ist. Mit 51 fing sie an, anders über die »Sicherheit« zu denken, die sie ihr ganzes Leben lang gekannt hatte – das Haus, das Land, die Pferde. Sie hatte Träume, seltsame Träume, sagte sie mir. Veränderungen schienen sich anzukündigen. Sie wußte nicht, welche Art von Veränderungen, sie spürte nur, daß sie am Rande von etwas stand. Ich fragte, ob sie mir ein Interview geben würde. Sie willigte ein.

Serena kleidete sich schlicht in Leinensachen von Eileen Fisher und ist eine jener Südstaatenfrauen, die auf ihre ruhige, feine Art bekommen, was sie wollen. Wir trafen uns zum Gespräch in ihrem

Hotelzimmer, das, wie ich sofort sah, doppelt so groß war wie meines. Wie hatte sie das bewerkstelligt? Liebenswürdig sagte sie mir: »Mir gefiel das Zimmer nicht, das sie mir vorher gegeben hatten, und darum habe ich gefragt, welches das beste verfügbare Zimmer sei, das sie mir ohne Aufpreis geben könnten.«

Im westlichen Fenster war groß die untergehende Sonne zu sehen. Bücher, die meisten mit spirituellen Inhalten, waren ordentlich auf dem Couchtisch gestapelt. Auch ein Tagebuch lag da, in das sie jeden Tag schreibt. Während der zweitägigen Konferenz nahm Serena die meisten Mahlzeiten in ihrem Zimmer ein, um beim Essen lesen zu können – alles in allem eine ernsthafte Frau, eine nachdenkliche Frau. Und anscheinend eine *gesicherte* Frau. Doch das war die Oberfläche. »Ab und an«, sagte sie, nachdem wir uns ein Weilchen unterhalten hatten, »bekomme ich einen eisigen Schauer. Ich denke, ich würde in Armut sterben. Oder am Ende ohne einen Penny dasitzen und von jemandes Gnade oder dem System abhängig sein.«

Obwohl Serena ein eigenes Einkommen verdient, behandelt sie es wie viele Frauen ihres Alters nicht wirklich als *ihr* Geld. Wie viele Frauen läßt sie ihr Geld in den Familientopf wandern, ohne groß über ihre eigene Zukunft nachzudenken. »Für mein Rentenalter verlasse ich mich ganz auf unser Zusammenleben«, sagte sie zu mir. »Das einzige, was ich habe, ist ein Sparkonto. Jedes Jahr, wenn die Steuer fällig wird, zahle ich darauf 2000 Dollar ein.«

»Legen Sie dieses Geld an?«

»Das tut mein Mann. Es ist sein Gebiet. Er ist im Finanzwesen.«

So schwer es vielen Frauen auch fallen mag, das zu glauben, Männer treffen Investitionsentscheidungen nicht immer im besten Interesse ihrer Frauen. Manchmal haben ihre Entscheidungen die Folge, daß ihre Frauen nun von ihnen abhängig bleiben.

Barbara ist 52 und hat vor, ihren Beruf als Lehrerin in zwei Jahren aufzugeben. Sie spricht leise, hat einen trockenen Sinn für Humor und ist mit einem Schuldirektor verheiratet, der das Geld des Ehepaares verwaltet. Das war nicht immer der Fall. »Ron hat früher nie auch nur meine Schecks kontrolliert, er zahlte nur jeden Monat eine Geldsumme auf das Konto ein. Aber in dem Jahr, in dem ich 50 wurde, fing ich von der Möglichkeit zu reden an, daß wir uns trennen könnten.«

Als Barbara von Scheidung zu reden begann, ging Ron ein Licht auf. »Ihm wurde plötzlich klar, daß ich Zugang zu seinem ganzen Geld hatte, weil überall auch mein Name stand. Sofort ließ er alles auf seinen Namen umschreiben. Sogar mein Auto, für das ich Raten abzahle, läuft jetzt auf seinen Namen. Er denkt wohl, wenn ich gehen will, dann sollte ich mit leeren Händen gehen.«

»Jetzt«, sagte ich, »muß Ihr Mann also unterschreiben, wenn Sie einen Scheck ausstellen möchten?«

»Ja«, gab sie zu.

»Wie fühlt sich das an?«

»Na ja«, sagte sie, »ein bißchen unbehaglich. Aber meine Freundinnen haben viel weniger als ich. Der Wirtschaft geht es so schlecht, die Leute haben einfach nicht mehr so viel Geld auszugeben. Ich konnte mich leicht daran gewöhnen. Die Freundinnen, mit denen ich früher zum Einkaufen nach New York fuhr, *können* das jetzt einfach nicht mehr, aus verschiedenen Gründen...«

»Aber empfinden Sie denn nichts bei der Tatsache, daß er derjenige ist, der das Geld austeilt?« fragte ich und versuchte, wieder von ihr zu reden.

»Doch, es ärgert mich. Es ärgert mich wirklich.«

»Aber Sie finden sich damit ab.«

»Ich lebe ja gar nicht so schlecht«, sagte sie.

Frauen, deren Ehemänner das Geld kontrollieren, stellen sich häufig und gern vor, sie könnten das besser handhaben. Es ist, als wolle man vom Beifahrersitz aus das Auto fahren. Serena erzählte mir, sie sei im Umgang mit Geld immer verantwortungsvoller, stetiger und vorsichtiger gewesen. Ihr Mann, der angeblich finanziell zaubern kann, pflegte die Kreditkartenrechnungen auflaufen zu lassen, bis sie in Schwierigkeiten gerieten und sie dem ein Ende setzte. »Aber trotzdem lassen Sie zu, daß er das Geld in der Hand behält«, bemerkte ich.

»Ja«, sagte sie und bot eine psychologische Erklärung dafür an. »Nach C. G. Jung kann eine Frau erst dann wirklich erwachsen werden, wenn sie ihre ›töchterliche Einstellung‹ ablegt oder integriert. Die töchterliche Einstellung ist: ›Jemand wird für mich sorgen. Jemand wird mir schließlich sagen, wie ich mein Leben führen soll.‹«

Damit kämpft Serena. Sie fragt sich: »Was ist da passiert?

Warum bin ich nicht für mein eigenes Rentenalter verantwortlich?« Es verwirrt sie, daß sie trotzdem so passiv ist.

»Was glauben Sie, wie Ihr Mann reagieren würde, wenn Sie ihm sagten, Sie wollten Ihr finanzielles Arrangement ändern?«

»Er würde vermutlich sehr aufgebracht sein. Es wäre nicht sein Stil, das steht fest.«

»Was bedeutet das?«

»Das bedeutet seine Freiheit, unser gemeinsames Geld für das auszugeben, was er will; so ungefähr ist es nämlich immer gewesen.«

Serenas Mann hat nicht nur freien Zugriff auf ihr Geld, er besitzt es buchstäblich, denn Louisiana ist der einzige Staat des Landes, in dem noch der Napoleonische Code gilt. »Es ist also gar nicht so einfach, als Frau total und hundertprozentig am Geld der Familie teilzuhaben. Dazu muß ein rechtsgültiger Vertrag geschlossen werden, und dann verliert der Mann das alleinige Recht an dem Familiengeld, über das Frank jetzt verfügt.«

Unabhängigkeit ist relativ, je nachdem, wo man herkommt, wie es so schön heißt. Serenas persönliches Bankkonto, ihre Karriere und ihr Sparkonto machen sie in Baton Rouge, Louisiana, zu einer ebenso revolutionären Erscheinung wie eine feministische Aktivistin im Norden.

»Frauen, die geschieden werden, bleiben im allgemeinen mit weniger Geld und weniger Verdienstpotential zurück, und die Wahrscheinlichkeit, einen neuen Partner zu finden, ist geringer«, sagt die bekannte Familientherapeutin Monica McGoldrick. Für die meisten Frauen ist die Scheidung mit einem finanziellen Desaster verbunden. Buchstäblich über Nacht können sie aus einem Lebensstil der oberen Mittelklasse nahezu in Armut fallen. Eine kalifornische Studie kam zu dem Schluß, daß im ersten Jahr nach der Scheidung der Lebensstandard der Männer um 42 Prozent anstieg, während der der Frauen um 73 Prozent absank.[25]

Ist die Ehe erst einmal beendet, können die meisten Frauen den früheren Status nie wieder einholen. In einer Studie waren zehn Jahre nach der Scheidung 80 Prozent der Männer finanziell gesichert oder sehr gesichert; bei den Frauen galt dies nur für 20 Prozent der Fälle.[26] *Über ein Drittel der geschiedenen Frauen im Rentenalter ist arm oder fast arm.*[27] Wenn sie nicht lange genug außer Haus gearbeitet haben, bekommen sie vielleicht weder eine Rente noch eine Pension.

Die meisten Frauen, die geschieden werden, verlangen keinen Unterhalt, sondern sagen, sie wollten ihre Ex-Ehemänner »frei und nach einem sauberen Schnitt« verlassen. Vielleicht machen sie sich für das Scheitern der Ehe verantwortlich und haben Schuldgefühle, wenn sie Geld verlangen – selbst wenn sie als Partnerin an der Karriere ihres Mannes mitgewirkt haben. »In meiner Praxis«, berichtet Rechtsanwältin Kirkpatrick, »höre ich die Frauen regelmäßig – ganz gleich, wie die Eheerfahrung war, ganz gleich, wieviel Angst sie vor Strafe haben, ganz gleich, wer die Scheidung initiiert hat oder warum – immer zuerst sagen, sie hätten das Glück, daß ihr Mann ein aufrichtiger und verantwortungsvoller Versorger sei und seiner Familie einen angemessenen Unterhalt nicht verweigern werde.«[28]

So bleibt die Phantasie vom Märchenprinzen bestehen und tröstet die ahnungslose Prinzessin mit der illusorischen Vorstellung patriarchalischen Schutzes. Die Frauen, die vor der Scheidung zu Kirkpatrick kommen, um sich juristisch vertreten zu lassen, betrachten ihre Ehemänner noch immer als *die großen Versorger*, obwohl, wie sie sagt, »Beweise für dieses Merkmal des Ehegatten häufig nicht erbracht werden«.

Ehegattenunterhalt wird bei weniger als 14 Prozent aller Scheidungen zuerkannt und bei weniger als sieben Prozent tatsächlich bezahlt.[29] Fast jeder fünfte Mann, der Unterhalt zu leisten hat, ist sechs Monate nach der Scheidung mit seinen Zahlungen im Rückstand.[30] Obwohl es heutzutage keine Schuldzuweisungen mehr gibt und das Eigentum angeblich gleichmäßig aufgeteilt wird, gilt dies doch nur für die greifbaren Vermögenswerte. Karrierevorteile wie Gehalt, Pension, Krankenversicherung, Ausbildung und zukünftige Verdienstmöglichkeiten verbleiben gewöhnlich beim Ehemann, wie Kirkpatrick darlegt.[31]

Außerdem sind Frauen mit Kindern in der Regel am Ende diejenigen, die diese Kinder unterhalten. Nur 20 Prozent der geschiedenen Väter leisten den vollen Kindesunterhalt, und nur weitere 15 Prozent leisten ihn wenigstens teilweise.[32] Als alleinstehende, geschiedene oder verwitwete Mutter sind die *meisten* Frauen – 59 Prozent – schließlich der *einzige* Ernährer ihrer Kinder.[33]

Frauen, die überhaupt nie heiraten, sind vielleicht in einer besseren Lage als Witwen und Geschiedene (sie gehen früher in Rente und häufiger mit einer Pension), obwohl sie noch immer mit geringerer Wahrscheinlichkeit sparen oder investieren. Soziologen haben festgestellt, daß alleinstehende Frauen unter Umständen noch in der Lebensmitte die Phantasie hegen, irgendwann werde jemand kommen und für sie sorgen. Maßnahmen, um sich ein dauerhaftes Einkommen zu schaffen, wären daher gleichbedeutend mit dem Eingeständnis, daß der Märchenprinz wahrscheinlich nicht kommen wird. Bis die Frau sich damit endlich abfindet, hat sie möglicherweise Jahre des Sparens und Investierens versäumt.[34]

Kalt, hart und lieblos: das Image erfolgreicher Frauen

Weil Erfolg auf dem Markt auf Rücksichtslosigkeit und Konkurrenzdenken zurückgeführt wird, gelten Frauen an der Spitze häufig als »nicht typisch weiblich und werden mit einer Aufmerksamkeit bedacht, die alles andere als schmeichelhaft ist«, schreiben Lieberman und Lindner in *Unbalanced Accounts*.[35] Bei einer Studie stellten die Autorinnen Punktetabellen über Frauen auf, die sich vorstellen sollten, bei einer schicken Dinnerparty neben einer erfolgreichen Frau zu sitzen, die im gleichen Beruf wie sie selbst eine Menge Geld verdiente. Dann wurden die Probandinnen aufgefordert, diesen Dynamo zu beschreiben – wie sie aussah, welche Gefühle sie auslöste.

Kalt, streng, hart, verbietend, unangenehm, unweiblich, sogar »böse« waren die Worte, die Frauen für die Erfolgreiche fanden. »Sie trägt Schwarz und Perlen«, stellte sich eine Autorin von Videofilmen vor.[36] »Extrem schlicht und irgendwie streng, mit einem mageren, leicht angespannten Gesicht. Ich kann überhaupt nichts mit ihr anfangen. Sie hält mich für jemand Untergeordneten, der vielleicht etwas von ihr will, was sie nicht zu geben bereit ist. Ich bin sehr reserviert.«

Unbewußt fürchten einige Frauen, wirtschaftliche Unabhängigkeit werde sie in kalte, »unweibliche« Kreaturen verwandeln, die von Männern abgelehnt und von anderen Frauen verstoßen werden – und die sich eigentlich allein auf der Spitze des Eisbergs wiederfinden. Die Zwangslage dieser Frauen intensiviert sich in der Lebensmitte, denn das genaue Gegenbild der erfolgreichen Frau, die sie sich als Scheusal mit Perlen vorstellen, ist die in äußerster Armut lebende Frau. Mitten in der Nacht verfolgt uns das Phantom der obdachlosen Streunerin mit ihren Plastiktüten und ihrem klapprigen Einkaufswagen.

Die Angst, in Armut zu enden, ist bei jeder zweiten gebildeten Mittelklassefrau vorhanden, wie Untersuchungen gezeigt haben.[37] Diese Angst hat, so glaube ich, etwas mit der komplizierten Beziehung von Frauen um die 50 und 60 zu Geld zu tun. Man braucht Übung und Ermutigung, um sich zu lebenslanger Selbsterhaltung imstande zu fühlen, und damit sind wir ziemlich spät dran.

Als Allison, die in Fairfield, Connecticut, lebt, sich scheiden ließ, glaubte sie wie viele Frauen ihrer Generation, es sei falsch, Unterhalt zu verlangen, obwohl sie ihre entscheidenden Arbeitsjahre mit der Erziehung von fünf Kindern zugebracht hatte, während ihr Mann erfolgreich eine Firma gründete. In den Scheidungsvereinbarungen wurde ihr genug Geld zugesprochen, um eine Anzahlung auf ein Haus zu leisten, aber das war alles. Mit 47 begann sie eine neue Karriere als Lehrerin. Heute, mit 67, ist sie so weit, daß sie in drei Jahren genug Beiträge eingezahlt hat, um sich eine Pension zu sichern. »Aber ich habe schreckliche Angst«, sagt sie, »weil die Pension so niedrig ist. Und weil ich in all den Jahren nicht außer Haus berufstätig war, wird auch meine Sozialrente niedrig sein. In letzter Zeit denke ich manchmal, daß ich als Tütenlady auf der Straße ende.«

Eine solche Angst, die unter Frauen so häufig vorkommt, ist nicht ganz unbegründet. Jede fünfte ältere Frau lebt *tatsächlich* in Armut. Doch das Bild der Tütenlady ist zum Symbol für eine Fülle von vagen, uneingestandenen Ängsten geworden, speziell in unserer Generation. Natürlich fürchten wir die Isolation, Machtlosigkeit und Ablehnung, die wir mit dem Alter von Frauen assoziieren. Doch mehr Panik als alles andere verursacht uns unsere eigenen Passivität – unser Widerstand dagegen, uns wirkliche Sicherheit zu schaffen. »Ich werde draußen auf der Straße sein und sterben – allein und einsam«, fährt Allison fort. »Und es ist nicht so sehr die Armut, die ich fürchte, sondern vielmehr, daß ich kein Zuhause habe, über das ich verfügen kann.«

Ein Zuhause, über das man verfügen kann, ist zur allerletzten

Zuflucht für Frauen geworden, die fürchten, daß sie es auf der Welt nicht schaffen können. Was würde Allison tun, wenn sie tatsächlich »draußen auf der Straße« landen würde? Wie würde sie sich vor den Elementen schützen?

Glauben Sie nicht, sie hätte nicht darüber nachgedacht. »Ich würde mir ein Haus aus Pappkartons bauen«, sagt sie, »genau wie die Tütenladies.«

Im Gegensatz zur Angst der Frauen, daß die Fähigkeit, Geld zu verdienen und kompetent damit umzugehen, uns für Männer unattraktiv macht, lebten die von Lieberman und Lindner untersuchten Frauen, die gut mit Geld umgehen konnten, auch in guten Beziehungen. »Moderne Frauen, die Sex ebenso wie Geld genießen, haben ein starkes Gefühl von Selbstwert, Freiheit und Kontrolle über ihr Schicksal«, schreiben sie. »Sie sind sexuell aus dem gleichen Grund erfolgreich, aus dem sie auch finanziell Herrin der Lage sind – weil sie nämlich die Verantwortung für sich selbst übernommen haben.«

Frauen, welche die Idee finanziellen Erfolges ablehnen, so stellten die Forscherinnen fest, waren auch mit größter Wahrscheinlichkeit ohne Mann oder lebten in gestörten Ehen und Liebesbeziehungen.[38]

»Getting Her Act Together«

Kürzlich hörte ich ein altes Band des Musicals »I'm Getting My Act Together and Talking It On the Road« aus den siebziger Jahren von Gretchen Cryer und Nancy Ford, das die Frauen im Sturm eroberte. Das Stück, auf Gretchens eigener Erfahrung basierend, dramatisierte mit durchschlagendem Erfolg den Kampf und das Hochgefühl, die Frauen unserer Generation erlebten, als wir uns von den traditionellen Rollen befreiten, die man uns auferlegt hatte.

Ich hatte sie fast 20 Jahre zuvor unmittelbar nach diesem Erfolg interviewt, und ich fragte mich, was in der Zwischenzeit aus ihr geworden sein mochte. Zu welcher Art von Frau in den Fünfzigern hatte sie sich entwickelt? Ich rief sie an, und sie lud mich zu einem Gespräch ein.

Als ich zu ihrer Wohnung in Manhattan kam, ein paar Blocks von dem Apartment entfernt, in dem ich gelebt hatte, als meine Kinder heranwuchsen, erwartete Gretchen mich an der Haustür. »Sie haben sich überhaupt nicht verändert!« riefen wir beide gleichzeitig.

Sie hatte noch immer die gleiche Kleidergröße, und ihr Haar war noch immer lang, dunkel und lockig. Gretchen hat freundliche Augen und ein breites Lächeln. Es war schwer zu glauben, aber sie war Großmutter. Ihre kürzlich geschiedene Tochter wohnt bei ihr, zusammen mit der vierjährigen Enkelin. »Ich weiß, daß sie nicht immer hierbleiben werden, aber im Augenblick ist es herrlich«, sagt Gretchen.

Gretchen wuchs in den fünfziger Jahren auf. Ihre Geschichte ist wie die vieler von uns. College in den Jahren, in denen man von uns erwartete, daß wir uns jemanden schnappten, uns verlobten und dann einen Arzt, einen Rechtsanwalt oder einen Geistlichen heirateten.

1957 machte Gretchen ihren Collegeabschluß und heiratete Don Cryer, der eine Ausbildung als Pfarrer machte und sich auf ein Leben im Kirchendienst vorbereitete. »Er würde der Pfarrer sein, und ich würde die Pfarrersfrau sein«, sagte Gretchen, ihren Kindheitstraum parodierend. »Ich stellte mir vor, im Kellergeschoß der Kirche eine kleine Schauspielgruppe für die Schüler der High-School zu gründen.«

Natürlich kam es anders. Bald nach der Heirat verließ Gretchens Mann das Pfarramt, um Schauspieler zu werden. Sie folgte ihm nach New York und begann schließlich selbst beim Theater zu arbeiten. Sie schrieb in jenen Jahren ein paar Songs, aber im wesentlichen kümmerte sie sich um die Kinder und unterstützte ihren Mann während der mageren Zeiten seiner Karriere. Dann, nach elf Jahren Ehe, verliebte er sich in jemand anderen.

Sie war damals 33 und über Nacht eine alleinerziehende Mutter. »Ich mußte all diese Muster und Erwartungen hinter mir lassen und mir selbst eine neue Existenz schaffen.« Doch das war auch lohnend. Für Gretchen wurde die Tatsache, daß Don Cryer sich in eine andere verliebt hatte, zu einer Art Katalysator. »Ich dachte dauernd, daß ich über den Weg *schreiben* will, den eine Frau wie ich zurücklegen mußte, von der Empfänglichkeit der fünfziger Jahre, in der ich das komplette Programm kaufte, die ganzen Erwartungen akzeptierte und das ›artige Mädchen‹ war, bis hin zur Scheidung mit der Folge, mein Leben ganz neu definieren zu müssen. Ich dachte ständig, daß ich darüber *schreiben* will.«

Eines Abends, als sie mit ihrer Schreibpartnerin Nancy Ford in einem Club sang, kam ihr die Idee. »Ich werde ein Stück über eine Nachtclubsängerin schreiben, die einen ganz neuen Akt für sich selbst verfaßt. Das soll die Metapher für das neue Leben sein, das sie sich schafft. Es wird ›*I'm Getting My Act Together and Talking It On the Road*‹ heißen.«

Joseph Papp, damals Direktor des *American Shakespeare Festival Theatre*, produzierte das Stück, und es wurde zu einem langanhaltenden Erfolg. Gretchen hatte nicht vorgehabt, mitzuspielen, aber Papp wollte, daß sie es tat. Also machte sie den Mund auf und spazierte in eine neue Karriere.

Zwölf Jahre, 15 Jahre vergingen, und Gretchens Leben veränderte sich. »Ich hatte immer dieses unglaubliche Gefühl, alles zu können, und das war natürlich ein totaler Irrtum. Doch bis ich 50 wurde, war ich nie gegen die Mauer meiner Grenzen gelaufen. Eigentlich fing es an, als ich 48 war und trotz all meiner Anstrengungen meinem Bruder nicht helfen konnte, bei dem man einen Hirntumor diagnostizierte. Ich hatte die Illusion gehegt, ich könne ihn retten. Ich war immer diejenige in der Familie gewesen, die jede Situation meisterte. Wenn es um ein finanzielles oder ein physisches Bedürfnis ging oder wenn jemandes Haus gestrichen werden mußte, dann nahm ich die Sache in die Hand. Doch plötzlich wurde mein Bruder krank, und ich unternahm übermenschliche Anstrengungen, um ihm zu helfen, aber er starb trotzdem.«

Nachdem sein Krebs diagnostiziert worden war, lebte er nur noch drei Monate. Diese kurze Zeit veränderte für Gretchen alles. »Ich mußte mich einfach mit Haut und Haaren meinen Grenzen stellen.«

Nicht lange nach dem Tod ihres Bruders »verfielen« ihre Eltern, wie Gretchen sagt. Es war ein doppelt tragischer Tag. Ihr Vater, der sechs Wochen zuvor einen lähmenden Schlaganfall erlitten hatte, rutschte beim Aufstehen aus dem Bett aus und fiel hin. Als ihre Mutter versuchte, ihm aufzuhelfen, brachen drei ihrer Rückenwirbel zusammen.

Gretchen, die mit der Arbeit an einem neuen Stück über Eleanor

Roosevelt begonnen hatte, mußte plötzlich anfangen, nach Indiana zu pendeln. Alle sechs oder acht Wochen reiste sie hin und verbrachte dort ein paar Wochen, versuchte das Haus renovieren zu lassen, damit ihr Vater sich mit seinem elektrischen Rollstuhl darin bewegen konnte. »Ich kochte für sie wie verrückt, dann flog ich nach Hause, arbeitete ein bißchen, und schon mußte ich wieder hinfahren.«

Wie nicht anders zu erwarten, wurden der Streß und die Belastung schließlich zu groß, und Gretchen mußte eine andere Lösung finden. Sie begann, die Mahlzeiten für ihre Eltern bei sich zu Hause zu kochen, in Trockeneis zu packen und per Expreß nach Indiana zu schicken. »Alle zwei Wochen bekamen sie ein Paket und räumten Schicht um Schicht fertig gekochter Speisen und Backwaren in ihren Gefrierschrank. Das gab ihnen ungeheuren Auftrieb.«

Ihre Eltern waren von dem Arrangement begeistert. Bald schlug Gretchens Mutter ihr vor, eine Firma zu gründen. »Das fiel mir genauso ein wie die Idee für ein Musical. Ich dachte: ›Es besteht ein so großer *Bedarf* daran bei Frauen in der Lebensmitte, deren Kinder gerade erst aus dem Haus sind und die nun für ihre Eltern sorgen müssen.‹«

Die neue Firma wurde »The Extended Family«, »die erweiterte Familie«, genannt. Gretchen wußte, daß sie damit eine Entscheidung getroffen hatte, die ihr Leben veränderte. »Ich, die ich mein ganzes Leben lang vor Geschäften zurückgeschreckt war, die nicht einmal Lust hatte, ihre Steuererklärung zu machen, mußte plötzlich das Geld auftreiben, einen Geschäftsplan machen, Bankiers überzeugen, jemanden finden, der die Herstellung leitete. Das war zwar auch geistige Arbeit, aber von ganz anderer Art.«

Woher kommt die Motivation für eine solche Veränderung? Bei Gretchen war sie das Ergebnis der Konfrontation mit der Realität ihrer zweiten Lebenshälfte – der Erkenntnis, daß sie dieses neue Stadium des erwachsenen Lebens nutzen mußte, wenn sie Freude daran haben wollte.

Was mit ihren Eltern passiert war, war beklagenswert und lehrreich. »Weil sie kein Geld hatten, mußten mein Sohn und ich ihnen aus der Klemme helfen. Sie hatten nichts beiseite gelegt, *gar nichts*, keine 20 Dollar.«

Auf einmal sah Gretchen die Realität ihrer eigenen Karriere im

Showgeschäft in einem neuen Licht. »Man hat vielleicht ein paar sehr gute Jahre, wie ich nach *›Getting My Act Together‹*, aber dann gibt es auch Jahre, wo nichts hereinkommt. Ich dachte, mein Gott, in 25 Jahren, wenn ich im Alter meiner Eltern bin, werde ich in genau der gleichen Lage sein, ohne einen Penny, und mich darauf verlassen müssen, daß meine Kinder mich unterstützen.«

Die Gründung dieser Firma, erzählt sie, war ihre Art, der Zukunft ins Auge zu sehen und zu sagen: »Vielleicht kann ich etwas auf die Beine stellen, das mir in 20 Jahren das einbringt, was ich zum Leben brauche.«

Sie setzte ihre Idee in großem Stil um und überredete den Vater ihres Partners, William Dumke von Henningsen Foods, seine Erfahrungen im Lebensmittelgeschäft einzubringen und ihr bei der Sicherung von Krediten zu helfen – eine halbe Million Dollar von einer Sparkasse, weitere 150000 von der Small Business Administration und 200000 von privaten Investoren. Gretchen war im Geschäft. Sie stellte eine Frau ein, um die Firma zu leiten, während sie in New York City blieb und »The Extended Family« von ihrem Büro zu Hause aus vermarktete. Gretchen machte keine Ausbildung, um Eigentümerin und Gründerin einer Firma zu werden, wie es sie zuvor nicht gegeben hatte. »Sehen Sie diesen Korb?« sagt sie und zeigt auf einen brasilianischen Flechtkorb, der so hoch ist wie die Armlehne meines Sessels. »Er ist voll mit Zeitschriften wie *Inc.* und *Executive Woman*. Ich lese ununterbrochen. So bringe ich mir bei, wie man so etwas macht.«

Zehn Monate nach Gründung der Firma mußte Gretchen erheblich expandieren und ihren Gefrierraum verdreifachen. Heute hat sie 13 Angestellte und versendet fast 2000 Mahlzeiten pro Woche.

Bislang war »The Extended Family« für Gretchen finanziell belastend. »Ich habe Geld hineingesteckt, um die Firma zu starten. Ich zahle mir kein Gehalt aus, und ich mußte eine zweite Hypothek auf das Haus aufnehmen, das ich mit dem Geld aus ›Getting My Act Together‹ gekauft hatte.« Im Augenblick steckt sie bis zum Hals in Krediten. »Wenn dieses Geschäft fehlschlägt, bin ich erledigt. Dann habe ich nichts mehr.«

Das ist die Art von Risiko, das Männer in der Lebensmitte eingehen. Jetzt lassen sich auch Frauen darauf ein in dem Versuch, ihren Einsatz zur Vorbereitung auf die kommenden Jahrzehnte zu leisten.

Wie es der Mutter erging

Als ich anfing, den Ort, an dem meine Mutter lebt, mit anderen Augen zu betrachten, wußte ich, daß sich meine eigene Vorstellung von der Zukunft verändert hatte. Sandpiper Village, eine Rentnergemeinde, war mir immer vorgekommen wie ein Ort, an dem man auf seinen Tod wartet. In gewissem Sinne ist das auch so. Dennoch war ich erstaunt, daß mein Vater mit seinem Gehalt als College-Lehrer es geschafft hatte, die Dinge so zu organisieren, daß er und meine Mutter an diesen Ort mit Swimming-Pool und geblümter Tapete im Speisezimmer ziehen konnten, als die Zeit kam. Ich fragte mich, wie er das zustandegebracht hatte. Er hatte es nie erwähnt, und ich hatte nie gefragt. Doch als sie alt waren, waren meine Eltern in der Lage, in einer Einrichtung zu leben, in der die Mahlzeiten serviert wurden, so daß meine Mutter nicht kochen mußte. Wo jemand putzte und den Rasen pflegte. Wo eine Krankenschwester kam und sich um alles kümmerte, wenn das nötig war, und die kranken Bewohner von Sandpiper Village auf Route 17 bis zur nächsten Ampel und ins Krankenhaus fuhr.

Als meine Eltern dort einzogen und ihr komfortables Ziegelhaus in Columbia gegen ein kleines Apartment mit zwei Schlafzimmern in einem grauen Holzhaus vertauschten, das durch einen überdachten Gang mit anderen grauen Holzhäusern verbunden war, deprimierte mich das, denn ich hielt es für eine Einschränkung ihrer Lebensumstände. Heute, da meine Mutter allein ist (und ich natürlich in ihr auch mich selbst sehe), habe ich eine andere Einstellung. Wenn ich an Sandpiper Village denke, sage ich: Gott sei Dank. Gott sei Dank hat sie ihre Freunde, bekommt fertig zubereitete Mahlzeiten, hat sie ihre ruhige, mit Teppichen ausgelegte Zuflucht mit dem kleinen Musikstudio, ihrem Klavier, ihren Rekordern und ihrem Tamburin. Werde ich auch solche Sicherheit haben, wenn ich in ihrem Alter bin?

Die Wahrheit ist allerdings, daß meine Mutter durchaus Geldsorgen hat. Sie und mein Vater hatten nicht damit gerechnet, so alt zu werden. Sicher ist ihm nie in den Sinn gekommen, daß sie mit ihren Krankheiten bis weit in die Achtziger leben würde, während er auf einen Streich von einem heruntergekommenen Möbelwagen auf dem

Lieferantenweg eines Kentucky Fried Chicken gefällt wurde. An diese Möglichkeit hat er nicht gedacht, obwohl er sein Leben damit zugebracht hat, alle denkbaren Eventualitäten vorauszuplanen.

Als mein Vater starb, wurde die Sozialrente meiner Mutter um fast die Hälfte geringer. 30000 Dollar von ihren Ersparnissen waren binnen weniger Wochen in die private Pflege geflossen, die er benötigt hatte. Ich war schockiert, mit wie wenig sie am Ende dastand. Doch das Geld, das meine Mutter übrigbehielt, ist mehr, als ich für mein Rentenalter beiseitegelegt habe, obwohl ich sehr viel mehr verdient habe als meine Eltern. Ich kann nicht damit rechnen, am Ende soviel zu haben wie sie, es sei denn – und das trifft mich schmerzhaft wie ein Alptraum –, ich ändere meine Lebensweise.

Heute ist das Geld meiner Mutter, noch immer in den Rentenpapieren angelegt, in die sie in den späten siebziger Jahren so stolz – und erfolgreich – zu investieren begann, nicht mehr produktiv, aber sie weiß nicht, wie sie es anders anlegen soll, und vermutlich würde ihr das ohnehin zu riskant erscheinen. Mit 86 ist es ihre geringste Sorge, der Inflation zu entgehen. Sie hat andere Dinge, denen sie vorbeugen muß. Dennoch ist ihre finanzielle Situation prekär. Es macht mich traurig, daß sie sich zu allem anderen auch noch darüber Sorgen machen muß.

Es kostet meine Mutter etwas über 1300 Dollar im Monat, in Sandpiper Village zu leben. Inbegriffen sind zwei Mahlzeiten pro Tag. Nicht inbegriffen sind Strom- und Telefonkosten, Kleidung, Gas und alles andere. Meine Mutter verwaltet ihre Rente von 900 Dollar monatlich und ihr geringes verbliebenes Zinseinkommen energisch und sparsam, prüft ihre Arztrechnungen, um sicher zu sein, daß man ihr nicht zuviel berechnet, kauft sich gelegentlich bei L. L. Bean einen Rock und bräuchte seit langem neue Bettwäsche.

Wenn wir beobachten, was mit unseren Müttern geschieht, halten wir inne, denn wir sehen jetzt in ihrem Leben unsere eigene Zukunft. Das kann ein starker Antrieb für Veränderung sein. Meine Mutter tut energisch das, was sie gelernt hat, um sich im Alter zu schützen: Sie ist wachsam beim Ausgeben und konservativ beim Investieren. Aber sie hat sich nicht vorgestellt, daß sie so alt werden würde. Und ihre Realität – die Realität der Frauen ihrer Generation – ist ohnehin anders als unsere. Wir *wissen*, daß wir gute Chancen haben, die Achtziger zu erreichen. Und für uns gelten andere Regeln. Wir werden keine Rücklagen haben, die unsere Ehemänner klug und in aller Stille für uns geschaffen haben. Unsere zukünftige Sicherheit liegt in unserer eigenen Hand, ob wir nun verheiratet sind oder nicht. Und da sich die Regeln der Gesellschaft ändern, muß sich auch unsere Vorstellung von uns selbst ändern. Wir können es uns nicht leisten, irgendeinem überlebten Begriff von »Weiblichkeit« anzuhängen, wenn uns das daran hindert, aktiv und aggressiv für unsere Zukunft zu sorgen.

Wachstum fördern

»He«, sagt Willa, als sie in *Time* den Bericht über den berüchtigten Whitewater-Investitionsplan sah, »wenn Hillary das kann...«

Catherine sagt: »Neulich blätterte ich in einem Flugzeug in der Zeitschrift *Money* und las, daß irgendeine fröhliche junge Krankenschwester mit 35 Jahren angefangen hatte, 2,50 Dollar pro Woche in einen Mutual Fund einzuzahlen und nun mit knapp über 42 Millionärin war.«

»Bei solchen Geschichten werde ich immer sauer, weil ich nicht vor 40 Jahren angefangen habe zu sparen«, sagt Willa, »aber ich habe erkannt, daß ich noch immer viel tun kann, um für mich selbst zu sorgen.«

Eine der ersten Regeln des Investierens ist, früh zu beginnen. Für uns lautet die erste Regel, daß wir überhaupt erst einmal damit *anfangen* müssen, Punkt. »Überlegt euch das mal«, sagt Willa und ruft auf ihrem Computer das Programm »Managing Your Money« auf. »Wenn eine Frau 5000 Dollar im Jahr zu einem durchschnittlichen Ertrag von zehn Prozent anlegt und von den Zinsen 35 Prozent Steuern zahlt, hat sie bei einer angenommenen Inflationsrate von fünf Prozent nach zehn Jahren die nette Summe von 78057 Dollar. Nach zehn Jahren. Ich meine, zehn Jahre können wir doch schaffen. Wir können auch 20 Jahre schaffen.«[39]

Früher brachte man Frauen bei, das »Bewahrungsprinzip« sei die klügste finanzielle Strategie, von der sie sich etwas erhoffen könnten.

Gehen Sie keine Risiken ein, leben Sie nicht von Ihrem Kapital (wenn man das Glück hatte, überhaupt Kapital zu besitzen). Dahinter stand der Gedanke, daß wir ohnehin nicht begreifen, wie Geld funktioniert, und schon gar nicht kreativ genug sind, um es wachsen zu lassen.

Finanzanalytiker sagen, Frauen neigten zu übermäßigem Konservatismus und hielten zuviel von ihrem Geld flüssig und verfügbar, so daß es unproduktiv sei. Ein Grund, warum Frauen sich davor fürchten, das Risiko hochrentierlicher Investitionen wie Aktien einzugehen, ist, daß sie Versorgerinnen sind. Sie möchten ihre Ersparnisse verfügbar haben, falls sie für den Haushalt gebraucht werden. Untersuchungen zeigen, daß Frauen mit größerer Wahrscheinlichkeit für die Ausbildung ihrer Kinder, ein Haus oder ein Auto sparen, während Männer eher für ihr Rentenalter vorsorgen.[40]

Wachstumsinvestitionen mit einem gewissen Risiko sind notwendig, wenn wir genug Geld zusammenbringen wollen, um unsere Zukunft zu sichern, sagen die heutigen Finanzanalytiker. Psychologisch kann das bedeuten, Angst ertragen zu müssen – die Angst, die damit verbunden ist, das Geld aus der Hand zu geben, indem man es investiert, und die Fähigkeit, Marktschwankungen hinzunehmen.[41] Gegenwärtig erfordert der verantwortungsvolle Umgang mit Geld Aggressivität. Es genügt nicht, daß wir artige Mädchen sind und unsere Rechnungen pünktlich bezahlen.

Bei einer Art Public-Relations-Experiment brachte Merrill Lynch eine Gruppe von drei Dutzend Frauen zusammen, die Geld hatten, sich aber fürchteten, es zu investieren. »Ganz gleich, was ich mit Geld mache, ich habe das Gefühl, es falsch zu machen«, sagte die 60jährige Vizepräsidentin einer Chemiefirma. Und als das Seminar voranschritt, stellte sich bald heraus, daß sie für die meisten der anwesenden Frauen sprach. Eine andere Frau, deren ganzes Geld auf einem Sparkonto mit lächerlichem Zinssatz lag und die auf ihren Kreditkarten mehr Schulden aufgehäuft hatte, als ihre Ersparnisse betrugen, sagte, sie wolle sich »keine Sorgen machen müssen«. Aber sie glaubte nicht, den Umgang mit Geld erlernen zu können. Das Überwinden der Angst vor Armut stellte sich als ein zentrales Thema des Seminars heraus. Im Laufe der Wochen wurde sichtbar, daß Ambivalenz die Frauen hemmte. Auf die Frage, was Geld für sie bedeute, sprachen viele sehnsüchtig von »Freiheit« oder »Unabhängigkeit«, als seien dies für sie unerreichbare Zustände.[42]

Doch warum waren diese Lehrerinnen, höheren Angestellten, Unternehmerinnen und sonstigen Berufstätigen in der Lage, im Arbeitsleben unabhängig zu handeln, nicht aber zu ihrem eigenen Wohl? Im Verlauf der Finanzseminare begannen sie allmählich zu sehen, daß sie vor der Verantwortung zurückgescheut waren, weil es bedeutete, wie eine Frau das ausdrückte, »die Phantasie aufzugeben, daß jemand kommen und für mich sorgen wird«.[43]

Am Ende des Seminars hatten diese Frauen die Botschaft verstanden: Ambivalenz ist gefährlich. Größerer Wohlstand ist ein vollkommen vernünftiges Ziel, und wer sich informiert, kann lernen, wie man gut investiert.

Das Licht sehen

Fiona hat so ein Gefühl, als lebten manche Frauen gern am Rand des Abgrunds. Sie meint, solche Frauen blühten bei einem bestimmten Maß von gerade noch handhabbarem Chaos auf. Es hält in ihnen untergründig das Gefühl wach, sie müßten gerettet werden. Es hält in ihnen das Gefühl wach, trotz ihrer Zähigkeit noch immer weiblich und anziehend zu sein.

»Von ›weiblich und anziehend‹ verstehe ich nicht viel«, sagte ich zu Fiona. Aber eines weiß ich: Geld macht mich nervös. Ich konnte es nie ertragen, wenn zuviel Geld zusammenkam. Immer, wenn sich auf meinem Girokonto Bargeld ansammelte und etwas von mir zu verlangen schien, konnte ich es kaum aushalten. Eintausend, zweitausend, und wie auf Kommando fand ich einen Weg, sie auszugeben. Ich versuchte, das klug zu tun, kaufte gute Kunstdrucke und Bücher und Theaterkarten, investierte in ein kultiviertes Leben, aber wenn ich bedenke, welche Auswirkungen das auf meine Sicherheit hatte, dann hätte ich das Geld ebensogut aus dem Fenster werfen können.

Als ich mich vor Jahren vom Vater meiner Kinder trennte, war er krank und nicht in der Lage, zu ihrem Unterhalt beizutragen. So hatte ich als junge, alleinerziehende Mutter nie genug Geld, um die Rechnungen zu bezahlen. Als Mutter in mittleren Jahren, die endlich einen anständigen Lebensunterhalt verdiente, versuchte ich, die Kinder dafür zu entschädigen – Privatschulen, Schuhe von Tony Lama, die neuesten Rollschuhe. Ich gab mehr für sie aus, als ich hätte tun sollen, mehr, als ich mir eigentlich leisten konnte, denn ich investierte nicht konsequent in einen Sparplan. Schöne Dinge für meine Kinder zu kaufen verlieh mir vorübergehend ein Machtgefühl, aber heute sehe ich, daß das planlose Geldausgeben das tiefe Gefühl von Stolz und Reife verhinderte, das ich entwickelt hätte, wenn ich wirklich für mich gesorgt hätte.

Ich beschäftigte einen Buchhalter, der meine Rechnungen bezahlte und meine Ausgaben notierte. Ich rationalisierte das, indem ich mir sagte, er spare mir kostbare Zeit, um Geld zu verdienen, doch mit zunehmender Entfernung von den Details meiner finanziellen Situation entfernte ich mich auch von deren Realität. Mein Buchhalter zählte zusammen, wieviel ich jeden Monat ausgegeben hatte, und jeden Monat war ich überrascht. Doch dann dachte ich gleich: »Gott sei Dank ist genug da, um alle Rechnungen zu bezahlen.« Daß die Rechnungen viel zu hoch waren, kümmerte mich nicht. Geld ausgeben, sagte ich mir, ist das, was expansive Leute mit Selbstachtung eben tun. Ich habe nie geplant. Planen fühlte sich einengend an, als setzte ich mir selbst Grenzen. Ich haßte Grenzen. Ich hatte das Gefühl, mein ganzes Leben lang unter Zwängen gelebt zu haben. Mit Ende 40 wollte ich mich stark und unbesiegbar fühlen, und so bemerkte ich kaum, daß mein Einkommen nicht mehr ganz das gleiche war wie früher. Und nach dem Bruch meiner Beziehung verdoppelten sich meine Unkosten in diesem großen Haus. Intellektuell wußte ich, was passierte, aber ich ließ diese Erkenntnis nicht wirklich an mich heran. Und so änderte ich mein Ausgabeverhalten nicht. Ich gab einfach weiterhin Geld aus.

Bis eines Tages nicht genug da war und ich zum erstenmal vorzeitig etwas von meinen Rücklagen ausgab, um meine Rechnungen zu bezahlen. Die Wahrheit war, daß ich mein Geld nicht verwalten müssen wollte. Ich konnte arbeiten wie ein Pferd, wenn es nötig war, und das tat ich, alles nur, um zu vermeiden, daß ich einen Plan machen mußte, ein Budget aufstellen, *mich selbst kontrollieren* wie jemand, der eine Zukunft zu bewältigen hat.

Diese heftige finanzielle Krise war für mich einer der schwierigsten Kämpfe beim Übergang zur Lebensmitte. In dieser Zeit des Lebens kann eine Art Ich-habe-meine-Schuldigkeit-getan-Mentalität aufkommen. Wir wollen Ferien machen und uns Kleider kaufen. Wir wollen das Beste für unsere Kinder und sind begeistert, ihnen helfen zu können. Doch jetzt zu planen und Grenzen zu akzeptieren, damit wir in der Zukunft gesichert sind – das steht auf einem anderen Blatt.

Wir sehen Leute krank werden und sterben. Wir sehen Leute, die ihre Jobs verlieren, Berufstätige, die jahrelang Karriere gemacht haben und dann auf einmal auf der Straße stehen und keine Stelle mehr finden. Wir sehen, wie ältere Frauen aus ihren Stellungen gedrängt werden, weil man findet, ihr *Aussehen* entspreche diesen Stellungen nicht mehr.

Sich ernsthaft mit Verdienen, Investieren und der Planung für unser Alter zu befassen kann uns ängstlich machen, da es uns zwingt, gewisse unangenehme Wahrheiten über unsere gegenwärtige Lage zur Kenntnis zu nehmen. Doch wenn wir uns dieser Angst stellen – und sie überwinden –, können wir neue Flexibilität im Leben gewinnen. Mit eigenem Geld und einem soliden Investitionsplan werden wir frei, den Träumen nachzugehen, die wir früher aufgeschoben haben, um unsere Kinder großzuziehen. Und wir befreien uns von der Angst, im Alter arm, isoliert und abhängig zu sein – einer Angst, die in diesem Augenblick unsere Lebensqualität beeinträchtigt.

KAPITEL 9

Neue Entscheidungen: Die Grenzen der 50 hinter sich lassen

»Ich lese dauernd über diese Frauen in den Fünfzigern, die große Sprünge machen und Veränderungen vornehmen, aber mir fällt es schwer, gegenwärtig auch nur an eine neue Haarfarbe zu denken. Alles scheint vorherbestimmt.«

Hier hören wir Fiona. Die »Mamas« nennen sie das Sprachrohr der Wahrheit, weil sie oft die Dinge ausspricht, die wir fühlen, ehe wir den Nerv haben, sie offenzulegen. »Ich hatte meinen Teil an Ehe und Familie und daran, die ganze Zeit von allen gebraucht zu werden, und jetzt sieht es so aus, als sei ich dazu bestimmt, meine Tage allein zu Ende zu leben. Als ich mir heute abend meinen Garten anschaute, dachte ich tatsächlich: ›Für wen ist der bloß?‹ Die einzige Person außer mir, die ihn diesen Sommer gesehen hat, ist Helen. Einmal. Das kommt mir jämmerlich vor.«

Fiona beginnt in Panik zu geraten. Sie steckt mitten in ihrem Übergang zur Lebensmitte und verspürt keinen faszinierenden Aufruhr, sondern nur den erstickenden Würgegriff der Trägheit.

Steckenbleiben

Die Verschiebung vom frühen Erwachsenenleben zu den mittleren Jahren ist wesentlich, wie Bernard Cohler schreibt, eine von drei »Übergangsperioden«, die ungeheure Anstrengung erfordern. Frühere Verschiebungen sind der Übergang von der frühen zur mittleren Kindheit (von fünf bis sieben Jahren) und der Übergang in die Adoleszenz, die gewöhnlich bis ins frühe Erwachsenenalter andauert.[1] In solchen Perioden, sagt Cohler, fühlen wir uns besonders leicht fragmentiert. Es ist, als wären wir nicht wirklich frei, uns zu bewegen, in das Neue einzutreten, solange wir nicht das loslassen, was vorher war. Doch in der Zwischenzeit wissen wir nicht mehr genau, was funktioniert.

Die Art, wie wir in Zeiten des Wandels unsere Kohärenz aufrechterhalten, ist eine Neuformulierung unserer Lebensgeschichte, damit sie einem neu integrierten Selbstgefühl entspricht. Das ist größtenteils ein unbewußter Prozeß. Ohne sich darüber klar zu sein, befindet sich Fiona gerade mitten in einer solchen Umwandlung. Indem sie ihre Geschichte umstrukturiert, wird sie neue Verbindungen knüpfen zwischen ihrem Leben, wie es jetzt ist, ihrem Leben, wie es in jüngeren Jahren war, und ihrer Zukunft.

Doch in der Zwischenzeit fühlt sie sich unruhig, als stimme etwas nicht, obwohl sie Freunde, finanzielle Sicherheit und eine gute Position im Immobilienhandel hat, in der es ihr immer recht gut erging. Ihre Kinder sind erwachsen und aus dem Haus, und eine »Nicht-Mutter« zu sein, wie sie das ausdrückt, war eine ungeheure Veränderung für sie. Sie vermißt die Befriedigung, die sie aus der Mutterschaft bezog. Nicht daß sie sich *wünschen* würde, für den Rest ihres Lebens Mutter zu sein, Gott bewahre, doch ein Gefühl für die Form ihres Lebens, das ihr immer selbstverständlich war, ist nun bedroht. Es fällt ihr schwer, den Lehm ihrer Alltagsexistenz in die Hand zu nehmen und neu zu formen. »Der Sommer ist fast vorbei, und ich hatte überhaupt keinen Sommer«, klagt sie. »Zwei Fahrradtouren, eine Bergwanderung, kein Schwimmen, kein Tanzen, keine Konzerte.«

Dann beweg doch deinen Hintern und tu etwas, sagen die »Mamas« mittlerweile. *Spring kopfüber hinein. Bring etwas in Bewegung.*

Für Fiona fühlt sich das nicht so einfach an. Ihr geht immer wieder dieselbe obsessive Litanei durch den Kopf. *Sollte ich etwas Neues probieren, oder ist es zu spät? Sollte ich anderswo hinziehen, oder würde ich mich ohne meine Freunde elend fühlen?* Doch der Mangel an Veränderung, das Gefühl, unterstimuliert zu sein, holt sie ein. »Das ist eine lächerliche Lebensweise«, verkündet sie eines Tages und drückt eine der Zigaretten aus, die sie aufgeben muß (zusammen mit allem anderen, wie sie zerknirscht denkt).

Fiona beginnt der Tatsache ins Auge zu sehen, daß sie sich ein neues Leben schaffen muß, aber da bleibt der vertraute Bodensatz der Abhängigkeit mit seinem vielsagenden Groll zurück. *Nach allem, was ich in meinem Leben getan habe, muß ich mich noch einmal verändern, Risiken eingehen und wachsen?*

»Als ich aus meinem in Rollen gehüllten, schlafenden Selbst erwachte, merkte ich, daß ich *wußte*, wer ich als Mutter, als Ehefrau, als Tochter und als Schwester gewesen war«, sagte Marilyn Mason vor den Therapeuten der *American Family Conference* in Miami. »Aber wer war ich jetzt? Wer war ich innerlich?«[2]

Ein Teil des unbehausten Gefühls rührt daher, daß wir uns fragen, ob das, was wir tun, einen Wert hat. Das wird häufig zu einer Sorge von Frauen, die den größten Teil ihres erwachsenen Lebens als Mutter verbracht haben. Wenn die Mutterrolle erledigt ist, empfinden sie das Bedürfnis nach etwas ebenso Wichtigem und Bindendem. Und das wird nicht einfach so über sie kommen wie ein Kind, das plötzlich *da* ist und alles verlangt, was sie haben. Es muß gesucht, überlegt, angestrebt werden.

Für eine Weile fühlte sich Mason wie Fiona in einer elenden Falle. Was sie schließlich begriff, sagte sie den Therapeuten bei der Konferenz, war, daß sie sich, um dort herauszukommen, erst »loslösen« mußte. Das bedeutet nicht, verrückt zu werden, sondern eine Periode auszuhalten, in der alles unsicher und in der Schwebe ist. Es bedeutet taumeln, fragen, lange aufbleiben, den Mond anstarren und sich wundern, warum alles sich so verdammt unsicher anfühlt und was die Zukunft überhaupt noch Gutes bringen könnte.

Es bedeutet vielleicht auch, einfach zu neuen Erfahrungen aufzubrechen, zu etwas, das uns aus der Routine herausreißt, die entsteht, wenn man sich zu oft fragt, ob man dies oder jenes tun sollte oder nicht.

Ein Monat in Boulder

Martha, eine Frau, die den größten Teil ihres Lebens in Atlanta zugebracht hatte, machte einen ähnlichen Kampf durch wie Fiona. Ich traf sie, als sie gerade zu einer gewissen Lösung ihrer inneren Krise kam.

Martha war schon lange mit einem Mann verheiratet, dem sein Geschäft immer wichtiger wurde, und sie fühlte sich unter Zwang und eingeengt. Sie beschloß, einen Monat in Naropa zu verbringen, einem buddhistischen Institut in Boulder, Colorado, und dort Mal-

und Meditationskurse zu besuchen. Es war ihr 49. Sommer. Sie mietete für den Monat ein kleines Landhaus und fand ihre zeitweilige Einkehr in Boulder bald befreiend. Nicht nur befreiend, sondern auch *gesellig.* »Als die letzte Woche gekommen war, wurde ich zu Parties und Dinners eingeladen. Mein Mann sagte am Telefon: ›Du bist diese Woche keinen Abend zu Hause gewesen.‹ Er war nicht eifersüchtig, nur... überrascht.«

Vor Boulder hatte Martha einen Traum gehabt, in dem sie eine neue Praxis mit ihrer Freundin Beverly teilte, die ebenfalls Therapeutin war. In dieser Traumpraxis »gab es überall Kunst, prachtvolle, riesige Leinwände«, erzählte sie mir. »Die Hauptfarbe war dieses Mittelmeerblau, sehr machtvoll. Und da waren junge Leute, die Bilder aufhängten. Eine klinische Psychologin wollte uns besuchen, und als ich sie durch unsere Einfahrt kommen sah, dachte ich, o Gott, was wird sie davon halten? Sie war eine ziemlich akademische Person, wissen Sie.«

Die »akademische Person« repräsentierte die strenge, selbstzensierende Seite ihrer selbst, dachte Martha, die Seite, die sich vor dem Kreativen und Freien immer gefürchtet hatte. Aber sie wollte kreativ und frei sein.

Im Herbst nach ihrem Aufenthalt in Boulder besuchte Martha mit ihrer Freundin eine Konferenz in Houston. Eines Morgens, als sie sich im Hotelzimmer ankleideten, sagte ihre Freundin: »Ich denke dauernd an diesen Traum, den du hattest, Martha. Ich wünschte, wir könnten eine gemeinsame Praxis führen.«

Und plötzlich dachte Martha: *Ja*! Acht Jahre lang hatte sie eine gemeinsame Praxis mit fünf Männern gehabt (interessanterweise mit klinischen Psychologen). Die Zeit für einen Umzug war gekommen.

Sie und Beverly beschlossen, ein Haus zu kaufen, das ihre Praxis beherbergen und noch zusätzlichen Raum für eine Erweiterung ihres Lebens bieten sollte. »Es ist ein altes Haus, und wir haben es hergerichtet. Es ist sehr heimelig, gar nicht steril, sieht nicht nach Praxis aus. Dort male ich jetzt. Ich habe ein Atelier zum Aquarellieren. Und Beverly beginnt zu schreiben. Sie hat sich soeben ein Zimmer dafür eingerichtet. Und natürlich haben wir unsere beiden Sprechzimmer. Es entwickelt sich tatsächlich zu einem Raum, in dem alle möglichen unerwarteten Dinge passieren.«

Martha untersucht noch immer, was in der Lebensmitte mit ihr vorgeht, aber sie hat das Gefühl, daß das, was sich abspielt, organisch und positiv ist. Sie schreibt in ihr Tagebuch. Sie malt. Sie praktiziert ihre Therapien. Sie beobachtet die Entwicklung ihrer Beziehung zu ihrem Mann, den sie viele Jahre lang geliebt hat, und sieht, daß auch diese sich verändert, genau wie ihr Mann selbst. Martha macht den Eindruck einer Frau, die zu sich selbst kommt. Sie rebelliert nicht gegen etwas, sondern weitet sich aus, *bekommt* etwas, saugt das Leben auf wie ein Schwamm.

Bei der Frage, worüber sie an diesem Scheideweg am meisten nachdenkt, wird Martha lebhaft. »Etwas verändert sich. Im Frühling sagte ich zu Beverly: ›Ich habe wirklich das Gefühl, daß ich aufgerufen bin, etwas zu tun, eine Veränderung vorzunehmen. Ich weiß nicht, was das ist, aber ich finde es aufregend.‹ Und das ist für mich anders. Das Gefühl ist nicht: ›Oh, mein Gott, ich muß noch eine Veränderung bewältigen‹, und auch nicht: ›Etwas wird von mir verlangt, bin ich dazu imstande?‹, sondern eher: ›Ich frage mich, was es sein wird? Und wohin wird es mich führen? Wen werde ich unterwegs treffen?‹«

Eine Frau erfindet ihr Leben neu

Manchmal ist es ein Traum, den wir haben, ein Film, den wir sehen, eine Geschichte, die wir lesen, die das Gefühl auslösen, alles sei möglich. Als ich mich am stärksten in der Falle fühlte und mich fragte, ob und wie ich jemals etwas Neues aus meinem Leben machen würde, traf ich auf die Geschichte einer Frau, die in einen ganz neuen Bereich gestoßen wurde, nachdem sie in jungen Jahren vom Tod ihres Mannes getroffen worden war.

Als sie 50 war, dachte Evelyn Nef, ihr Leben sei zu Ende. »Ich war frisch verwitwet; meinen Job hatte ich durch den Tod meines Mannes verloren; ich zog in eine neue Stadt, um noch einmal ganz von vorn anzufangen«, erzählte sie der Soziologin Lydia Bronte. »Ich hatte keine Ahnung, daß die besten Jahre meines Lebens noch vor mir lagen.«

Nef war 49, als ihr Mann starb. Ihre Arbeit in all den Jahren hatte darin bestanden, ihm bei seinen akademischen Forschungen zu helfen. Nach seinem Tod war Nef überrascht, als man ihr einen Job als leitende Assistentin der American Sociological Association anbot, obwohl sie keine Soziologin war. Es war ein Kollege in Dartmouth, der an ihre administrativen Fähigkeiten glaubte und ihr daher dieses Angebot machte.

Nef dachte, sie könne den Job ruhig annehmen, obwohl sie das Gefühl hatte, nur »Zeit abzusitzen«. Es sollte sich herausstellen, daß sie damit erst begann, ihre emotionalen und intellektuellen Ressourcen anzuzapfen.

Kurz nach dem Antritt ihres neuen Jobs in Washington lernte Nef einen Geschichtsprofessor kennen und verliebte sich in ihn. Dieser Mann war älter als sie, und da sie ihn wahrscheinlich überleben würde, wußte sie, daß sie einen Beruf brauchte. Inzwischen war sie schon Anfang 60, aber sie wollte trotzdem Psychotherapeutin werden. Die Möglichkeit, daß die Ausbildungsinstitute nicht gerade begeistert sein würden, sie aufzunehmen, war beunruhigend, doch sie vereinbarte ein Gespräch mit dem Direktor des *Institute for the Study of Psychotherapy* in New York.

Nef wurde aufgenommen. Gewöhnlich forderte das Institut einen Masters-Grad in Sozialarbeit, und den hatte sie nicht, doch wie sich herausstellte, war ihre Laufbahn in der Forschung doch etwas wert. Drei Jahre lang pendelte sie nach New York, und nach dem Abschluß eröffnete sie eine Praxis in Washington. Von Anfang an fand sie ein Hochgefühl in der Arbeit. »Ich denke, es war ein Vorteil für mich, sehr spät zu beginnen, weil ich das Gefühl habe, jemanden nicht sieben Jahre auf der Couch halten zu dürfen. Wenn ich es tue, muß ich es schnell tun. Meine Patienten lösen ihre Probleme und schreiten voran.«[3]

Nef ist Ende 70 und immer noch aktiv; als Bronte sie für ihre Studie über lange Berufstätigkeit interviewte, sagte sie, ihre Arbeit gebe ihr Energie. Wenn sie gefragt wird, ob es sie nicht ermüde, sechs oder acht Patienten am Tag zu sehen, verneint sie. »Es gibt mir ein Hochgefühl, weil ich etwas gelöst habe, weil ich geholfen habe, weil das Feedback sehr gut ist, wenn man als Therapeut erfolgreich ist.«

Nachdem diese Frau 40 Jahre lang ein breites Spektrum von

Interessen und Fähigkeiten erforscht hatte, hat sie sich für einen Beruf entschieden, der ihr perfekt entsprach. Was ich über Evelyn Nef las, gab mir zu denken. Hier lag definitiv ein weiterer Entscheidungspunkt. Ich hatte mich für Psychotherapie interessiert, seit ich 20 Jahre alt war und Theodor Reiks *Listening with the Third Ear* gelesen hatte. Jahrelang war ich selbst in Therapie gewesen, zuerst in Gruppen, dann in einer Analyse. Seit Jahren schrieb ich über psychologische Themen. Etwas hatte in mir zu arbeiten begonnen, ich wußte nur noch nicht genau, was.

Wir können die Nerven verlieren, wenn wir uns »steckengeblieben« fühlen. Ich hatte mich gesorgt, meine Schwerfälligkeit sei vielleicht eine Folge des Alters. Dabei vergaß ich, daß ich diese Perioden mit ihrer Lethargie auch in jüngeren Jahren gekannt hatte. Zweifel, die sich erhoben und meine Zuversicht untergruben, waren von früheren Vorstellungen vom »mittleren Alter« übriggeblieben. Ohne es zu wissen, hatte ich diese Vorstellungen auf mein eigenes Leben angewandt. *Du Närrin. Schau deine Mutter an, die mit 87 ihrem Ende entgegengeht. Das ist nur 30 Jahre entfernt! Bereite dich besser jetzt darauf vor. Denke besser daran, kürzer zu treten, statt etwas Neues anzufangen. Werde real. Gib es auf. Laß dich nieder.*

Gleichzeitig wußte ich, daß diese Verbote defensiv waren, Argumente gegen das Leben, die immer auf den Plan treten, wenn wir vor einem Wandel stehen. Dennoch hatte ich Befürchtungen. Würde mein *Saft* ausreichen, neue Pflichten zu übernehmen, meine Kreativität mich nicht im Stich lassen? Oder würde ich die kreative Energie, die ich zum Schreiben brauchte, verzetteln, indem ich mir zu vieles vornahm?

Nach all diesen Jahren noch immer kreativ

Der Psychologe Dean Keith Simonton von der *University of California*, der Langzeitdaten über kreative Menschen gesammelt hat, sagt, in diesem Lebensalter könne zwar ein allmähliches Nachlassen der Kreativität einsetzen, doch dieses Nachlassen sei geringfügig. Selbst wenn sie spät im Leben ihren niedrigsten Stand erreicht, ist unsere Kreativität noch immer *viel größer* als in jungen Jahren. Was nachläßt, sagt Simonton, ist die Quantität – also die Anzahl der Hervorbringungen, nicht deren Qualität.[4] So stellt die Frau, die wie Evelyn Nef in den Sechzigern beschließt, Therapeutin zu werden, mit 80 vielleicht fest, daß sie den Umfang ihrer Praxis einschränken muß, aber ihre Interventionen sind wahrscheinlich so brillant wie eh und je, wenn nicht noch brillanter.

Bei ihrer Langzeituntersuchung von Karrieren fand Bronte heraus, daß fast die Hälfte ihrer Probanden etwa im Alter von 50 Jahren einen Kreativitätsgipfel aufwies, der in vielen Fällen weitere 25 oder 30 Jahre anhielt. Was sich aus diesen Lebensgeschichten herauskristallisierte, war eine »Bestätigung des zunehmenden Erfahrungsreichtums im Laufe der Zeit, eines tieferen Identitätsgefühls, größeren Selbstvertrauens und kreativen Potentials, das mit zunehmender Reife eher wächst als nachläßt«.[5]

Es war tröstlich für mich, als ich bei dem Interview mit Gretchen Cryer über ihr Leben mit 50 erfuhr, daß die Energie, die sie in die Gründung einer ganz neuen Firma steckte, ihre kreativen Säfte nicht austrocknete. Im Gegenteil, das unternehmerische Abenteuer regte ihre Kreativität an.

Nach vier Jahren heuerte Gretchen einen professionellen Manager an, der die »The Extended Family« leitete, und befaßte sich wieder mit Stückeschreiben. Als ich mit ihr sprach, hatte sie gerade einen Produzenten für ein ehrgeiziges neues Musical gefunden. Die Handlung des Stückes basiert auf dem Leben von Eleanor Roosevelt und wurzelt in einer intellektuellen Reife, die Gretchen in den 20 Jahren seit »*Getting My Act Together and Taking It On the Road*« erworben hat. Für das neue Stück las sie Biographien und assimilierte die Geschichte der Roosevelt-Ära, um etwas Dramatisches, Einsichtsreiches und Frisches auf die Bühne zu bringen.

Gretchen und ihre Partnerin Nancy Ford (ihre Zusammenarbeit geht auf College-Zeiten zurück) ließen sich von Rhoda Lermans *Eleanor* anregen, einem romanhaften Bericht über das Jahr, in dem Eleanor entdeckte, daß ihr Mann eine Affäre mit Lucy Mercer hatte. »Wir hatten die Idee, das Stück um eine Geburtstagsparty herum anzusiedeln, die Franklin für Eleanor gibt, eine Party zum 100. Geburtstag, nachdem alle tot sind. Franklin gibt diese Party, weil er sie seit dem

Tag, an dem er mit Lucy Mercer in den Armen starb, nicht mehr gesehen hat. Er möchte Wiedergutmachung leisten, also veranstaltet er eine Riesengeburtstagsfeier im Cosmos Club; er hat Alice gebeten, die Gastgeberin zu sein. Alice, die Eleanor nie mochte, hat die ganze Welt zu dieser Party eingeladen.«

Die »Welt« sind die Leute, die ins Theater kommen, um das Stück zu sehen. Alice hat auch alle kontroversen Gestalten aus Eleanors Vergangenheit eingeladen einschließlich Lucy Mercer, Earl Miller (Eleanors Chauffeur in den Jahren, in denen Franklin Gouverneur von New York war, lange nach dem Beginn seiner Affäre mit Lucy, und mit dem sie wahrscheinlich ein Verhältnis hatte). Alice lud auch Lorena Hickock ein, die Journalistin von Associated Press, die verzweifelt in Eleanor verliebt war.

Gretchen spricht lebhaft über die elegante Frau in der Lebensmitte, deren Intellekt und Kreativität früher im Leben von ihrer Rolle als gute Ehefrau eingeengt wurden. »In den zwanziger Jahren kam Eleanor in Kontakt mit dieser ganzen Gruppe von Frauen, Lesbierinnen, Gewerkschaftsaktivistinnen, die alle über die Rechte der Frauen redeten. Das öffnete Eleanor die Augen, und sie wurde zur Aktivistin.«

Bis zu seinem Tod wußte Eleanor nicht, daß Franklin seine Affäre mit Lucy fortgesetzt hatte. »Sie hatte mit ihm ausgehandelt, sie würde bei ihm bleiben, wenn er versprach, Lucy nie wiederzusehen. Zuerst hatte sie ihn verlassen wollen, aber ›Mama‹ sagte, wenn sie ihn verließe, würde das seine Karriere ruinieren.« Damit wollte Eleanor ihr Gewissen nicht belasten, doch die neuen Vereinbarungen ihres Arrangements, fährt Gretchen fort, sahen vor, daß sie ihm nichts mehr schuldete, nachdem sie die Sache mit Lucy herausgefunden hatte.

Gretchen glaubt, daß Eleanor niemals ihre intellektuelle und politische Unabhängigkeit gefunden hätte, wenn sie die ergebene Ehefrau geblieben wäre. »Letztlich ist das der Punkt, um den sich unser Theaterstück dreht. Wenn Franklin Eleanor nicht betrogen hätte, indem er sich in eine andere verliebte – und er liebte sie wirklich, Lucy Mercer war keine Null, sie war eine sehr intelligente, liebenswerte Frau –, wenn er das nicht getan hätte, dann wäre Eleanor vermutlich für alle Zeit die ergebene Ehefrau geblieben. Sie wäre in den zwanziger Jahren *niemals* hinausgegangen, um Frauenversammlungen zu besuchen. Sie wäre niemals radikal geworden.«

»Hört sich nach Gretchen Cryer an«, sagte ich, da ich mich an das Scheitern der Ehe erinnerte, das ihre eigene Kreativität freigesetzt hatte.

»Ja«, sagte sie lächelnd. »Daran hatte ich gar nicht gedacht.«

Blockierungen lösen

Während unserer ganzen Lebensspanne haben wir Entwicklungs»reserven«, von denen wir bei größeren Veränderungen zehren. Ganz gleich, wie alt wir sind, wenn wir diese Reserven benutzen, um uns neuen Herausforderungen anzupassen, erweitern wir unser Handlungsspektrum. Doch es gibt Zeiten, in denen dieser Prozeß unter Umständen quälend langsam verläuft. Können wir etwas tun, um uns selbst über die Angst hinwegzuhelfen?

Es kann anregend sein, andere Frauen zu suchen, die das bereits hinter sich haben. Bei der Diskussion eines ganz anderen Themas erfuhr ich, daß eine Frau, die ich soeben kennengelernt hatte, die kleine, lebhafte Bernice Cassady, in der Lebensmitte eine größere Veränderung erfolgreich bewältigt hatte.

»Das Älterwerden hat etwas Universales, bei dem man mit der Tatsache *konfrontiert* wird, daß man Wahlfreiheit besitzt«, sagte sie zu mir. »Diese Wahlfreiheit scheint auch eine Verantwortung mit sich zu bringen, wegen des Gefühls, daß man nicht mehr viele Gelegenheiten haben wird, sich zu entscheiden. Das geht man im Kopf immer wieder durch, Jammer, Jammer, Jammer. ›Ich möchte diese kostbare Zeit nicht vergeuden. Jetzt. Jetzt ist der Moment. Wenn ich diese kostbare Chance vertue, von der ich nicht einmal *wußte*, daß ich sie habe…‹ Nun, nach schrecklich langem Hin und Her und innerer Suche kam ich wirklich damit klar. Wenn ich einfach hingehe und mich *einsetze* und mir selbst *vertraue*, wenn ich das erreiche, dann weiß ich auch, wenn ich einen Bereich betrete, der mich interessiert, der mich anzieht, kann ich daraus etwas machen, das für mich funktioniert.«

Bernice hatte 30 Jahre im Personalwesen verbracht und war General Manager der Personalberatungsfirma geworden, für die sie arbeitete. Schließlich hatte sie ihre eigene Firma gegründet. Doch sie hatte auch Interesse an Ästhetik, ein Interesse, das sie ihr ganzes Leben lang empfunden und nie hatte entwickeln können. Mit 60 fing sie an, Kurse an der *New York School of Interior Design* zu besuchen. »Mein erster Kurs befaßte sich mit historischen Stilen. Er gefiel mir. Ich sagte mir nicht: ›Du wirst Designerin werden‹, aber ich fing an, mir Dinge anzueignen. Dann nahm ich einen Kurs in Materialkunde. Ich lernte, wie man Skizzen und Blaupausen anfertigt. Dieses Jahr besuche ich einen Kurs über visuelle Prinzipien. Er befaßt sich damit, Dinge anders zu *sehen*, Räume anders zu strukturieren.«

Außerdem hat sie gerade begonnen, mit ihrer ersten Kundin zu arbeiten, einer Frau, die ihr Haus neu gestalten lassen möchte. Sie hat ihren alten Beruf verlassen und ist dabei, sich in ihrem Haus auf dem Land ein Designstudio einzurichten.

Wie hatte Bernice es geschafft, das »Jammer, Jammer, Jammer« zu überwinden? Die pausenlosen Selbstzweifel schienen für mich persönlich die größte Hürde zu sein.

»Versuchen Sie nicht zu beschließen, was Sie sein werden. Es geht nicht um ›Was werde ich *sein*?‹ Oder: Was werde ich mit ›meinem Leben‹ anfangen? Das ist die Falle, mit der man es zu tun hat«, sagte sie zu mir (dabei *kannte* sie mich gar nicht). »Mit dem, was man tun sollte. Mit den Perfektionszielen. Den Zweifeln. Ängsten. Sorgen. Ihren privaten Stimmen. Es dreht sich nicht darum, was Sie ›sein‹ werden, es dreht sich darum, einen Prozeß zu durchlaufen. Es ist in Ordnung, wenn man nicht alle Antworten kennt. Wichtig ist, die Fragen zu haben.«

Zunächst muß man sich selbst darauf verpflichten, herauszufinden, was man tun möchte, sagt der Psychologe Lawrence LeShan. »Sie beginnen mit der Frage: Was macht mir im Laufe eines Tages am meisten Freude? Oder wenn Ihnen nichts anregend erscheint: Was *könnte* mir Freude machen?«

Man muß Raum schaffen für den Prozeß der Selbstentdeckung. LeShan schlägt vor, damit zu beginnen, daß Sie mindestens einmal in der Woche etwas tun, was Sie tun möchten – das kann alles sein. Halten Sie sich dafür eine bestimmte Zeit frei. Vielleicht beschließen Sie, in dieser freien Zeit einen Spaziergang zu machen, sich massieren zu lassen, ein Konzert zu besuchen, aber was immer es ist, Sie müssen sich *verpflichten*, diese Zeit aufzubringen. Möglicherweise stellt sich bald heraus, daß Sie an Spaziergängen nicht mehr so interessiert sind. Das ist in Ordnung, sagt LeShan. Wichtig ist, daß Sie sich auf sich selbst einstimmen. Am Anfang mag Ihnen dieser Prozeß mühsam erscheinen, doch der bloße Akt, daß Sie daran arbeiten, herauszufinden, was *Sie* mögen, wird Ihre innere Stimme lauter und deutlicher machen.

Abspringen

Als ich zum erstenmal mit ihr sprach, im Frühjahr 1992, war Carol fast schon im Begriff, ihre Zelte abzubrechen. »Ich habe einen MFA-Grad und einen Dr. phil., und ich war seit 1965 Universitätsdozentin für Theater und Drama. Aber akademisch bin ich ausgebrannt. Das fordert mich nicht mehr heraus. Also habe ich beschlossen, hinauszugehen und mein Leben zu ändern.«

Carol ist lesbisch, kinderlos und zur Zeit nicht in einer Beziehung; sie hat einen Brustkrebs besiegt und ist nun seit neun Jahren krebsfrei. Ihre hart erkämpfte Gesundheit gab ihr ein Gefühl von Kraft. Doch mit 54 spürte sie, daß das Alter entschieden ein Thema geworden war. Wenn sie einen neuen beruflichen Weg einschlagen wollte, dann mußte es jetzt sein. »Ich möchte nach Los Angeles ziehen und beim professionellen Theater unterkommen. Ich möchte auf einer anderen Ebene arbeiten. Ich möchte das Schreiben von Stücken weiterentwickeln und einfach auf dem Gebiet, auf dem ich all die Jahre gearbeitet habe, eine neue Richtung einschlagen.«

Im April, einen Monat nach unserem Gespräch, nahm Carol einen Sabbaturlaub und verließ Wisconsin, um nach Chicago zu gehen. Die Frage war, wovon sie leben sollte, während sie etwas Neues begann. Sie hatte 130000 Dollar in einem Rentenfonds, die bis zu ihrem 62. Lebensjahr festgelegt waren. Sie hatte ihr Haus verkauft und Geld auf einem Sparguthaben, das sie nicht angreifen zu müssen hoffte. Sie mußte lernen, etwas Praktisches zu tun, eine nicht-intellektuelle Fertigkeit, die ihr sofort Geld einbringen würde. »Als ich mit dem Lehren aufhörte, sagte ich mir: ›Meine Güte, ich habe keinerlei

Fertigkeiten. Das ist lächerlich, aber ich *kann* nichts.‹ Also ging ich zu H&R Blocks Einkommensteuerschule und belegte diesen höllischen Intensivkurs in Steuervorbereitung.«

Sie hatte vorgehabt, die Saison bei H&R Block als Praktikum zu nutzen und sich danach selbständig zu machen. Doch das Geld für dieses Jahr würde äußerst knapp sein – Mindestgehalt plus 20 Prozent ihrer Unkosten. »Wenn man nicht schnell ist, kommt nicht viel dabei heraus.«

Trotzdem meinte sie, wenn sie finanziell so gerade eben zurechtkommen und abends im Theater arbeiten könne, habe sie alles, was sie brauche. Es war ihr gleich, ob die Leute sie als erfolgreich oder erfolglos betrachteten. »Ich brauche nicht mehr diese Billigung wie früher. Ich bin besser in der Lage, zu tun, was ich tun will, auszudrücken, was ich ausdrücken will, und mich zu verhalten, wie ich mich verhalten will.«

Andererseits hat Carol das Gefühl, eine Spätentwicklerin zu sein. »Wenn ich als Heranwachsende Rollenmodelle gehabt hätte, wäre es mir wahrscheinlich viel besser ergangen, was die Selbstfindung betrifft und das Empfinden, daß es in Ordnung ist, wie man ist, und man sich nicht seltsam, eigenartig und anders vorkommen muß.«

In den sechziger Jahren, als Carol ihre berufliche Laufbahn begann, gab es keine weiblichen Stückeschreiber oder Regisseure. »Die einzigen Frauen im Theater waren Schauspielerinnen, und das war eigentlich nicht das, was ich tun wollte, also endete ich als College-Professorin.«

Doch in den neunziger Jahren öffneten sich die Theater für Frauen, und Carol wollte ihre Chance. Sie war bereit, ein Jahresgehalt von 50 000 Dollar aufzugeben und in einem heißen, fensterlosen Büro zu hocken, um Leuten die Einkommensteuererklärung auszufüllen, weil es abends die Bühne gab, das abgedunkelte Theater, in dem sie im Zuschauerraum saß und als Regisseurin die Schauspieler führte. Es dauerte nicht lange, bis sie an einem Regiefestival teilnahm, bei dem die meisten ihrer Kollegen um die 20 oder 30 waren und gerade begannen.

Obwohl sie ihr neues Leben aufregend fand und stolz darauf war, den Sprung gewagt zu haben, holte die Realität dieses Schrittes sie nach wenigen Monaten ein. Sie arbeitete Tag und Nacht, war arm und mußte sich aus dem Nichts ein soziales Netzwerk schaffen – allmählich schien das über ihre Kräfte zu gehen.

Ungefähr zwei Jahre nach ihrer Ankunft in Los Angeles sprach ich erneut mit ihr. »Das Fazit«, sagte sie nach zwei Minuten, »ist, daß ich nicht genug verdiene, um leben zu können.«

»Im Theater, meinen Sie?«

»Genau. So, wie es mit diesen Regiehonoraren steht, müßte ich vermutlich 20 Stücke im Jahr inszenieren, um davon leben zu können. Sie erwischen mich zu einem Zeitpunkt, wo ich eine wichtige Entscheidung treffen muß, weil die Universität möchte, daß ich zurückkomme. Letzten Herbst habe ich gesagt: ›Nein, nein, ich will nie zurückkommen.‹ Aber dieses Jahr fühlt sich alles viel schwerer an, und wenn ich mich nicht zur Rückkehr entschließe, werden sie jemand anderen einstellen.«

Carol lehnt sich dagegen auf. Sie hätte gern mehr Zeit, aber es *gibt* nicht mehr Zeit. Sie ist gezwungen, sich den Grenzen zu stellen, die das Alter ihr auferlegt. »Wenn ich 30 Jahre alt wäre, *gäbe* es überhaupt keine Entscheidung. Aber um das durchzuziehen, muß man soviel Energie haben, daß man einen Vollzeitjob und die Theaterarbeit noch zusätzlich bewältigen kann. Das ist einfach nötig. Einer der besten Regisseure in Chicago ist Taxifahrer.«

Nicht daß sie keine Energie aufgebracht hätte. »Ich habe mich abgerackert, als ich herkam, und seither nicht damit aufgehört. Aber inzwischen denke ich: Wie lange kann ich das durchhalten? Es gibt Zeiten, da sage ich mir, Scheiße, warum bin ich nicht 30 Jahre alt? Ich könnte es hier zu etwas bringen. Geben Sie mir fünf Jahre, und ich schaffe es. Aber wenn Sie mir die fünf Jahre *jetzt* geben, dann werde ich 60 sein.«

Eine Woche später traf Carol ihre Entscheidung; sie kehrte in ihr Lehramt zurück. »Ich habe mich eineinhalb Jahre abgeschuftet, und es war wie ein Neuanfang. Ganz unten anzufangen wäre okay, wenn ich 35 wäre, aber an diesem Punkt merke ich, daß es mehr Zeit und Opfer kosten würde, als ich aufzubringen bereit bin.«

Dennoch empfindet sie ihr Experiment als positiv. »Ich sehe die Entscheidung, wieder zu lehren, nicht als einfachen Ausweg an. Ich habe es hier versucht, und wenn schnell etwas geschehen wäre, wäre das eine andere Sache. Aber nichts geschieht schnell, mir ist klar geworden, daß jeder Zeit braucht.«

All das, angefangen bei ihrem Entschluß, ihr Haus zu verkaufen, um einen neuen beruflichen Start an einem neuen Ort zu finanzieren, war alles andere als ein leichter Ausweg. Es setzte Reserven an Energie und Kreativität frei, die sie sonst vielleicht nie gespürt hätte. Daß sie es schließlich für nötig hielt, ihre Energie und ihre finanziellen Rücklagen zu bewahren und nach Wisconsin zurückzugehen, war keine Heimkehr als Geschlagene, genausowenig wie Odysseus als Geschlagener heimkehrte. Es war ein Abenteuer gewesen. Und die Frau, die in ihrem H&B Block-Steuerbüro die Welt kennengelernt und Theaterproduktionen inszeniert hatte, war nicht mehr dieselbe Dozentin, die zwei Jahre zuvor die Universität verlassen hatte. Sie würde ihr Leben auch nie wieder auf genau die gleiche Weise führen. Sie hatte Tiefen in sich selbst berührt, um die die Sicherheit einen Bogen macht.

In Wisconsin waren zweifellos Leute zurückgeblieben, die Carols Umzug nach Chicago für verrückt hielten. *Was versuchte sie zu beweisen?* Die Stigmatisierung des Alterns ist für Frauen besonders schlimm. Wir sollen eingeengt, sicher und konventionell bleiben – und die Abenteuer den Männern überlassen.

Carolyn Heilbrun glaubt, daß der Mut, der sich mit 50 manifestiert, ein »einzigartig weibliches« Phänomen ist, ein Teil der Kraft unserer Blütezeit. Er ist nicht nur bei denjenigen zu sehen, die wie Martha aus der Rolle der pflichtbewußten Ehefrau aussteigen, um mit 50 selbst jemand zu werden, sondern auch bei solchen, die neue Wege gehen wie die Neurochirurgin Frances Conley, die sich zwar zu Beginn ihrer Karriere benehmen mußte »wie einer von den Jungs«, die aber mit 50 nicht mehr zu diesem Spiel bereit war.

1991 gab Conley, müde nach 20 Jahren voller Schikanen ihrer männlichen Kollegen, die sie im OP mit »Herzchen« anredeten und ihr bei chirurgischen Eingriffen unter dem Tisch an die Beine faßten, ihren Job als bekannte Neurochirurgin am Stanford University Medical Center auf. In der Lebensmitte war ihr etwas klargeworden. Sie hatte Kommentare über ihren Körper nie gemocht, und so hatte sie sich in Stanford jahrelang in einer Weise kleiden müssen, die ihn verbarg. »Wenn Sie sich attraktiv anziehen und jemand etwas über die Größe Ihrer Brust sagt, was wollen Sie dann erwidern? Etwa: ›Wie ich sehe, sind Sie in Ihrer Hose auch ganz gut ausgestattet?‹«[6]

Als Conley kündigte, schlich sie sich nicht wie ein Opfer davon, sondern machte die Gründe für ihre Entscheidung öffentlich bekannt, und damit löste sie eine riesige Debatte über Belästigung im Medical Center und anderen akademischen Institutionen aus. Scharenweise meldeten sich Frauen aus der Medizin und beschwerten sich über die Anmache durch männliche Ärzte und Forscher. Conley sprach zur Presse und unterrichtete das ganze Land darüber, was geschehen war und warum sie ihre Entscheidung getroffen hatte.

Stanford räumte zerknirscht ein, seine männlichen Ärzte benötigten »Unterricht« bezüglich ihres Verhaltens, lud Conley zur Rückkehr ein und versprach Veränderungen. Und sie kehrte mit hoch erhobenem Kopf zurück.

»Dies ist Tag eins«

Frauen stellen fest, daß die Lebensmitte die Zeit ist, in der latente Begabungen benutzt und auf Neues gerichtet werden können. Solche »adaptive Kompetenz«, so glauben einige Forscher, ist ein Kennzeichen erfolgreichen Alterns.

Margarets Kampf mit der Hysterektomie beispielsweise gab ihr Kraft. Sie fing an, sich nach einem Job mit mehr Verantwortung und, wie sie zugeben konnte, mehr Macht umzusehen. Das war nicht nur der brandneue Bachelor-Grad. Margaret wußte, daß sie ihre Lebenserfahrung vermarkten konnte, und dieses Wissen verwandelte sie. Sie bewarb sich als leitende Entwicklungsdirektorin eines großen Krankenhauses.

»Ich ging in diese Interviews und tat und sagte einfach die erstaunlichsten Dinge. Es scherte mich überhaupt nicht, ob sie mir diesen Job geben würden. Früher hatte ich immer das Gefühl gehabt, daß ich enormes Glück hätte, wenn ich ihn bekäme. Diesmal hatte ich das Gefühl, sie hätten Glück, wenn sie mich bekämen.«

Bei ihrem letzten Interview mit dem Aufsichtsrat, sagt Margaret, »sah ich mich am Tisch um und dachte: So, Mädel, das ist ein ganz neues Spiel. Das ist der Anfang. Das ist Tag eins. Das ist Moment eins. Du kannst diese Sache kontrollieren. Du hast die Macht, du bist eine starke Person, und du kannst jetzt gleich die Kontrolle über dieses Interview an dich reißen und sie nicht mehr hergeben, oder du überläßt *ihnen* die Macht, und dann wirst du sie nie bekommen.«

Die Frau, die Vorsitzende des Aufsichtsrats war, mochte sie, das wußte Margaret. Sie hatten einen vierstündigen Lunch zusammen eingenommen. Aber nun waren da all diese alten Knaben, Männer einer früheren Generation. »Einer von ihnen sah über seine lange Nase hinweg auf mich herab und sagte: ›Wissen Sie, Ihr Vorgänger war Mitglied des Lion's Clubs. Wir finden es wichtig, daß der leitende Direktor sich in der Gemeinde bemerkbar macht und sich an diesen dienenden Clubs beteiligt. Würden Sie in Erwägung ziehen, in den Lion's Club einzutreten?‹

Ich sagte: ›Auf keinen Fall. Nie im Leben würde ich das tun. Es tut mir sehr leid. Ich bin sicher, es sind freundliche, nette Leute, aber nein, ich würde das nicht tun.‹ Nun, sie sperrten einfach die Münder auf. Sie waren nicht entsetzt, sie waren verblüfft.«

Als sie sich den 50 näherte – und »einen Uterus später«, wie sie es ausdrückt –, konnte Margaret nicht länger das gefällige Mädchen spielen. »Nun, jemand meldete sich zu Wort und sagte: ›Das ist eine interessante Antwort. Ich fand es immer dumm, daß Barry ständig zu all diesen Versammlungen lief und seine guten Informationen preisgab. Ich wunderte mich, warum er so viel Zeit damit zubrachte.‹«

Sie gefiel ihnen, soviel wurde bald klar. Nun war es an der Zeit, über Geld zu diskutieren. »Wissen Sie, Sie erreichen ein gewisses Stadium im Leben, und da haben Sie eine bestimmte Zahl im Kopf«, sagte Margaret. »Nun, was sie mir anboten, war *nicht* diese Zahl. Ich sagte: ›Nein, das ist nicht genug. Ich bin diese andere Zahl wert. Das ist die Zahl, die ich will, und es ist mir gleich, wie Sie sie mir geben. Geben Sie sie mir in Dollars, geben Sie sie mir als Gratifikation, wie immer Sie das regeln wollen. Aber das ist die Zahl.‹ Und die Aufsichtsratsvorsitzende sagte: ›Ich rufe Sie wieder an.‹«

Sie gaben noch einen Mietwagen dazu und erreichten so die Zahl, die Margaret wollte. Doch damit war die Sache noch nicht zu Ende. Nachdem sie sie eingestellt hatten, sagten sie ihr, man wünsche, daß sie einen Ford miete. »›Das ist eine Image-Frage‹, sagten sie zu mir. ›Wir müssen darauf achten, welches Image Sie in der Gemeinde haben, und deshalb lassen wir unsere Direktoren immer Fords fahren.‹ Ich sagte: ›Schauen Sie, das ist nicht mein Image.‹ Ich sagte: ›Sie hatten, als Sie mich einstellten, keine Ahnung, welches Auto ich fahre. Ich könnte einen roten Maserati fahren. Ich könnte einen Lieferwagen fahren.‹ Ich sagte: ›Wollen Sie damit sagen, daß Sie mir, nachdem Sie mich nun eingestellt haben, glauben vorschreiben zu können, welches Auto ich zu fahren habe?‹«

Der Wagen, den sie sich als nächsten hatte kaufen wollen, war ein Miatta, und diesen Wagen wollte sie. »Ich werde einen Kompromiß machen«, sagte Margaret zu ihnen. »Ich werde nicht den roten nehmen, sondern den weißen.«

Früher pflegte Margaret bei solchen Verhandlungen auf die sanfte Art ihre Wünsche zu äußern. »Ich wollte nie zuviel verlangen. Mit dem Aufsichtsrat des Krankenhauses um diese letzten paar tausend Dollar zu ringen, machte mich sehr nervös. Es war, als würde ich sagen: ›Ich verdiene das. Sie müssen es mir geben.‹«

»Sie haben es durchgedrückt«, sagte ich.

»Kein Kompromiß. Was ich will, das will ich.«

»Und ich bin *wert*, was ich will.«

»Und ich bin wert, was ich will. Und sie haben es mir gegeben! Ich habe den Job bekommen, für den es 65 Bewerber gab. Ich fühle mich ziemlich gut.«

Und einen weißen Miatta fährt sie auch.

Macht fühlte sich nicht mehr »unweiblich« an. Einen Sportwagen zu fahren und ihre Bedürfnisse und ihren Selbstwert zu behaupten fühlte sich weiblich an. »Verdammt weiblich«, sagt Margaret.

Neue Entscheidungen

Willa und ich haben uns an einen Fleck in den Bergen zurückgezogen, von dem aus man einen Rundblick von 360 Grad hat. Man muß im Wald einen kleinen Bach überqueren, um hinzukommen. Magic Meadow, wie diese Stelle heißt, ist oft menschenleer, ein Ort unter einem riesigen Himmel, an dem man reden und sich wundern und versuchen kann, ein Fazit zu ziehen. Frauen in unserem Alter brauchen solche Orte. Frauen in unserem Alter brauchen einander.

»Fünfundfünfzig fühlt sich viel älter an, als 50 zu werden«, sagte Willa und öffnete den Korb mit unserem Lunch. »Das ist die Hälfte des Jahrzehnts, das man als großes Jahrzehnt des Übergangs bezeichnet. Ich fühle mich, als hätte ich den Übergang nicht geschafft.«

Ich nicke. »Für mich war das eine Art Krisenjahr«, sage ich, »weil mein Vater gestorben ist und ich wieder in Therapie gegangen bin. Ich muß mir ein neues Leben aufbauen. Hier ein Stückchen und da ein Stückchen reichen nicht. Es fühlt sich an, als bräuchte ich eine größere Veränderung.«

»Du redest schon wer weiß wie lange davon, wieder in die Stadt zu ziehen«, sagt Willa. »Fast, seit du dich von R. getrennt hast.«

Das stimmt. Mit 20 und 30 lebte ich jahrelang in New York und liebte es, aber wer weiß, ob es mir jetzt noch gefallen wird? Ich lege mich nicht fest. »Ich glaube, ich habe Angst, etwas zu verlieren, wenn ich zurückgehe. Ich habe Angst, an diesem neuen Ort zu sein, niemanden zu kennen und mir kein Leben aufbauen zu können.«

Ich entdecke gerade, daß es große Anstrengung und Mut von mir erfordern wird. Das Leben verwandelt sich nicht langsam und elegant in etwas Neues und Wundervolles.

Rehe kommen an den Waldrand, sehen uns an und wenden sich wieder ab. Wir sitzen in der Nähe eines alten Lagerfeuers, und die Luft riecht nach Holzrauch. Willa bricht ein Stück Baguette ab. »Ich glaube, ich bin den Weg des geringsten Widerstandes gegangen, indem ich alles auf die Arbeit konzentriert und nicht wirklich zugegeben habe, daß ich mich einsam und unterstimuliert fühle. Du weißt ja, ich habe diese Idee, wieder zur Schule zu gehen.«

»Wozu?«

»Für nichts. Für mich. Ich meine, es wäre mir ganz *egal*, ich würde es nur tun wollen, um zu lernen, irgendwie systematisch zu studieren.«

Das klingt wie eine produktive Idee, eine vollkommen gesunde Idee, aber Willa hegt diesen Gedanken seit mehreren Jahren, wendet ihn im Kopf hin und her, aber sie hat sich nie einen Katalog schicken lassen und es noch viel weniger mit einem Kurs probiert. »Warum ist es so einfach, bloß dazusitzen und die guten Ideen vorbeidriften zu lassen?« fragt sie.

»Vielleicht«, sage ich, »mußt du den Punkt erreichen, wo du dich wirklich unwohl fühlst, wo dir *bewußt* ist, daß du dich unwohl fühlst, daß es *keinen Spaß* macht, bevor…«

»Bevor sich etwas verändert.«

»Bevor *du* dich veränderst.«

Willa schweigt eine Weile, legt sich auf den Rücken und schaut in den Himmel. »Ich glaube, die ganze Sache muß in Bewegung kommen. Ich muß selbst loslegen, alle Arten von Möglichkeiten erwägen, wirklich etwas aufbrechen.«

Mir wird klar, daß mein ganzes Leben, seit ich geheiratet und Kinder bekommen habe, von äußeren Kräften bestimmt war. »Von den Bedürfnissen anderer«, sagt Willa.

Das ist richtig. Obwohl ich als junge Mutter zu schreiben begann, hatten die meisten Entscheidungen, die mein Leben formten, mit anderen zu tun – meinem Mann, meinen Kindern –, damit, wer sie waren, wo sie sein wollten, welche Art Leben sie führen wollten. Jetzt haben die Entscheidungen, die über Form und Tönung meines Lebens bestimmen werden, zum erstenmal nur mit mir zu tun.

»Wenn sich dein Leben immer nur um andere gedreht hat, dauert es eine Weile, bis du auch nur anfangen kannst, dich auf dich selbst zu konzentrieren«, bemerkt Willa. »Und wenn du einmal eine Ahnung davon bekommst, was du willst, dann mußt du wirklich eine neue Umgebung schaffen, neue Prioritäten, um es zu fördern.«

Ich habe eine Ahnung von dem, was mir gefallen würde, aber wenn es darum ging, für mich selbst eine neue Umgebung zu schaffen, muß ich zugeben, daß ich auf der Stelle getreten bin. »Lange Zeit habe ich gedacht, die große Veränderung sei gewesen, nach 16 Jahren die Beziehung zu beenden«, sage ich zu Willa. »Das war es. Das war die große, mutige Tat, die ich mit 50 vollbringen mußte.«

»Und du hast es getan.«

»Und ich habe es getan. Aber es war nur die Hälfte der Geschichte.«

»Richtig, und jetzt hast du mit der anderen Hälfte zu tun«, erinnert sie mich.

Die andere Hälfte. Das ist der Teil, der neu ist. Eine ganz neue Strecke meines erwachsenen Lebens liegt vor mir, auf die ich mich freuen kann, und das ist aufregend.

Gleichzeitig ist völlig klar, daß es die *letzte* Strecke ist – was den Einsatz beträchtlich erhöht.

»Sobald du dir einmal der Tatsache *bewußt* wirst, daß du schließlich sterben wirst, verändert das alles«, sagt Willa.

Als Willa Anfang 40 war, hatte sie Schwierigkeiten mit der Idee ihrer eigenen Sterblichkeit. »Es war, als würde ich nicht sterben und hätte alle Zeit der Welt. Jetzt, zehn, zwölf Jahre später, ist es anders. Ich *fühle* anders. Ich nehme mein Leben auf eine Weise ernst wie nie zuvor. Was ich jetzt tue, die Entscheidungen, die ich treffe, sind viel wichtiger geworden.«

In den späten achtziger Jahren schrieb Carolyn Heilbrun, daß Frauen sich vor der Herausforderung und der Unterstützung der Bewußtseinserweiterung zurückgezogen haben, die uns in den siebziger Jahren halfen, ein neues Leben für uns selbst zu definieren. Wir sind wieder der Vereinzelung erlegen und individualisieren unsere Erfahrung so lange, bis wir uns allein und unzulänglich fühlen. »Frauen«, schrieb sie, »müssen sich gegenseitig ihre Geschichten erzählen. Sie müssen ihre Lebensgeschichten, ihre Hoffnungen und ihre inakzeptablen Geschichten miteinander teilen.«[7] Durch das Erzählen und Teilen dieser Dinge werden wir fähig, die schwierigeren Bereiche unserer Geschichte allmählich zu transzendieren und unser Leben neu zu erfinden.

Ich gieße etwas Wein in die Gläser, die wir im Picknickkorb verstaut hatten. »In dieser medizinischen Bibliothek, die ich benutze, gibt es eine kleine Cafeteria«, erzähle ich Willa. »Sie ist oben im vierten Stock, ein Raum mit etwa sechs Tischen und einem puertorikanischen Koch, der für jeden kocht, der in diesem wirklich herrlichen Gebäude arbeitet, der *New York Academy of Medicine*. In der Cafeteria war es immer still. Es gab da nur zwei andere Leute, zwei Frauen, die an einem kleinen Tisch im Hintergrund saßen. Ich nahm an, daß sie Ärztinnen waren. Während ich mein Sandwich aß, hatte ich diese Phantasie: Wie wäre es, Ärztin zu sein? Wie wäre es, eine von *ihnen* zu sein? Von diesen beiden Frauen, meine ich. Die Arbeit, die ich tue, kann einsam machen, weißt du. Ich frage mich immer, wie es wäre, wenn...«

»Wenn du mit Leuten arbeiten würdest.«

»Wenn ich Psychoanalytikerin wäre, eigentlich. Wenn ich an einem Institut arbeiten würde. Wenn ich zu *Versammlungen* gehen würde.«

Wir lachen. Mir kommt der Gedanke, daß diese Verwundbarkeit, die ich empfinde, die Phantasien über das Gespräch dieser Frauen und darüber, wie sie in dem großen, sicheren akademischen Gebäude leben, eine Folge davon sind, daß sich mein Radar eingeschaltet hat und über die dunklen Wasser streift. »Die bloße Tatsache, daß es so viele Möglichkeiten gibt, ist entnervend«, sage ich zu Willa. »Aber wenn du dir wirklich den Luxus gestatten würdest, dich darauf einzulassen«, antwortet sie, »wer weiß, was du dann schließlich über das denken würdest, was du tun wolltest oder wie du leben wolltest.«

Die Menschen verweben die Fäden ihres Lebens ständig auf neue Weise, damit sie der Vergangenheit einen Sinn geben können.[8] Aber wir versuchen auch, den Ereignissen einen Sinn abzugewinnen, die gegenwärtig in unserem Leben passieren, besonders in Zeiten des Wandels.

Was mich an der Bibliothek der *New York Academy of Medicine* interessiert hatte, waren nicht die männlichen Ärzte, die medizinische Zeitschriften durchforsteten; was mich fasziniert hatte, waren die beiden Frauen in der Cafeteria und die Überlegung, wie ihre Geschichte aussehen mochte. Carolyn Heilbrun sagt, solange Frauen voneinander isoliert seien, anderen Frauen nicht über ihr allerpersönlichstes Leben berichten dürften, »werden sie auch nicht Teil einer ganz eigenen Erzählung sein«.[9]

Meine ganz eigene Erzählung. So fühlt sich das an, was ich im Augenblick tue; ich erschaffe meine eigene Geschichte, statt sie von anderen für mich erschaffen zu lassen. Ich beginne zu sehen, daß das einen Prozeß mit sich bringt und daß Willa und die übrigen »Mamas« mir dabei helfen.

Ich brauchte nicht lange zu der Erkenntnis, daß ich eigentlich keine Psychoanalytikerin sein oder einem Institut angehören oder zu Versammlungen gehen möchte, obwohl ich dadurch, daß ich mir diese Phantasie gestattete, der Richtung meiner eigenen Wünsche näherkam. Was ich brauche, wonach ich mich sehne, ist weniger Isolation und mehr Zugehörigkeit. Ich möchte weiterhin schreiben, aber von einer breiteren Basis aus. Ich möchte mein Leben weit aufreißen.

Wolken ziehen auf. Die Sonne über den Wipfeln der Tannen sinkt. Dieser Konflikt, den wir im Gespräch zu verringern versuchen, wird sicherlich nicht heute gelöst; aber wir fangen an, das Bild zu begreifen, Willa und ich, und ein Gespür dafür zu bekommen, was dazu nötig ist.

Heute bin ich die Matriarchin

In unserem Alter, um die 50, gibt es Möglichkeiten, die sich erst dann zu erkennen geben, wenn wir die Vergangenheit zu akzeptieren und loszulassen vermögen und der Zukunft eine Chance geben. Als ich kürzlich eine große Schachtel mit Familienphotos durchsah, geriet ich in eine Art Trancezustand, aus dem ich mehrere Tage nicht mehr herauskam. Ich hatte das Gefühl, Lagerplatz aller Familienerinnerungen zu sein. Meine Mutter hatte mir ihre Alben geschickt – Bilder ihrer Eltern, die ich nie kennengelernt habe, Bilder von ihr und meinem Vater, als sie jung und verliebt waren, Bilder von mir im Alter von einem Monat. In der Schachtel befanden sich auch meine eigenen Familienphotos, meine Kinder als Babies, »Farbporträts« von ihnen, geliefert von der Windelfirma, mein Mann in seinen gesünderen Jahren als stolzer Vater, mein Mann in den späteren Jahren, als die depressive Krankheit, an der er litt, ohne jahrelang ihren Namen zu kennen, bereits angefangen hatte, sein Gesicht wie eine Maske zu überziehen. Ich mit langem Haar und Minirock, wie ich auf einer Party mit ihm tanze. Ich als dünnes, dreizehnjähriges Mädchen in einem Badeanzug mit Röckchen, wie ich am Meeresstrand stehe und der Wind mein Haar zerzaust. Meine Mutter und mein Vater in ihren späteren Jahren – anscheinend immer mit einem Azaleenbusch im Hintergrund –, ihr weißes Haar, ihr fortschreitendes Alter. Tatsächlich wird mir jetzt klar, daß ihr Alter fortschritt, als sie in *meinem* Alter waren.

All das ist zuviel. Diese Bilder und ihr Gehalt an Erinnerungen drücken mich nieder. Es ist, als hätte ich nie zuvor Zeit gehabt, sie alle als Ganzes in mich aufzunehmen, sie zu integrieren. Dies ist mein Leben!

Und es ist das Leben, das ich habe, ob es mir paßt oder nicht. Ich sehe jetzt, daß neben den anderen Gefühlen das unbehagliche Empfinden besteht, daß ich dieses Leben *nicht gewählt* habe, diese Menschen, die sepiafarbenen Einwanderer-Großeltern, die Eltern meines Mannes, den *Vater* meiner Schwiegermutter, einen Mann, der unserem Leben und Bewußtsein so fern stand, daß ich erst jetzt zum erstenmal den unverkennbar depressiven Ausdruck seines Gesichts erkenne. Also hatte mein Mann diese Krankheit nicht nur von der Seite seines Vaters her, denke ich; sie bestand auch auf der seiner Mutter.

Depression, Magerkeit, zu wenig Geld; vielleicht war es an diesem Tag nur eine Stimmung, die mich alles so negativ sehen ließ. Oder vielleicht hatte ich es nie zuvor so zusammenhängend betrachtet. Vielleicht hatte ich mir diese Erfahrung nie gestattet. Die Pandora-Büchse dieser sich wellenden alten Schnappschüsse brachte Aufruhr wie Sue Millers *Family Pictures*. Ja, es gibt Würde im Leben einer Familie, aber auch ungeheure Kämpfe, Schmerzen und Mißverständnisse.

Ich weiß, was es bedeutet, dieses Gewicht, diese Last beinahe, Trägerin all dieser Erinnerungen zu sein! Ich bin die Matriarchin geworden. Ich bin es, auf die sie jetzt schauen, meine Kinder, meine Mutter, sogar mein Vater, noch immer mit der Forderung, daß ich dem Leben Sinn gebe, das er gelebt hat. Diese Bilder füllen mein stilles Haus zwei Tage lang wie ein Unwohlsein – eine Art Verhängnis. Ich kann nicht *glauben*, daß all dies mir gehört, daß ich mich damit zufriedengeben, mich ihm stellen, es zur Kenntnis nehmen muß: die Hochzeiten meines Bruders, seine Ehefrauen, die ich nie kannte, die Geschwister meiner Mutter, die ich nicht kennengelernt habe, meine eigene Babyzeit und frühe Kindheit. Alles ist hier in dieser Schachtel, und irgendwie bin ich dafür verantwortlich.

Das ist das Eigenartige. Wenn ich das depressive Gesicht des Vaters meiner Schwiegermutter sehe, den ich nie kennenlernte, fühle ich mich dafür *verantwortlich*. Wenn ich meinen Mann gegen Ende zu fast grimassieren sehe, um eine Krankheit niederzuhalten, die er nicht verstand, dann fühle ich mich verantwortlich. Jetzt,

Jahre später, weiß ich mehr über diese Krankheit, als er jemals wußte. Das *Wissen* macht mich verantwortlich.

Kein Wunder, daß ich mir all die Jahre lang diese Bilder nie richtig angesehen, nicht an die zahllosen Brüder und Schwestern meiner Mutter gedacht habe, die Ehefrauen meines Bruders, den Vater meiner Schwiegermutter – in gewisser Weise wollte ich mit ihnen nichts zu tun haben. Ich hatte genug anderes zu tun. Jetzt, in der relativen Ruhe meiner Fünfziger, schaue ich hin und nehme sie alle in mich auf. Sie gehören mir, sie sind das, was mir zugeteilt war. Dies ist meine Familie, ein substantieller Teil meiner Welt.

Das einzige, wobei ich keine Ambivalenz empfinde, sind meine Kinder. Wenn ich mir die kleinen, albernen Bilder ansehe, auf denen sie noch jung sind, erinnere ich mich an die unbeirrbare Inbrunst, mit der ich sie liebte und versorgte. Dennoch glaube ich manchmal, ich hätte gern die Chance, es noch einmal zu tun, es für sie besser zu machen, anders, für sie diejenige zu sein, die ich heute bin.

Heute bin ich die Matriarchin, stark, flexibel, die Trägerin der Träume und Mißerfolge unserer Familie, diejenige, die ihre Geheimnisse und Krankheiten kennt, die alles überlebt hat, die Frau in der Mitte, die alles zusammenhält. Das Gefühl von Verantwortung, das ich empfinde, ist ehrfurchterregend. Ich bin der Leim, die Erde, der Schlamm, aus dem die Familie besteht.

Ich glaube nicht, daß diese Erfahrung einzigartig ist. Sie hat sowohl mit meinem Alter als auch mit meinem Geschlecht zu tun: Ich bin eine Frau in mittleren Jahren, und ich habe vieles, für das ich mich verantworten muß, vieles noch zu *tun*, zu sein. Der Eintritt in diesen Wirbel aus Erinnerung und Schmerz gehörte zu dem Prozeß, mich dem zu stellen, was ich bin. Ich glaube, das schockierte mich beim Betrachten der Familienphotos am meisten: Es war ein Angriff auf die Geschichte, die ich darüber erfunden hatte, wer ich bin, die Grenzen, die ich gezogen hatte in bezug darauf, wer in meine Welt »hinein« durfte und wer draußen bleiben mußte. All diese gewellten und vergilbenden Fragmente (andere Frauen hätten ihre Photos aufgeklebt und sorgfältig gerahmt, da war ich sicher) bestehen jetzt darauf, daß ich sie einlasse. »Wir gehören auch dazu«, sagen sie.

Indem ich sie hereinlasse, muß ich mich verändern.

Wichtig für die psychische Gesundheit ist das Empfinden, daß das Leben *Kontinuität* hat. Und dieses Empfinden ist etwas, das wir eigentlich selbst erzeugen. Menschen strukturieren ihr Verständnis ihrer Erfahrungen immer wieder um und verarbeiten neue Informationen im Lichte dessen, was sie bereits gelernt haben. »Das innere Leben des Geistes«, sagt Neugarten, »ist wie ein Bach oder ein Fluß, dessen Gehalt sich nach und nach verändert, je nachdem, was er von den Ufern mitgenommen hat, die er berührte.«[10]

Manchmal schaue ich in den Spiegel und erblicke ein Mädchen; das ist ein Trick des Abends, wenn das Licht auf eine bestimmte Weise schräg durchs Fenster fällt, und einen Augenblick lang, während ich mich herrichte, um im Café zu Abend zu essen, fühle ich mich erhoben, bestätigt in der Sicht meiner selbst, an der ich so lange festgehalten habe: jung, voller Energie, unsterblich. Doch morgens, ohne Make-up, mit wirrem Haar, richte ich mich auf, nachdem ich mich gebückt habe, um die Katze hereinzuholen, und sehe mich in ganzer Länge im Spiegel in der Diele. Da, vor mir, steht die Wahrheit: Ich bin eine Frau, die gealtert ist. Was vor mir liegt, hat Grenzen, und Vollkommenheit ist nie zu erreichen. Ich muß mich so lieben, wie ich bin, wenn ich mich überhaupt lieben soll. Ich muß den schlaffen Bauch akzeptieren, die feinen, trockenen Falten, die Haut, die zu jucken beginnt, wenn ich sie nicht mehrmals am Tag mit einer Lotion einreibe. *Dies*, nicht der abendliche Glanz, der neue rote Lippenstift, bin ich.

Aber ist es nicht komisch? Indem ich mir gestattete, die Photos wirklich anzuschauen, sah ich zum erstenmal einige Dinge, die mein Leben verändert haben. Ich sah, daß mein Vater in seiner Jugend ein gutaussehender Mann war, und das hatte ich irgendwie nie zuvor bemerkt. Weil man mir immer gesagt hatte, ich sähe meinem Vater ähnlich, veränderte sich etwas für mich, als ich ihn so betrachtete. Ich sah, daß dieses Mädchen am Strand und das ältere, mit siebzehn, attraktiv waren. Ich hatte immer anders gedacht. Ich hatte immer geglaubt, dieses Mädchen sei hager und linkisch, sogar in gewisser Weise wertlos – es »genüge« nicht. Jetzt bin ich in der Lage, dieses Mädchen in mich aufzunehmen und lieb und wert zu halten.

Weil ich meinem Vater vergab und mir gestattete, ihn zu lieben, ehe er starb, sehe ich ihn jetzt anders. Mein Vater ist nicht der, für den ich ihn gehalten hatte, er ist jemand, der zerbrechlich und liebenswert war, und indem ich das zur Kenntnis genommen habe, bin ich fähig geworden, mich selbst zu lieben. Das ist etwas Wundervolles, das aus der Erschütterung in meiner Lebensmitte hervorgegangen ist.

Es würde noch andere Dinge geben.

Im Sommer seines 80. Lebensjahres fuhren mein Vater und ich nach dem College-Abschluß meiner Tochter über Land. Es war einer dieser Frühsommertage, welche die Verheerungen des Winters vergessen machen. Seufzend sagte mein Vater: »Was kommt einem Junitag gleich?« Ich denke an seine Fähigkeit, den Augenblick auszukosten, als an einen hellen Fleck in seiner komplizierten Persönlichkeit. Sein Geist war in der Quantenmechanik zu Hause, Ideen, die wir übrigen nicht begreifen und schon gar nicht mit ihm diskutieren konnten. Dennoch hatte er ein Auge für die Natur und die einfachen, guten Dinge des Lebens. Ich denke, daß dieses »Auge« eines der Geschenke der Reife ist. Es rührt nicht daher, daß wir kürzer treten. Es kommt daher, daß wir Dinge akzeptieren.

Doch vor dieser letzten Akzeptanz steht für Frauen zwangsläufig eine andere Art von Akzeptanz. Wir müssen uns von unserem gesellschaftlichen Image befreien, dann fangen wir an, uns selbst zu akzeptieren. Das bringt neue Freude und Energie und Selbstbehauptung mit sich. Wir können für uns selbst einstehen wie Frances Conley, selbst wenn das bedeutet, einen prestigeträchtigen Job bei einer prestigeträchtigen Institution aufzugeben.

Wir können wie Carol ein Haus verkaufen, die akademische Laufbahn verlassen und einen Job bei H&R Block annehmen, nur für die Chance, ganz weit vom Broadway entfernt Stücke zu inszenieren.

Wir können wie Gretchen Cryer eine neue Laufbahn einschlagen, um unsere finanzielle Stabilität zu verstärken – und dennoch unser kreatives Leben weiterführen.

Während die Dinge so an ihren Platz rücken (und ich bin sicher, daß sie ihn wieder verlassen werden, an irgendeinem Übergangspunkt in späteren Jahren), akzeptiere ich allmählich mein Leben, meine Vergangenheit, die dummen Schritte, die ich unternommen habe, die negativen Beziehungen, die ich geknüpft habe – und in denen ich geblieben bin, ach, so viele Jahre! Ich akzeptiere meine Tapferkeit angesichts von Angst, meinen mangelnden Mut bei Risiken.

Ich akzeptiere, was ich habe, ohne nach dem »Schluß« Ausschau zu halten, irgendeinem magischen Endpunkt, an dem alles gelöst und alles vollkommen ist. In irgendeinem tiefsten Sinn wird niemals etwas gelöst; nichts geht zu Ende. Das zu *begreifen* gestattet eine neue Offenheit. Und von dieser Position aus bin ich endlich in der Lage, weiter voranzuschreiten.

Ein paar Monate nach meinem Gespräch mit Willa auf der Wiese hatte ich eine Idee: Ich könnte Gruppen für Frauen leiten, die sich mit der Erforschung der psychologischen und sozialen Themen der Lebensmitte beschäftigen möchten. Ich fand es erregend, mit anderen verbunden zu sein, die sich an der gleichen Stelle des Lebenslaufes befinden und vor denselben Entscheidungen stehen. Ich dachte, ich könne das nehmen, was ich bei meinen Recherchen und mit den »Mamas« gelernt hatte, und es anderen bringen.

Carolyn Heilbrun hat bemerkt, daß die Lebensmitte für Frauen anders ist als für Männer, die in diesem Alter »vielleicht neuen Mut finden, aber ihr Leben nicht zutiefst verändern, sich nicht etwas Neuem widmen müssen ...«[11]

Diese Hingabe unseres Lebens an etwas Neues ist das, was Frauen mit 50 verbindet. Sie belebt uns und macht uns verschieden von den Frauengenerationen vor uns. Sie ist der entscheidende Punkt und das Versprechen dieser neuen Blütezeit. Die »Red Hot Mamas« bilden die Vorhut. Wir verändern die Zukunft von Frauen mit 50.

EPILOG
Zurückgehen

Ich ziehe in die Stadt zurück und mache meinen Frieden. Vermutlich werde ich nie eine Allee aus Hortensienbäumen haben. Ein Hügel voller sibirischer Iris überschritt meine Möglichkeiten. Etwas am Landleben hat nie ganz geklappt, obwohl ich fast 20 Jahre dafür aufgewendet habe. Ich hatte Töpfe mit Pflanzen im Patio, meist einjährige, die ich jeden Juni gut und sprießend kaufte. Ich hatte eine ländliche Küche, die ich in den letzten Jahren kaum benutzte, weil ich nach städtischer Art lieber jeden Abend in meinem örtlichen Café aß. Im Sommer fuhr ich Fahrrad, aber stellen Sie sich vor, ich mußte es jedesmal ins Auto laden und fünf bis sechs Meilen an einen sicheren Ort fahren, ehe ich es besteigen konnte. Die Straßen in Woodstock waren zu gebirgig.

Im Kopf bin ich immer eine Großstadtpflanze geblieben, jeder, der mich kennt, wird Ihnen das bestätigen. Dennoch scheint es seltsam, sich in der Stadt zur Ruhe zu setzen. Natürlich setze ich mich keineswegs zur Ruhe. Ich nehme die zweite Hälfte in Angriff. Ich habe nicht vor, in dem Muster zu verharren, in dem ich mich befunden habe. Ich werde auch nicht um die Berge und die holperigen Landstraßen und Hügel voller Lorbeersträucher trauern. Die Rückkehr nach New York wird mich mit neuem Feuer erfüllen.

Aber ich habe wenig Illusionen, da ich 18 Jahre lang in der Stadt gelebt habe, in den siebziger und Anfang der achtziger Jahre, ein weiblicher Grünschnabel direkt aus dem katholischen College, die Zimmer mit ihren alten College-Freundinnen teilte, bei einer Frauenzeitschrift arbeitete und, wie wir das damals machten, sofort heiratete, als sie schwanger wurde. Ich erinnere mich an unebene Fensterbänke in dem alten Haus in Chelsea, den verrückten Hausmeister, der betrunken im Keller in der Ecke saß, wo man am Wochenende abends den Müll einwarf, und drohte, jeden Augenblick eine Bombe zu werfen, so daß man hoffte, er werde das Bewußtsein verlieren. Ich erinnere mich an die Junkies in der Eighth Avenue, die Streitigkeiten, die man durch dünne Wände hörte, die Schreie und Seufzer elender Menschen, die zu dicht beieinander lebten.

Wir waren Schriftsteller, mein Mann und ich. Wir lebten wie graduierte Studenten und zogen unsere Babies groß, alle drei in dieser Wohnung geboren, bei der frische Luft nur durch das Fenster über der Feuertreppe in ihrem Zimmer kam. Eines Nachts, als wir nicht zu Hause waren, drang über die Feuertreppe jemand in die Wohnung ein, um sie auszurauben. Schwarze Fackeln aus Zeitungspapier lagen in der Diele auf dem Boden. Schubladen standen offen, deren Inhalt jemand rasch durchwühlt hatte. Nichts fehlte, denn wir hatten nichts, was des Stehlens wert gewesen wäre, bis auf eine kleine goldene Medaille, vom Papst geweiht, welche die Großmutter meiner ältesten Tochter geschenkt hatte.

Obwohl meine Rückkehr in die Stadt also von alten Erinnerungen belastet ist, stelle ich sie mir etwas anders vor. Schließlich bin ich ein anderer Mensch geworden seit damals, als ich ankam, atemlos, froh, den Nonnen entronnen zu sein, völlig fasziniert von dem Mangel an Regeln oder auch nur Leitlinien. Und im Grunde voller Angst.

Ich möchte zurück zur Upper West Side, wo ich die letzten neun Jahre in Manhattan verbracht habe und die Kinder auf einem Spielplatz im Riverside Park großgeworden sind. Diese Familiengegend ist für heute keine so gute Idee, aber der Gedanke an einen Park gefällt mir. Die Antwort, die auf der Hand liegt, ist natürlich der Central Park, wo ich radfahren und vielleicht sogar lernen kann, auf Rollschuhen zu laufen. Oh, ich habe große Pläne.

Woche um Woche studierte ich die Mietangebote und begann allmählich den Fachjargon zu verstehen, der beschrieb, was ich suchte. Eine Wohnung im europäischen Stil mit einem Schlafzimmer und direktem Parkblick in einem Vorkriegsgebäude mit Türsteher. Ich wollte hohe Zimmerdecken, dunkle Böden, große alte Fenster, durch die ich bis zur Fifth Avenue schauen konnte. (Würde für mich jemand auf der anderen Seite des Parks sitzen wie Woody für Mia? Vermutlich nicht. Vermutlich wollte ich ohnehin niemanden mehr. Woody jedenfalls wollte ich bestimmt nicht.)

Ich will so dicke Wände, daß ich nie die Schreie und Seufzer anderer hören muß. Ich will zur Weihnachtszeit einen schön dekorierten Baum in der Eingangshalle und nicht eines dieser blausilbernen Kunstgebilde. So stelle ich mir das vor. Ich könnte den großen Eingangsflur als Bibliothek benutzen und die Wände mit Bücherregalen vollstellen. Entweder werde ich das Schlafzimmer als Büro benutzen und auf einer Couch im Wohnzimmer schlafen, oder ich behalte das Schlafzimmer und verwende das Wohnzimmer als Arbeitsraum. Gäste werde ich schließlich nur gelegentlich haben, und es gibt Möglichkeiten, das Problem zu umgehen. Diese Räume sollen für mich sein, zugeschnitten auf mein Leben und niemandes sonst.

Und was gebe ich auf? Veränderung muß man üben, heißt es. Mein Grundstück grenzt an das eines Nachbarn, das bewaldet und vermutlich unbebaubar ist. Meine eigenen drei Morgen liegen auf einer Art Klippe über einem Forellenbach. Von der Rückseite meines Hauses aus, die früher die Vorderseite war, kann man kleine Berge und einen Kirchturm sehen. Das Haus, über 200 Jahre alt, ist eines der wenigen holländischen Fachwerkhäuser, die es in dieser Gegend noch gibt. Natürlich hat es einen Teich, von Hängebirken umgeben, und unten am Wald einen kleinen Schuppen, den ich als Arbeitszimmer zu benutzen pflegte, als die Kinder noch im Haus waren. Das Ganze ist hinreißend.

Ich habe länger dort gewohnt als sonst irgendwo, an die elf Jahre. Manche Leute würden für so etwas sterben, aber ich bin nicht mit dem Herzen dabei und werde verkaufen. Gegen Mitternacht an einer Bank Ecke Park Avenue und 57th vorbeizugehen, zu sehen, wie Leute in der erleuchteten Halle schlafen, mit dem Gesicht nach unten auf Kissen aus zusammengerollten Kleidern liegen, Pepsi-Dosen und Feuerzeuge ordentlich neben ihren Köpfen aufgereiht – da ist mein Herz.

Sicher machen Sie sich sentimentale Vorstellungen, werden Sie sagen.

Das mag sein, aber ich gebe mir die Chance, das herauszufinden. Inzwischen werde ich weiter hier schreiben, meine Gruppen abhalten, meine einjährigen Pflanzen eintopfen und notfalls auf eine zerbröckelnde Fensterbank stellen. Entscheidend ist, daß dies nicht die letzte Chance ist. Nichts ist in Stein gemeißelt. Entscheidend ist... sich weiterzubewegen.

ANHANG

Anmerkungen

KAPITEL 1

Eine Generation erreicht die Lebensmitte

1 Lois W. Banner, in *In Full Flower: Aging Women, Power and Sexuality* (New York: Alfred A. Knopf, 1992), zitiert Sara Evans, *Personal Politics: The Roots of Women's Liberation in the Civil Rights Movement and the New Left*, NY: Vintage, 1980, S. 51.
2 Maureen Orth, »The Lady Has Legs«, *Vanity Fair*, Mai 1993, S. 178.
3 Carolyn G. Heilbrun, »How Girls Become Wimps«, *The New York Times Book Review*, 4. Oktober 1992, S. 14.

KAPITEL 2

Was hat das Alter damit zu tun?

1 Lydia Bronte, *The Longevity Factor*, (New York: HarperCollins Publishers, 1993), S. XV.
2 Ibid., S. XVII.
3 Jon und C. Davis Hendricks, *Aging in Mass Society: Myths and Realities* (Boston: Little Brown & Co., 1986), S. 222.
4 Carol D. Ryff, »Subjective Experiences of Life Span Transitions«, *Gender and the Life Course*, Hg. Alice S. Rossi (New York: Aldine Publishing Company, 1985), S. 97–110.
5 Alice S. Rossi, »Aging and Parenthood in the Middle Years«, »On the Properties of Life Events«, in *Life-Span Development and Behavior*, hg. v. Paul B. Baltes und Orville G. Brim, Jr. (New York: Academic Press, 1980), S. 147.
6 Ibid., S. 146.
7 Grace K. Baruch, Rosalind C. Barnett und Caryl Rivers, *Lifeprints: New Patterns of Love and Work for Today's Women* (New York: McGraw-Hill, 1983), S. 1–10.
8 Alice S. Rossi, »Aging and Parenthood in the Middle Years«, *Life-Span Development and Behavior*, Bd. 3, (New York: Academic Press, 1980).
9 Bernice Neugarten, »The Awareness of Middle Age«, in *Middle Age and Aging* (Chicago: University of Chicago Press, 1968), S. 891.

10 Alice S. Rossi, *Life-Span Development and Behavior*, S. 184.
11 Ibid., S. 175.
12 Carol Anderson sprach auf einer Konferenz über »Treating Couples: Clinical Challenges in the 1990s«, sponsored by Harvard Medical School, in Boston, Oktober 1992.
13 William E. Schmidt, »Birth to 59-Year-Old Raises British Ethical Storm«, *New York Times*, 29. Dez. 1993. S. 1.
14 Margaret Carlson, »Old Enough to Be Your Mother«, *Time*, 10. Januar 1994, S. 41.
15 Catherine Bateson, »Conscious Aging«, sponsored by Omega Institute, in Manhattan 1992.
16 April Martin, »Dreams on Ice«, *The New York Times Magazine*, 28. November 1993, S. 46.
17 Maggie Mahar, »Making It in the Ultimate Men's Club«, *Working Woman*, März 1993, S. 64.
18 Carolyn G. Heilbrun, »How Girls Become Wimps«, *New York Times Book Review*, 4. Oktober 1992, S. 13. Heilbrun rezensiert *Meeting at the Crossroads: Women's Psychology and Girls' Development* von Carol Gilligan und Lyn Mikel Brown (Cambridge, Mass.: Harvard University Press, 1992).
19 Ibid.
20 *New York Times* (Artikel über Judith Kaye).
21 Natalie Angier, »Drawing Big Lessons from Fly Embryology«, *The New York Times*, 10. August 1993, S. C1.

KAPITEL 3
In der Mitte gefangen

1 Rosalind C. Barnett und Grace K. Baruch, »Women in the Middle Years: A Critique of Research and Theory«, *Psychology of Women Quarterly*, Bd. 3, Nr. 2, Winter 1978.
2 Clifton Barber, »Transition to the Empty Nest«, *Aging and the Family*, Hg. Stephen J. Bahr und Evan T. Peterson (Lexington, Mass.: Lexington Books, D. C. Heath and Company, 1989) S. 1–32.
3 F. H. Scherz, »Maturational Crises and Parent-Child Interaction«, *Social Casework*, 1971, Bd. 36, S. 362–369.
4 Jane Gross, »Divorced, Middle-Aged and Happy: Women Especially, Adjust to the 90s«, *The New York Times*, 7. Dezember 1992, A 14.
5 Lawrence Kutner, »Parent and Child«, *The New York Times*, 31. Dezember 1992.
6 Barbara Grizutti Harrison, »Hers«, *New York Times*, S. 14.

7 Elaine M. Brody, »Women in the Middle and Family Help to Older People«, *The Gerontologist*, Bd. 21, Nr. 5, 1981, S. 471–480.

8 Ibid.

9 Alice Rossi, »Aging and Parenthood in the Middle Years«, in *Life-Span Development and Behavior*, 3., Paul B. Baltes und Orville G. Brim (New York: Academic Press, 1980), S. 166.

10 Abigail M. Lang und Elaine H. Brody, »Characteristics of Middle-Aged Daughters and Help to Their Elderly Mothers«, *Journal of Marriage and the Family*, Februar 1983, S. 196.

11 Monica McGoldrick, »Women Through the Family Life Cycle«, *Women in Families*, Hg. Monica McGoldrick, Carol M. Anderson, Froma Walsh, W. W. Norton and Company, New York 1991, S. 202.

12 Elaine M. Brody, »Women in the Middle and Family Help to Older People«, S. 472.

13 Lang und Brody, »Characteristics of Middle-Aged Daughters and Help to Their Elderly Mothers«, S. 199.

14 Ibid.

15 Grace Baruch und Rosalind Barnett, »Adult Daughters' Relationships with Their Mothers«, *Journal of Marriage and the Family*, Wellesley College Center for Research on Women, 45, S. 3, August 1983.

16 Ibid.

17 Monica McGoldrick, *Women in Families*, op. cit., S. 204.

18 Lang und Brody, »Characteristics of Middle-Aged Daughters and Help to Their Elderly Mothers«, S. 197.

19 Elaine M. Brody, »Women in the Middle and Family Help to Older People«, *The Gerontologist*, Bd. 21, Nr. 5, 1981, S. 471–480.

20 Elaine M. Brody, »Women in the Middle«, op. cit., S. 471–480.

21 Ibid.

22 Woodman sprach auf der 1. Konferenz des Omega-Institutes über »Conscious Aging«, Manhattan 1992.

KAPITEL 4

Kampf gegen die Fünfzig

1 Lois W. Banner, *In Full Flower: Aging Women, Power and Sexuality* (New York: Alfred A. Knopf, 1992), S. 15.

2 Cathleen Rountree, *On Women Turning Fifty*, Harper: San Francisco, 1993, S. 16.

3 Susan L. Crowley, »The Sin of Aging«, *AARP Bulletin*, Bd. XXXII, Nr. 9, Oktober 1991, S. 2.

4 Marcia Seligson, »Can A Feminist Have a Facelift?«, *Lear's*, März 1992.
5 Betty Friedan, *The Fountain of Age* (New York: Simon and Schuster, 1993), S. 30.
6 Pauline Bart, »Why Women's Status Changes in Middle Age: The Turns of the Social Ferris Wheel«, *Sociological Symposium*. 3, 1969, S. 1–18.
7 Maggie Scarf, »The Middle of the Journey«, *Family Therapy Networker*, Juli/August 1992.
8 Lois W. Banner, *In Full Flower: Aging Women, Power and Sexuality* (New York: Alfred A. Knopf, 1992), S. 296.
9 Ibid.
10 Philip Wylie, *Generation of Vipers* (New York: Rineheart, 1942), S. 186. Wylies Beitrag über die negative Einstellung zu alternden Frauen wird beschrieben in Lois Banner, op. cit., S. 303.
11 Lois W. Banner, op. cit., S. 303.
12 Michael Specter, »Funny? Yes, but Someone's Got to Be«, *New York Times*, 8. April 1993.
13 Hopewell-Ash, *Melancholia in Every-Day Practice*, London: John Bale, 1934, S. 41, zit. in Lois W. Banner, in *In Full Flower: Aging Women, Power and Sexuality*, S. 295.
14 Lois Banner, op. cit., S. 307.
15 Dr. Walter Gallichan ist der »konservative Arzt«, den Banner zitiert, op. cit., S. 293.
16 Simone de Beauvoir, *The Second Sex*, New York: Vintage Books, 1989, S. 581.
17 Havelock Ellis, *Studies in the Psychology of Sex*, Bd. 1, *The Sexual Impulse in Women* (1905; New York: Random House, 1942), S. 243, erörtert in Lois W. Banner, *In Full Flower: Aging Women Sexuality and Power*, S. 286.
18 Banner, op. cit., S. 92.
19 Simone de Beauvoir, *The Second Sex* (New York: Vintage Books, 1957), S. 581.
20 Deborah Gimelson, »Pumped Up«, *The New York Times Magazine*, 27. Juni 1993, S. 16.
21 Maggie Scarf, *Family Therapy Networker*.
22 Ellen Cole, »Sex at Menopause: Each in Her Own Way«, *Women and Therapy*, hg. v. Ellen Cole und Esther Rothblum (New York: Haworth Press, 1988).
23 Barbara E. Sang, »Moving Toward Balance and Integration«, *Lesbians at Midlife: The Creative Transition*, San Francisco: Spinsters Book Company, 1991, S. 208.

24 Ibid. S. 209.
25 Robyn Posin, »Ripening«, *Lesbians at Midlife*, op. cit., S. 144.
26 Jon Hendricks und C. Davis Hendricks, *Aging in Mass Society: Myths and Realities*, 3. Aufl. (Boston: Little, Brown & Co., 1986), S. 275.

KAPITEL 5
Neue Intimitäten

1 Betty Carter, »Stonewalling Feminism«, *Family Therapy Networker*, Januar/Februar 1992, S. 64.
2 Ibid.
3 Ibid.
4 Martha Kirkpatrick, »Some Clinical Perceptions of Middle-Aged Divorcing Women«, in *Divorce as a Developmental Process*, hg. v. Judith Gold, (Washington DC: American Psychiatric Press, Inc., 1988), S. 84.
5 Ibid., S. 83.
6 Jane Gross, »Divorced, Middle-Aged and Happy: Women, Especially, Adjust to the 90s«, *The New York Times*, 7. Dezember 1992, S. A14.
7 Ibid.
8 Jane Gross, ibid.
9 Norma J. Leslie, »Divorced Women's Sexual and Contraceptive Issues«, *Woman and Therapy*, Bd. 7, Nr. 2 u. 3 (Haworth Press, 1988).
10 Carolyn G. Heilbrun, *Writing A Woman's Life* (New York: Ballantine Books, 1988), S. 88.
11 Jane Gross, »Divorced, Middle-Aged and Happy: Women, Especially, Adjust to the 90s«, op. cit.
12 Ibid.
13 Judith Wallerstein, »Women After Divorce: Preliminary Report from an Ten-Year Follow-Up«, *American Journal of Orthopsychiatry*, S. 56, Nr. 1. Januar 1986, S. 68.
14 Ibid., S. 76.
15 Ibid.
16 Jane Gross, »Divorced, Middle-Aged and Happy: Women, Especially, Adjust to the 90s«, op. cit.
17 Judith S. Wallerstein, »Women After Divorce«, op. cit., S. 73.
18 Edith Nemy, »What? Me Marry Widows Say No«, *The New York Times*, 18. Juni 1992, S. C1.
19 Ibid.
20 Betty Carter, »Remarried Families: Creating a New Paradigm«, *The Invisible Well*, hg. v. Marianne Walters, Betty Carter, Peggy Papp, Olga Silverstein (New York: The Guilford Press, 1988), S. 333.

21 Patricia Volk, »Strings Attached«, Hers, *The New York Times Magazine*, 28. Juni 1992.

22 Margo Howard, »Jerks, Oddballs, and Egomaniac«, *Boston magazine*, Mai 1993.

23 Froma Walsh und Monica McGoldrick, »Loss and the Family Life Cycle«, in *Family Transitions* (New York: The Guilford Press, 1988), S. 327.

24 Ibid.

25 Jane Gross, »Divorced, Middle-Aged and Happy: Women, Especially, Adjust to the 90s«, op. cit.

26 Ibid.

27 Sonja Dimidjians Beitrag über geschiedene Frauen entstammt einem Seminar zum Thema »After the Ball is Over: Divorce and Midlife Women«, das von der *American Association of Marriage and Family Therapy* im Oktober 1992 in Miami veranstaltet wurde.

28 Enid Nemy, »›What? Me Marry?‹ Widows Say No«, *The New York Times*, 18. Juni 1992, S. C1.

29 Jane Gross, »Divorced Middle-Aged and Happy«, op. cit.

30 Margo Howard, »Jerks, Oddballs, and Egomaniac«, *Boston magazine*, Mai 1993, S. 66.

31 Sonja Dimidjian anläßlich des genannten Seminars im Oktober 1992 in Miami.

32 Ibid.

33 Ibid.

34 Ibid.

35 Jane Gross, »Divorced, Middle-Aged and Happy«, op. cit.

36 Carol Anderson bei dem genannten Seminar über »After the Ball is Over: Divorce and Midlife Women«.

37 Sharon Hicks und Carol Anderson, »Women on Their Own«, in *Women in Families* (New York: W. W. Norton & Company, Inc., 1991), S. 323.

38 Froma Walsh und Monica McGoldrick, »Loss and the Family Life Cycle«, op. cit., S. 327.

39 Elaine M. Brody, »Women in the Middle and Family Help to Older People«, *The Gerontologist*, Bd. 21, Nr. 5, 1981, S. 477.

40 Monica McGoldrick, »Women Through the Family Life Cycle«, op. cit., S. 214.

41 Die Geschichte von »Sara« erzählt Betty Carter in »Single Women: Later Years«, *Invisible Well*, S. 403.

42 Ibid.

43 Ibid.

44 Betty Carter, »Divorce: His and Hers«, op. cit., S. 257.

45 Sonja Dimidjian, »After the Ball is Over: Divorce and Midlife Women«, Seminar.
46 Simone de Beauvoir, *The Second Sex*, New York: Vintage Books, September 1989, S. 471.
47 Sharon Hicks und Carol Anderson, *Women and Families*, op. cit., S. 316.

KAPITEL 6

Die Östrogen-Kriege

1 Uriel Halbreich, »Hormones and Depression-O-Conceptual Transitions«, *Hormones and Depression* (New York: Raven Press, 1987), S. 16.
2 Faye Rice, »Menopause and the Working Woman«, *Fortune*, November 1994, S. 203–206.
3 Laurie Garrett, »The Estrogen Decision«, *New York Newsday*, 12. Mai 1992.
4 Fredi Kronenberg sprach auf einem öffentlichen Workshop zur Menopause, der 1993 in Kingston, New York, abgehalten und von der Wissenschaftsautorin Alice Goodman organisiert worden war.
5 Lorna J. Sarrel und Philip M. Sarrel, *Sexual Turning Points: The Seven Stages of Adult Sexuality* (New York: Macmillan, 1984), S. 257.
6 Morris Notelovitz und Diana Tonnessen, *Estrogen: Yes Or No?*, (New York: Saint Martin's Paperbacks, 1993), S. 20.
7 Margaret M. Gullette, »What, Menopause Again?« *Ms.*, Juli/August 1993, S. 34.
8 Lorna J. Sarrel und Philip M. Sarrel, *Turning Points*, S. 265.
9 Ibid., S. 258.
10 Ibid., S. 258.
11 Wolf M. Utian, Dr. med., sprach auf einer Konferenz zum Thema »Menopause: Current Knowledge and Recommendations for Research«. Die von den *National Institutes of Health* geförderte Konferenz fand vom 22. bis 24. März 1993 in Bethesda in Maryland statt.
12 *Estrogen: Yes or No?*, S. 45.
13 Ibid., S. 43.
14 Carol Tavris, *The Mismeasure of Woman*, (New York: Simon and Schuster, 1992), S. 150.
15 Barbara Sherwin in »Sex Hormones and Psychological Functioning«, ein Gespräch in der Konferenz über »Menopause: Current Knowledge and Recommendations for Research«.

16 Barbara B. Sherwin, ibid.
17 Ibid.
18 Ibid.
19 Bruce McEwen, »Effects of Estrogen and Neuronal Physiology and Architecture«, Beitrag zur Konferenz über »Menopause: Current Knowledge and Recommendations for Research«. McEwen ist Professor für Neuroendokrinologie, *Rockefeller University*, New York.
20 Ibid.
21 Doreen Kimura, »How Sex Hormones Boost – or Cut – Intellectual Ability«, *Psychology Today*, November 1989, S. 63.
22 Doreen Kimura, »Sex Differences in the Brain«, Scientific American, September 1992, S. 119.
23 *Psychology Today*, November 1989.
24 Ibid., S. 62.
25 Diane L. Kampen und Barbara B. Sherwin, »Estrogen Use and Verbal Memory in Healthy Postmenopausal Women«, *Obstetrics and Gynecology*, Bd. 83, Nr. 6, Juni 1994, S. 979.
26 Sonja M. McKinlay und Jon B. McKinlay, »The Impact of Menopause and Social Factors on health«, *Menopause: Evaluation, Treatment and Health Concerns* (Alan R. Liss, Inc., 1989), S. 137–161.
27 Wolf Utian in einer Pressekonferenz am 24. März 1993 zur Konferenz über »Menopause«.
28 Janice Douglas über »Cellular and Molecular Mechanism of Estrogen Effects on Cardiovascular Function«, Beitrag zur Konferenz über »Menopause«. Dr. Douglas ist Abteilungsleiterin an den Universitäts-Kliniken in Cleveland.
29 Im *New England Journal of Medicine* vom 12. September 1991 veröffentlichte Studie an 48 470 Frauen in der Menopause, die zwischen 30 und 64 Jahre alt waren und zu Beginn der Studie keine Krebs- oder Herzkrankheiten hatten. Die Studie liefert keinen definitiven Beweis für die wohltuende Wirkung von Östrogen, weil die Teilnehmerinnen nicht nach dem Zufallsprinzip aufgefordert wurden, nach der Menopause Östrogen oder kein Hormon zu nehmen. Die Frauen hatten sich selbst entschieden.
30 Janice Douglas, ibid.
31 Morris Notelovitz und Diana Tonnessen, ibid., S. 60.
32 Jane Brody, »Hormone Replacement Study Answers Questions, but not All«, *The New York Times*, 18. Januar 1995, S. C1.
33 Janice Douglas, op. cit.
34 Notelovitz, ibid., S. 66.
35 L. S. Richelson, L. J. Melton et al: »Relative Contributions of Aging and

Estrogen Deficiency to Postmenopausal Bone Loss«, *New England Journal of Medicine*, Bd. 311, 1984, S. 1273 H.
36 Paula Brown Doress und Diana Laskin Siegal, *Ourselves Growing Older* (New York: Simon and Schuster, 1987), S. 269.
37 Karen Westerberg Reyes, »Osteoporosis: The Silent Crippler«, *Modern Maturity*, Juni/Juli 1993, S. 76.
38 Lenore C. Huppert, »Hormones Replacement Therapy: Benefits, Risks, Doses«, *Medical Clinics of North America*, Bd. 71, Nr. 1, Januar 1989, S. 320.
39 Doress und Siegal, ibid.
40 Jane Brody, »Personal Health«, *The New York Times*, 14. Juli 1993, S. C12.
41 Shonni J. Silverberg, »Postmenopausal Osteoporosis«, *Medical Clinics of North America*, Bd. 71, Nr. 1, Januar 1989.
42 N. Kreiger, L. J. Kelsey, T. R. Molfard et al: »An Epidemiological Study of Hip Fracture in Postmenopausal Women«, *American Journal of Epidemiology*, Bd. 116, 1982, S. 141–148.
43 Huppert, »Hormone Replacement Therapy«, op. cit., S. 27.
44 Huppert, ibid. Huppert berichtet über die Ergebnisse einer Studie. R. Lindsay, A. MacLean, A. Kraszowski et al: »Bone Response to Termination of Estrogen Treatment«, *Lancet*, 1 : 1325–1329, 1978.
45 Germaine Greer, *The Change* (New York: Alfred A. Knopf, 1992), S. 161.
46 Notelovitz und Tonnessen, ibid., S. 96.
47 Berichtet in Notelovitz und Tonnessen, S. 98. Die Studie dauerte neun Jahre und umfaßte 3940 Frauen.
48 Ibid., S. 98.
49 Persönliches Interview.
50 Jane Brody, »Personal Health«, *The New York Times*, 10. November 1993, S. C17.
51 Huppert, ibid.
52 Notelovitz und Tonnessen, op. cit., S. 101.
53 Barbara Parry berichtete über ihre Forschung in einem Seminar über »Toward a New Psychobiology of Depression«, veranstaltet 1992 von der *American Psychiatric Association* in Washington.
54 Sonja und John McKinlay, *Harvard Medical School Mental Health Letter*.
55 Myrna Weissman im Seminar über »Toward a New Psychobiology of Depression«.
56 Barbara Sherwin, persönliches Interview.
57 Carol Tavris, *The Myth of PMS*, *Redbook*, November 1991, S. 34.

58 Sally K. Severino und Margaret L. Moline, *Premenstrual Syndrome* (New York: The Guilford Press, 1989).
59 Barbara B. Sherwin, »The Impact of Different Doses of Estrogen and Progestin on Mood and Sexual Behavior in Postmenopausal Women«, *Journal of Clinical Endocrinology and Metabolism*, Bd. 72, Nr. 2, 1991.
60 C. B. Ballinger, M. C. Browning und A. H. Smith, »Hormone Profiles and Psychological Symptoms in Peri-Menopausal Women«, *Maturitas*, November 1987.
61 Kampen und Sherwin, ibid.
62 Philip H. Hilts, »Studies Suggest Estrogen Lowers Alzheimer's Risk«, *The New York Times*, 10. November 1993, S. A23.
63 Kampen und Sherwin, ibid.
64 Ibid.
65 Natalie Angier, »How Estrogen May Work to Protect Against Alzheimer's«, *The New York Times*, 8. März 1994, S. C3.
66 Ibid.
67 Ibid.
68 Ibid.
69 Kimura, »Sex Differences in the Brain«, op. cit.
70 Natalie Angier, »A Male Menopause?«, *The New York Times*, 20. Juni 1992, S. C14.
71 John M. Hoberman und Charles E. Yesalis, »The History of Synthetic Testosterone«, *Scientific American*, Februar 1995.
72 Ibid.
73 Natalie Angier, »A Male Menopause?«, op. cit.
74 Robert Rebar präsentierte diese Statistik auf der Konferenz zur »Menopause: Current Knowledge and Recommendations for Research«. Dr. Rebar ist Professor an der *University of Cincinnati*.

KAPITEL 7
Liebe am Nachmittag

1 Ellen Cole, »Sex at Menopause: Each in her Own Way«, in *Women and Therapy*, hg. v. Ellen Cole und Esther Rosenblum (New York: Haworth Press, 1988), S. 163.
2 Cole, op. cit., S. 163.
3 Ibid., S. 161.
4 Carin Rubinstein, »The Lear's Report: How Aids Has Changed Our Sex Lives«, *Lears*, November 1992, S. 62–67.
5 Lorna J. Sarrel und Philip Sarrel, M. D., *Sexual Turning Points: The Seven Stages of Adult Sexuality* (New York: Macmillan, 1984), S. 261.

6 Winifred Cutler, *Love Cycles: The Science of Intimacy* (New York: Villard, 1991), S. 191.
7 Ellen Cole, »Sex at Menopause: Each in Her Own Way«, op. cit., S. 163.
8 Lorna J. Sarrel und Philip Sarrel, *Turning Points*, S. 264.
9 Ibid.
10 M. J. Neuberger, »Thing«, *The Village Voice*, 14. Juni 1992, S. 38.
11 Ellen Cole, »Sex at Menopause: Each in Her Own Way«, op. cit., S. 163.
12 Persönliches Interview.
13 Ellen Cole, »Sex at Menopause: Each in Her Own Way«, op. cit., S. 162.
14 Lorna J. Sarrel und Philip Sarrel, *Turning Points: Seven Stages of Adult Sexuality*, S. 261.
15 Morris Notelovitz und Diana Tonnessen, *Estrogen: Yes or No?* (New York: Saint Martin's Paperbacks, 1993), S. 36.
16 Sarrel, *Sexual Turning Points*, op. cit., S. 261.
17 Ibid., S. 7.
18 Cutler, op. cit., S. 191.
19 Winifred Cutler, *Love Cycles: The Science of Intimacy* (New York: Villard, 1991), S. 191.
20 Cole, op. cit., S. 162.
21 Lorna J. Sarrel und Philip Sarrel, op. cit., S. 260.
22 Sarrel, op. cit., S. 260.
23 Cole, op. cit., S. 163.
24 »Atrophic Vaginitis«, *Hot Flash*, Bd. 5, Nr. 2, Frühjahr 1986, S. 3.
25 Cutler, op. cit., S. 147.
26 Cole, op. cit., S. 161.
27 Lorna D. Channon und Susan E. Ballinger, »Some aspects of Sexuality and Vaginal Symptoms During Menopause and their Relation to Anxiety and Depression«, *British Journal of Medical Psychology*, 1986.
28 Cutler, op. cit., S. 71.
29 Barbara B. Sherwin, »Sex Hormones and Psychological Functioning«, Beitrag zur Konferenz über »Menopause: Current Knowledge and Recommendations for Research«, 22. März 1993. Dr. Sherwin ist Associate Professor an der *McGill University*, Montreal, Kanada.
30 Barbara B. Sherwin, »A Comparative Analysis of the Role of Androgen in Human Male and Female Sexual Behavior: Behavioral Specificity, Critical Thresholds and Sensitivity«, *Psychobiology*, Bd. 16, Nr. 4, 1988, S. 416–425.
31 John M. Hoberman und Charles E. Yesalis, »The History of Synthetic Testosterone«, *Scientific American*, Februar 1995.
32 Germaine Greer, *The Change* (New York: Alfred A. Knopf, 1992), S. 7.
33 G. Greer, op. cit., S. 177.

34 Persönliches Interview.
35 Persönliches Interview.
36 Cutler, op. cit., S.203.
37 Cutler, ibid., S. 205.
38 Cutler, ibid., S. 204.
39 Notelovitz und Tonnessen, op. cit., S. 54.
40 Cutler, op. cit., S. 203–206.
41 Notelovitz und Tonnessen, op. cit., S. 55.
42 David Iddenden, »Sexuality During Menopause«, *Medical Clinics of North America*, Bd. 71, Nr. 1, Januar 1987, S. 91.
43 Cutler, op. cit., S. 191.
44 Jon Hendricks und C. Davis Hendricks, *Aging in Mass Society: Myths and Realities*, 3. Aufl. Boston: Little, Brown & Co., 1986, S. 274.
45 Maggie Scarf, »The Middle of the Journey«, *Family Therapy Networker*, Juli/August 1992.
46 Scarf, op. cit.
47 Cutler, op. cit., S. 116.
48 Cutler, ibid., S. 112.
49 Cutler, ibid., S. 149.
50 Paul Delaney, »When Medication Affects Sex, Some Men Risk Hypertension«, *The New York Times*, 8. Juli 1992, S. C12.
51 Cutler, op. cit., S. 48.
52 Mary Jo Schnatter, »Did You Know?«, *McCall's*, April 1992, S. 38.
53 *The New York Times*, 2. Juni 1993.
54 Sandra Blakeslee, »New Therapies Are Helping Men to Overcome Impotence«, *The New York Times*, 2. Juni 1993.
55 Scarf, op. cit., ibid.
56 Blakeslee, op. cit., ibid.
57 Blakeslee, ibid.
58 Iddenden, op. cit., S. 92.
59 Scarf, op. cit., ibid.
60 Ellen Cole, »Sex at Menopause: Each in Her Own Way«, op. cit., S. 10.
61 Carin Rubenstein, »The Lear's Report: How AIDS Has Changed Our Sex Lives«, *Lear's*, November 1992, S. 62–67.
62 Deborah Kutzko, »Teaching Safe Sex to Women in the Age of AIDS«, in Cole & Rothblum (Hg.), *Women and Therapy*, Bd. 7, Nr. 2/31, 1988.
63 »Study Finds Many Heterosexuals are Ignoring Serious Risk of AIDS«, *The New York Times* v. 13. November 1992, S. A16.
64 Norma J. Leslie, »Divorced Women's Sexual and Contraceptive Issues«, *Women and Therapy*, Bd. 7, Nr. 2 und 3 (New York: Haworth Press, 1988), S. 269 und 266.

65 Leslie, ibid.
66 Leslie, ibid., S. 274.
67 Henie Lorant, »The Price of Protection«, *The Woodstock Times*, 12. Dezember 1991, S. 32.

KAPITEL 8

Eigenes Geld

1 Sharon Hicks und Carol M. Anderson, »Women on Their Own« in *Women and Families*, hg. v. Monica McGoldrick, Carol M. Anderson und Froma Walsh (New York: W. W. Norton & Company, Inc., 1991), S. 37.
2 Anita Jones-Lee, *Women and Money* (Hauppage, NY: Barron's, 1991), S. 5.
3 Robert Lewis, »Equity Eludes Women«, AARP Bulletin, November 1991, S. 10–12.
4 Maggie Mahar, »The Truth About Women's Pay«, *Working Woman*, April 1993.
5 Anita Jones-Lee, op. cit., S. 4.
6 Allen R. Myerson, »Wall Street Addresses Women's Distinct Needs«, *The New York Times*, 1993.
7 Laurie Baum, »Corporate Women«, *Business Week*, 22. Juni 1987, S. 72–78.
8 Baum, ibid.
9 Jaclyn Fierman, »Why Women Still Dont't Hit the Top«, *Fortune*, 30. Juli 1990, S. 40–62.
10 Diana Bilimoria und Sandy Kristin Piderit, »Sexism on High: Corporate Boards«, *The New York Times*, 5. Februar 1995, F 11.
11 Meryl Gordon, »Discrimination at the Top«, *Working Woman*, September 1992, S. 68.
12 Gordon, ibid., S. 70.
13 Baum, ibid., S.72.
14 Baum, ibid.
15 Arlie Hochschild, *The Second Shift: Working Parents and the Revolution at Home*.
16 Robyn I. Stone, »The Feminization of Poverty Among the Elderly«, *Women's Studies Quarterly*, 17, (Frühjahr/Sommer 1989), S. 20–34.
17 Anita Jones-Lee, *Women and Money*, op. cit., S. 7.
18 Beth Hess, »Aging Policies and Old Women: The Hidden Agenda«, in *Gender and the Life Course*, hg. v. Alice S. Rossi (New York: Aldine, 1985), S. 319–331.

19 Jane Seskin, *Alone But Not Lonely*, AARP Bulletin, 1985, S. 134.
20 Anita Jones-Lee, *Women and Money*, op. cit., S. 8.
21 National Organization for Women Statistic, zitiert in Annette Lieberman und Vicki Lindner, *Unbalanced Accounts* (New York: Viking Penguin, 1988), S. 179.
22 Robyn I. Stone, »The Feminization of Poverty Among the Elderly«, *Womens' Studies Quarterly*, 17, (Frühjahr / Sommer 1989), S. 20–34.
23 Anita Jones-Lee, *Women and Money*, op. cit., S. 4.
24 Lieberman und Lindner, *Unbalanced Accounts*, op. cit., S. 144.
25 Judith S. Wallerstein, »Women After Divorce: Preliminary Report from a Ten-Year Follow-up«, *American Journal of Orthopsychiatry*, Bd. 56, Januar 1986, S. 65.
26 Wallerstein, ibid., S. 73.
27 Namkee G. Choi, »Correlates of the Economic Status of Widowed and Divorced Elderly Women«, *Journal of Family Issues*, Bd. 13, Nr. 1, März 1992, S. 48.
28 Martha Kirkpatrick, »Some Clinical Perceptions of Middle-Aged Divorced Women«, in *Divorce as a Developmental Process*, hg. v. Judith Gold (Washington, D.C.: American Psychiatric Press, 1988).
29 Ibid.
30 Ibid.
31 Ibid.
32 Diane P. Holder und Carol M. Anderson, »Women, Work, and the Family«, in *Women in Families* (New York: W. W. Norton & Company, Inc., 1991), S. 376.
33 Rosalind C. Barnett, »Women in Management Today«, Center for Research on Women, Nr. 249, Wellesley, Mass.: Wellesley College, 1992, S. 21.
34 *Work and Family*, S. 2.
35 Annette Lieberman und Vicki Lindner, *Unbalanced Accounts*, op. cit., S. 127.
36 Ibid., S. 130.
37 Ibid.
38 Ibid., S. 229.
39 Allen R. Myerson, »Wall Street Addresses Women's Distinct Needs«, *The New York Times*, 1993.
40 Ibid.
41 Ibid.
42 Ann Conover Heller, »How to Make Money by Risking It«, *Lear's*, September 1991, S. 77.
43 Ibid.

KAPITEL 9

Neue Entscheidungen

1 Bertram J. Cohler, »Personal Narrative and the Life Course«, *Life-Span Development and Behavior,* v. 4, hg. v. Paul B. Baltes und Orville G. Brim, Jr., (New York: Academic Press, Inc., 1982), S. 215.

2 Marilyn Mason, »The Wilderness Within: Feminist Guide to Adult Development«, Vortrag auf der 50th Anniversary Conference der American Association of Marriage and Family Therapy, Miami 1992.

3 Lydia Bronte, *The Longevity Factor* (New York: HarperCollins Publishers, 1993), S. 215.

4 Bronte, ibid., S. 49.

5 Ibid., S. 16.

6 Jane Gross, »Female Surgeon's Quitting Touches Nerve at Medical School«, *The New York Times.*

7 Carolyn Heilbrun, *Writing a Woman's Life,* (New York: Ballantine Books, 1988), S. 44.

8 Bernice L. Neugarten, »Interpretive Social Science and Research on Aging«, *Gender and the Life Course,* hg. v. Alice Rossi (New York: Aldine Publishing Company, 1985), S. 298.

9 Heilbrun, op. cit., S. 46.

10 Bernice L. Neugarten, »Time, Age and the Life Cycle«, *The American Journal of Psychiatry,* 136 : 7, Juli 1979, S. 893.

11 Carolyn Heilbrun, *Writing a Woman's Life* (New York: Ballantine Books, 1988), S. 126.

Danksagungen

Zu dem Entschluß, ein Buch über Frauen in der Lebensmitte zu schreiben, bin ich gekommen, weil ich selbst, als ich die Fünfzig erreicht hatte, vor Herausforderungen stand, mit denen ich mich nie zuvor hatte auseinandersetzen müssen. Ich wollte mit Frauen in dieser Situation (und natürlich auch mit Männern) sprechen, deren Arbeit und Leben mich die psychologischen Fragen, mit denen mich dieser neue Lebensabschnitt konfrontierte, besser verstehen lassen würde.

Da war zunächst – und es war ein großartiger Ausgangspunkt für meine Forschungen – die brillante Studie von Lois W. Banner über die historischen Einstellungen gegenüber Sexualität und Macht von Frauen und über die Art und Weise, wie diese Einstellungen uns berühren, wenn wir altern. »In Full Flower« war höchst aufschlußreich hinsichtlich des durchdringenden Hasses auf die Sexualität von älteren Frauen, der selbst heute noch unter der Oberfläche der Kultur brodelt – und hinsichtlich der Auswirkungen auf uns Frauen.

Der physische Status von Frauen in der Lebensmitte – einschließlich ihrer Stimmung, ihrer Libido und ihrer Fähigkeit zum klaren Denken – ist für unser gesamtes Wohlbefinden genauso wichtig wie der psychische Status. Er ist weit mehr durch hormonale Änderungen berührt, als bislang erkannt worden ist. Ich danke all den vielen Wissenschaftlern und Erziehern, deren eindrucksvolle Forschungsarbeit und überzeugende Art, sie zu erläutern, mir gestatteten, meine eigene Gesundheit in der Lebensmitte zu transformieren – und, wie ich hoffe, mir gestatteten, darüber in einer Art und Weise zu schreiben, die anderen helfen kann, das gleiche bei sich zu erreichen. Zu den Wissenschaftlern, denen ich danken möchte, gehören Barbara B. Sherwin von der McGill-Universität und Philip Sarrel, Leiter des *Midlife Health Program* der Yale-Universität; beide haben zur Rolle von Östrogen für das Wohlbefinden von Frauen in der Lebensmitte und darüber hinaus grundlegende Forschungsarbeit geleistet. Sheryl Sherman, Leiterin des *Aging Institute* der *National Institutes of Health,* bot mir einen Rahmen für das Verständnis der ungemein wichtigen Forschungsarbeiten, die sowohl Grundlagen- wie Sozialwissenschaftler in dem vom Institut organisierten *Menopause Workshop* vortrugen (»Current Knowledge and Research«, 1993).

Die besonderen Herausforderungen für Frauen in der Lebensmitte als Versorgerinnen sowohl ihrer Eltern wie ihrer Kinder sind Untersuchungsgegenstand von Therapeuten und Sozialdiensten geworden. Für mein Verständnis der wachsenden Bedeutung dieser Fragen im Leben von Frauen um die Fünfzig war Monica McGoldrick, Leiterin des *Family Institute* von New Jersey und Professorin für klinische Psychiatrie an der *Robert Wood Johnson Medical School*, von unschätzbarer Hilfe. Sie prägte den Begriff »Abhängigkeitszange«, um die Tatsache zu beleuchten, daß die Gesetzgebung Frauen in den Fünfzigern, von denen ein Fünftel ältere Verwandte zu Hause versorgt, in keiner Weise unterstützt.

Vivian Fenster Ehrlich, leitende Direktorin von DOROT, einer Sozialdienstagentur in der Upper West Side von Manhattan, hat das *Caregiver's Center* mitbegründet, und sie hat mir großzügig ihre Zeit gewidmet, als sie mir von dem dringenden Bedürfnis von Frauen in der Lebensmitte nach Hilfe bei der Sorge für die ältere Generation erzählte.

Carol Anderson, Professorin für Psychiatrie an der *Medical School* der Universität von Pittsburgh und Leiterin des *Western Psychiatric Institute*, widmet sich dem Studium der sozialen und psychologischen Probleme von Frauen in der Lebensmitte. Ich traf sie auf einer Konferenz für Paartherapeuten, vor der sie über die Notwendigkeit von Paaren in den Fünfzigern sprach, ihre Ehe neu einzuschätzen – und häufig auch zu überdenken und neu zu strukturieren. Ich bin auch beeindruckt von ihren neuen Vorstellungen über das Alleinleben und über die Art und Weise, wie Therapeuten Frauen in der Lebensmitte dabei helfen können, sich mit ihrem Single-Dasein einzurichten.

Donna Boundy verdanke ich große Hilfe beim Verständnis des psychischen Widerstands von Frauen in der Lebensmitte, mit ihrem Geld sinnvoll umzugehen und es angemessen für ihre Zukunft zu investieren. Sie half mir auch bei der Computer-Organisation meiner Forschungsarbeit.

Robine Andrau, deren eigene Übergangszeit in der Lebensmitte von einem akademischen Grad in der Bibliothekswissenschaft gekrönt wurde, ermöglichte mir den Zugang zur Arbeit, die am *Center for Research on Women* des Wellesley College geleistet wird. Sie ermittelte auch am Computer die Daten, die verschiedenen Kapiteln dieses Buches zugrunde liegen.

Rebecca Daniels half mir bei den Interviews von einigen der 65 Frauen in den Fünfzigern, deren Geschichten die Passagen von »Frauen im Aufwind« mit Leben erfüllen.

Zum Schluß möchte ich allen mutigen Frauen danken, die bereit waren, ihre Erfahrungen mitzuteilen, so daß andere davon profitieren können. Zu dieser Gruppe gehört auch Gretchen Cryer, die gedankenreiche und kreative Autorin und der Star von »I'm Getting My Act Together and Taking It On the

Road«; sie teilte mit mir die verschiedenen Krisen ihres fünften Jahrzehnts und ließ mich erleben, wie sie damit umging.

Nicht zuletzt bin ich meiner Mutter, Gladys Stearley Hoppmann, dankbar, deren Mut und Offenheit im Umgang mit ihren Achtzigern für mein Leben, wie ich es heute, in meinen Fünfzigern, führe, zur größten Inspiration wurden.

C. D.

Namen- und Sachregister

Colette Dowling

Der Cinderella-Komplex

Die heimliche Angst der Frauen vor der Unabhängigkeit

Aus dem Amerikanischen
von Manfred Ohl und Hans Sartorius

Band 3068

Die äußeren Schranken haben wir übersprungen: Frauen dürfen wählen, Geld verdienen, sogar in der Öffentlichkeit Macht ausüben. Warum aber, fragt Colette Dowling, nehmen so wenige Frauen diese Chance wahr? Warum nützen Frauen so viel seltener ihre Begabungen? Und warum kehren selbst die Erfolgreichsten abends in eine ungleiche Partnerschaft zurück? Colette Dowlings Antwort lautet: Weil sie sich insgeheim noch immer nach Beschützung und Versorgung sehnen, weil sie die inneren Schranken noch nicht überwunden haben. »Im tiefsten Inneren will ich nicht selbst für mich sorgen. Ich möchte, daß es jemand anders tut.« Wie Aschenputtel im Märchen wartet auch die heutige Frau noch auf den rettenden Prinzen – sie leidet am »Cinderella-Komplex«.

Fischer Taschenbuch Verlag

fi 2183 / 1

Colette Dowling

Befreite Gefühle

Neue Wege aus Depression,
Angst und Abhängigkeit

Aus dem Amerikanischen von Heidemarie Fehlhaber

Band 13167

Colette Dowling beschäftigt sich vor dem Hintergrund persönlicher Erfahrungen mit einem der gravierendsten Krankheitsbilder unserer Zeit – mit der Depression und verwandten seelischen und anderen Störungen. In ihrem gründlich recherchierten, aber auch menschlich bewegenden Buch geht Colette Dowling mit landläufigen Vorstellungen über die Ursachen seelischer Störungen scharf ins Gericht und zeigt anhand jüngster Fortschritte in der Therapie psychischer Erkrankungen die Wirksamkeit psychopharmakologischer Behandlungsmethoden. Ein wissenschaftlich fundiertes, erschütterndes und zugleich Hoffnung vermittelndes Buch.

Fischer Taschenbuch Verlag

fi 1000 / 5

Colette Dowling

Perfekte Frauen

Die Flucht in die Selbstdarstellung

Aus dem Amerikanischen von Heidi Fehlhaber

Band 11190

Der geradezu zwanghafte Wunsch mancher Frauen, «perfekt« zu sein, ist nach Ansicht von Colette Dowling, als Folge eines leicht irritierbaren Selbstwertgefühls anzusehen. Der »Perfektionsdrang« befalle mit Vorliebe erfolgreiche Frauen, sei im übrigen aber unabhängig vom sozialen Status oder intellektuellen Niveau der betroffenen Frauen. Häufig verberge sich hinter dem »Perfektionssyndrom« eine heikle Mutter-Tochter-Beziehung, die als eine Art Vehikel ein tradiertes Bild weiblichen Wohlverhaltens von einer Generation zur nächsten transportiere. Es sei höchste Zeit, diesen Teufelskreis zu durchbrechen und das »falsche Selbst« endlich aufzugeben.

Fischer Taschenbuch Verlag

fi 2181 / 1

Colette Dowling

Sterntaler

Wie Frauen mit Geld umgehen

Aus dem Amerikanischen von Heidi Fehlhaber

319 Seiten. Broschur

In *Sterntaler* erzählt Colette Dowling, wie sie in Folge ihrer zum Teil fast traumatischen Erlebnisse eine erstaunliche Theorie entwickelte: Frauen haben laut Dowling eine höchst ambivalente Einstellung gegenüber finanzieller Unabhängigkeit. Viele Frauen sabotieren geradezu ihre eigene materielle Sicherheit, weil sie Angst haben, daß sie sich durch finanzielle Eigenständigkeit von ihrer Umwelt isolieren und allein und ungeliebt auf der Strecke bleiben könnten. Dowling hat mit vielen Frauen, Psychologinnen und Finanzexpertinnen gesprochen und herausgefunden, daß die meisten Frauen, auch wenn sie ihr eigenes Geld verdienen, völlig arglos damit umgehen. Oft sind sie sogar tief verschuldet, bereitwillig treten sie die Kontrolle über ihre Finanzen an ihre Ehemänner, Steuerberater oder Rechtsanwälte ab – häufig mit unabsehbaren Folgen. Colette Dowling zeigt, welche kulturellen und psychologischen Beweggründe sich hinter diesem Phänomen verbergen.

S. Fischer

fi 2180 / 1